汽车常见故障
诊断与排除

郑为民　主编

化学工业出版社
·北京·

"工欲善其事，必先利其器"。本书作为汽车修理的工具，根据编者几十年的实践经验，总结实际案例中的故障诊断方法编写而成。针对性较强，内容由浅入深，全面系统地阐述了汽车故障现象、故障原因及诊断与排除方法。全书共分三章：发动机部分、底盘部分和电器部分。共编撰故障437例，基本上涵盖了汽车所有常见故障。

发动机部分：在电子控制方面以点火系统、供油系统和配气系统的故障为主，在机械方面以异响诊断为主，阐述了故障现象、故障原因分析、诊断和排除方法。共有故障165例。

底盘部分：涵盖了传统的机械底盘和现代的电子控制底盘，包括自动变速器、制动防抱死（ABS）和电子控制悬挂以及底盘异响诊断等。共有故障139例。

电器部分：包括电源、启动、灯光信号、电动门窗、中控防盗、安全气囊以及汽车空调等故障现象、故障原因分析和诊断排除方法。共有故障133例。

本书可作为汽车修理人员、汽车修理技师和工程师的参考书，还可作为汽车管理人员和驾驶人员的学习资料，也可用于专业技术院校的教材和参考资料。

图书在版编目（CIP）数据

汽车常见故障诊断与排除/郑为民主编． 北京：化学工业出版社，2014.6（2019.3重印）

ISBN 978-7-122-20307-6

Ⅰ．①汽⋯　Ⅱ．①郑⋯　Ⅲ．①汽车-故障诊断②汽车-故障修复　Ⅳ．①U472.42

中国版本图书馆 CIP 数据核字（2014）第 070410 号

责任编辑：韩庆利　　　　　　　　　　　　文字编辑：项　潋
责任校对：宋　玮　　　　　　　　　　　　装帧设计：张　辉

出版发行：化学工业出版社（北京市东城区青年湖南街 13 号　邮政编码 100011）
印　　刷：三河市延风印装有限公司
装　　订：三河市宇新装订厂
787mm×1092mm　1/16　印张 23　字数 592 千字　　2019 年 3 月北京第 1 版第 9 次印刷

购书咨询：010-64518888　　　　　　　售后服务：010-64518899
网　　址：http://www.cip.com.cn
凡购买本书，如有缺损质量问题，本社销售中心负责调换。

定　　价：68.00 元

FOREWORD 前言

　　汽车作为一种重要的生产工具和交通工具，越来越广地进入了人们的生活。当今我国汽车工业的发展速度惊人，已经成为世界第一汽车生产和销售大国。汽车不断地涌入老百姓家庭，汽车不再是单一的生产工具而成为现代生活的必用品。汽车装备技术也日新月异，随着汽车数量和品牌的激增，汽车因故障而抛锚的现象也越来越多，特别是在高速公路上，汽车一旦出现故障，给人们带来极大的烦恼，如不能及时排除故障，不仅经济损失重大，还存在较大的安全隐患，这就要求驾车人员有一定的故障诊断知识，不仅可以及时排忧解难，而且还可以减少经济损失；如果要出去办事、约朋友、谈判、处理公务时汽车出现故障更是焦急万分，此时车主对汽车修理人员的要求更是苛刻，这就要求汽车修理人员有丰富的故障诊断经验和技能。

　　汽车故障诊断技术从过去的机械故障和简单的电器故障，发展到今天的电控发动机、自动变速器、安全气囊、电控悬架等，电控系统的机、电、液、气等先进电子化、智能化的故障诊断。这对汽车修理人员的技能是极大的挑战，也是严峻的考验。

　　现代汽车车型多样化、装备水平高、新技术含量高，在故障诊断时，如果没有诊断数据、技术流程、电路图、装配图以及新型维修设备和手段等相关技术的支持和广泛的技术交流，仅凭一己经验已无法面对复杂而繁多的故障诊断。加上故障诊断技术更新的周期也越来越快。因此，对汽车维修技术人员的技能提出更高的要求。仅凭技术资料和新型设备也是不行的，很多的疑难案例，生产厂商的技术专家无法解决也无法解释，最后还是经验丰富的修理技师破了难题，这说明经验和技术必须有机地结合，缺一不可，有丰富的经验加上先进的技术支持才是一个高级修理技师。

　　本书是依据汽车修理实践经验、汽车故障诊断研究成果和汽车修理厂、汽车4S经销店等众多的汽车修理权威技师提供的实际故障诊断经验和案例，结合现代汽车故障诊断与维修的特点和发展趋势，将汽车故障诊断、汽车维护和汽车修理技能融为一体，由简到难，重点介绍了现代汽车各系统的故障诊断与排除技术。适当加入了知识拓展以拓宽知识面；同时增加了汽车故障案例分析，以提高实际故障诊断技能为原则进行编撰。

　　本书编写的指导思想是：有易有难，有简有精，既能使汽车驾驶人员读懂，又要能使专业汽车修理技师提高故障诊断和分析能力。因此本书既适合普通驾驶人员常见故障的排除，又适合修理技师诊断水平的提高。

　　本书由郑为民主编，参加本书编写的有：广东铁路职业技术学院教授张晓东、副教授郑毅，广东白云学院机电工程学院副教授李滟泽、杨志勇，新加坡Jackxon Powertrain PTE LTD（杰克逊自动变速器维修有限公司）高级技师何志满，中国一汽深业店梅州汽车销售有限公司高级技师魏相权，佛山市广物骏博汽车销售服务有限公司技师李广兴，中国电器科学研究院工程师叶岗，江门市汽车检测站技师李志君，江门市工贸职业技术技工学校汽车系高级技师利凌霄，佛山职业技术学院汽车系技师李兵建，广东农工商职业技术学校汽车工程系讲师张铿钰，茂名市交通高级技校汽车工程部高级技师陈德唐。

　　本书编撰过程中得到广东白云学院的领导和有关专家教授的大力支持！

　　由于编者水平有限，书中难免有不当之处，敬请广大读者批评指正。

编者

目 录 CONTENTS

第❶章 发动机部分

第一节　发动机异响……………………………………………………………………… 2
　一、发动机异响的原因及特性………………………………………………………… 3
　二、发动机响声分类…………………………………………………………………… 6
　三、影响发动机响声的因素…………………………………………………………… 6
　四、异响判断方法……………………………………………………………………… 7
　五、与转速有关的异响诊断…………………………………………………………… 9
　六、发动机各种异响故障诊断与排除方法…………………………………………… 9
第二节　曲柄连杆机构常见故障诊断检修…………………………………………… 26
第三节　配气机构常见故障诊断检修………………………………………………… 31
第四节　冷却系统常见故障诊断检修………………………………………………… 47
第五节　润滑系统常见故障诊断检修………………………………………………… 53
第六节　点火系统故障常见故障诊断检修…………………………………………… 61
第七节　供油系统常见故障诊断检修………………………………………………… 79
第八节　油、电路综合故障诊断检修………………………………………………… 92
第九节　电控发动机故障诊断方法…………………………………………………… 110
第十节　排放系统故障诊断与检修…………………………………………………… 123
第十一节　柴油机供油系统常见故障诊断与检修…………………………………… 135

第❷章 底盘部分

第一节　底盘异响………………………………………………………………………… 153
　一、底盘异响（图2-3）的原因……………………………………………………… 153
　二、底盘各类异响分析………………………………………………………………… 155
　三、底盘异响的判断和区分方法……………………………………………………… 155
　四、底盘异响诊断与排除……………………………………………………………… 157
第二节　传动系统常见故障诊断与排除……………………………………………… 166
　一、离合器常见故障与原因分析……………………………………………………… 167
　二、变速器常见故障分析与排除……………………………………………………… 172
　三、自动变速器常见故障……………………………………………………………… 175
　四、传动轴常见故障…………………………………………………………………… 194
　五、驱动桥常见故障…………………………………………………………………… 199
第三节　制动系常见诊断与排除与检修……………………………………………… 201
　一、液压制动系统常见故障…………………………………………………………… 201
　二、制动器常见故障…………………………………………………………………… 206
　三、液压制动总泵常见故障…………………………………………………………… 208

　　四、真空增压器常见故障 …………………………………………………………… 209

　　五、真空助力器常见故障 …………………………………………………………… 213

　　六、气压制动常见故障 ……………………………………………………………… 214

　　七、ABS系统诊断与排除 …………………………………………………………… 218

　　八、ABS诊断与排除实例 …………………………………………………………… 225

第四节　行驶系统常见诊断与排除 …………………………………………………… 230

第五节　转向系统常见诊断与排除 …………………………………………………… 239

　　一、常规转向常见故障 ……………………………………………………………… 239

　　二、动力转向常见故障 ……………………………………………………………… 244

第六节　电控悬架常见诊断与排除 …………………………………………………… 255

第七节　巡航控制系统诊断与排除 …………………………………………………… 260

第❸章　电器部分

第一节　电源系统常见故障诊断与检修 ……………………………………………… 269

　　一、蓄电池常见故障 ………………………………………………………………… 270

　　二、发电机常见故障 ………………………………………………………………… 276

第二节　启动系统常见故障诊断与检修 ……………………………………………… 282

第三节　灯光、信号系统常见故障诊断与检修 ……………………………………… 288

第四节　电动门窗电动座椅故障诊断与检修 ………………………………………… 300

第五节　电动刮水器的故障诊断 ……………………………………………………… 309

第六节　汽车空调常见故障诊断与检修 ……………………………………………… 311

　　一、汽车空调常见故障分析和排除 ………………………………………………… 311

　　二、汽车空调故障诊断实例 ………………………………………………………… 319

　　三、制冷系统性能测试方法 ………………………………………………………… 327

　　四、根据制冷系统压力判断故障 …………………………………………………… 331

　　五、制冷系统维修基本作业 ………………………………………………………… 336

第七节　汽车防盗门锁常见故障检修 ………………………………………………… 343

第八节　安全气囊常见故障诊断与维修 ……………………………………………… 349

参考文献 ………………………………………………………………………………… 361

第 1 章
发动机部分

发动机是汽车的动力源，是将某一形式的能量转变成机械能的机器，从而使汽车获得行驶所必需的动力。图 1-1 是汽车发动机外观图，图 1-2 是汽车发动机纵剖图。

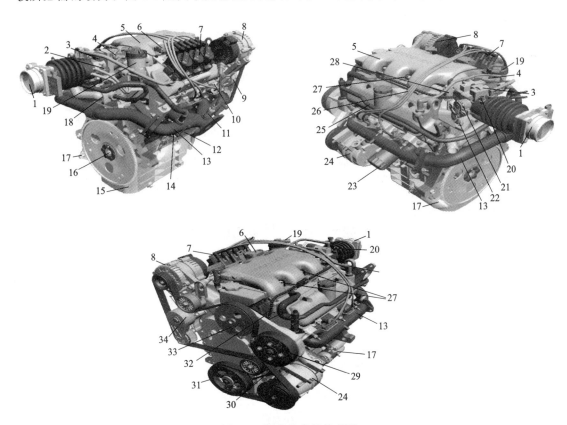

图 1-1　汽车发动机外观图

1—空气流量传感器；2—节气门位置传感器；3—怠速控制阀；4—活性炭罐电磁阀；5—上进气歧管；6—进气歧管绝对压力传感器；7—点火线圈/点火模块总成；8—发电机；9—前盖；10—汽缸盖；11—加热型氧传感器；12—汽缸体；13—排气歧管；14—曲轴位置传感器（7X）；15—油底壳；16—曲轴；17—启动机；18—冷却液出水管；19—废气再循环阀；20—进气温度传感器；21—节气门体；22—冷却液温度传感器；23—机油滤清器；24—空调压缩机；25—冷却液旁通管；26—点火高压线；27—燃油分配管；28—燃油压力调节器；29—水泵驱动带轮；30—曲轴位置传感器（24X）；31—曲轴带轮；32—凸轮轴位置传感器引出线；33—动力转向油泵驱动带轮；34—传动带张紧器

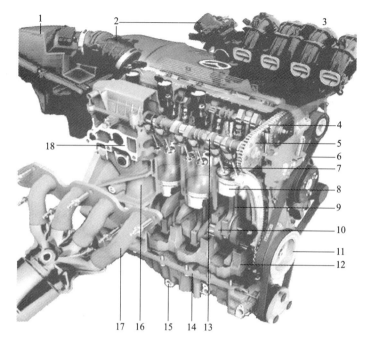

图 1-2　汽车发动机纵剖图

1—空气滤清器外壳；2—进气总管；3—进气歧管；4—正时链条；5—凸轮轴正时链轮；6—传动带；
7—气门；8—活塞；9—连杆；10—曲轴；11—带轮；12—曲轴轴承盖；13—凸轮轴；
14—油底壳；15—放油螺钉；16—汽缸体；17—排气管；18—汽缸盖

汽车上使用的内燃机主要有汽油机和柴油机。随着科技的发展和人类环保意识的增强，现代汽车开始采用液化石油气、天然气、氢动力、电力和太阳能等新型能源的发动机。

◉ 第一节　发动机异响

发动机异响（图 1-3）是发动机产生故障的前奏，机械性的故障都有异响的前兆，因此正确、及时地判断异响，可预防故障的产生或减小故障的严重性，有利于提高汽车的安全性、可靠性和经济性。

图 1-3　汽车发动机异响分析

一、发动机异响的原因及特性

1. 发动机异响的原因

发动机各系统和机构中的某些故障，均可导致异响的发生，如发动机过热、气门间隙过大、曲轴或连杆轴承松旷、点火时间过早、机油严重不足、汽缸垫烧穿等，均可引起不同声响。引起发动机异响的原因归纳如下。

① 爆震或早燃。

② 机件磨损。

③ 机件装配、调整不当，配合间隙过大或过小。

④ 紧固件松脱。

⑤ 机件损坏、断裂、变形、碰擦。

⑥ 机件工作温度过高或由此而熔化卡滞。

⑦ 润滑不良。

⑧ 回转件平衡遭破坏。

⑨ 使用材料、油料和配件的材质、型号、规格、品质不符合要求。

2. 异响与发动机工作状况的关系

发动机异响常与发动机的转速、温度、负荷、缸位、工作循环等有关。

(1) 异响与发动机转速的关系

大多数异响的出现，取决于发动机的转速状态，通常有三种类型，见表 1-1。

表 1-1　与发动机转速有关的异响

异响与发动机转速的关系	发响原因
异响在发动机急加速时出现，维持高速运转声响仍存在	①连杆轴承松旷，轴瓦烧熔，尺寸不符而松动 ②曲轴轴承松旷，轴瓦烧熔 ③活塞销折断
维持某转速时，声响紊乱，急加速时，相继发出短暂声响	①凸轮轴正时齿轮破裂，其固定螺母松动 ②活塞销衬套松旷 ③凸轮轴轴向间隙过大或其衬套松旷
异响仅在怠速或低速时存在	①活塞与汽缸壁间隙过大 ②活塞销装配过紧或连杆轴承装配过紧 ③挺柱与其导孔间隙过大 ④凸轮磨损 ⑤启动爪松动影响带轮响(在转速改变时明显)

(2) 异响与发动机负荷的关系

发动机不少异响与负荷有明显的关系。诊断时可采取逐缸解除负荷的方法进行试验。通常采用单缸或双缸断火法解除一或两缸位的负荷，以鉴别异响与负荷的关系，见表 1-2。

(3) 异响与发动机温度的关系

发动机的某些异响，与发动机的温度有关，见表 1-3。

表 1-2　与发动机负荷有关的异响

异响与发动机负荷的关系	发响原因
某缸断火，异响消失或减轻	①活塞敲缸 ②连杆轴承松旷 ③活塞环漏气 ④活塞销折断
某缸断火，声响加重或原来无响，反而出现声响	①活塞销铜套松旷 ②活塞裙部锥度过大 ③活塞销窜出 ④连杆轴承盖固定螺栓松动过甚或轴瓦合金烧熔脱净 ⑤飞轮固定螺栓松动过甚
相邻两缸断火异响减轻或消失	曲轴轴承松旷

表 1-3　与发动机温度有关的异响

异响与发动机温度的关系	发响原因
低温发响，温度升高后声响减轻甚至消失	①活塞与缸壁间隙过大 ②活塞因主轴承油槽深度、宽度失准或机油压力低而润滑不良
温度升高后有声响，温度降低后声响减轻或消失	①过热引起的早燃 ②活塞反椭圆形 ③活塞椭圆度过小 ④活塞与缸壁间隙过小 ⑤活塞变形 ⑥活塞环各间隙过小

（4）异响与发动机工作循环的关系

发动机的异响，与发动机的工作循环也有较明显的关系，尤其是曲柄连杆机构和配气机构的异响都与工作循环有关，见表 1-4。

表 1-4　与发动机工作循环有关的异响

发响次数与曲轴转角的关系	发响原因	发响次数与曲轴转角的关系	发响原因
曲轴每转一圈发响一次（火花塞跳火一次发响两次）	①活塞敲击缸壁 ②活塞销敲击声 ③活塞顶碰汽缸凸肩 ④连杆轴承松旷过甚 ⑤活塞环漏气	曲轴每转二圈发响一次（火花塞跳火一次发响一次）	①气门间隙过大 ②推杆与挺柱孔间隙过大 ③凸轮线型磨损 ④气门杆与其导管间隙过大 ⑤气门弹簧折断 ⑥凸轮轴正时齿轮径向破裂 ⑦气门座圈松脱 ⑧气门卡滞不能关闭

（5）异响与其他故障现象的关系

发动机异响除了与发动机转速、负荷、温度、工作循环有关外，往往还与其他呈现出来的故障现象有着内在的关系。这些伴同出现的故障现象可作为故障诊断的重要依据，见表 1-5。

表 1-5　常伴同出现其他故障现象的异响

异响原因	伴同故障现象
曲轴轴承径向间隙过大或轴瓦合金烧毁脱落	机油压力下降,机体振抖
连杆轴承松旷过甚	机油压力下降
进、排气门卡滞不能关闭	个别缸不工作,功率下降,机体抖动。若排气门卡滞,排气管会出现喘气声
活塞与缸壁间隙过大,活塞环对口或抱死	机油加注口脉动冒烟,排气管冒浓蓝烟,机油消耗多,机油品质恶化,燃油消耗多而功率下降
排气门弹簧折断	个别缸不工作,发动机振抖,怠速不稳,不易加速
点火正时不准	燃油消耗多,节气门回火,爆震,排气管放炮,功率下降

(6) 异响与发动机振动区域的关系

发动机常见异响所引起的振动,可分为 4 个区域,如图 1-4 所示。

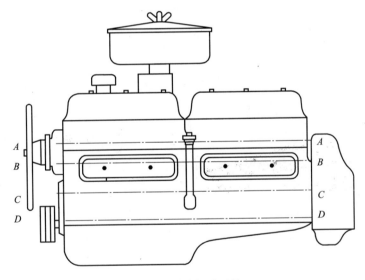

图 1-4　异响振动区域

① *A—A* 区域　该区域为缸盖部位。可用螺丝刀（螺钉旋具）或金属棒触听汽缸盖各燃烧室部位,能辅助诊断活塞顶碰缸盖、汽缸上部凸肩或气门座圈脱出等故障。

② *B—B* 区域　该区域为挺杆室及其对面部位。在挺杆室一侧,可听察气门组合件及挺杆等发响;在其对面,能辅助诊断活塞敲缸一类故障。

③ *C—C* 区域　该区域为凸轮轴部位。可用螺丝刀或金属棒触听凸轮轴的前、后衬套部位或正时齿轮室盖部位,可辅助诊断凸轮轴正时齿轮破裂或其固定螺母松动、凸轮轴衬套松旷等故障。

④ *D—D* 区域　该区域为曲轴部位。用螺丝刀或金属棒触听汽缸体与油底壳结合面的附近,可辅助诊断曲轴轴承发响或曲轴裂纹等故障。

二、发动机响声分类（图 1-5）

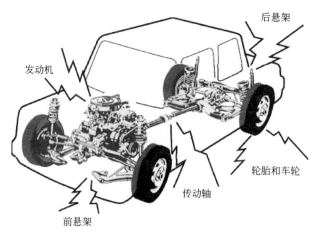

图 1-5　汽车异响种类

3. 正常响声

一般发动机和各个总成件都有一定的响声，发动机和汽车的响声特征如下。

① 响声的大小应该是均匀的。多缸发动机在每一个汽缸工作均正常的情况下，各缸产生的响声是一样的。

② 声音是比较纯正的，事实上，发动机发出的响声不可能是单一的。但是，如果发动机发出的响声有好几种，那该发动机可能有故障。

③ 发动机的响声中各缸响声的大小没有明显差别。正常发动机的响声其各个缸响声的大小基本上差别不大。

④ 急加油时，声响应变得"敦厚"；怠速时的多个响声逐步变成一个声音的组合，机械响声占主要；中速时，气流的响声占主要，而机械响声占次要。

⑤ 各种负荷下，其响声的特征一样；各种温度下，发动机的响声基本一样。

4. 良性响声

发动机的杂声虽然比较大，但是该响声对发动机的性能、零件的使用寿命在短期内应影响不大，尤其是对一些旧车而言，综合考虑发动机的性能、维修成本以及修后的质量，这一部分响声可以允许存在。

5. 恶性响声

该类响声对发动机使用寿命的影响较大，在使用过程中，出现这类异常响声必须经维修后才能继续使用，因为这类故障在很短的时间内就可能造成较大的机械损失。

三、影响发动机响声的因素

6. 温度对响声的影响

一般汽车的异常响声与零件的温度有关，正常情况下，零件、部件、总成出现的响声随温度升高而降低。

7. 转速对响声的影响

（1）加速运动

对于旋转运动的零部件，加速时，其响声变大，而且节奏很快，甚至变成一个长声音，同时发动机的机体会发生振动。

（2）减速运动

汽车减速运动时，有两种运动形式。

① 汽车上坡行使。这时，汽车处于大负荷的工作状态，零件之间的作用力很大，如果，某部分间隙较大，尤其是零件定位不准时，会造成异常响声。

② 汽车滑行。这时汽车处于一种无正向负荷的状态，由于高低不平路面的影响，汽车可能会出"咣、铛"的响声，一般是零件间隙松旷。

（3）匀速运动

匀速运动使汽车各处受力较均匀。响声一般很细密，车速较高时，车身抖动明显，同时，在车辆加速或减速时，响声较小。一般是车辆上某一个零件或总成内有动不平衡的零件。

8. 发动机负荷对响声的影响

发动机负荷对异常响声影响极人。设想，如果发动机小工作，哪还有异常响声，连发动机的正常响声也没有。一般情况下，负荷越大，响声越大。

9. 零件配合间隙对响声的影响

零件间隙的大小对响声的影响很大，一般情况下，间隙大，零件的响声大。在零件装配时，严格按技术要求的尺寸安装是减小响声的根本。

10. 零件刚度对响声的影响

零件受到外界作用力时，刚度小的零件，变形量大，易产生振动而发出响声，尤其是事故车修复后，其车身的刚度下降。

11. 润滑条件对响声的影响

一般情况下，润滑条件下降，其响声加大。机油压力是很关键的指示指标，机油压力下降时异响会明显加重，一定要判明原因才能重新启动发动机。

四、异响判断方法

12. 去除判断法

将怀疑存在响声的零部件取出，不让它们参与工作或减小其运动程度。

13. 比较判断法

例如，利用断火或断油的方法以及按不同部位、汽缸的位置响声的特点，比较多缸发动机各个缸响声的差别。

14. 虚听与实听判断法

在发动机异常响声出现后，往往会出现这样的情况：站在不同位置，感觉到的响声部位是不一样的。这种情况，称为"虚听"。"实听"就是利用探杆接触被听诊的部位，以确定异常响声的部位。

15. 扩大判断法

在某个响声出现后，可以用改变被怀疑部位的工作条件或尺寸等方法，使响声表现更加明显，从而证实判断。但应注意，不能造成零件损坏。

16. 模拟判断法

模拟影响汽车异常响声的出现环境和条件，如温度、转速、负荷、润滑条件、振动状态、运动状态和工作状态。尤其，不稳定的工作状态情况下，汽车的异常响声明显。

17. 异响性质的判定

异响的判定，是指从声响中找出异响。

在众多混杂的发动机运转声响中，应判定哪些是正常的声响，哪些是异响。异响中哪些是允许存在的，哪些则是不允许继续存在必须予以排除的，这是异响诊断过程中首先应明确的。

异响的判定原则如下。

① 若声响在低速运转时轻微、单纯，在高速运转时虽发出轰鸣声但却平稳均匀，在加速和减速时声响显得过渡圆滑，则为正常声响。

② 若声响中伴随着沉闷的"锉、锉"声，清脆的"嗒、嗒"声，短促的"嗒、嗒"声，细微的"喇、喇"声，尖锐的"喋、喋"声和强烈的"嘎、嘎"声等声响，即表明发动机存在不正常的异响。

异响是否允许存在，可依据以下情况判断。

① 声响仅在怠速运转时存在，转速提高后即自行消失，在整个使用过程中声响又无明显变化的，则属于危害不大的异响，允许暂时存在，待适当时机再行修理。

② 声响在突然加速或突然减速时出现，而且在中、高速运转期并不消失，同时又引起机体振抖，则属于不允许继续存在的异响，应立即查明原因，予以排除。

③ 如果声响是在运转中突然出现的，且又较猛烈，则不应继续运转或试听诊断，而应立即停机拆检。一般拆检顺序是先拆油底壳，次拆缸盖，再拆气门室盖（罩）。

18. 异响程度的诊断

异响的确诊是指对异响进行特性分析，进而认定异响的部位、原因和程度。

就异响出现的时期和连续存在的时间而言，异响一般都分别存在于怠速或低速运转期间、高速运转期间、整个运行期间等。

（1）怠速或低速运转期间

当遇到此种条件下出现的异响，可依以下顺序诊断。

① 用单缸断火法检查异响与缸位是否有关联。若某缸断火后异响有明显的变化，说明故障即在该缸；若某缸断火后异响并无明显变化，说明异响与该缸并无关系。继而逐缸检查异响与工作循环是否有关联，判定出故障所在部位。

② 逐渐提高发动机转速，听察异响有无变化，根据异响随转速的变化，判断运动机件耗损的程度。

③ 在诊断过程中，还应注意观察发动机温度的变化对异响的影响。

通过上述过程的诊断，基本可查明异响与发动机的负荷、工作循环、转速、温度之间的关系。如若异响与某种异响特性相符合，则可作出确诊结论。

（2）高速运转期间

如果遇到此种条件下出现的异响，可依以下顺序诊断。

① 从低速逐渐提高发动机转速，直至高速运转。在此过程中，注意异响出现的时机。

② 当异响出现后，稳定于该转速运转，仔细听查异响，利用单缸断火法查明缸位。

③ 若难以查明缸位，则应用螺丝刀（或金属棒）听查法找到异响分布的区域。

④ 若在从低速逐渐提高转速的过程中，并不出现异响，而在急加速或急减速时出现异响。

五、与转速有关的异响诊断

确诊异响就是根据异响所表现出的特征，对异响进行分析，然后确定故障的性质、部位，最后查明其原因并予以排除。由于异响发生时机与发动机转速密切相关，所以应当抓住发生异响时机迅速进行诊断。通常将诊断发动机的异响与转速的关系归纳为怠速或低速运转有异响、怠速正常而转速提高后有异响、行驶期间有异响三种情况。

19. 怠速或低速运转有异响的诊断

遇此情况应首先用单缸断火（断油）法查明异响与缸位的关系。如某缸断火（断油），异响有明显变化，根据特征分析可知故障就在该缸。如异响与缸位无关则应逐缸查明异响与发动机工作循环的关系判定故障出自哪一机构，然后再逐渐提高发动机转速进行试验，听查异响有无变化（例如异响消失或随转速提高而加重等）。此外，应注意温度的影响。

20. 怠速正常而转速提高后有异响的诊断

遇此情况，应首先逐渐提高转速直至高速运转，当异响出现时应维持异响出现时的转速运转，分析异响与缸位的关系。如与缸位关系不明显，应按照异响在发动机上的分布区域，用螺钉旋具触试其振动情况，以帮助查明发响部位。

若逐渐提高发动机转速并无异响出现，可进行急加速或急减速试验以听查转速急剧变化时有无异响出现。如急加速有异响出现，可用螺钉旋具使某缸断火再做急加速试验，借此判明异响与缸位的关系，同时观察机油压力、加机油口、排气管等处的变化，用以帮助诊断此类异响故障。

21. 行驶期间异响的诊断

在行驶期间出现异响，但弄不清异响是出自发动机还是其他部位，此时，应立即将变速器脱入空挡并做急加速试验，如有异响出现，即表明异响在发动机，可根据上述方法进一步判断。

六、发动机各种异响故障诊断与排除方法

发动机主要异响有活塞销响、活塞敲缸响、连杆轴承响、曲轴主轴承响等，如图1-6所示。

22. 活塞销响

（1）响声特征

是一种较尖锐而清脆的金属敲击声，断火时，声响明显增大；在怠速稍高时，响声清晰。

（2）异响原因

活塞销响，主要是由于活塞销与连杆衬套、活塞座孔磨损，使配合间隙增大，致使活塞连杆组在往复运动中互相撞击而发出声响。

（3）特点

① 逐缸断火试验，会明显上缸，复火瞬间有双响。

② 活塞销与活塞松旷，温度升高后响声会变大。

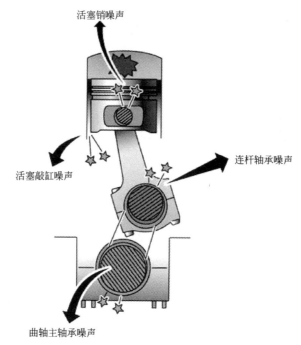

图1-6 发动机异响部位和种类

③ 活塞销与连杆衬套松旷，响声也受温度的影响，但不明显。

（4）异响诊断

① 使发动机稳定在响声明显的转速（一般比怠速稍高）下工作，并逐缸断火试验，会明显上缸，复火瞬间有连响。

② 使发动机的转速从怠速升高至中速，并在此范围内猛踩油门，转速升高的瞬间，会发出几声有节奏的、清脆的连响声。

③ 响声与负荷关系不大。

④ 内听比外听响声清晰。

⑤ 活塞销响，会加剧曲轴轴颈与轴承的磨损及活塞座孔的损坏，甚至会引起活塞破碎和严重拉缸等事故。

活塞销响诊断流程见图1-7。

⑥ 此故障发展变化较快，会很快从初期阶段进入后期阶段，属恶性异响，所以，一经发现就应立即排除。

（5）故障排除

更换活塞、活塞销、连杆衬套。

23. 活塞敲缸响

（1）响声特征

活塞敲缸响，是一种与做功次数一致的敲击声，比活塞销响更重。

（2）异响原因

① 由于活塞与汽缸壁磨损，配合间隙超过一定限度。

② 连杆弯扭，使活塞在换向运动时摆动，敲击汽缸壁而发出响声。

③ 机油压力低，或者主轴承上油槽的深度和宽度不够而影响汽缸壁的激溅润滑，润滑

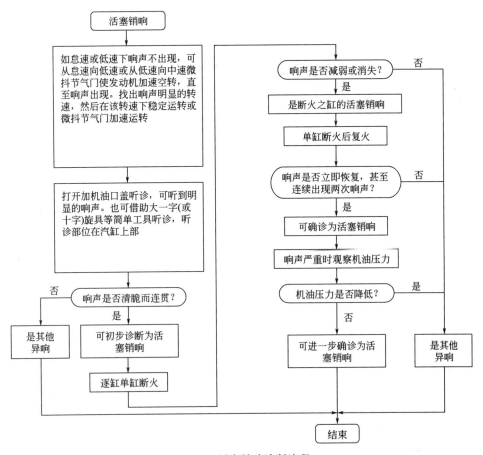

图 1-7　活塞销响诊断流程

不良也会引起活塞敲缸响。

　　④ 保养、修理不当，如修理时连杆轴承选配过紧，会使活塞在运动中摆动而发出响声，修理时活塞座孔过紧，活塞在工作中受热后出现反椭圆，从而使活塞与汽缸失去正常配合而发出响声。

　　⑤ 活塞锥度不符合标准和汽缸中心不标准造成"偏缸"（活塞偏向汽缸一侧），也会引起活塞敲缸响。

（3）特点

① 低温响声大、高温时响声减弱或消失。

② 上缸。

③ 急速时敲缸响声明显而清晰，转速升至中速以上时，响声会减弱或消失。

④ 负荷增加，响声增大。

⑤ 内、外听查异响无明显差异。

（4）诊断

① 将发动机异响控制在最明显的转速下，逐缸断火试验，响声减弱或消失，即为该缸敲缸响。

② 为了与活塞销响区别，可从火花塞孔往汽缸内加注少量浓机油，若在启动后的瞬间响声明显减弱或消失，但之后响声又很快出现，即可证明是该缸敲缸响。

③ 也可根据响声的特点来区分。

④ 怠速运转时从加机油口听，活塞敲缸响声明显而清晰，转速升至中速以上时，响声会减弱或消失。

⑤ 由于连杆铜套和活塞座孔铰偏、连杆弯扭、曲轴主轴颈和连杆轴颈的轴线不平行、镗缸时纵向倾斜等引起的活塞敲缸响，一般在发动机高温高转速时，响声才明显反映出来。断火试验，响声无明显变化。

⑥ 在发动机外部的一侧导音听，响声明显，并略有振动感。尤其活塞顶撞击汽缸衬垫响，用起子（螺钉旋具）等触及汽缸盖时振动感更明显。

活塞敲缸响诊断流程见图1-8。

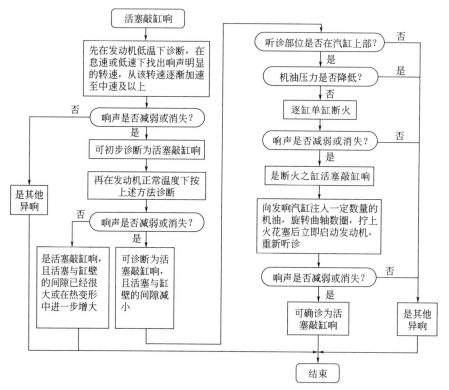

图1-8 活塞敲缸响诊断流程

（5）故障排除

对于发动机温度低时出现活塞敲缸响，而温度正常后响声消失，属良性异响，有些发动机允许存在轻微的活塞敲缸响，可暂时不予排除。

若发动机工作温度正常后仍有明显活塞敲缸响，则属恶性异响，应及时查明原因并予以排除。

恶性活塞敲缸响会增加燃油和润滑油的消耗，严重时还会造成"捣缸"等事故，应立即换汽缸套或镗缸、更换活塞连杆组件等。

24. 汽缸漏气响

（1）响声特征

汽缸发生漏气响声时，加大节气门，可从加机油口处听到曲轴箱内发出连续的"嘣、嘣"的响声。

（2）异响原因

产生此响声的原因，是汽缸壁与活塞环之间的密封不严，部分高压气体窜入曲轴箱，发出冲击的声音。具体原因如下。

① 活塞环磨损严重。

② 活塞环对口。

③ 活塞环卡死。

④ 活塞环折断。

⑤ 汽缸拉缸。

（3）特点与诊断

若随着响声的出现，从加机油口中脉动地往外冒烟，关小节气门响声减弱或消失，即可确诊是汽缸漏气。

（4）故障排除

① 发动机大修更换活塞环后，因未完全磨合而引起的轻微窜气响为正常，经过磨合能够逐渐消除。

② 更换活塞环。

③ 必要时镗缸、换活塞。

25. 连杆轴承响

（1）响声特征

连杆轴承响，是一种较重而短促的金属敲击声。中速时响声明显，高速时因其他杂声干扰等原因而不明显。

（2）异响原因

① 由于轴承合金烧蚀、脱落和磨损使间隙超过极限。

② 连杆轴颈圆度超差。

③ 连杆轴承盖固定螺栓松动。

④ 轴承烧蚀的原因较多，如轴承配合过紧、轴承走外圆、机油压力过低、润滑油路被堵，发动机超负荷工作、长时间高速空转，寒冷地区冬季不经加温而强行启动并大加油门等，都会造成轴承烧蚀。

⑤ 轴承合金脱落：多因轴承质量不佳、配合间隙过大、修刮轴承不当，使轴承合金受到破坏，造成合金组织疲劳而脱落。

⑥ 轴承磨损：轴承和轴颈的加工表面粗糙度不合格，轴颈的圆度误差过大，润滑油质量差等。

（3）特点

① 冷启动瞬间发响最大，随后减弱。

② 温度上升，机油变薄而响声变大。

③ 轴承间隙很大时，声音钝实；间隙不是很大时，声音较尖脆。所以发响初期声音小而尖脆，发响后期声音大而重实。

④ 负荷增大，响声增大。

⑤ 上缸明显。

⑥ 机油压力有所下降。

（4）异响诊断

① 在中速或急速至中速范围内做加减速试验，轻踩油门有连续的"哒、哒"敲击声，

响声随转速升高而变大。

② 将转速定在响声明显位置，断火试验响声减弱或消失，复火后又随之出现几声强响，强响过后又复原，即为该缸连杆轴承响。

③ 在油底壳处响声明显，冷车响声清晰。

④ 增大发动机负荷时，响声会随着负荷的增大而加剧，但加剧的程度没有曲轴轴承响明显。汽车行驶中，当加速增挡、上陡坡或从泥泞中开出加大油门时，响声亦会变大。

⑤ 当轴承合金烧蚀脱落或间隙大到严重程度时，不论任何转速或负荷大小，在发动机周围均可听到响声。

曲轴连杆轴承响诊断流程见图1-9。

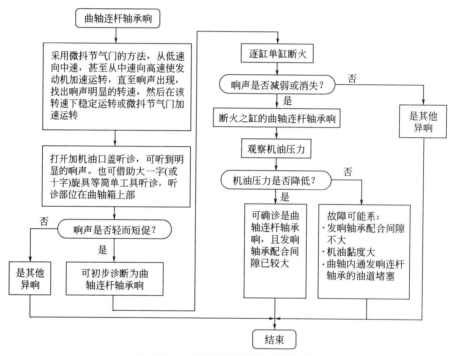

图1-9　曲轴连杆轴承响诊断流程

连杆轴承响属于恶性故障，所以，当判明曲轴连杆轴承发响时，应立即停机，查明原因并及时排除。尤其当异响发展到在汽车周围能明显听到的程度时，应立即停止发动机运转，诊断时间不可过长，禁止猛加油门诊断，以防止发生连杆捣缸和轴承、轴颈烧毁等事故。

（5）故障排除

更换曲轴连杆轴承，光磨或更换曲轴。

26. 曲轴主轴承响

（1）响声特征

响声较曲轴连杆轴承响沉重而发闷，并随发动机转速升高而变大，中速向高速过渡响声最为明显，随负荷的增大而加剧。

（2）异响原因

除与曲轴连杆轴承响基本相同外，曲轴在修理时由于修磨和保管不当会造成弯曲，所以在修配轴承时为了获得合适的松紧度，配合间隙必然放大，这样就在使用中早期出现磨损松旷而发响，曲轴轴向间隙过大时也会发响。

（3）特点

① 负荷大响声会明显增大。

② 加速时发动机会抖动。

③ 曲轴主轴颈的相邻两缸同时断火时，响声会减弱或消失。

④ 机油压力会显著下降。

⑤ 因曲轴轴向间隙过大而发响，多发生在急剧加、减油门的瞬间。

（4）异响诊断

① 听响声是否比其他异响沉重。

② 看机油压力是否明显下降。

③ 相邻两缸同时断火试验，听响声是否会减弱或消失。

④ 急速响声不明显，把发动机的转速提高到中速以上，异响随转速的升高而出现或变大。

⑤ 从发动机外部各轴承部位用金属棒导音听其响声较强。

⑥ 仅仅个别轴承间隙大，响声一般不会明显反映出来。

曲轴主轴承响诊断流程见图 1-10。

当出现曲轴轴承响时，说明故障已发展到严重的程度，所以曲轴轴承响属于恶性故障，不仅会造成轴颈烧毁，甚至会导致曲轴断裂，因此，一旦判断是曲轴轴承响，应及时排除。

（5）故障排除

一定要查明原因再更换主轴承、光磨或更换曲轴。

27. 飞轮松动异响

（1）响声特征

沉重，类似曲轴轴承响，但比曲轴轴承响声音还大，且连续无节奏。

（2）异响原因

飞轮固定螺栓松动。

（3）特点

① 踏下离合器响声明显变化。

② 中高速响声明显。

③ 负荷大响声加剧。

④ 特别是靠近飞轮的缸断火时，声音加大。

⑤ 踏下离合器响声减弱或消失。

（4）异响诊断与排除

首先找最响转速，再进行逐缸断火试验，并虚实结合听查。若靠近飞轮的缸断火，声音加大，说明很可能是飞轮松动响。此时，再踏下离合器进行验证，声音减弱或消失，即可确定为飞轮松动响。

28. 汽油机爆震响

（1）响声特征

急加油或重负荷上坡时出现瞬间"嗒、嗒"响声。

（2）异响原因

① 点火时刻过早。

② 汽油辛烷值过低。

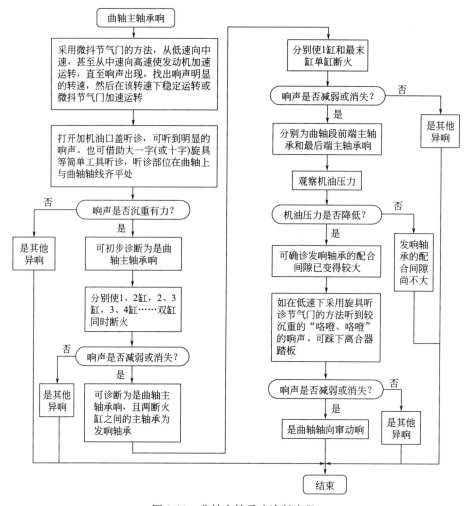

图 1-10　曲轴主轴承响诊断流程

③ 缸内积炭过多。

④ 温度过高。

（3）故障诊断

① 急加速或重负荷上坡时出现瞬间响声，稍减油门或转速上升后响声即消失。通常是点火时刻过早或汽油标号过低。

② 大负荷时响，并且熄火困难。通常是汽缸内积炭过多、温度过高。

汽油机点火敲缸响诊断流程见图 1-11。

（4）故障排除

① 适当推迟点火时刻。

② 清除积炭。

③ 检查汽油的标号是否合适。

④ 查明温度过高的原因。

29. 柴油机爆震响

（1）故障现象

柴油发动机在怠速和低速无负荷运转时，有时可听到尖锐、清脆和连续的"嘎啦、嘎

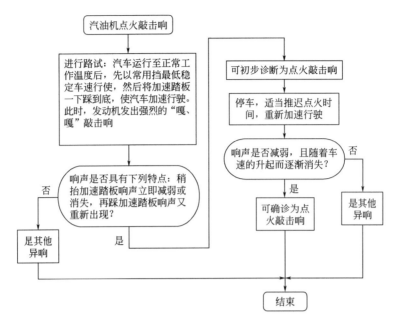

图 1-11　汽油机点火敲缸响诊断流程

啦"或"刚唧、刚唧"的敲击响,冷启动后响声尤其明显;发动机温度升起、转速升高和负荷增大时,响声减弱或消失,但发动机过热和超负荷运转时响声又增大;微抖供油拉杆时,抖得愈急响声愈大。

(2) 故障原因

柴油机着火敲击响分均匀而粗暴的敲击响和非均匀而粗暴的敲击响两种。

柴油机着火敲击响的主要原因是柴油机工作粗暴,而造成工作粗暴的原因是着火落后期太长,具体原因如下。

① 均匀而粗暴的敲击响

a. 柴油品质差,自燃性不好。

b. 喷油泵供油时间太早。

c. 发动机超负荷运转。

d. 发动机过冷或过热。

e. 在燃烧室结构、汽缸内涡流运动、压缩终了的温度和压力、供油规律和喷射质量等方面的设计上存在问题。

f. 空气滤清器严重阻塞,使进气量不足。

② 非均匀而粗暴的敲击响

a. 个别缸供油时间太早,亦即供油间隔不均匀。

b. 个别缸供油量大,亦即供油不均匀度超过标准。

c. 个别缸喷油质量不佳。

d. 个别缸密封性不佳,压缩终了的温度和压力太低。

(3) 诊断与排除

如果柴油机冷启动后响声较大,而温度升起后响声消失,这是温度太低造成的,可继续运行。

如温度升起后响声仍存在,可按图 1-12 所示诊断流程进行诊断。

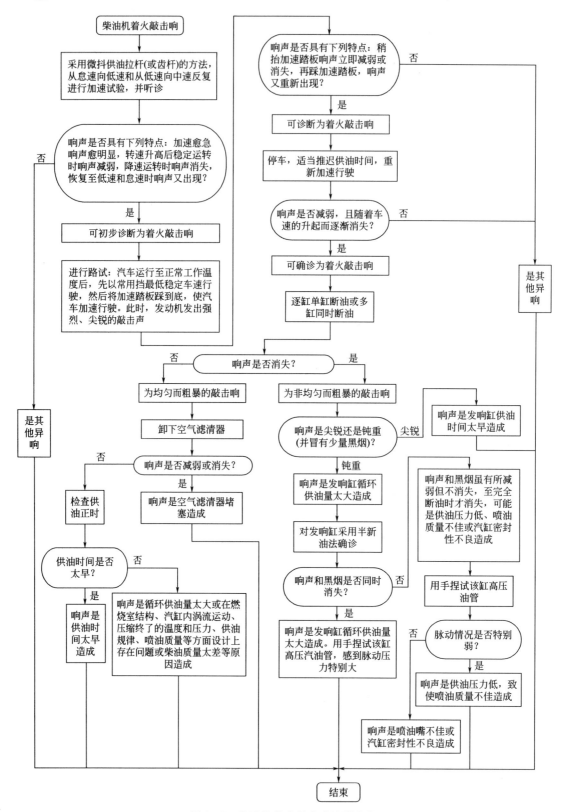

图 1-12　柴油机着火敲击响诊断流程

30. 气门脚响

（1）响声特征
气门脚响是清晰有节奏的、连续的"嗒、嗒"撞击声。多个气门响则响声杂乱。

（2）异响原因
① 间隙调整过大。

② 摇臂与气门接触端头平面磨损成凹形。

③ 摇臂调整螺钉的固定螺母松动。

④ 凸轮轴弯曲，凸轮中心线偏移，造成的气门间隙不能调好。

⑤ 间隙过大时，会缩短气门的升程和开启时间。

⑥ 如果液力挺杆压力腔内存在空气或进油孔被堵塞，同样会出现气门脚响。

（3）特点
① 不上缸。

② 与负荷无关。

③ 温度上升响声减弱或消失。

④ 单个气门响清脆，多个气门响则响声杂乱。

⑤ 怠速时清脆，转速上升时声响变杂。

噪声位置、类型和发动机工作状况的相关性见表 1-6。

表 1-6　噪声位置、类型和发动机工作状况的相关性

噪声位置	噪声类型	发动机工作状况						噪声源	检查项目
		暖机前	暖机后	启动时	怠速时	加速时	行驶时		
发动机摇臂盖顶部缸盖	"嘀哒"或"咔哒"声	C	A	D	A	B	D	挺杆噪声	气门间隙

注：A—密切相关；B—相关；C—有些相关；D—无关。

（4）诊断
可用厚薄规（塞尺）插入间隙内，如响声明显减弱或消失则证明此气门间隙过大，如图 1-13 所示。

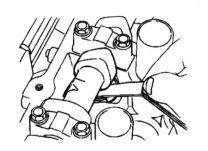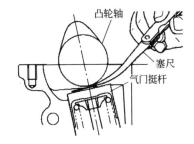

图 1-13　气门脚异响验证方法

气门脚异响诊断流程见图 1-14。

（5）故障排除
① 气门脚的轻微响声是允许存在的。

② 调整气门间隙。

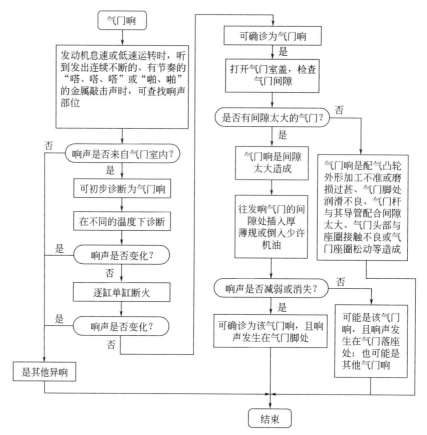

图 1-14　气门脚异响诊断流程

31. 气门座圈响

（1）响声特征

① 靠近气门及气门室一侧发出响声，此响声与气门间隙过大的响声相似，但音量要大得多，且时大时小并带有破碎声。

② 中速时响声清晰，高速时杂乱。

③ 单缸断火，响声不变或更明显。

④ 发动机低温刚发动时，响声易出现，响声出现时，也有伴随个别缸不工作。响声消失时，发动机工作又恢复正常。

（2）异响原因

① 座圈材料不当，线胀系数太小或受热后产生变形而松旷。

② 镶配时过盈量不足，受冲击振动而松动与座孔碰撞。

（3）检查判断

① 拆下气门室盖（罩），经检查不是气门和气门弹簧响，则可断定为气门座圈响。

② 利用逐个单缸断火，听查响声有无变化，找出不工作缸。很可能由于该缸气门座圈松动而影响了密封性，导致不工作。

气门座圈松动切不可继续行驶，否则在气门顶置式配气机构的发动机上将易发生气门座圈击碎掉入汽缸，引起事故。

32. 正时齿轮响

(1) 响声特征

① 这种响声比较复杂，有的有节奏，有的无节奏，有的间歇响，有的连续响。

② 急速或转速变化时，在正时齿轮盖处发出杂乱而轻微的噪声，转速提高噪声消失，急减速时，噪声尾随出现。

③ 较严重时急速运转中发出杂乱的齿轮撞击声；中速更为明显，严重时正时齿轮盖处有振动。

④ 此响声不受温度和单缸断火试验的影响。

(2) 异响原因

① 正时齿轮啮合间隙过大或过小。

② 曲轴和凸轮轴中心线不平行，造成齿轮啮合失常。

③ 更换曲轴和凸轮轴轴承后，改变了齿轮啮合位置。

④ 凸轮轴正时齿轮固定螺母松动。

⑤ 凸轮轴正时齿轮牙齿折损。

(3) 故障诊断

① 用听诊器具在正时齿轮盖处进行实听，能听到明显的响声，手摸正时齿轮盖有振动感（须注意防止风扇打伤）。

② 发动机温度的变化对响声无影响，且在断火检查时，响声亦无变化。

③ 发动机在急速时，发出有节奏的、轻微的"嘎拉、嘎拉"的响声，中速时显得突出，高速时声音变得杂乱，严重时正时齿轮盖有振动，此种情况为齿轮啮合间隙过大。

④ 新车大修或更换正时齿轮后，如果发动机发出一种连续不断的"嗷、嗷"声，发动机转速越高响声越大，此种情况为齿轮啮合间隙过小。

⑤ 齿轮啮合不良引起的响声，类似呼啸声，响声的大小随发动机转速变化而变化。

⑥ 发动机急速运转时，发出有节奏的"哽、哽"响声，发动机转速提高，响声加大，此种响声为齿轮啮合不均的响声。

⑦ 随发动机运转而产生有节奏的清晰的撞击声，为正时齿轮个别齿损坏。

(4) 故障排除

① 更换正时齿轮。

② 调整曲轴与凸轮轴中心线距离。

33. 正时链条部分异响

(1) 响声特征

① 发动机急速时，在正时链轮室盖处发出"叽、叽"的异响，中速时响声明显，高速时响声变得杂乱。

② 响声较大时正时链轮盖处有振动感。

(2) 异响原因

① 正时链条磨损松旷。

② 正时链轮齿磨损变形。

③ 张紧轮缺油或松旷。

④ 链条碰擦链轮室盖。

（3）诊断与排除

① 首先确定异响位置在发动机前端。

② 用听诊器或金属棒抵在链轮盖处听诊异响明显增大，并伴有振动。

③ 响声不受温度影响。

④ 断缸试验不上缸。

34. 凸轮轴异响

（1）响声特征

① 在缸体侧可听到有节奏而较钝的"嗒、嗒"声。

② 中速明显，高速消失。

③ 单缸断火，声响依旧。

噪声位置、类型和发动机工作状况的相关性见表1-7。

表1-7　噪声位置、类型和发动机工作状况的相关性

噪声位置	噪声类型	发动机工作状况						噪声源	检查项目
		暖机前	暖机后	启动时	怠速时	加速时	行驶时		
发动机摇臂盖顶部缸盖	"嘎、嘎"声	C	A	D	A	B	C	凸轮轴轴承噪声	凸轮轴轴颈油层间隙　凸轮轴跳动

注：A—密切相关；B—相关；C—有些相关；D—无关。

（2）异响原因

① 凸轮轴及轴承间配合松旷。

② 凸轮轴弯曲变形。

③ 凸轮轴轴向间隙过大。

（3）异响诊断与排除

① 着车进行听诊，找出异响部位。

a. 用起子触试在气门室一侧异响明显。

b. 用起子触试凸轮轴的前、后衬套部位或触试正时齿轮盖部位，如果有异响，则可能为凸轮轴正时齿轮破裂或其螺母松旷、凸轮轴衬套松旷引起的异响。

② 改变发动机的转速，听诊异响，中速时异响较为明显。

③ 单缸断火，听诊异响响声不变。

④ 检查发动机工作循环与异响的关系，火花塞跳火1次发响1次。

⑤ 检查异响与发动机温度之间的关系，响声与发动机的温度变化无关且响声在凸轮轴一侧。

一旦发现此类故障，确定后，应拆检，并更换相应故障件。

35. 气门挺柱响

（1）响声特征

① 有节奏的、轻脆的"嗒、嗒"响。

② 怠速时响声明显，中速以上减弱或消失。

③ 温度变化或做断火试验与响声无关。

（2）异响原因

① 挺柱与导孔配合松旷，当凸轮顶动挺柱时，横向力使挺柱摆动，撞击导孔而产生

响声。

② 挺柱端头磨损有沟槽。

③ 挺柱不能自由转动。

④ 凸轮有线性磨损，顶动挺柱有跳动现象。

（3）异响诊断

判断某一挺柱响，用铁丝径向钩住有异响的挺柱，若响声减弱或消失，即为该挺柱故障。发生这种响声，可以继续使用。

（4）故障排除

① 更换故障挺柱。

② 调整凸轮与挺柱的接触面，凸轮与挺柱的接触中心线是偏移的，这样才能使挺柱自由转动，使挺柱磨损均匀。

36. 液力挺柱响

（1）响声特征

① 发动机怠速运转时在凸轮轴附近发出有节奏的"嗒、嗒"金属敲击声。

② 怠速时明显，中速以上减弱或消失。

（2）异响原因

① 液力挺柱与导孔配合面磨损严重。

② 液力挺柱液压偶件磨损。

③ 发动机机油油面过高或过低，致使有气泡的机油进到液力挺柱中，形成弹性体而产生噪声。

④ 机油压力低。

⑤ 由于机油泵、收集器损坏或破裂，使空气吸到机油中去。

⑥ 液力挺柱失效。

（3）异响诊断

① 检查机油油面，视情况添加或排放，使油量正常。

② 改变发动机转速并用听诊器听查响声的变化。

怠速时发动机顶部响声明显，中速以上响声减弱或消失，断油（断火）试验响声无变化。

③ 启动时液力挺柱有不大的响声（润滑油未充分进入液力挺柱），启动后响声消失，可视为液力挺杆正常。

④ 使发动机转速达到 2000～2500r/min 继续运转 2min，若液力挺柱仍有响声，应先检查机油压力。

⑤ 机油压力正常，则为液力挺杆故障。

⑥ 检查液力挺柱是否失效，方法如下。

a. 启动发动机，并使之运转直到散热器风扇运转。

b. 将发动机转速提高到 2500r/min，并运转 2min，若液力挺柱还有噪声，则拆检。

c. 拆下汽缸罩盖。

d. 旋转曲轴，直到待查的液力挺柱凸轮向上。

e. 用楔形木棒或塑料棒向下压下液力挺柱，气门打开前，如果自由行程超过 0.1mm，则应更换液力挺柱，换上新液力挺柱后，30min 内不得启动。

f. 拆下液力挺柱后，用手捏住上下端面用力按压，如有弹性，说明液力挺柱失效，应更换。

37. 气门弹簧响

（1）响声特征

① 与气门脚响相似，但比其响声大，且有忽大忽小的"嚓、嚓"声；各种转速均有清脆的响声，拆下气门室盖更为明显。

② 中速时响声清晰，高速时杂乱。

③ 单缸断火，响声不变，有时更明显。

④ 发动机低温初发动，响声易出现。

⑤ 数缸不工作，加速困难，机体振抖严重。

⑥ 不同车型响声是不一致的，有的车型表现出时响时不响。

（2）异响原因

① 不等距弹簧装反（正确装法是：弹簧紧密的一端压在汽缸体或汽缸盖上），惯性力和振动力大大增加，很快使弹簧折断。

② 弹簧弹力太弱、生锈、弹簧圈间胶质太多，增加阻力。

③ 弹簧硬度过高。

④ 超过弹簧疲劳极限。

⑤ 发动机的转速达到弹簧临界速度时，弹簧剧烈振动（共振）折断。

（3）检查判断

① 拆下气门室盖（罩）察看气门弹簧有无折断。

② 用起子撬住弹簧，响声消失为气门弹簧太软。

③ 某缸断火，响声加重或本无响声现在出现响声，为该缸气门弹簧折断。

（4）故障排除

① 弹簧折断必须更换气门弹簧。

② 弹簧过软：有条件则更换弹簧，如果没有条件更换，可在弹簧下部加平垫圈。

38. 水泵异响

（1）响声特征

发动机水泵部位发出"吱、吱"的异响。

（2）异响原因

① 轴承磨损松旷或烧毁。

② 水泵轴弯曲。

③ 水泵密封垫片过薄。

（3）故障诊断

① 响声与温度无关，断缸试验没有反应，转速升高异响增大。

② 解除水泵传动带，响声消失，可判定是水泵异响。

（4）故障排除

① 更换轴承。

② 校正水泵轴。

③ 更换稍厚的垫片。

39. 发动机外部附件响

（1）异响部位

① 传动带打滑响。

② 发动机轴承、转子、定子碰擦和炭刷响。

③ 风扇和其他附件碰擦、破裂、松动、滑摩响。

④ 附件连接螺栓松动碰撞响。

⑤ 进、排气支管、消声器漏气响。

（2）响声特征

① 传动带打滑，是一种"吱、吱"的响声，急加速或冷时尤其明显。

② 附件响，在发动机外部。

③ 出现的异响方向、部位感较明显。

④ 利用触觉及观察，便于判断。

⑤ 必要时切断动力源，停止运转怀疑的部件，即可辨明是否该部件异响。

（3）异响诊断与排除

发动机附件都是安装在发动机体外部的，不管是哪个部位出现异响，与发动机内部出现的异响相比，其方向、部位感都明显便于听查。加上触感和观察，只要稍加注意，不难判断。传动带打滑响更容易判断，只要用手按压传动带即可判断。

况且这些附件都是由发动机驱动的，必要时只要切断动力源（取下传动带），停止其运转，响声便消失。值得注意的是诊断发动机异响故障时，不可忽略或混淆外部附件响，而且要尽可能先排除外部附件响，避免外部附件响对发动机异响诊断的干扰。

40. 发动机异响故障的诊断技巧

（1）检查发动机及其与外部连接情况

① 发动机的点火系统和燃料系统工作不正常，会造成转速不稳、加速不良、朝气管回火、消声器"放炮"等故障，这不仅影响对异响的诊断，而且能导致发动机出现不正常的响声，如点火过早和温度过高而引起的爆燃声。

② 发动机润滑不良，不但危害正常工作，加剧机件磨损，而且也会造成发动机各运动机件发响，如曲轴轴承和连杆轴承发响等。曲轴箱的机油加注过多，会造成汽缸窜机油、排气管冒蓝烟，还会造成连杆大头打击机油的声音。

③ 飞轮固定螺栓松动和变速器齿轮损伤，会引起飞轮和变速器齿轮发响。

④ 发动机附件及外部连接不牢固，也会产生振动而导致异响。

通过以上分析，显而易见，点火系统、燃料系统和润滑系统的技术状况变坏，工作温度不正常，外部连接不可靠等，不但影响发动机的正常工作，而且会造成异常的噪声，也给诊断异响带来困难。因此，在诊断发动机异响之前，必须对以上几个因素进行检查，并力求加以排除。

（2）了解发动机的使用和维修情况

诊断发动机异响时，尽量了解发动机的使用和保养及修理情况，这对准确诊断该发动机的异响是非常有帮助的。因为有些异响是由于在保养或修理时所换用的机件材质不佳或保养、修理质量差而造成的，如活塞反椭圆、连杆轴承与轴颈、活塞销与衬套及座孔配合过紧而引起的敲缸响等。当了解保修情况后，就能在诊断时少走弯路。一般，若驾驶员反映只是在重车上坡时出现沉重的金属敲击声，就可以重点怀疑是曲轴轴承响和连杆轴承响等。总之，详尽地了解发动机的使用与保养情况，可为诊断异响提供必要的依据、缩小诊断范围，从而能使诊断工作收到事半功倍的效果。

（3）抓住低温时机

由于机体的热胀冷缩，发动机某些异响随着温度的变化而变化。如因磨损间隙增大引起的活塞敲缸响，在冷车时响声明显，热车时响声减弱或消失，如果在冷车时没有注意听诊，就会失去最好的听诊机会。待发动机温度很快达到正常工作温度时，就很难捕捉到，因而极易造成漏诊。

还有些异响，如曲轴轴承响和连杆轴承响，间接受温度的影响，温度升高，润滑油膜变得稀薄，响声增大，所以从冷发动机一启动，就要集中精力，听诊异响故障出现的时机和异响故障与发动机温度的关系进行鉴别，才能迅速、准确地诊断出各种异响故障。

（4）正确利用转速

发动机的异响与转速有着极其重要的关系，甚至可以说，绝大多数的异响，或出现或增强或消失或减弱或清晰或混淆，都是在发动机特定的转速下产生和出现的。因此在诊断异响的过程中，必须正确利用转速的变换，让发动机的异响尽量充分地暴露出来，反过来，又以转速为依据，根据异响随转速变化的特点，辨明属何种性质的异响。

如敲缸响是在急速或低速时响声明显，如不在此转速查找，则可能不易发现。因此，发动机在急速运转时出现了连续而有节奏且清脆的响声，就可能是敲缸响，然后再从其他方面进一步确诊。

又如连杆轴承响，如不采取急加速的方法，在一般情况下是不易发现的，所以若在急加速情况下，发动机出现连续而沉重的金属敲击声，则可重点怀疑是连杆轴承响。

正确利用转速诊断的原则是由低到高，具体分为以下四个转速范围，即由急速至低速，由低速至中速，由中速至高速和急加速。先慢加速再急加速，通常是分阶段灵活运用，即先在急速或稍高急速下稳定运转一段时间观察，然后再逐渐提高到低速、中速、高速，并对异响在各种转速区域的情况进行对比，最后再使用急加速。如果某异响在某一特定的转速中表现得尤为突出，则可反复使用该转速，以达到确诊。

综上所述，在诊断发动机综合异响过程中，必须对异响的音调、最佳诊断转速、断火试验、最大振动部位、温度影响、伴随现象等方面的特征全面观察，综合分析，才能做出正确的判断。

◉ 第二节　曲柄连杆机构常见故障诊断检修

曲柄连杆机构是发动机的主要运动机构。它是发动机完成热工转换、实现动力输出的重要零件，主要作用是将活塞的往复直线运动转变为曲轴的旋转运动，同时将作用于活塞上的力转变为曲轴对外输出的转矩，以驱动汽车车轮转动。当曲柄连杆机构出现故障时，将直接影响汽车运行，发动机的动力性和经济性下降、噪声增加、运行不平稳，甚至造成发动机不能启动和发动机报废等严重故障。

曲柄连杆机构由活塞组、连杆组和曲轴飞轮组三部分组成，见图1-15。

41. 汽缸压力过高

（1）故障现象

① 发动机大负荷或急加速时出现爆震响声。

② 发动机工作粗暴。

③ 活塞烧顶和火花塞烧蚀。

（2）故障原因

汽缸压力增高的原因是燃烧室容积减少，造成原因有以下几个。

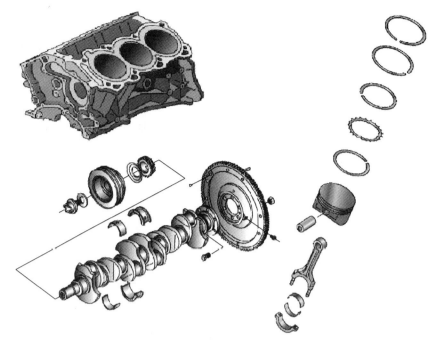

图 1-15　曲柄连杆机构组成

① 燃烧室内积炭过多。

② 汽缸衬垫过薄。

③ 汽缸体或汽缸盖接合平面磨削过度。

④ 活塞不合格。

（3）处理方法

① 在油箱中按比例加入发动机积炭清除剂，正常运行汽车 1～2 天，对汽缸进行清洗或拆开汽缸盖清除积炭。

② 测量汽缸垫厚度，不合格的更换。

③ 咨询车主是否光磨过汽缸盖或测量汽缸盖厚度，不合格的更换或增加汽缸垫厚度。

④ 检测活塞顶部至活塞销的尺寸是否合格，否则更换活塞。

42. 汽缸压力过低

（1）故障现象

① 发动机动力不足。

② 怠速不稳。

③ 发动机启动困难。

④ 发动机油耗超标。

（2）故障原因

汽缸压力过低是汽缸漏气引起的，汽缸漏气的产生原因如下。

① 汽缸与活塞环和活塞磨损过大。

② 活塞环对口、卡死、折断。

③ 汽缸壁拉伤。

④ 进、排气门与气门座密封不良。

⑤ 汽缸垫烧蚀、松动、漏气。

（3）诊断与排除

① 各汽缸压力均低　各汽缸压力基本一致，但普遍低于该地区原车规定标准的80%，这主要是因为活塞环与汽缸壁磨损过甚造成的。

② 个别汽缸压力低　个别汽缸压力低于标准，其主要原因有汽缸壁拉伤、气门密封不严、汽缸垫损坏等。

③ 相邻两缸压力低　相邻两缸压力低于规定，而且两缸压力相等或相近，其原因是两缸之间的衬垫损坏或汽缸盖螺栓没有按规定的力矩拧紧。

用汽缸压力表测量汽缸压力并记录，然后向该缸火花塞孔内注入20～30mL浓机油，旋转曲轴数圈后，重测汽缸压力并记录，如图1-16所示。

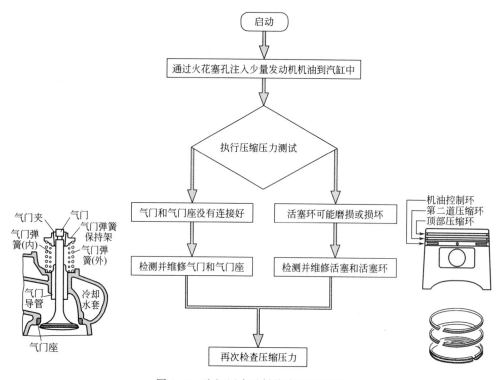

图1-16　汽缸压力过低故障诊断流程

④ 压力不变

a. 如果重测的汽缸压力比第一次高，接近于标准压力，则表明是汽缸、活塞环、活塞磨损过大或活塞环对口、卡死、断裂及汽缸壁拉伤等原因造成汽缸不密封。

b. 如果重新测量的汽缸压力与第一次基本相同，即仍比标准压力低，表明是进、排气门或汽缸衬垫不密封。

c. 如两次检测某相邻两缸压力都相近，说明是两缸相邻处的汽缸衬垫烧损窜气。

采用测量汽缸压力的方法可粗略地对汽缸活塞组不密封部位的故障进行分析与推断，不能精确地确定具体部位故障。要精确地确定漏气部位，还需要根据发动机的运行状况分析。

• 若进气管有回火或"冲、冲"的响声，通常是进气门漏气。

- 若排气管有放炮或"叭、叭"的响声，通常是排气门漏气。
- 若加机油口有强烈的窜气，通常是汽缸和活塞环磨损。
- 若加机油口有脉冲状窜气，通常是活塞环折断或对口。
- 若水箱剧烈地沸腾冒泡，通常是汽缸垫烧蚀。

43. 汽缸垫密封状态的判断

打开散热器盖子，将散热器加满冷却液，使发动机保持中速运转，此时观察散热器内的情况，如有气泡不断涌上，则说明汽缸垫密封不良。当汽缸垫损坏严重时，可在汽缸盖与汽缸体接合处的周围抹上润滑油，如观察接合处也有气泡冒出，说明汽缸垫密封失效，应换新件。

44. 汽缸垫损坏的原因

① 发动机经常超负荷工作，长时间产生爆燃，由于汽缸内的局部压力和温度过高，容易冲坏汽缸垫。

② 紧定汽缸盖螺栓时没有按规定要求进行操作，各个螺栓的拧紧力矩不均匀，致使汽缸垫没有平整地贴在汽缸体与汽缸盖的接合面上。

③ 长时间地点火过早（柴油发动机则为供油过早），发动机工作时常产生爆燃。

④ 汽缸垫质量差。

⑤ 汽缸盖翘曲变形。

45. 发动机裂纹

(1) 现象和检查方法

① 发动机外部漏水，在漏水部位有水渍痕迹或者明显的漏水痕迹（热车更为明显）。

② 发动机内部漏水，机油中有水，机油变为淡黄色，说明机油中渗入水分。注意机油中有水分有两种故障可导致：一是汽缸套裂纹；二是汽缸垫烧蚀。前者故障现象较轻，后者故障现象更严重；前者故障发展较慢，而后者故障发展迅速。

(2) 修补

发动机出现裂纹有条件的最好更换。汽缸体裂纹有下述几种修补方法。

① 补板法　补板法主要用于修补裂纹较多又相对集中，或有部分破洞的机体的平整外表面，如图 1-17 所示。

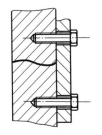

图 1-17　补板法修补汽缸体裂纹

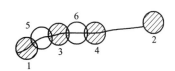

图 1-18　栽丝法修补汽缸体裂纹

修复的方法是：清除裂纹四周预备补板部位的油污、漆皮等物；用直径为 3～5mm 的钻头在各裂纹的端点钻止裂孔，防止裂纹延伸；选用 2.5～3mm 的低碳钢板切成补板，补板比裂纹四周大 20～30mm；沿补板四周钻孔，孔距为 15～20mm，孔径 3～5mm；将补板覆盖在裂纹上，使其与汽缸体或汽缸盖贴合紧密，随后以补板为样板，在汽缸体或汽缸盖上钻孔，并攻螺纹；用螺钉把补板固定住，在补板与汽缸体或汽缸盖之间，可垫上一层石棉垫，或在两个贴面上涂上红丹油。

② 栽丝法　这种方法常用于修复单裂纹，如图 1-18 所示。其方法是：用 $\phi 3 \sim 5mm$ 的钻头先在裂纹的两端钻出止裂孔 1 和 2，然后隔 $2 \sim 4mm$ 钻出孔眼 3、4；在钻好的孔眼中攻螺纹；将紫铜棒螺钉旋进孔中，旋进的长度与汽缸壁厚度相同，然后将紫铜棒截断，其断面高出汽缸体 2mm；用同样的方法，按图中钻孔的先后顺序钻出一系列孔眼，攻螺纹并旋进紫铜棒螺钉，在整个裂缝上形成一条螺钉链；用小手锤轻轻敲铆紫铜螺钉的留出部分，使其铆平并相互咬紧；最后用水压法检查裂纹处是否漏水。如有稍微漏水，可继续用手锤轻铆渗漏处的紫铜螺钉。

③ 电焊法　先用 $\phi 4mm$ 的钻头在裂纹两端钻止裂孔，同时沿裂纹开 V 形坡口槽，槽的深度以不超过机体壁厚 2/3 为宜。用 $\phi 4mm$ 的金属焊条（需采用电弧冷焊工艺）或在加热的情况下用铸铁焊条焊补。为防止电焊部位焊后产生内应力或翘曲，每焊一段要用小锤从焊道两侧向中间轻轻敲打，同时趁焊道红热时，用凿口锤敲打焊道，以消除焊渣。如裂纹过长，必须分段隔开焊补，一般以 $20 \sim 30mm$ 长度为宜，待间隔焊道 70mm 处冷却到能用手触摸时，再焊下一段。若裂纹过深，可采用多层堆焊的方法，切不可一次焊成。

铝合金缸体焊修难度很高，一般情况下更换新件。若必须焊修，方法如下。

a. 焊前准备

• 若缸套筋裂，应压出两相邻缸套；若座圈筋断裂，应去掉所镶两边圈座；若螺孔坏牙，应先扩 $10 \sim 12mm$ 孔。

• 将缸体补焊处两侧约 30mm 范围内的油污、水分、杂物去除，用汽油清洗干净。壁厚在 5mm 以上时，最好开坡口。

• 用焊枪或喷灯烧去残留油污、水分，将钢丝刷刷去杂物直至露出金属光泽。

• 准备 H01-6 型焊枪 5[#] 嘴（焊枪始终采用中性焰，避免氧化焰）。

• 将铝 209（$\phi 4mm$）焊条，在 150℃烘 1.5h 待用。若无烘箱，在火炉或电炉上离火约 70mm 高处，放一块宽度为所用焊条 2 倍、长 350mm、厚 2mm 的铁皮，放上焊条后再盖上一块较薄的铁皮，焊条应经常翻动，烘烤约 2h 即可，随用随取。

• 把汽缸体、汽缸盖放平，用焊枪或喷灯缓慢地将汽缸体周围均匀预热到 150℃左右，并重点加热施焊处，烧尽补焊处裂口内或缺陷内的油污，使水分蒸发，约 250℃时再迅速用钢丝刷刷去杂物，至出现金属光泽为止。较长焊缝应先点固后去渣，刷净。

b. 补焊工艺

• 焊条电弧焊施焊时，补焊处应放置于水平位置（以下同），采用直流电源，反接，电流 $90 \sim 110A$，（用烘好的铝 209 焊条）焊螺孔时，焊条做圆周转动，边缘要注意焊透，一次不行去渣刷净后填第二次，填至高出约 1.5 mm 即可。焊后去渣，刷净。汽缸体、汽缸盖焊后平放在平台上，温度降至 150℃后用小榔头轻击焊缝处，以减轻或消除一定应力并使组织细化，同时加热整个缸体（约 150℃），用准备好的石棉布盖汽缸体，使之缓慢冷却（汽缸盖补焊后可采用压板紧固，避免变形，以下同）。

• 碳弧焊采用交流焊机，用 $\phi 6 \sim 8mm$ 炭棒，若无可采用较粗的铝电缆线代替，有条件的最好进行焊前预热、焊后缓冷，电弧长度约 1.5mm，焊速应快。

• 由于炭棒的烧损和高温氧化，使熔池杂物较多，氧化膜也较厚，氧化膜盖在熔池表面，妨碍了焊接过程的正常进行，故焊丝应在熔池中轻轻搅动（搅动时用力不能过大，否则会捅穿熔池）。铝的吸热量相对较大，熔池难以控制，最好用钢板作垫板，以防烧穿而下塌等。补焊时应特别注意焊缝中的夹渣、未熔合、未焊透、烧穿等缺陷。补焊处余高不能太大，碳弧焊时只要把握好电弧、熔池、拨渣，获得的效果还是可以的。

- 缸体最好不采用气焊，因焊后变形较大，即使焊好也难以加工。

c. 焊后清理

- 使用焊粉焊接的部位（最好正反面）冷后用热水、钢丝刷边刷边洗，把补焊处残留的焊粉、氧化物清理干净。

- 晾干后，用平整铲去除余高，再用大小平锉、半圆锉或圆锉锉平，用砂布打磨光滑即可。螺孔按原尺寸钻孔攻螺纹。

- 整修后，若发现有较大的气孔，可用钻将气孔扩大约 2mm，但不得钻透，钻后用相应粗细的（比孔深长约 1 mm）铝线制成铆钉，用锤子铆紧、锉光、砂平即可使用。

d. 胶接法。以修复汽缸体裂纹为例，其方法如下。

- 用 1# 粗砂纸清除汽缸体裂缝四周的银粉和铁锈，打磨宽度为 30mm，长度超过裂缝两端点 30mm。

- 用錾子沿裂缝线錾切宽为 3mm、深为 2mm 的 V 形槽，并在裂缝两端钻止裂孔。

- 先用金属清洗剂清洗裂缝四周，待干后再用酒精擦洗一遍。

- 调配 A、B 双管胶。

- 用调好的胶液先填充止裂孔和 V 形槽，并在槽的四周和预先备好的网纹布上（宽 20mm，长超过裂缝长度 10mm）涂上胶液，把布条粘在裂缝上，在原来渗漏严重的地方，用同样的方法粘第二层布条，最后在布条的外面再均匀地涂一层胶液。经这样处理，24h 后发动机便可投入使用。假如在冬季，为加快胶液的固化速度，可用电吹风或红外灯进行加热处理。

第三节 配气机构常见故障诊断检修

配气机构是进、排气管道的控制机构，它按照汽缸的工作顺序和工作过程的要求，及时开闭进、排气门，向汽缸供给可燃混合气（汽油机）或新鲜空气（柴油机），并及时导出废气。当配气机构出现故障时，将直接影响发动机的动力性和经济性，造成排放超标，污染环境，甚至造成发动机不能启动等严重故障。四行（冲）程发动机都采用气门式配气机构。配气机构的总体结构如图 1-19 所示。

46. 气门间隙过大

（1）故障现象

行驶无力，同时伴有"嘭、嘭"的响声，功率明显下降。

（2）诊断检查

① 发动机怠速时，在气门室盖附近可以听到杂乱的"哒、哒"声。

② 拆开空气滤清器能够听到"嘭、嘭"的响声（非金属敲击声），用手捂住空气滤清器进气口，响声明显减弱，但却会出现"哒、哒"声。

③ 路试，车辆行驶无力。

④ 断缸检查，无上缸迹象。

（3）诊断与排除

调整气门间隙。但有些发动机，根据行驶条件，适当增大气门间隙，动力性和经济性会

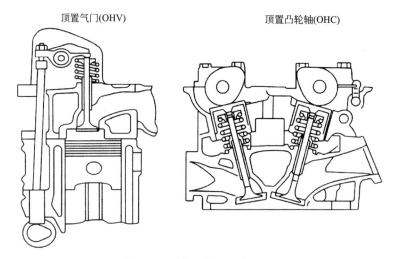

顶置气门(OHV)　　　　　　　　顶置凸轮轴(OHC)

图 1-19　配气机构的总体结构

更好，也就是说允许有轻微的气门脚响。

47. 气门间隙过小

(1) 故障现象

① 发动机怠速运行平稳，也无杂声。

② 启动性能变差。

③ 汽车行驶无力。

④ 温度高时会出现不规则的进气回火、排气放炮。

⑤ 甚至会出现活塞撞击气门的响声。

(2) 故障原因

间隙过小，会造成汽缸密封不好，使功率下降，可根据故障现象进行判断，必要时可在发动机温度高时测量汽缸压力，这时的汽缸压力明显低于正常值。

(3) 诊断与排除

调整气门间隙，一般发动机都不允许气门间隙过小。

48. 排气门烧蚀

(1) 故障现象

① 汽车行驶无力。

② 发动机抖动严重。

③ 排气管有"突、突"的排气声。

④ 消声器处冒白色或灰色的烟雾。

(2) 诊断与排除

根据以上现象，对发动机进行逐缸断缸试验，当某缸断缸后，转速无变化或变化不大，排气管"突、突"的响声同时消失，即为该缸故障。为进一步确珍排气门是否烧蚀，可对该缸再进行压力测试，方法同"42. 汽缸压力过低"故障。

(3) 气门烧蚀的原因有

① 气门间隙太小，气门受热膨胀后关闭不严。

② 气门杆与气门导管的间隙过大而摇晃。

③ 气门杆弯曲或气门头变形后而倾斜。

④ 气门杆积炭过多，使气门在气门导管内运动受阻滞。气门杆与气门导管的间隙过小，气门运动不灵活。

⑤ 发动机负荷重、温度高，气门又传热不良。

⑥ 气门座附近的冷却水套内因水垢等原因使冷却效果不良。

⑦ 气门材料和制造质量欠佳。

（4）诊断与排除

根据上述气门烧蚀的原因，查明故障原因并排除后，更换气门。

49. 进气门积炭和结胶

气门积炭和结胶是气门头、气门座圈、气门导管处聚集有不完全燃烧形成的炭渣、胶性物质。积炭会造成气门与气门座圈的密封锥面贴合不好，引起气门漏气和传热不良、气门烧蚀等不良现象。结胶严重时会使气门运动迟滞甚至卡在气门导管内而无法运动。

（1）故障现象

① 发动机运转不稳，抖动大。

② 启动性能变差。

③ 汽车行驶无力。

④ 发动机达到一定温度后进气管发出尖锐的"碟、喋"声响。

⑤ 排气声不均匀。

⑥ 进气歧管有过热烫手现象。

⑦ 严重时进气管有回火现象。

（2）诊断分析

根据以上现象，特别是进气歧管过热烫手现象是故障的特征，再对发动机进行逐缸断缸试验，当某缸断缸后，转速无变化或变化不大，进气管"碟、喋"的声响消失，即为该缸故障。为进一步确珍故障，也可对该缸再进行压力测试，方法同"42. 汽缸压力过低"故障。

（3）进气门产生积炭和结胶的原因

① 气门油封失效，机油进入汽缸内燃烧产生大量胶、炭。

② 活塞与汽缸的配合间隙过大。

③ 活塞环对口、弹性下降、开口间隙过大或方向装错。

④ 使其密封性降低，使机油窜入汽缸燃烧。

⑤ 气门杆与气门导管磨损过量、间隙过大，以及气门关闭不严，使机油被吸入汽缸。

⑥ 发动机低温运转时间过长。

⑦ 机油的质量欠佳或黏度过小，油底壳内机油液面过高，促使机油窜入燃烧室。

⑧ 使用含有多胶质的柴油，或柴油喷射时雾化不良，造成燃烧不完全。

（4）诊断与排除

① 根据上述故障原因，查明故障原因并排除。

② 拆卸气门检查，如果气门没有损坏则可清除积炭，装复使用。

③ 如果故障较轻可不解体清除积炭，在油箱中按比例加入汽缸清洗剂，汽车可正常运行，如果故障症状减轻，可再继续清洗一次，如果无效则解体汽缸盖，手工清除积炭。

④ 如果气门损坏或烧蚀应更换气门。

50. 配气相位失准

（1）故障现象

① 发动机怠速抖动大，无异响。

② 启动性能困难。

③ 汽车行驶无力。

④ 不规则的进气回火和排气放炮。

（2）检测方法

配气相位检测方法如图 1-20 和图 1-21 所示。

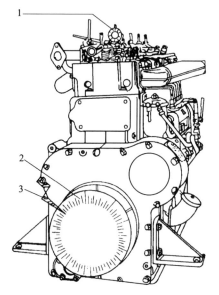

图 1-20 在曲轴前端固定刻度盘法检测配气正时（相位）

1—百分表及表架；2—刻度盘；3—指针

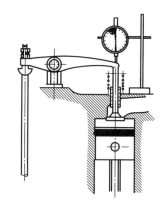

图 1-21 顶置气门式发动机气门测量方法

① 配气机构的零件要求：磨损不超过允许值。配气机构配合间隙符合规定，调整好气门间隙，具体应按原厂技术要求进行。

② 摇转曲轴，使四缸气门叠开（四缸发动机），即 1 缸压缩终了位置，并检查 1、4 缸活塞上止点标记是否对齐，即正时齿轮盖上的指针对准带轮上的刻度线，或飞轮壳上的刻度线是否与飞轮上的刻度对齐。并移动分度盘，使"O"对准指针装置上的指针。

③ 安装好磁座百分表，如图 1-21 所示，对 1 缸进行检查，先检查进气门，将百分表压在进气门弹簧座端面上，压入 1mm，长针对准"O"。顺转曲轴直至百分表（约 330°）长针一动，即停止转动，观察分度盘上的读数，并标在相位图上，该度数即为进气门开启角（约在上止点前 20°）。继续摇转曲轴，直至百分表回复原位，此时指针所指为进气门关闭角（在下止点后 60°～70°）。

④ 用同样的方法，对排气门进行检查，即把百分表压在排气门弹簧座端面上，压入 1mm，继续顺转曲轴，百分表长针一动，即停止转动，观察分度盘上的读数，即为排气门开启角（约在下止点前 60°）。继续摇转曲轴至百分表回复原位，即排气门的关闭角（在上止点后 20°～30°）。把进、排气门的早开和迟闭角度值标在相位图上。

⑤ 其他各缸的检测方法与 1 缸相同，但注意：检查 2、3 缸时，其上止点位置与 1、

4 缸正好相反，这与曲轴的转角有关。

（3）调整方法

当配气相位的检查结果与标准相比较时，如有变动，可用下列方法进行调整。

① 如果是个别气门偏早或偏迟且相差不大时，可采用调整个别气门间隙的方法来解决。

② 如大多数偏于一边，早或迟的相差数接近一致时，一般应根据少数服从多数，采用偏位键的方法来调整，见图 1-22。

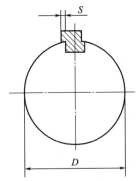

图 1-22　用偏位键的方法调整配气相位

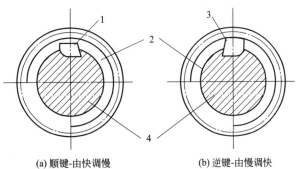

(a) 顺键-由快调慢　　　　　(b) 逆键-由慢调快

图 1-23　偏位键的方向

1—偏位顺键；2—正时齿轮；3—偏位逆键；4—曲轴

③ 如大多数气门配气相位角偏差 6°以上，应先将正时齿轮向左或右转动一个齿后，再用偏位键来进行调整。在用偏位键固定齿轮时，应注意键的安装方向。键分顺键（由快调慢）、逆键（由慢调快）。在装键时注意，当配气迟时用逆键，配气早时用顺键，见图 1-23。

51. 进气管漏气

（1）故障现象

① 发动机动力不足。

② 启动困难。

③ 发动机抖动。

④ 急加速时有回火或放炮现象。

⑤ 严重时在进气管附近可听到"嘘、嘘"的响声。

（2）诊断与排除

① 首先在进气管附近听诊是否有漏气"嘘、嘘"的响声。

② 漏气部位在空气流量计前方，发动机通常没有故障现象，只增加发动机的磨损。

③ 漏气部位在空气流量计后方、节气阀前方，则发动机表现为：动力不足、运行不平稳。

④ 漏气部位在节气阀后方，则发动机表现为启动困难、回火放炮等现象。

52. 排气管漏气

（1）故障现象

① 排气噪声大。

② 有时会放炮。

③ 废气检测，氧含量增加。

（2）诊断与排除

① 目测法：排气管漏气部位通常有烟冒出，周围有黑色的炭烟痕迹。

② 手感法：用手在距排气管100mm处巡查，漏气部位有窜气的感觉（小心烫伤）。

③ 听诊法：漏气部位有"叭、叭"的响声。

④ 排气管漏气故障通常都用以上几种方法结合来诊断。

53. 进气管回火

（1）故障现象

① 发动机高温时进气管出现"嘭、嘭"的响声，拆除空气滤清器时可看到明显回火，如图1-24所示。

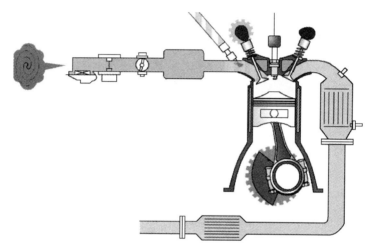

图1-24　进气管回火示意图

② 启动性能变差。

③ 汽车行驶无力。

（2）故障原因

对于配气机构而言，进气管回火的原因如下。

① 进气门间隙过小，发动机高温时由于气门杆膨胀伸长而使气门关闭不严。

② 进气门烧蚀或气门座烧蚀，引起进气门关闭不严。

③ 当缸内燃烧做功冲程时，火焰漏入进气管，使进气管中的混合气产生燃烧而造成回火。

（3）诊断与排除

① 检查和调整进气门间隙。

② 更换进气门或气门座。

54. 排气管放炮

（1）故障现象

① 发动机高温时排气管出现"叭、叭"的响声，如图1-25所示。

② 启动性能变差。

③ 汽车行驶无力。

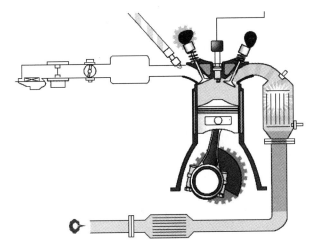

图 1-25　排气管放炮示意图

（2）故障原因

对于配气机构而言，排气管放炮的原因如下。

① 排气门间隙过小，发动机高温时由于气门杆膨胀伸长而使气门关闭不严。

② 排气门烧蚀或气门座烧蚀，引起排气门关闭不严。

③ 当缸内压缩冲程时可燃混合气体漏入排气管，在排气管中遇其他缸排出的火焰混合气产生燃烧而造成放炮。

（3）诊断与排除

① 检查和调整排气门间隙。

② 更换排气门或气门座。

55. 节气门位置传感器故障

（1）故障现象

① 发动机怠速不稳，过高或过低。

② 发动机怠速游车。

③ 自动变速器车辆入挡冲击过大。

④ 急加速发抖熄火，加速无力，急放油门发抖熄火。

从上述故障现象可初步诊断为混合气过稀或过浓，点火正时错误等。

（2）故障原因

① 节气门位置传感器触点或滑盘脏污。

② 节气门位置传感器怠速开关信号失效。

③ 节气门位置传感器烧蚀。

④ 节气门位置传感器断路或短路。

（3）诊断与排除

① 发动机怠速不稳，过高或过低　怠速时，发动机无法从节气门位置传感器得到 IDL 触点闭合的信号，怠速控制系统不能启动怠速控制，以致当打开空调或打开其他电器设备时，无法提供怠速补偿。

② 触点一直常开，自动变速器车辆入挡冲击过大　当怠速触点在怠速时无法闭合，自

动变速器入挡时，不能进行入挡缓冲控制。点火时间和喷油量无法相应推迟和减少，以致入挡冲击过大。

③ 节气门开度信号（VTA）输出异常　当节气门开度信号不能正常反映油门踏板开度时，发动机电控单元就无法根据实际的油门踏板开度进行控制，以致发动机工作异常。例如，加速不良，怠速不稳定，自动变速器升降挡异常。

56. 节气门位置传感器检测方法

线性输出型节气门位置传感器的结构和电压输出特性如图1-26所示。它的两个触点（或称触头）与节气门轴联动，一个触点可在电阻上滑动，利用电阻的变化将节气门位置信号转换成电压值VTA。这个电压呈线性变化，所以传感器叫做线性输出型节气门位置传感器。根据这个线性电压值，ECU可感知节气门的开度，使ECU进行喷油量修正，而另一个触点在节气门全关闭时与怠速触点IDL接触，IDL信号用来断油和进行点火提前角控制。线性输出型节气门位置传感器又叫做可变电阻式或滑动电阻式传感器，它与ECU的连接电路如图1-27所示。

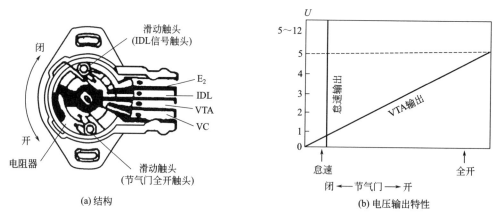

图1-26　线性输出型节气门位置传感器的结构和电压输出特性

VC—电源；VTA—认节气门位置传感器输出信号；IDL—怠速触点；E_2—接地

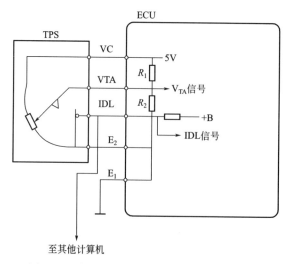

图1-27　线性输出型TPS与ECU的连接电路

（1）丰田汽车线性输出型节气门位置传感器的检测

丰田皇冠 3.0 型轿车发动机采用线性输出型节气门位置传感器，其检修内容主要是怠速触点导通情况检查、传感器电阻检查、传感器电压检查等。

① 怠速触点导通情况检查　关闭点火开关，拔下节气门位置传感器导线连接器，用万用表的电阻挡检查导线连接器上 IDL 触点的导通情况，如图 1-28 所示。当节气门全关闭时，IDL-E_2 端子间应导通，电阻为零；当节气门打开时，IDL-E_2 端子间不导通，电阻为无穷大。如测量所得与上述不符应更换节气门位置传感器。

② 传感器电阻检查　关闭点火开关，拔下节气门位置传感器导线连接器，用万用表电阻挡测量 VTA 与 E_2 间电阻，其电阻值应随节气门开度的增大而成线性增大。传感器电阻检查如图 1-29 所示。

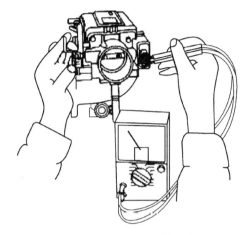

图 1-28　怠速触点导通情况检查

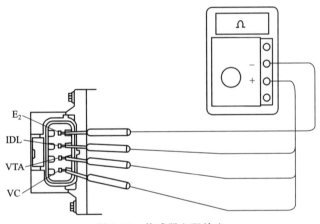

图 1-29　传感器电阻检查

在节气门限位螺钉和限位杆之间插入不同厚度的厚薄规片，用万用表电阻挡测量传感器导线连接器上各端子间的电阻，其电阻值应符合表 1-8 的规定。

表 1-8　线性输出型节气门位置传感器各端子间电阻值

限位螺钉与限位杆之间间隙/mm	测量端子	电阻值/kΩ
0	VTA-E_2	0.34～6.30
0.45	IDL-E_2	0.50 或更小
0.55	IDL-E_2	∞
节气门全开	VTA-E_2	2.40～11.20
—	VC-E_2	3.10～7.20

③ 传感器电压检查　把导线连接器重新插好，打开点火开关，发动机 ECU 连接器上 IDL、VC、VTA 三端子处应存在电压。用万用表测量 IDL-E_2、VC-E_2、VTA-E_2 间电压值，应符合表 1-9 规定。

表 1-9　节气门位置传感器各端子间电压

测量端子	测量条件	电压值/V
IDL-E_2	节气门全开	9～14
VC-E_2	—	4.0～5.5
VTA-E_2	节气门全闭	0.3～0.8
	节气门全开	3.2～4.9

④ 节气门位置传感器的调整　松开节气门位置传感器的两个固定螺钉，如图 1-30(a) 所示，在限位螺钉和限位杆之间插入 0.50mm 厚薄规片，同时用万用表检查 IDL 与 E_2 的导通情况，如图 1-30(b) 所示。逆时针转动节气门位置传感器，使怠速触点断开，然后再顺时针方向慢慢转动节气门位置传感器，直到怠速触点闭合为止，这时万用表的电阻挡有读数显示，再拧紧两个固定螺钉。其次用 0.45mm 和 0.55mm 的厚薄规片先后插入限位螺钉和限位杆之间，测量 IDL 和 E_2 之间的导通情况。当用 0.45mm 厚薄规片时，IDL 和 E_2 端子间应导通；当用 0.55mm 厚薄规片时，IDL 和 E_2 端子间应不导通。否则，应再次调整节气门位置传感器。

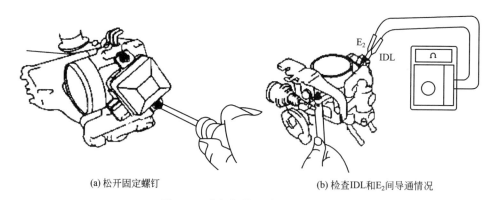

(a) 松开固定螺钉　　　　　　　　(b) 检查IDL和E_2间导通情况

图 1-30　节气门位置传感器的调整

(2) 桑塔纳 2000GSi 型轿车线性输出型节气门位置传感器的检测

捷达 GT、GTX 和桑塔纳 2000GSi 型轿车发动机都采用线性输出型节气门位置传感器，它的结构外形和连接电路如图 1-31 所示。

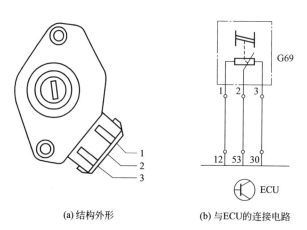

(a) 结构外形　　　　　　(b) 与ECU的连接电路

图 1-31　桑塔纳 2000GSi 型轿车发动机线性输出型节气门位置传感器

1—电源电压（5V）；2—信号输出端子；3—搭铁端子

当节气门位置传感器发生故障时，发动机 ECU 可以诊断到，并使发动机进入应急状态运行。利用 V. A. G1551 或 V. A. G1552 故障诊断仪，通过故障诊断插座可以读取故障信息。

检修线性输出型节气门位置传感器时，可用万用表测量电源电压和信号电压，桑塔纳 2000GSi 型轿车 TPS 的 标准数据在表 1-10 中已经标明，检修时参照执行即可。如电压值与表中规定值出入较大，说明传感器已损坏，应更换。

表 1-10　桑塔纳 2000GSi 型号轿车节气门位置传感器检修标准

检测项目	检测条件	检测部位	标准值
TPS 电源电压	点火开关在 ON	端子 1-端子 3	约 5V
TPS 信号电压	①节气门关闭 ②点火开关在 ON	端子 2-端子 3	0.1～0.9V
TPS 信号电压	①节气门全开 ②点火开关在 ON	端子 2-端子 3	3.0～4.8V
TSP 正极导线	拔下 ECU、传感器插头	端子 12-端子 1	<0.5Ω
TPS 信号线	拔下 ECU、传感器插头	端子 53-端子 2	<0.5Ω
TPS 负极导线	拔下 ECU、传感器插头	端子 30-端子 3	<0.5Ω

当检查电阻时，应关闭点火开关，拔下导线连接器，ECU 和传感器两插头上各端子间电阻应符合表 1-10 规定。如果电阻过大或过小，说明线束端子接触不良，应进行修理。

节气门位置传感器确诊故障后，应予以更换。更换新的节气门位置传感器必须进行匹配学习也就是基本设定。通常的方法是用专用的故障诊断仪，进入基本设定功能，再选择节气阀匹配选项进行基本设定。如果没有故障诊断仪，也可以根据各车型的说明书进行自学习，通常做法是按照说明书的规定，踩、放油门踏板到底 N 次，即可进行节气阀自学习。

57. 节气门位置传感器基本设定

基本设定功能使发动机 ECU 读取节气门控制部件（位置传感器）停止位置的各项参数，并作为控制发动机工作时节气门位置的基本参数。如果重新安装节气门控制部件或发动机 ECU 出故障时，必须重新进行基本设定，完成节气门控制部件与发动机 ECU 的匹配。

(1) 大众车系

基本设定时，ECU 中应无故障码。基本设定可用 V. A. G1552 诊断仪进行。

输入地址码 "01" 进入发动机电控系统检测，输入 "04" 进入基本设定功能，屏幕显示输入显示组号。输入组号 "98"，屏幕显示：

System in basic setting 98　　　→
×.×××V ×.×××V Leerlauf ADP. EIN

解读为：

基本设定 98　　　　　　　　　　→
×.×××V ×.×××V 怠速 匹配. 打开

按 "Q" 键确认，节气门定位器移动到最小、最大和 5 个中间位置，发动机 ECU 在存储器内记录各种节气门角度，这个过程不超过 10s。然后节气门在关闭前保持在启动位置。完成后屏幕显示：

System in basic setting 98　　　→
×.×××V ×.×××V Leerlauf ADP. i. o

解读为：

基本设定 98　　　　　　　　　　→
×.×××V ×.×××V 怠速 匹配. 完成

若显示上述信息，表示匹配成功。若在区域 4 显示 "ADP. n. i. o"，则表示匹配没有完成；若区域 4 显示 "ADP. ERROR"，则表示匹配错误。

节气门体基本设定过程有可能中断，使匹配不能完成或匹配错误，其原因是：油泥使节气门不能灵活转动；节气门拉索调整不当；节气门体或线束损坏；蓄电池电压太低等。

匹配完成后，输入"02"读取故障码。若有故障应排除，最后结束基本设定。

（2）日产车系

① 节气门关闭位置学习　通过让 ECM 监测节气门位置传感器的输出电压，来学习节气门的完全关闭位置。然后 ECM 根据传感器输出信号判断节气门关闭位置。

在每次断开电控节气门执行器的线束接头或 ECM 后，必须进行节气门关闭位置学习。

操作步骤如下。

a. 确认加速踏板完全松开。

b. 打开点火开关。

c. 关闭点火开关，并等待至少 10s。

d. 在 10s 中，确认可以听见节气门电动机的声音。

② 怠速空气量学习　怠速空气量学习是 ECM 学习怠速空气量的操作，从而保持怠速在规定范围内。

对于装有手动调节螺钉的 AAC 阀的系统（图 1-32）来说，AAC 阀略微打开，以在暖机情况下保持目标怠速。

然后，ECM 将其作为"最小 AAC 阀开度角"记忆，并在考虑最小 AAC 阀开度角的情况下在怠速后控制发动机转速。

当进气道堵塞和气量减少时，AAC 阀开大，以保持目标发动机转速。在这种情况下，ECM 更新最小 AAC 阀开度角至最优值，以满足当前状况。

电控节气门系统管理怠速进气量，而不是 AAC 阀。也就是说，怠速空气量学习使 ECM 学习在正常发动机工作温度下的实际气量，并作为 ECCS 控制的基本数据。

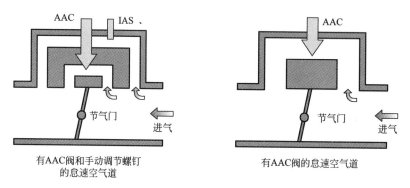

图 1-32　怠速调节阀示意图

对于装有怠速控制系统，而没有手动调节螺钉的汽车来说，必须执行该步骤。

必须在下列任一情况下执行：每次更换 AAC 阀（电控节气门执行器）或 ECM 时；怠速或点火正时超出规格时。

a. 准备（示例）。在进行怠速空气量学习前，确认满足下列所有条件。如果即使某一秒没有满足下列条件，则学习将取消。

- 蓄电池电压：大于 12.9V（怠速过程中）。

- 发动机冷却液温度：70～100℃（158～212℉）。

- PNP 开关：ON。

- 电气负载开关：OFF（空调、前大灯、后窗除雾器）。
- 方向盘：中间（直线朝前位置）。
- 车速：停止。
- 变速箱：暖机。
- 使用诊断仪 CONSULT-Ⅱ：驾驶汽车，直至"A/T"系统的"DATA MONITOR"模式中的"FLUID TEMP SE"指示小于 0.9V。
- 没有诊断仪 CONSULT-Ⅱ：驾驶汽车行驶 10min 进行暖机。

b. 操作步骤（使用诊断仪 CONSULT-Ⅱ）。先执行"加速踏板释放位置学习"和执行"节气门关闭位置学习"。

ⓐ 启动发动机并暖机至正常工作温度。

ⓑ 检查主题下列出的所有项目均正常。

ⓒ 选择"WORK SUPPORT"模式中的"IDLE AIR VOLLEARN"，如图 1-33 所示。

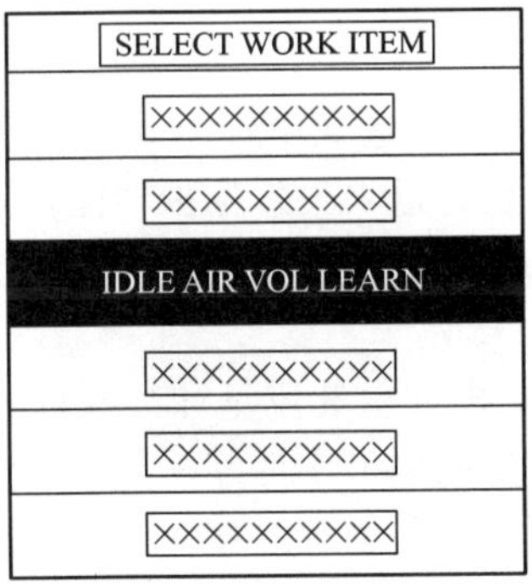

SELECT WORK ITEM
××××××××××
××××××××××
IDLE AIR VOL LEARN
××××××××××
××××××××××
××××××××××

图 1-33　选择"IDLE AIR VOLLEARN"模式

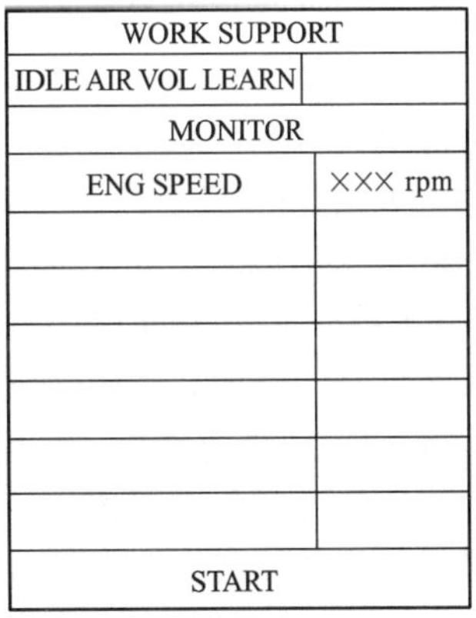

WORK SUPPORT	
IDLE AIR VOL LEARN	
MONITOR	
ENG SPEED	××× rpm
START	

图 1-34　触摸"START"

ⓓ 触摸"START"并等待 20s，如图 1-34 所示。

ⓔ 确认 CONSULT-Ⅱ屏幕上显示"CMPLT"。如果不显示"CMPLT"，则怠速空气量学习没有成功执行。

ⓕ 加速发动机 2 次或 3 次，确认怠速和点火正时在正常范围内。

58. 空气流量计故障

(1) 故障现象

① 发动机怠速不稳。

② 行驶无力并冒黑烟。

③ 加速性能下降，油耗量升高。

④ 急加速回火。

⑤ 有时出现窜动的现象。

⑥ 有时换挡熄火。

(2) 故障原因

空气流量计故障。

(3) 诊断与排除

电控发动机出现混合气过浓、过稀造成的故障现象，应对空气流量计进行检查，检查方法如下。

① 用故障诊断仪读取故障码，有故障码按故障码处理。

② 用故障诊断仪读取空气流量数据，根据数据分析空气流量计是否正常。

③ 无故障诊断仪的情况下只能做对比试验，就是换用一个正常使用的空气流量计试验，如故障消失则是空气流量计故障。

59. 空气流量计检测方法

（1）对比方法

在发动机运转的状况下拔下空气流量计的插头，观察发动机的变化情况，将会出现以下三种情况。

① 故障消失　说明此空气流量计信号有偏差，并没有损坏，电控单元一直按有偏差的错误信号进行控制喷油。由于混合比失调，发动机燃烧不正常，将会出现发动机转速不稳或动力不良现象。当拔下空气流量计插头时，电控单元检测不到进气信号，便会立即进入失效保护功能，以节气门位置传感器信号替代空气流量计信号，使发动机继续以替代值进行工作。拔下空气流量计插头，故障消失，正是说明了拔插头前信号不正确，拔插头后信号正确，故障消失。

② 故障依旧　说明此空气流量计早已损坏或线路不良，造成电控单元根本没收到信号或收到的是超值信号，电控单元确认空气流量计信号不良，进入失效保护功能，同时将故障码存入存储器，故障指示灯闪烁（指装有指示灯的发动机）。此时拔下空气流量计插头与不拔插头结果是一样的，故障现象不会发生变化。

③ 故障现象稍有变化　说明此空气流量计是好的。拔下空气流量计插头前，电控单元根据空气流量计信号进行控制，喷油量准确，发动机各工况均工作良好；当拔下空气流量计插头时，电控单元根据节气门位置传感器信号进行控制，喷油量有差异（可从数据流中读出这微小的变化值），发动机工况相对稍差。

（2）试验方法

打开点火开关至"ON"位置，用万用表直流电压挡检测传感器的输出电压，其电压值为5V，用吹风机向传感器内吹空气，信号电压若随吹入风量大小的变化而变化，为正常；如数据不变或是变化不太灵敏，则是空气流量计故障，应更换。

（3）检测输出电压方法

测量发动机工况的输出电压数据。在插头的信号端测量动态信号电压，怠速工况下，标准电压为0.8～1.4V；加速到全负荷时，电压信号可接近4V。如实测值，怠速时为0.3V，加速到满负荷时只有3V。由此可以确认，空气流量计有问题，信号电压整体偏低，故障原因有两个：零件质量问题，应更换；脏污问题，只要用清洗剂清洗即可恢复。

60. 实例1——时代超人轿车怠速不稳

（1）故障现象

一辆时代超人轿车，因怠速不稳，加速无力，急加速回火故障来厂检修。

（2）故障诊断

无故障码，着车后，进入读取数据流功能。怠速：转速在750～850r/min之间波动，节气门开度4°，进气量1.5g/s，喷油脉宽1.6ms，氧传感器信号0.2V不变。

从以上5个数据中可以看出，只有节气门位置信号是正确的，其他信号均偏离了标准范围，进气量明显偏低（标准值为2～4g/s）。大众车系的怠速控制是直动式的，怠速下的进气量由节气门怠速电动机来控制，而进气量由空气流量计来测量，它们是一个统一的逻辑关系。也就是说，节气门的开度决定了进气量的大小。正常情况下，节气门的每个开度均对应着一进气量。为什么此车进气量在节气门正常开度下会偏低呢？

可能有三个原因：节气门信号不准确；空气流量信号不准确；有漏气的可能。

再来分析喷油脉宽 1.6ms（标准值：2～2.5ms），明显偏小，但此时的喷油量与进气量相符，说明喷油量少与进气量信号有关。氧传感器信号 0.2V，更加证实喷油少，导致混合气过稀。

通过数据流分析，确认空气流量计信号过低，其原因就在空气流量计可能是真空漏气，用真空表测量歧管真空度为 62kPa，正常，不存在漏气。于是用万用表仔细测量空气流量计信号电压，怠速下为 0.4V（标准值＝0.8～1.4V），加速时最大值不到 3V（标准值=3.5～4V）。因而可确认空气流量计有故障，拔下空气流量计插头时，故障明显转好。更换空气流量计后，故障排除。

61. 实例 2——捷达轿车耗油

（1）故障现象

一辆捷达轿车，故障现象为耗油，冒黑烟，加速时较正常。

（2）故障诊断

读取故障码，无故障码。读数据流，节气门 4°（标准 2°～4°），进气量 5g/s（标准 2～4g/s），喷油 2.7ms（标准 2～2.5ms），氧传感器信号 0.8V（标准 0.5V 上下变化）。从以上数据分析，冒黑烟、耗油是因为混合气过浓，喷油量过大，其根本原因为进气测量信号过大。再从节气门开度分析其值并不大，可以认为空气流量计信号大的原因如下。

① 有负荷信号。

② 空气流量计信号不准确。一般来讲，怠速控制中有两个控制内容。

a. 稳速控制，即在电控单元的目标转速下进行稳定控制。

b. 在稳速控制的基础上进行提速控制，即有负荷时（空调、转向、制动、挂挡、冷车等）自动提高转速以克服负荷所带来的影响。检查中未发现有负荷信号，且从怠速转速上也未看到提速的迹象，看来问题应在空气流量计上。

于是用万用表检测，发现怠速时空气流量计的信号高达 2V，比正常值 0.8～1.4V 高出了许多。再用拔下空气流量计插头的方法观察变化，果然好转，更换空气流量计，故障排除。再次读取数据流时，显示为 2.4g/s，再次测量其信号电压时为 0.9V，数值一切正常。

62. 实例 3——凌志轿车高速闯车

（1）故障现象

凌志 LS400 轿车高速闯车。发动机在原地加速时运转正常。当汽车行驶速度在 120～140km/h 左右时，汽车会出现闯动的现象，有时闯动频繁，有时只是偶尔闯动，感觉好像是发动机间歇断火。

（2）故障分析

发动机空载运转时正常，而故障只在 120km/h 车速以上时发生，或者说是有较大负荷时故障才出现，因此故障原因可能是发动机高速断火、断油、喷油量突然减少，或者是废气再循环、汽油蒸气回收系统、进气控制系统、氧传感器闭环控制系统等在高速时工作不正常造成的。

（3）检修过程

读取故障代码，无码检查点火系统，将示波器接到一个点火线圈的中央高压线，试车、闯车时点火高压为 8～10kV，正常，点火波形良好；将示波器接到另一个点火线圈的中央高压线，再试车出现故障时点火波形也良好。后来将示波器逐个接到各缸的高压线，再试车，结果发现闯车时各缸的高压都正常，波形都正常，可见闯车的原因不是点火系统造成的，应查找其他方面的原因。

将示波器接到第一缸喷油器控制端，试车观察喷油时间的变化情况，闯车该汽缸的喷油时间正常，为 3.5ms。然后将示波器逐个接到其余汽缸的喷油器控制端，再试车观察喷油时间的变化情况，闯车时每个汽缸的喷油时间都无异常。也不能说明故障是喷油量造成的。接上电脑检测故障诊断仪，读取数据，从获得的数据来看，当系统由闭环控制进入开环控制时，车速在 120km/h 左右，是容易出现闯车的时候。断开氧传感器接线，强迫发动机常处于开环控制，接着试车，故障依旧，其他数据都正常。最后怀疑可能是某个传感器的信号不稳定，影响了发动机的动态工作，而且这个信号在诊断仪上又看不出问题。关键的传感器有曲轴位置传感器、凸轮轴位置传感器、节气门位置传感器、空气流量计、车速传感器等。将示波器逐个接到曲轴位置传感器、凸轮轴位置传感器、节气门位置传感器，试车出现故障时这些信号都正常。将示波器接到空气流量计（涡流式）信号端，试车，出现故障时发现矩形波信号有偶尔中断的现象，接着测量其电源端与接地端的工作电压，出现故障时，电压为稳定的 5V，电压正常。说明该故障是空气流量计高速时有时信号输出不正常所致。将检查情况告知车主，车主说前段时间曾在另一修理厂检修过其他方面的故障，后来就发生了现在这个故障，怀疑被人调换了空气流量计。后来车主找到原修理厂，要回了原件，装上后汽车工作恢复正常。

63. 实例 4——奥迪行驶无力冒黑烟

（1）故障现象

奥迪 A6 1.8T 发动机怠速不稳，行驶无力并冒黑烟。做一次基本设定，故障排除，但几天后又出现反复。

（2）检测过程

电脑显示空气流量计临时性故障，更换空气流量计故障依旧，更换电脑故障依旧，再检测全车数据块正常。但具体检测空气流量计电路，发现空气流量计信号线电阻值偏大，正常值为 0.5Ω，而实际值达 3.6Ω。真正的故障原因是线路有虚接，处理线束插头，故障被排除。

（3）故障分析

这种故障属于特殊故障，但是在实际维修中却经常遇到，而且解决起来相对困难。在这里可以发现一个问题，空气流量计信号线位于插头的转角处，在生产过程中容易产生位置故障，造成接触不良。在其他插头中，相对位置也值得注意。

64. 实例 5——上海别克急加速回火

（1）故障现象

上海别克（电控 V6 发动机）车，故障现象为路试动力不足、加速不良、怠速抖动、急加速回火。根据故障现象，可以初步确定为供油量不足，混合气过稀，燃烧过晚（即混合气配制有问题）。该车为电脑控制点火，一般点火能量或点火时刻出现问题的可能性相对较小，因此确立了先油气系统后点火系统的维修思路。

（2）诊断与排除

具体维修步骤如下。

① 首先清洗空滤器，更换火花塞、汽油滤清器。故障依旧。

② 对供油系统进行燃油压力（包括调节压力、残余压力、最大供油压力）检测。在喷油嘴试验机上检测喷油嘴，雾化良好，说明油路正常。

③ 拆下空滤器，用手堵住节气门体的部分进气口滤网，以减少主通道进气面积，使混合气变浓，结果怠速变稳，加速不回火，说明故障的直接原因是混合气过稀。

④ 考虑到空气流量计是影响空燃比的重要因素，用仪器作数据流分析，发现其信号电压在怠速和加速时几乎不变，因此判定空气流量计信号有问题。

⑤ 拆下空气流量计检查，发现热线未断，但热线上有积垢，问题被发现。原来由于积垢导致热线与流入空气的冷却效应减弱，信号电压较弱，电脑不能正确感知空气流量，控制喷油嘴喷以较小油量，从而造成混合气过稀，导致上述故障现象。

⑥ 使用清洁剂直接喷洗，装复后试车，故障排除。

65. 实例 6——捷达车怠速不稳

（1）故障现象

某捷达车怠速不稳。

（2）检修过程

用 V.A.G1552 读取故障码，显示为空气流量计故障，但具体检测空气流量计电路时情况正常，更换空气流量计，故障依旧。

通过检测全车数据块，发现氧传感器信号电压变化频率慢，正常值是 $20\sim30min^{-1}$，此车平均只有 $5\sim6min^{-1}$，说明氧传感器有故障。更换氧传感器，故障排除。

由于氧传感器失准，造成误调节，但从结果上看和空气流量计严重超差造成氧传感器无法调整是一样的，这里电脑优先考虑重要信号即空气流量计信号。

可见，当运用故障码去诊断故障时，必须克服过分迷信、依赖故障码，孤立、片面使用故障码的错误做法，应该客观对待，正确使用。在弄清发动机工作原理的基础上，根据故障码提示结合故障现象和各元件的性质、设计参数，全面综合分析，去伪存真，抓住主要矛盾，快速、准确地作出判断。

◎ 第四节　冷却系统常见故障诊断检修

冷却系统的主要功用是把受热零件吸收的部分热量及时散发出去，使发动机得到适度的冷却，保证发动机在最适宜的温度状态下工作。

发动机的冷却必须适度。如果发动机冷却不足，将导致发动机温度过高，机械强度降低，容易造成零件损坏，另外由于进气温度高，汽缸充气量减少和燃烧不正常，发动机的功率下降，发动机零件也会因润滑不良而加速磨损。

另一方面如果冷却过度，发动机温度过低，将导致热量散失过多，使发动机转变为有用功的热量减少，机械效率降低；而且由于混合气与冷汽缸壁接触，使其中已汽化的混合气又凝结造成燃烧不完全，发动机动力性和经济性下降，润滑油变质，排放超标。冷却系统基本结构如图 1-35 所示。

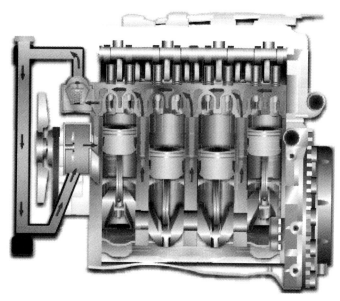

图 1-35 冷却系统基本结构

66. 发动机温度过高

（1）故障现象（图 1-36）

① 发动机大负荷低速行驶时冷却器沸腾。

② 发动机大负荷工作时出现爆震异响。

③ 汽车行驶无力。

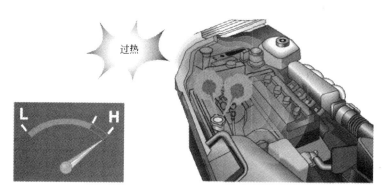

图 1-36 发动机温度过高现象

（2）故障原因

① 节温器泄漏或装反，冷却水只进行小循环。

② 风扇转速上不去。

③ 电控风扇作用时间过短。

④ 风扇传动带过松。

⑤ 缸体水套内水垢过多。

⑥ 冷却水循环量过小。

⑦ 冷却液不足。

⑧ 混合气过稀或过浓：混合气过稀燃烧速度慢，在做功行程中燃烧放出的热量增加，也会导致发动机过热。

⑨ 另外点火时间过迟、过早都会引起发动机过热，燃烧室积炭过多、严重超载等多种原因也会造成发动机过热。

⑩ 汽缸盖垫破损或汽缸盖破裂，大量的高温气体进入冷却器，也会导致发动机过热。

（3）诊断与排除

① 首先检查冷却系统，冷却液是否充足、风扇传动带是否过松，电子风扇应检查转速是否达标。

② 再检查节温器是否正常。

节温器检查方法：准备一只电热杯和一支温度计，将节温器放入电热杯，加水至浸没节温器，同时放入温度计，然后加热至 80℃，再测量节温器的开度，是否符合标准，不合格只能更换。节温器结构如图 1-37 所示。

③ 冷却水循环量是否足够。

④ 如果水温不高水箱就沸腾，说明汽缸垫破损或汽缸盖破裂。

⑤ 最后检查点火时刻是否正常、混合气浓度是否正常。

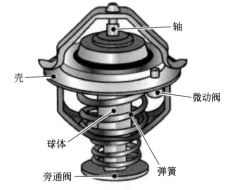

图 1-37　节温器结构图

67. 发动机温度过低

（1）故障现象

发动机升温缓慢或工作温度过低。

（2）故障原因

节温器损坏或温度显示系统故障。

（3）诊断与排除

① 发动机启动运转 10min 后工作温度应达到 85～90℃，否则应检查水温表和水温感应器、节温器是否有故障。

② 首先应检查水温表水温感应塞是否损坏，指示系统损坏对发动机工作影响不大。可以在发动机工作 10min 后测量发动机温度，也可凭经验判断发动机实际温度来确定指示系统是否有故障。

③ 节温器调压阀损坏后与发动机的工作温度有关，工作时间长，水温才能升高，工作时间短，水温升到 45℃ 时变化不大。检查机械方面：主要是节温器黏结卡滞在开启位置，不能闭合，使冷却液始终进行大循环。

④ 然后检查电气方面：发动机冷却液温度传感器是否工作不良，信号不准确，而造成无快怠速、散热风扇长时间高速工作等。

⑤ 另外，在盛夏季节，发动机工作温度较高有的驾驶员拆除节温器以降温，这不是理想的办法，因为在城市短途运输中，它将延长发动机的加热时间，而长时间使用时影响发动机寿命并可增加单位油耗。

（4）诊断与排除

① 节温器损坏更换节温器。

② 温度传感器损坏更换温度传感器。

68. 冷却液泄漏

（1）故障现象

水量不足引起发动机过热。

（2）诊断与排除

① 检视冷却软管是否破裂，卡箍是否松动。

② 检查水泵是否漏水，可用一洁净木条伸到泄水孔处，木条上无水迹则说明水泵不漏水。

③ 检查冷却系统内部有无漏水，拔出机油尺，若发现机油中有水，则气门室内壁或进气通道内壁有可能破裂漏水。

④ 打开水箱盖，如果有翻腾剧烈冒泡则是汽缸垫损坏或汽缸盖变形。

⑤ 检查散热器盖的排气阀是否松动，胶圈失效，密封不良，若冷却水容易从加水口处飞溅出来，则说明散热器盖的排气阀失效。散热器盖结构原理如图 1-38 所示。

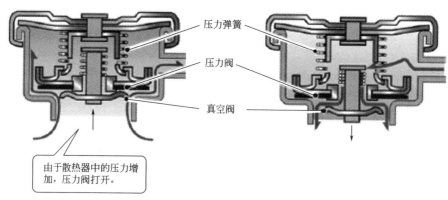

图 1-38　散热器盖结构原理

⑥ 查看水箱是否有渗漏，如果有水渍就一定有渗漏。

⑦ 查看储液罐是否有裂纹，盖是否松动或密封不良。

69. 在行驶中突然过热

（1）故障现象（图 1-39）

发动机运行中突然过热，或冷启动时发动机水温迅速升高并沸腾，在补足冷却水后才转

图 1-39　行驶中发动机过热

为正常。

（2）分析诊断

① 行驶中发动机突然过热，应首先注意电流表动态，若加大油门时电流表不指示充电，且表针只是由放电 3～5A 间歇摆回"0"位，说明风扇传动带断裂，如电流表指示充电，则应使发动机熄火，用手触摸散热器和发动机，若发动机温度过高而散热器温度低，说明水泵轴与叶轮松脱，使冷却水循环中断；若发动机与散热器温度差别不大则应查找冷却系统有无严重漏水处。

② 冷却水在初发动时温度很快升高，致使冷却水沸腾，这多是因为节温器主阀门脱落并横卡在散热器进水管内，阻碍了冷却水的大循环。

③ 水泵损坏，不能泵水。

④ 在行驶过程中若总是发现冷却水沸腾，应立即停车，使发动机低速运转几分钟后再熄火检查，不能立即加水降温，以防温差变化太大造成有关零件由于内应力而发生裂纹，也不能立即熄火防止温度骤然上升。若汽缸垫烧坏，水箱口会向外溢水和排出气泡，呈现出冷却水沸腾的状态，启动时排气管会排出水分，工作时冒白烟。

（3）诊断与排除

① 水泵损坏更换水泵。

② 节温器损坏更换节温器。

③ 汽缸垫烧坏更换汽缸垫，并查明烧坏原因（汽缸盖或汽缸体平面度超过限度，较长时间缺水运行使发动机高温工作和急加水冷却等）。

70. 风扇不转

（1）故障现象

发动机过热。

（2）故障原因

风扇驱动电动机故障、控制电路断路。

（3）诊断与排除

启动发动机至冷却水温度在 80℃ 左右时，测量风扇电动机连接器的接线端插头电压应在 12V 左右，无电压检查保险器或线路断路；电压小于 10V 线路连接松动、氧化等；电压正常则是电动机损坏（参见冷却系统控制电路图）。

更换电动机、检修电路。

71. 风扇转速慢

（1）故障现象

发动机过热。

（2）故障原因

风扇驱动电动机线圈匝间短路故障（电动机老化）、控制电路产生附加电阻。

（3）诊断与排除

① 首先测量电动机端电压与主线路电压差不大于 0.2V，否则检修电路各连接端子是否松动或氧化、电线电阻是否过大等（参见冷却系统控制电路图）。

② 在电路正常的情况下，通常是电动机线圈的绝缘漆老化、受潮使绝缘性能下降而造成匝间短路。

检测电路，更换电动机。

72. 风扇运转时机不准

（1）故障现象

发动机过热或发动机升温慢。

（2）故障原因

风扇控制电路（图 1-40）故障。

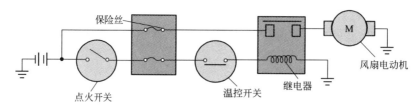

图 1-40　风扇控制电路图

（3）故障诊断

根据控制电路结构检修风扇控制电路，通常是检查温控开关或冷却液温度传感器出现故障。

（4）故障排除

更换温控开关或冷却液温度传感器。

73. 节温器损坏

（1）故障现象

① 冷却液温度过高。

② 水箱沸腾而温度又不高。

③ 发动机温度过高而散热器温度并不高。

④ 发动机有爆震响声。

（2）诊断与排除

当听到发动机有爆震响声时首先查看水温，如果水温过高就应检查风扇是否转动正常，再检查冷却液量是否正常，对比发动机与水箱的温度差距，如果差距大可拆检节温器。

随车检查节温器的方法如下。

① 发动机刚启动时的检查：打开水箱盖，如果水箱内冷却水是静止的，则表明节温器工作正常。这是因为，在水温低于 70℃ 时，节温器处于收缩状态，主阀门关闭；当水温高于 80℃ 时，膨胀筒膨胀，主阀门渐渐打开，水箱内的冷却水开始循环工作（大循环开始）。若水温表指示在 70℃ 以下，水箱进水管处有水流动，而且水温微热，则表明节温器主阀门关闭不严，使冷却水过早进入大循环（图 1-41）。

② 水温升高后的检查发动机工作初期，水温上升很快，当水温上升到 80℃ 后，升温速度减慢，则表明节温器工作正常；反之，水温一直升高很快，且内压达到一定程度时，沸水突然溢出，则表明主阀门长时间处于关闭状态后突然被打开。水温表指示在 70～80℃ 时，打开水箱盖及放水开关，用手感觉水温，若烫手，说明节温器正常；若加水口处水温低，且水箱上水室进水管处于无水流出或流水甚微，说明节温器主阀门卡滞，无法打开进行大循环。

（3）诊断与排除

节温器损坏，只能更换，在无配件的情况下可暂时拆除不用。

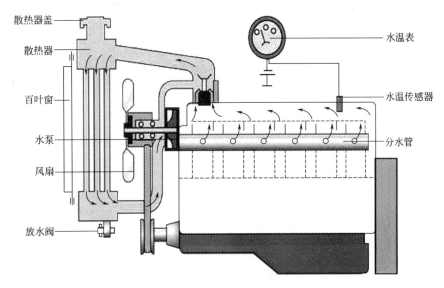

图 1-41　冷却液循环示意图

节温器构造见图 1-37，节温器检验方法见本节 73。

◉ 第五节　润滑系统常见故障诊断检修

润滑系统的功用如下。

① 润滑　使发动机内部运动零件表面之间的干摩擦变为液体摩擦，减少零件表面摩擦磨损。

② 清洗　利用润滑油冲洗零件表面，带走零件磨损磨屑和其他杂质。

③ 冷却　机油在润滑系统内循环还可带走摩擦产生的 6%～14% 的热量。

④ 密封　在运动零件之间形成油膜，提高间隙的密封性。

⑤ 防锈蚀　在零件表面形成油膜，防止腐蚀生锈。

⑥ 减振缓冲　在运动零件表面形成油膜，吸收冲击并减小振动，起减振缓冲作用。

⑦ 传动　现代发动机润滑油还可用作液压传动，如液压挺柱，可变配气系统。

润滑系统出现故障，将导致发动机运行阻力增加、磨损增大、噪声增大和使用寿命减少等后果。润滑系统出现严重故障时会引起发动机报废的严重事故。

发动机润滑系统的示意图见图 1-42。

74. 机油变质

(1) 故障现象

机油取样，颜色变黑（多级机油比较容易变黑，检查时应注意区别）；含水分的机油呈乳浊状且有泡沫。

故障原因（图 1-43）如下。

① 机油使用时间过长，在高温和氧化作用下，加快了机油氧化和机油碳化，使机油逐渐变质。

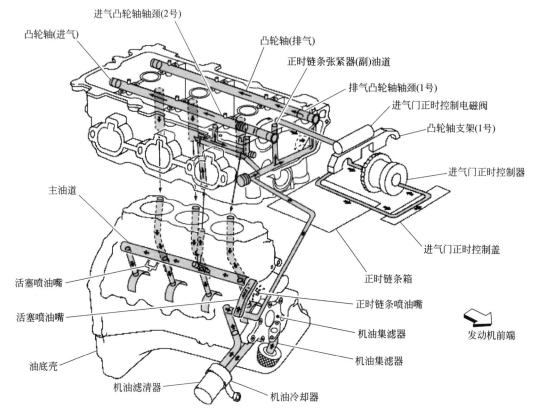

图 1-42　发动机的润滑系统

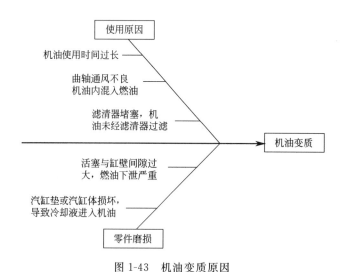

图 1-43　机油变质原因

②　活塞和汽缸间隙变大，活塞环漏气，燃油下泄量大，稀释机油。

③　汽缸垫密封不严或缸体有裂纹、砂眼等造成冷却液漏入曲轴箱，使润滑油和冷却液搅拌后乳化。

④　曲轴箱通风不良，机油中混杂有废气中的燃油，使机油变质。

⑤ 机油滤清器堵塞，机油未经过滤而直接通过旁通阀，润滑短路，造成机油内杂质过多；机油泵磨损，供油能力下降。

（2）诊断与排除

① 检查机油中是否含有水分，进而检查冷却系统如汽缸体等是否有裂缝。

② 取机油样品数滴，滴在滤纸上，若其扩散的油迹为中心黑色杂质多，则说明机油内杂质多，变质。

③ 用手捻取样机油，失去黏性感，说明机油内混有燃油。应检查曲轴箱通风是否良好，活塞的漏气量是否超标，检查滤清器失效否及油道是否堵塞。

75. 发动机润滑油质量检测

润滑的目的在于减少机件的摩擦和磨损，以提高机械效率和延长发动机的寿命。摩擦所造成的机械功率损失为发动机总机械功率的 25%～29%，其中消耗于发动机摩擦的为 19%～23%，通过改善润滑状况，可减少 30% 的摩擦损失，相当于总机械功率的 6%～9%。

发动机润滑油的选择，主要是以黏度、性能水平、换油周期来决定。

机油品质检测方法有以下几种。

① 理化性能指标检测法。

② 滤纸斑点分析法。

③ 清净性分析法。

④ 介电常数分析法。

⑤ 光谱分析法。

⑥ 磁性探测器分析法等。

（1）机油中金属含量的检查

目的：根据机油里所含金属量的多少判断发动机的磨损情况和金属的类别来判断磨损部位。当机油中某种金属含量增加时说明发动机内有关摩擦副异常磨损，必须立即查明原因进行处理。

目测检测法：热机时放出机油静置沉淀数小时，然后慢慢倒去上层机油，根据底部的金属沉淀物，判断各摩擦副的磨损情况。

① 黑色粉末为铁质：缸套和活塞环磨损。

② 白色粉末为铝、铬：铝，表示活塞磨损，铬表示活塞销或第一道环磨损。

③ 白色片状为减摩合金：主轴或连杆轴承脱落，必须立即修理。

④ 黄色铜质粉末或片状：连杆衬套磨损，应立即修理。

仪器检测法：目前润滑油质量检测仪器很多，对于金属含量的检测以光谱分析仪为佳。

技术指标：各种金属含量不同，通常某种金属含量的质量分数小于 0.001%～0.005% 为正常；等于 0.005%～0.01% 为异常；大于 0.01% 为极限。

（2）机油品质检查

机油品质检查：主要是检查机油的颜色和黏度。黏度的变化能反应机油被污染、氧化或燃油稀释的程度。常用方法有：目测法、滤纸斑点分析法和电阻法。

① 目测法

a. 颜色

• 颜色变黑：通常为机油中碳含量偏高，表明汽缸密封不良或工作温度过高。

- 颜色变黄：通常为机油中有水分，表明汽缸体、汽缸盖、汽缸垫有裂纹或破损。

b. 黏度

- 黏度过高：通常为机油中胶质含量高，表明发动机工作温度过高、燃料不合格、封存时间过长等。

图 1-44　机油测试滤纸实物图

- 黏度过低：通常为机油中混入燃料或水分，表明燃料雾化不良或汽缸裂纹漏水。

② 滤纸斑点分析法　测定在用机油的等级或润滑油的性能是否失效、油品是否变质的一种简单的方法。

材料：机油测试滤纸，如图 1-44 所示，要求质量好，无污染，干燥防潮。

检测方法：如图 1-45 所示，在一张专用的滤纸上滴一滴需检测的发动机机油，1～2h 后观察油斑扩散情况。

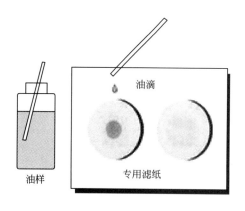

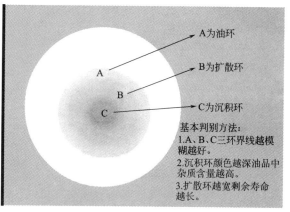

图 1-45　油斑扩散情况

根据图 1-46 中机油扩散情况可作如下判断。

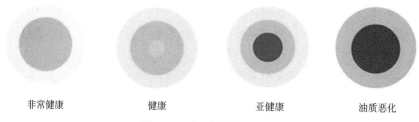

非常健康　　　健康　　　亚健康　　　油质恶化

图 1-46　油斑扩散情况分析

一级：非常健康，油斑的沉积区和扩散区没有明显界线，油环淡而透明，油质非常好。

二级：健康，机油沉积环色深，扩散环宽，油环为黄色，油质已经有轻度氧化和污染，机油还可以使用。

三级：亚健康，沉积环深褐色，沉积物密集，扩散环窄，油颜色变深，油质已经中度氧化，建议更换机油。

四级：油质恶化，只有沉积环和油环，没有扩散环（机油失去清净分散能力），氧化沉积物密而且厚稠，油环成深黄色，油质已经高度氧化，失去了对机械的润滑保护，必须立即更换。

76. 机油压力低

（1）故障现象

仪表盘上机油压力警报灯闪烁；机油警报蜂鸣。

（2）故障原因（图1-47）

① 机油油面过低。

② 机油压力传感装置故障。

③ 机油泵损坏或内部零件磨损。

④ 机油黏度低或被稀释。

⑤ 机油泵限压阀失效或弹簧过软。

⑥ 发动机曲轴、连杆、凸轮轴等轴承间隙过大。

⑦ 机油集滤器网被胶状物糊住；机油泵内形成空气间隙，失去泵油功能等。

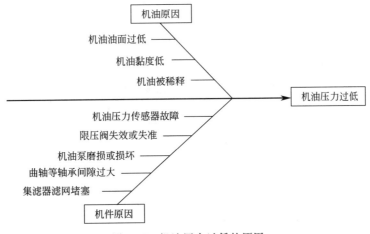

图1-47 机油压力过低的原因

（3）诊断与排除

故障诊断与处理，如图1-48所示。

77. 机油压力高

（1）故障现象

检查机油压力超过0.4MPa；机油警报灯闪亮且蜂鸣器响。

（2）故障原因

机油压力过高的原因有：机油质量问题和机械故障两方面的问题，如图1-49所示。

（3）诊断与排除

机油压力过高的故障诊断框图如图1-50所示。

78. 机油消耗超标

（1）故障现象

① 发动机功率下降，排气管冒蓝烟。

② 机油严重超耗，大车超耗量大于0.3L/100km；小车超耗量大于0.05L/100km。

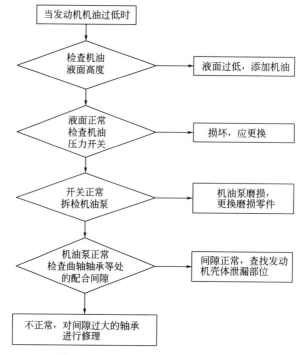

图 1-48　机油压力过低故障诊断框图

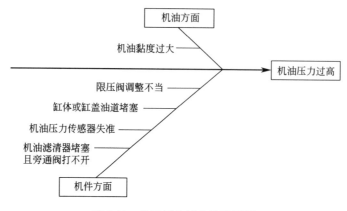

图 1-49　机油压力过高故障原因

（2）故障原因

发动机机油超耗，一般为密封或衬垫失效的渗漏和汽缸磨损过甚所引起，如图 1-51 所示。

① 活塞、活塞环与汽缸壁严重磨损而使配合间隙过大。

② 活塞或汽缸拉伤。

③ 活塞环（特别是油环）弹性差。

④ 活塞环与环槽的边隙、侧隙过大。

⑤ 活塞环被积炭卡死或对口。

⑥ 扭曲环装反。

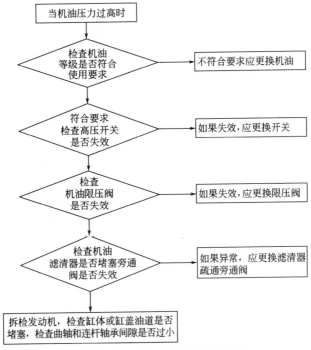

图 1-50 机油压力过高故障诊断框图

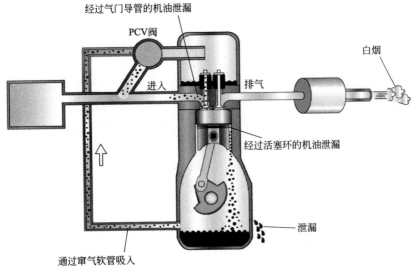

图 1-51 发动机机油泄漏部位图

⑦ 气门杆与导管配合间隙过大或油封失效。

⑧ 各密封垫破损、变形、腐烂、老化造成密封不良而漏油。

(3) 诊断与排除

启动发动机预热至正常工作温度。

① 怠速运转 5min，拆检各缸火花塞。若某个缸火花塞中心电极上沾有油污（机油），则该汽缸窜油。

② 无负荷高速运转发动机，若出现发动机排气管冒蓝烟，而加机油口不冒蓝烟，则为气门导管有渗油现象。

③ 发动机高速运转，若发动机排气管冒蓝烟，加机油口也脉动冒烟，则为活塞环配合间隙过大。

④ 用汽缸压力表检测汽缸压力以确定汽缸是否密封良好。

诊断流程框图见图1-52。

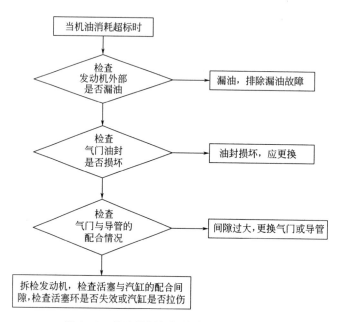

图1-52 机油消耗超标故障诊断流程框图

79. 机油压力突然过低

（1）故障现象

汽车在运行中当仪表盘上的机油压力警告灯亮，机油压力表指示为"0"。

（2）故障原因

① 机油盘（油底壳）撞击异物而破裂使机油漏完。

② 机油泵齿轮轴键折断或脱落。

③ 油路或油管破裂或脱开。

④ 传感器仪表故障。

⑤ 机油量过少，机油泵吸入大量空气。

（3）诊断与排除

应立即停车熄火，检查机油油面是否过低。若过低应按规定补充机油，然后再启动，观察警告灯是否熄灭或是否有机油压力或压力是否上升。若有压力，应按机油压力过低故障进行排除。但刚启动的短时间内有时怠速运转也会出现警告灯亮的情形，若稍加速后灯便熄灭，则属正常现象。

若还是无压力又不缺机油，应拆开气门室盖，启动发动机，若有机油飞溅则是传感器或仪表故障，可继续行驶，进厂检查。若无机油飞溅，则不可行驶，必须检查机油泵和油路系统，排除故障后方可行驶。

◎ 第六节 点火系统故障常见故障诊断检修

点火系统的功用如下。

① 将蓄电池（或发电机）的低压电流转变为高压电流。

② 按照汽油发动机的工作循环、点火顺序，及时地将高压电流分配到各个汽缸的火花塞，使火花塞产生火花放电，点燃汽缸中被压缩的混合气，从而使混合气燃烧做功。

③ 根据汽油发动机的不同工况和使用条件，及时调节至最佳点火提前角，使发动机能发出最大功率和最小油耗。

点火系统出现故障将导致发动机无法启动、启动困难或运行中熄火等现象，还会使油耗上升、动力下降、温度上升、进气管回火、排气管放炮和发动机异响等故障现象。传统点火系统的基本结构如图 1-53 所示。

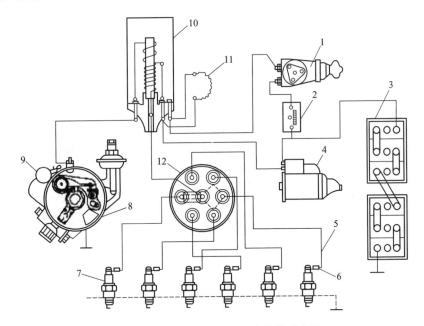

图 1-53 传统点火系统的基本结构示意图

1—点火开关；2—保险器；3—蓄电池；4—启动机；5—高压线；6—阻尼器；7—火花塞；
8—分电器；9—电容器；10—点火线圈；11—电阻器；12—分电器盖

80. 发动机对点火系的要求

（1）供电系统应有稳定的低压电源电压

对于汽油发动机，点火系统在发动机的各种工况和使用条件下，蓄电池和交流发电机是保证发动机点火系统可靠工作的供电系统。其电源电压直接影响着点火系统的正常工作。电源电压过高，容易造成点火线圈及点火控制器损坏；过低，则造成高压电电压不足，点火能量下降，混合气燃烧不良，甚至发动机熄火或不能启动。

（2）能产生足以击穿火花塞电极间隙的电压

使火花塞电极之间产生电火花的电压称为击穿电压，火花塞击穿电压与火花塞电极间隙的大小、汽缸内的压力与温度、火花塞电极的形状以及发动机的工作情况等因素有关。

① 火花塞电极间隙大小对击穿电压的要求　电极间隙越大，击穿电压越高，因为当电极间隙增大时，气体中的离子和电子距离电极的路程增大，受电场力的作用越小，不易发生碰撞而电离，因此需要较高的电压才能跳火。

② 汽缸压力与温度的高低对击穿电压的要求　击穿电压与混合气的密度有关。因为混合气的密度越大，即每单位体积中气体分子的数量越多，离子自由运动的距离（即两次碰撞之间的距离）就越短，故不易发生碰撞电离作用。只有提高加在电极上的电压，增大作用于离子上的电场力，使离子加速才能发生碰撞电离而使火花间隙击穿。

③ 电极的温度和极性对火花塞击穿电压的影响　试验证明，当火花塞的电极温度超过混合气的温度时，击穿电压降低 30%～50%。这是因为电极温度越高，包围在电极周围的气体密度就越小，从而越容易发生碰撞电离。此外，当受热的电极是负极（即火花塞的中心电极是负极性）时，由于电发射和二次电子发射作用（即在正离子的轰击下，使阴极有发出新的电子的现象），火花塞的击穿电压约降低 20%。

④ 发动机的工况对火花塞击穿电压的影响　发动机工作情况不同时，火花塞的击穿电压也不同，其值随发动机的转速、功率、压缩比、点火提前角以及混合气的成分而改变。

启动时的击穿电压最高，当火花间隙为 0.7mm 时可高达 19kV。这是由于启动时汽缸壁、活塞以及火花塞的电极都处于冷态，吸入的混合气温度低、雾化不良。压缩时混合气的温度升高不大，加之火花塞电极之间还可能积有机油或汽油，因此击穿电压最高。试验证明，在火花塞电极上存有机油或汽油油滴时，击穿电压将升高 10%～20%。此外，汽车加速时，由于大量的冷混合气突然进入汽缸，使火花塞中心电极温度降低，因此击穿电压也较高。

为了保证点火可靠，点火装置必须有一定的高压储备，使之在所有情况下送往火花塞电极间的电压均大于该工况下火花塞的击穿电压值。但过高的次级电压，将造成绝缘困难，使成本提高，因此，次级电压通常限制在 30kV 以内。

（3）火花应具有足够的能量

要使混合气可靠点燃，火花塞产生的火花应具有一定的能量。发动机正常工作时，由于混合气压缩终了的温度已接近其自燃温度，因此所需的火花能量很小（1～5mJ）。传统点火系统能发出 15～50mJ 的火花能量，足以点燃混合气。发动机启动、怠速运转以及节气门快速打开时，则需较高的火花能量。启动时，由于混合气雾化不良，废气稀释严重，电极温度低，故所需的点火能量最高。启动时火花能量大，发动机启动所需的时间则可减小。另外，为了提高发动机的经济，当采用 α 为 1.2～1.25 的稀混合气，由于稀混合气难以点燃，也需增加火花的能量。考虑上述情况，为了保证可靠点火，一般应保证有 50～80mJ 的点火能量，启动时应产生大于 100mJ 的火花能量。

（4）点火时间应适应发动机的工作情况

首先，点火系统应按发动机的工作顺序进行点火，如东风 EQ1090 型、解放 CA1091 型汽车的六缸发动机，点火顺序为 1→5→3→6→2→4；北京 BJ2020 型汽车四缸发动机的点火顺序为 1→2→4→3；奥迪 100 型轿车四缸发动机、桑塔纳轿车的四缸发动机点火顺序为 1→3→4→2；天津夏利轿车三缸发动机的点火顺序为 1→2→3。其次，必须在最有利的时刻点火，点火时刻是用点火提前角来表示的。点火提前角是指火花塞电极间跳火时，到活塞行至上止点为止这一段时间内曲轴转过的角度，以 θ 表示。图 1-54 为解放 CA1091 型汽车发动机在某一工况下，发动机功率 P_e、单位燃料消耗量 g_e 与点火提前角的关系。

通常把发动机发出功率最大和油耗最小时的点火提前角称为最佳点火提前角。由此可知，偏离最佳点火提前角时，都会使发动机的动力性和经济性下降。图 1-55 所示为四冲程发动机在不同的点火时刻的示功图。

图 1-55(a) 上方的阴影面积表示混合气在工作循环中所做的有效功，图中下方较小的阴影面积表示进气和排气的损失，发动机所发出的功率与这两个面积的代数和成正比。

当电火花点火后，混合气需要先经诱导期，然后才能进入猛烈的明显燃烧期，即混合气从开始点火到完全燃烧需要一定的时间，所以要使发动机发出最大功率，点火时间不应在压缩行程终了，而应适当提前。试验证明，如果点火时间适当，燃烧最大压力出现在上止点后 $10°\sim15°$，则示功图上面封闭曲线的面积最大，也就是发动机的功率最大。

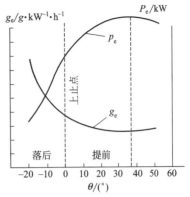

图 1-54　点火时间与发动机工况的关系

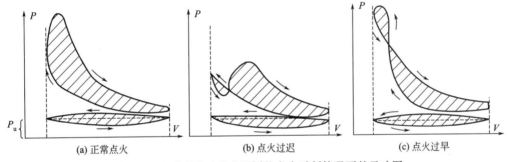

| (a) 正常点火 | (b) 点火过迟 | (c) 点火过早 |

图 1-55　四冲程发动机在不同的点火时刻情况下的示功图

如果点火过迟，在活塞到达上止点时才点火，则混合气一边燃烧，活塞一边下行，即燃烧过程在容积增大的情况下进行，使炽热的气体与汽缸壁接触的面积增加，热传导损失增大，因而转变为有效功的热量相对减小，气体最高压力降低，从而导致发动机过热，功率下降 [图 1-55(b)]。如果点火过早，由于混合气的燃烧完全在压缩行程进行，汽缸内压力急剧升高，在活塞到达上止点前即达最大，使活塞受到反冲，阻止活塞继续向上运动，不仅使发动机的功率降低 [图 1-55(c)]，并有可能引起爆燃和运转不平稳现象。此外，运动的零件和轴承也会加速损坏。

由上述可知，要使发动机发出的功率最大，油耗最小，混合气应在最佳点火提前角时点火。不同类型的发动机，最佳点火提前角也不相同，即使是同一台发动机，工况和使用条件变化时，最佳点火提前角也要随之变化。

81. 影响最佳点火提前角的因素

(1) 转速

汽车发动机的最佳点火提前角是随发动机转速而改变的，发动机转速越高，最佳点火提前角越大。这是因为发动机转速升高时，在相同时间内，活塞位移量相对较大，曲轴的转角也较大，如果混合气的燃烧速率不变，则最佳点火提前角应按线性规律增长。但当转速升高时，由于混合气的压力和温度的提高以及扰流的增强，会使燃烧速度也随之加快，因此最佳点火提前角应随发动机转速升高而增大，但却不是线性关系。为使最佳点火提前角能随发动机转速升高而增大，一般是在分电器中装有离心提前机构来实现的。

（2）负荷

在同一转速下，随着发动机负荷的增大，最佳点火提前角将随之减小。这是由于发动机负荷大即节气门开度大时，吸入汽缸的混合气量增多，压缩行程终了时的压力和温度增高，使燃烧速度加快，因此，最佳点火提前角随负荷增大而减小。为使最佳点火提前角能随负荷增大而减小，一般是在分电器上装有真空提前机构来实现的。

（3）启动及怠速

虽然发动机启动和怠速时，混合气燃烧速度较慢，但混合气的全部燃烧时间却只占较小的曲轴转角。如果点火过早，则燃烧过程可能在上止点以前结束而使曲轴反转，因此要求点火提前角减小（一般为 $5°\sim6°$）或不提前。

（4）汽油的辛烷值

发动机在一定条件下，会出现爆燃现象。爆燃使发动机动力下降，油耗增加，发动机过热，因此对发动机极为有害。发动机的爆燃与汽油品质有密切关系，常用辛烷值来表示汽油的抗爆性能，辛烷值大的汽油不易爆燃。

使用同一牌号的汽油时，如点火过早，混合气的燃烧容易转为爆燃，这是因为燃烧是在压力增高的时候进行的，燃烧室中先燃烧的部分混合气膨胀而压缩未燃烧的混合气，使其温度急剧上升到自燃温度而突然自行全部着火，形成爆燃。因此在使用辛烷值低的易爆燃汽油时，应适当减小点火提前角。为了根据汽油品质来改变点火提前角，在分电器上通常还装有辛烷选择器。

（5）压缩比

图 1-56 所示的是混合气成分为 0.85 时的点火提前角与压缩比的关系。由图 1-56 可知，压缩比增大则最佳点火提前角减小。这是因为当压缩比增大时，压缩行程终了时的压力和温度增高，例如，当压缩比从 3.5 增加到 7 时，压缩终了的压力从 0.49MPa 增长到

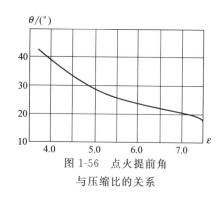

图 1-56　点火提前角
与压缩比的关系

1.27MPa，温度从 390℃ 增长到 480℃，压力和温度的增高使混合气燃烧速度加快。因此随着压缩比的增高，所需的点火提前角减小。

（6）混合气的成分

混合气的成分对最佳点火提前角的大小也有极大影响。图 1-57 所示为最佳点火提前角与混合气成分的关系。

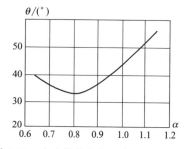

图 1-57　点火提前角与混合气成分的关系

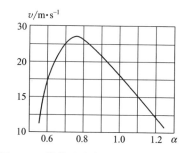

图 1-58　燃烧速度与混合气成分的关系

由图 1-57 可见，当混合气成分 $\alpha = 0.8 \sim 0.9$ 时，所需的点火提前角最小。这是因为当混合气成分 $\alpha = 0.8 \sim 0.9$ 时，燃烧速度最快。燃烧速度随混合气成分而变的关系如图 1-58 所示。因此，当混合气过浓或过稀时，由于燃烧速度变慢，必须增加点火提前角。

（7）火花塞的数量

在同一汽缸内装有两个火花塞时，由于火焰传播的路程较短，燃烧完成得较快，因此所需的提前角比用一个火花塞时小。如两个火花塞对称地布置在气门的两侧，且工作温度相同时，则两个火花塞应同时给出火花。如两火花塞是位于燃烧室中温度不同的地点，由于燃烧室不同位置的火焰传播速率不同，因此不能在同一时刻给出火花。如位于排气门处的火花塞，由于这个地区被废气稀释得厉害，所以点火提前角应比位于进气门处的火花塞的点火提前角稍大（约 2°）。

（8）进气压力

进气压力减小，由于混合气雾化和扰流变坏，使燃烧速度变慢，因此点火提前角应该增大。如在高原地区，由于大气压力低，空气稀薄，就应适当加大点火提前角。

82. 点火时间过早

（1）故障现象

怠速运转不平稳，启动时启动机发梗；急加速时发动机有爆燃声。

（2）故障原因

该故障主要是点火正时调整失准或点火角度装配失准所致。

（3）诊断与排除

连好点火测试仪，调整点火提前角到规定值。

83. 点火过迟

（1）故障现象

消音器声响沉重、急加速进气管回火和加速不灵敏、易熄火；发动机冷却液温度较高、汽车行驶无力。

（2）故障原因

点火角度不正确。

（3）诊断与排除

调整点火角度至规定值。

84. 点火正时的检查

（1）一般检查

启动发动机，使冷却液温度上升到 80℃，急加速，如转速不能随之立即增高，感到发闷，或在排气管中有"突、突"声，说明点火过迟；如出现类似钢球跌落到水泥地面的金属敲击声，说明点火过早。

（2）使用点火正时枪

① 查找并验证飞轮或曲轴前端带盘上 1 缸压缩终了上止点标记和点火提前角标记，擦拭使之清晰可见，如标记不清晰，最好用粉笔或油漆将标记描白，如图 1-59 所示。

② 将点火正时枪按图 1-60 所示连接到汽车发动机上，将传感器钳夹在 1 缸高压线上。将红色电源夹夹在蓄电池正极，黑色电源夹夹在负极。

拔下真空调节装置的真空软管，启动发动机，使机油温度升至 60℃以上。

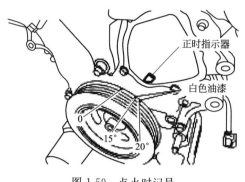

图 1-59　点火时记号

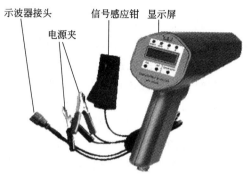

图 1-60　点火正时枪连接功能

③ 如图 1-61 所示，观察仪器显示的发动机转速，使其保持急速，此时仪器显示的点火提前角即为初始点火提前角，应为 $6°\pm1°$，若不符合要求，应进行调整。

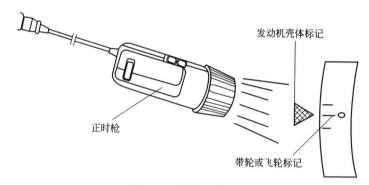

图 1-61　点火正时显示

若用点火正时灯检查，应拆下上止点传感器，将正时灯对准飞轮罩壳观察孔，调节电阻，当固定标记（罩壳上）和旋转标记（飞轮上）重合时，可测提前角。

（3）用故障诊断仪、发动机分析仪检查

用解码器和发动机分析仪的专用功能或读取发动机数据流，可以显示发动机各工况时的点火提前角。

（4）路试检查

发动机走热后，在平坦、坚硬路面上以最高挡最低稳定车速行驶。急加速时，若听到轻微的突爆声且瞬间消失（装有爆震限制器的发动机就没有突爆声），车速迅速提高，则为点火正时正确；若突爆声强烈明显且长时间不消失，则为点火过早；若听不到突爆声，且加速缓慢，排气管有"突、突"声，则为点火过迟。

85. 有分电器点火正时调整

松开分电器固定螺栓转动分电器来调整点火时刻：逆着分电器凸轮旋转方向（顺时）转动分电器外壳，点火提前；顺着分电器凸轮旋转方向（顺时）转动分电器外壳，点火延迟。

86. 无分电器点火正时调整

一般不能调整，看具体车型，少数可以通过调整螺钉进行调整或移动曲轴位置传感器。

影响发动机点火正时失准的主要零部件是发动机点火基准传感器和曲轴转角与转速传感器，因此应特别检查信号转盘是否变形、歪斜，信号采集与输出部分安装有无不当，装置间隙是否合适、安装位置和安装孔是否正确等。

① 丰田车点火正时的检查与调整　丰田车基本点火正时及点火提前正时的检查同丰田车有分电器的点火系统。丰田皇冠轿车无分电器点火系统在转速为（650±50）r/min 时，基本点火正时为 8°～12°。若不符合规定，可通过移动曲轴位置传感器的位置来进行调整。

② 桑塔纳时代超人轿车点火正时的检查　可通过 V. A. G1552 诊断仪进行。发动机怠速运转，冷却液温度高于 80℃。输入地址码"01"进入发动机电控系统检测，输入"04"进入基本设定功能，输入显示组号 95，屏幕显示：

System in basic setting 95 →	解读为	基本设定 95 →
800r/min 1.80ms 12.0° V. OT 93.5℃		800r/min 1.80ms 12.0° V. OT 93.5℃

显示区域从左至右依次为发动机转速、发动机负荷（曲轴每转喷射持续时间）、点火提前角（应为 12°±4.5°）和冷却液温度。

87. 点火正时的检查与调整实例

由于车型不同，检查调整基本点火正时角度的操作略有不同，现将几种车型的操作方法简述如下。

(1) 丰田车系

① 启动发动机使达正常工作温度。

② 发动机熄火后，连接转速表及正时灯到发动机上，变速器置于"N"挡。

③ 启动发动机并加速到 2500r/min，保持 90s，然后降回怠速。

④ 检查怠速应为 750r/min。

⑤ 发动机熄火，将诊断座中 TEI 与 E1 端子利用电线跨接。

⑥ 再发动发动机并保持在（750±25）r/min 怠速运转，检查基本正时，应在 10°，如果点不正确，则检查正时带是否跳齿，或检查节气门怠速接点（ID 与 E₂）之间是否接通。

⑦ 如果正时带正常、怠速接点良好，检测曲轴位置传感器、空气流量计、压力传感器及水温传感器。另外要注意发动机是否有漏气，若一切均正常，则是发动机电脑不正常。

(2) 三菱车系

三菱车系在有分电器式点火系统中，由发动机 ECU 中引出一个端子接在调整接头上，以供调整基本点火正时使用。检查时，用跨接线连接调整接头与车身搭铁，此时发动机便在基本点火正时的状态下工作。用正时灯检查点火提前角，在 600～850r/min 时，基本点火提前角应为 8°，若不符合，可转动分电器进行调整。

(3) 本田车系

本田轿车的点火正时记号多在曲轴带盘上。检查基本点火正时时，预热发动机，用导线将杂物厢后维修插座（2 孔）跨接；然后用正时灯检查点火正时，曲轴带盘上红色标记和正时前盖上标记应对齐。F22B1（除 KQ 型）、F22B2 和 F2081 发动机应为上止点前 15°［（700±50）r/min 时］。

(4) 奥迪车系

启动发动机怠速运转至正常工作温度，将发动机转速反复 3～4 次提升至 2100r/min，然后将水温传感器插头脱开，用正时灯检查基本点火提前角，应为 4°～8°，否则可转动分电器进行调整。调整好后将水温传感器装回，再读取故障码并将其清除。

(5) 通用车系

发动机水温正常时，跨接诊断连接器端子 A 和 B，当发动机转速在 700～800r/min 时，点火提前角为 8°～10°（视车型略有不同）。若数值不符，可转动分电器调整。调整后取下端子 A 和 B 的跨接线，否则会储存故障码。

88. 火花塞故障

（1）故障现象

① 发动机无力。

② 单缺或少数缸不工作。

③ 发动机温度高。

④ 排气管有明显的"突、突"声。

⑤ 多个火花塞故障启动困难甚至无法启动。

（2）故障原因

① 火花塞间隙过大。对于普通的火花塞，每行驶 10000km，中心电极的磨损和撕裂会扩大 0.1～0.15mm。

图 1-62 火花塞撕裂短路

② 火花塞撕裂短路，如图 1-62 所示。

③ 火花塞间隙过小。

④ 火花塞积炭短路。

⑤ 火花塞油污短路。

⑥ 外部绝缘体破裂。

（3）诊断与排除

用断缸方法检测哪缸不工作或工作不良，即可拆卸该缸火花塞检查。

① 根据火花塞现象，分析故障原因，对症排除故障后，再更换火花塞。

② 如果火花塞油污可排除发动机故障后，烘干火花塞继续使用。

③ 如果电极熔化应更换更冷型火花塞。

④ 如果火花塞积垢可更换更热型火花塞。

热型火花塞用于低速和轻载

冷型火花塞用于高速和重载

图 1-63 根据使用条件选用火花塞

89. 从火花塞表象判断发动机故障

火花塞技术状态的好坏直接影响汽车的点火性能，反过来说，汽车发动机技术状况的好坏，也可以从火花塞上反映出来。正常火花塞表面洁净，呈白色或淡棕色，或只有薄薄一层褐色粉末状积炭，电极完整无缺损，说明使用条件好。

若火花塞呈下列症状，表明发动机或火花塞工作不正常。

① 火花塞电极熔化，绝缘体呈白色。这说明汽缸内温度过高使火花塞烧蚀。其原因可

能是汽缸内积炭过多，气门间隙过小，点火时间过迟，火花塞密封圈过薄、损坏，火花塞未能按规定力矩拧紧导致火花塞散热不良、发动机散热不良等。

②　火花塞电极变圆且绝缘体结疤。这说明发动机早燃，其原因是点火时间过早，汽油辛烷值过低，火花塞热值过高等。

③　火花塞绝缘体顶部碎裂。这说明发动机产生爆震燃烧，瞬时过高的压力冲击波将绝缘体击裂。其原因是点火时间过早，汽油辛烷值过低，燃烧室内严重积炭，温度过高等。

④　火花塞绝缘体顶部有灰黑色条纹。这说明火花塞已裂损漏气，原因同上。

⑤　火花塞绝缘体顶端和电极间有油性沉积物。这说明润滑油已进入汽缸参与燃烧。如仅个别火花塞有沉积物，其原因为气门杆挡油圈失效；若所有火花塞都有沉积物，则为空气滤清器、曲轴箱通风装置堵塞等。

可根据火花塞积炭、颜色等状态来判断发动机工况，参见图 1-64。

90. 火花塞间隙不正常

（1）故障现象

火花塞间隙太大，会引起发动机缺火、高速不良、排气管放炮和高压电器击穿等故障。

火花塞间隙太小，会引起发动机怠速不稳、加速不良、排放超标并导致电极过早地被烧蚀等故障。

（2）诊断与排除

拆卸火花塞目视或间隙规测量间隙。

调整或更换，白金火花塞的火花间隙不能调整；如果火花间隙不符合规格，则应更换火花塞。

91. 高压线故障

（1）故障现象

发动机怠速不稳、加速不良、排放超标等故障。

（2）故障原因

高压线导线端子被腐蚀、导线损坏或绝缘性能下降导致点火电压下降。

（3）诊断与排除

根据故障现象，进行断火试验，检查火花塞无故障后，检视高压线导线端子是否被腐蚀，用万用表测量高压线电阻即可诊断高压线故障。

更换高压线。

92. 点火线圈故障

（1）故障现象

点火线圈损坏或工作不良会导致失火，造成发动机不能启动、怠速不稳、加速不良、排气管放炮和排放超标等故障。

（2）故障原因

点火线圈常见的故障是：初级绕组、次级绕组断路，匝间短路或绕组搭铁；绝缘老化、漏电；内部导线连接点接触不良。

点火线圈的这些故障会造成：无次级电压产生，或次级电压太低而不能点火；虽能跳火，但由于次级电压降低，点火能量不足而出现高速断火、缺火，使发动机不易启动、怠速不稳、功率下降、排气污染及耗油增加等。

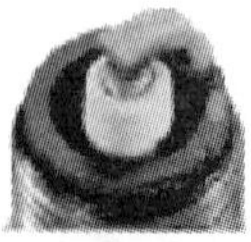	正常工况	中心电极的绝缘体部分应为浅褐色，并且电极的磨损和破裂是最小的
	炭黏附	• 反复短距离行驶 • 点火正时延迟 • 火花塞热值过高 • 混合比太浓
	机油黏附	• 机油通过活塞到达 • 机油通过气门导管到达
	电极磨损和破裂严重	火花塞使用寿命
	绝缘体破裂	火花塞板手不恰当使用
	铅黏附	使用高铅含量汽油
	过热	• 冷却不足 • 火花塞加热范围过低
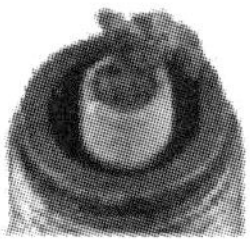	提前点火	• 积炭等 • 火花塞加热范围太低
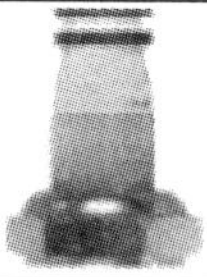	电晕污染	• 正常行驶时无故障 • 使用高铅含量的汽油

图 1-64　根据火花塞积炭、颜色状态来判断发动机工况

（3）诊断与排除

① 手摸点火线圈外壳感应温度，感到热为正常，如果烫手为点火线圈有匝间短路故障。

② 用万用表测量初级线圈和次级线圈电阻值，电阻挡分别测初、次级绕组的电阻，判断是否有绕组短路和断路的故障。测得电阻无穷大，则为绕组有断路故障；若电阻过大或过小，则说明绕组有接触不良或有匝间短路之处（在 20℃ 的环境下，初级绕组的阻值应为 0.5～1.0Ω，电子点火系，传统点火系应为 1.5～3.0Ω。次级绕组的阻值应为 2.5～4kΩ，

传统点火系为 6~8kΩ）。绕组是否搭铁，则用万能表测点火线圈接线柱与点火线圈外壳之间的电阻来鉴别。电阻为零，说明绕组搭铁；电阻小于 50MΩ 说明绝缘性能差。

③ 点火线圈的有些故障仅用万能表测量电阻的方法并不一定能反映出来。例如，点火线圈内部绝缘老化或有小的裂纹，这些只是在高压下产生漏电而造成次级电压下降，点火能量不足而使发动机工作不正常或不工作。这些故障需通过专用仪器才能准确判别。

④ 替换法，用对比跳火的方法检验。此方法在试验台上或车上均可进行，将被检验的点火线圈与好的点火线圈分别接上进行对比，看其火花强度是否一样。

点火线圈经过检验，如内部有短路、断路、搭铁等故障，或发火强度不符合要求时，一般均应更换新件。

93. 点火器故障

(1) 故障现象

点火控制模块（ICM）故障。发动机将不能启动或启动困难。

(2) 诊断与排除

电子点火系统常见故障大多由内部电子元件短路、断路、漏电等造成：功率三极管不能导通，点火线圈初级不能通路而点火；功率三极管不能截止，点火线圈初级不能断路而点火；功率三极管不能工作在开关状态，即不能饱和导通或不能完全截止，使点火线圈初级电流减小或断流不彻底，造成火花减弱或不能点火。

汽车使用的电子点火器，由于配用的点火信号发生器类型不同，电子点火器所采用的元器件结构形式和电路（如分立元件、集成电路、晶闸管等）也有所不同。即使是同一种类型的点火器，其生产厂家不同，电路结构及参数也不同，因此，很难用一种简单而统一的方法对其进行检查与测量。所以，对电子点火器的检查应根据其配用的信号发生器类型、电子点火器的工作原理、电路特点、功能以及在车上的具体连接、工作情况，选用适当的方法进行故障检查和判断。常用的检查方法主要有以下几种。

① 配用磁感应式点火信号发生器的单功能电子点火器的检修　配用磁感应式点火信号发生器的单功能电子点火器，其基本原理是利用干电池的电压作为电子点火器点火输入信号，然后用万用表或试灯来大致判断电子点火器的好坏。

拆开分电器上的线路插接器，接通点火开关，用 1 只 1.5V 的 1 号干电池，将它的正、负两极分别接至电子点火器的两根点火信号输入线。用万用表电压挡检查点火线圈"一"接线柱与搭铁之间的电压，然后将干电池的极性颠倒过来，再测量点火线圈"一"接线柱与搭铁之间的电压（观察试灯的亮灭），两次测量结果应分别为 1~2V（测试灯灭）和 12V（测试灯亮），否则，说明电子点火器有故障。

② 配用霍尔信号发生器的电子点火器的检修　拆下点火线圈"一"接线柱上的导线，在线路中串联一灯泡，把 3V 干电池的正极接到电子点火器的接线柱 6（信号线）上。接通点火开关，然后使干电池的负极和机体（接地）之间通、断，若灯泡忽亮忽灭，说明电子点火器良好，否则说明已经损坏。首先检查点火线圈与霍尔传感器，然后检查电子点火器是否有故障，同时对外电路的连接进行检查。

检查霍尔传感器，拆下电子点火器接线盒上的橡皮套，测量接线柱 4 与搭铁之间的电压，测量结果为 12V；然后在接线柱 6 之间连接一电压表，接通点火开关，转动发动机，电压表的读数在 0.4~1V 之间来回摆动，说明霍尔传感器完好。

检查电子点火器，拆下点火线圈"一"接线柱上的导线，在线路中串联一灯泡，把 3V

干电池的正极接到电子点火器的接线柱6（信号线）上。接通点火开关，然后使干电池的负极和机体（接地）之间通、断，灯泡不能正常闪亮，说明电子点火器有故障，更换新的电子点火器，发动机顺利启动。

当判定点火控制模块故障只能更换。

94. 点火信号发生器故障及检修

（1）故障现象

启动困难、不能启动、怠速不稳、加速不良、动力不足、排放超标等故障。

（2）诊断与排除

测量法：万用表，电磁式传感器可以用万用表检查点火信号线圈短、断路和电阻值，其他形式的传感器，打开点火开关启动发动机测量，传感器信号电压是否在合格范围。

仪器检测法：用示波器检测传感器输出信号波形。

目视法：检查信号线圈转子轴磨损，脏污；用间隙规检查转子与铁芯之间的空气隙。

排除法：打开点火开头，断开信号端子，用3节干电池负级接控制模块地端，正级快速地间断接点火控制模块信号端，替代点火信号，如果高压有火即为信号发生器故障。

由于点火信号发生器的形式、结构和原理不同，诊断和检修方法也不同，以下具体介绍各式点火信号发生器的故障及诊断检查方法。

① 磁感应式

a. 常见故障及影响。这种点火信号发生器的常见故障是：信号感应线圈短路、断路、转子轴磨损偏摆或定子（感应线圈与导磁铁芯组件）移动，使转子和定子之间的气隙不当，造成信号减弱或无信号而不能触发电子点火器（或 ECU）工作，点火系不能产生火花。

b. 故障检查。磁感应式点或信号发生器的检查主要是以下两项。

ⓐ 检查导磁转子与定子之间的气隙，气隙不合适，可用塞尺来检查和调整。有些气隙是不可调的，若间隙不合适，只能更换信号发生器总成。

ⓑ 检查感应线圈的电阻，电阻无穷大，则说明线圈断路，过大或过小都需更换信号发生器总成。

② 光电式

a. 常见故障及影响。光电式信号发生器的常见故障是：光敏、发光元件沾污、损坏，内部电路断路或接触不良等，使之信号减弱或无信号产生，造成发动机不能工作或工作不良。

b. 故障检查。打开分电器盖，检查光敏、发光元件表面是否脏污，线路连接是否良好。如果无问题，从发动机上拆下分电器，拆开分电器线路插接器，用导线将插接器两端的电源插孔连接起来，并将分电器外壳搭铁，打开点火开关（不启动），然后慢慢转动分电器轴，从插接器信号插孔测信号电压。如果电压表指示电压在 0~1V 之间摆动，说明信号发生器良好，否则，需更换分电器。

③ 霍尔效应式

a. 常见故障及影响。霍尔效应式点火信号发生器的常见故障是：内部集成块烧坏，线路断脱，因而不能产生点火电压信号或信号太弱，不能使电子点火器触发工作。

b. 故障检查。霍尔效应式点火信号发生器检查方法与光电式的相同，也是将信号发生器接上电源后转动分电器轴，测其信号输出电压，但电压波动的范围不一样。对于霍尔电压来说，导磁转子叶片插入缝隙时，霍尔元件上磁通量减弱，霍尔电压很微弱；而叶片离开缝隙时，则霍尔元件磁场加强，霍尔电压较高。由于霍尔电压较弱，不足以触发电子点火器工作，所以信号发生器内部加了信号放大和相反器。信号发生器输出的信号电压在转子叶片插入缝隙时是高电平，转子叶片离开时是低电平。

95. 进气管回火

（1）故障现象

发动机回火十分严重，且启动困难。

（2）故障原因

对于点火系统故障，进气管回火通常是分缸高压线插错或点火过迟而引起的。

（3）诊断排除

检查点火是否错乱，如果正常，则将点火时刻提前。

96. 排气管放炮

（1）故障现象

排气管有轻重不一的爆炸声，放炮响声断续发生，似有规律。高速时，放炮更严重。

（2）故障原因

对于点火系统而言，排气管放炮通常是由于断火引起的，或分电器盖有裂纹，使汽缸之间窜火造成的。点火提前角偏离正确位置过多时，也会引起回火或排气管放炮，另外闭合角过小是断火的重要原因。

（3）诊断与排除

高速放炮则首先考虑断火的故障，可检查点火线圈是否正常、高压线和火花塞是否正常，以及线路是否接触良好。以上部件可通过手感温度来初步判定是否正常。

再检查分电器盖（现在汽车很少有）裂纹和点火时刻。

97. 发动机爆震

（1）故障现象

发动机在大负荷中等转速时出现爆震响声，发动机温度迅速上升。

（2）故障原因

发动机爆震是由于燃烧速度过快或多个着火点造成的，如图 1-65 所示。

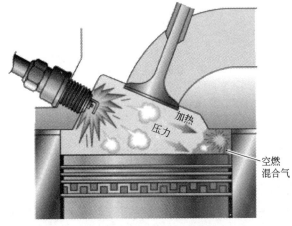

图 1-65　发动机爆震示意图

① 使用燃油牌号不正确。

② 点火提前角过大，爆震现象多数是因点火提前角过大造成的。

③ 缸内积炭过多。

④ 发动机温度过高。

（3）诊断与排除

① 延迟点火正时。

② 除去燃烧室中的积炭，以降低压缩比和除去热点。

③ 使用优质高辛烷值汽油，增加燃油的燃点。

④ 改变火花塞热范围（改用冷型）。

98. 发动机过热

（1）故障现象

在不出现爆震的情况下，水温过高并伴有发动机无力，加速不灵敏。

（2）故障原因

发动机点火提前角过小。

（3）诊断与排除

加大点火提前角。

99. 电子点火系统故障检测方法

（1）故障现象

打开点火开关，启动发动机，发动机无反应；高压试火，高压线无火花。

（2）结构原理

电子点火系统基本结构如图 1-66 所示。

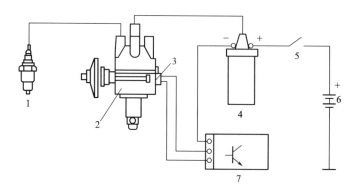

图 1-66　电子点火系统基本结构

1—火花塞；2—分电器；3—点火信号发生器；4—点火线圈；5—点火开关；

6—蓄电池；7—点火电子组件

（3）诊断与排除

电子点火系统故障诊断方法及流程框图如图 1-67 所示。

100. 微机点火正时控制方式

在 ESA 控制系统中，根据有关传感器送来的信号，ECU 计算出最佳点火时刻，输出点火正时信号（IGt），控制点火器点火。在发动机启动时，不经 ECU 计算，点火时刻直接由

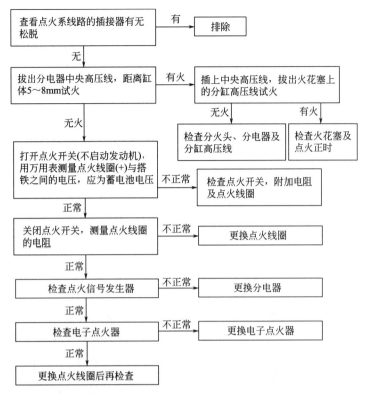

图 1-67　电子点火系统故障诊断方法及流程框图

传感器信号控制一个固定的初始点火提前角。当发动机转速超过一定值时，自动转换为由 ECU 的点火正时信号 IGt 控制。

（1）初始点火提前角

为了确定点火正时，ECU 根据上止点位置确定点火的时刻。在有些发动机中，ECU 把 G1 或 G2 信号后第一个 Ne 信号过零点定为压缩行程上止点前 10°，ECU 计算点火正时，就把这一点作为参考点。这个角度就称为初始点火提前角，其大小随发动机而异。

（2）点火提前角的计算

发动机工作时，ECU 根据进气歧管压力（或进气量）和发动机转速，从存储器存储的数据中找到相应的基本点火提前角，再根据有关传感器信号值加以修正，得出实际点火提前角。

实际点火提前角＝初始点火提前角个基本点火提前角＋修正点火提前角（或延迟角）

（3）点火提前角的控制

点火提前角的控制包括两种基本情况。

① 启动期间的点火时间控制　发动机在启动时，在固定的曲轴转角位置点火，与发动机的工况无关。

② 启动后发动机正常运行期间的点火时间控制　点火时间由进气歧管压力信号（或进气量信号）和发动机转速确定的基本点火提前角和修正量决定。

修正项目随发动机而异，并根据发动机各自的特性曲线进行修正。

（4）爆震控制方法

在传统的点火系统和无爆震控制的点火系统中，为防止爆震的发生，其点火时刻的设定往往远离爆震边缘，这样势必就会降低发动机效率，增加燃油消耗。而具有爆震控制的点火系统，点火时刻到爆震边缘只留一个较小的余量，或者说，就在爆震界面上工作，这样即控制了爆震的发生，又能更有效地得到发动机的输出功率。

工作原理：爆震传感器安装在发动机的汽缸体上，利用压电晶体的压电效应，把汽缸体的振动转换成电信号输入 ECU，ECU 把爆震传感器输出的信号进行滤波处理，同时判定有无爆震以及爆震强度的强弱，进而推迟点火时间。当 ECU 有爆震信号输入时，点火控制系统采用闭环控制方式，爆震强，推迟点火角度大；爆震弱，推迟点火角度小，并在原点火提前角的基础上推迟点火提前角，直到爆震消失为止，当爆震消失后，在一段时间内维持当前的点火时间角。如果没有爆震发生，则逐步增加点火提前角一直到爆震发生，当发动机再次出现爆震时，ECU 又使点火提前角再次推迟，调整过程如此反复进行。

101. 微机控制无分电器点火系统

无分电器电子点火系统即取消了分电器，由微机直接控制各缸点火。控制方式有两种：一是双缸同时点火；二是独立点火。

(1) 双缸点火系统

双缸同时点火系统不使用传统的分电器和点火线圈。点火线圈的个数是该发动机汽缸数的一半，即一个点火线圈控制两个缸的点火，其中一个为有效点火，另一个为无效点火。

丰田轿车和桑塔纳 2000（时代超人）无分电器点火系统，如图 1-68(a) 所示。在桑塔纳时代超人车无分电器点火系统中，1、4 缸共用一个点火线圈，2、3 缸共用一个点火线圈。ECU 上端子 71 为 1、4 缸的点火回路，端子 78 为 2、3 缸的点火回路。若一个火花塞断路，则整个点火线路断路，相应的另一个火花塞也不能跳火；若一个火花塞由于短路而不能跳火，但整个点火线路没有断路，另一个火花塞仍可以跳火。

6 缸发动机无分电器双缸点火电路如图 1-68(b) 所示，其原理与 4 缸的相同。

无分电器点火系统的检修方法如下。

① 点火系统电源的测试　接通点火开关，蓄电池的电压应送至点火线圈、点火器、ECU 及各传感器等元件。检查时，先关闭点火开关，从点火线圈、点火器或传感器上脱开电源插头，用万用表电压挡测量线束侧的插头，其电源线应有蓄电池电压，否则应检查蓄电池至此元件之间的线路。

② 点火线圈的测试　关闭点火开关，测量点火线圈初、次级线圈的电阻。对图 1-68(b) 所示丰田车，初级线圈电阻一般为 $0.3 \sim 0.6\Omega$，次级高压线圈正向电阻值为 $7.7 \sim 10.4k\Omega$ 或 $10.2 \sim 13.8k\Omega$，反向电阻为无穷大；对图 1-68(a)，两个线圈的初级线圈和次级线圈阻值应基本相等。

③ 点火器的测试（丰田车点火器为例）　关闭点火开关，从点火器上脱开与发动机 ECU 相连的端子 4 插头和每个点火线圈的端子 2 插头。

打开点火开关，在点火器 IGt 信号输入端与搭铁之间加上 3V 电压时，点火器与点火线圈 B（2、5 缸点火线圈）相接的端子与搭铁之间应导通。

同理，若给点火器 IGdB 信号输入端与搭铁之间加上 3V 电压，同时也给 IGt 信号输入端与搭铁之间加上 3V 电压，则点火器与点火线圈 A（1、6 缸点火线圈）相接的端子与搭铁之间应导通；若给点火器 IGdA 信号输入端与搭铁之间加上 3V 电压，同时也给 IGt 信号输入端与搭铁之间加上 3V 电压，则点火器与点火线圈 C（3、4 缸点火线圈）相接的

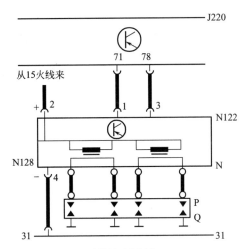

(a) 桑塔纳时代超人

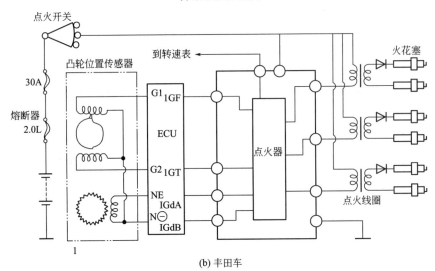

(b) 丰田车

图 1-68　无分电器点火系统

端子与搭铁之间应导通。点火器上 4 端子插头各端子位置如图 1-69 所示。

　　同理，若给点火器 IGdB 信号输入端与搭铁之间加上 3V 电压，同时也给 IGt 信号输入端与搭铁之间加上 3V 电压，则点火器与点火线圈 A（1、6 缸点火线圈）相接的端子与搭铁之间应导通；若给点火器 IGdA 信号输入端与搭铁之间加上 3V 电压，同时也给 IGt 信号输入端与搭铁之间加上 3V 电压，则点火器与点火线圈 C（3、4 缸点火线圈）相接的端子与搭铁之间应导通。点火器上 4 端子插头各端子位置如图 1-69 所示。

（2）独立点火系统

　　独立点火系统（图 1-70）的点火线圈和火花塞一般组合在一起，每缸一个，不需使用中央高压线与分缸高压线。初级线

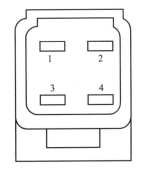

图 1-69　点火器各端子功能
1—IGt；2—IGf；
3—IGdA；4—IGdB

圈电阻值均为 $0.61 \sim 0.73\Omega$，次级线圈最大导通电流为 $0.3 \sim 1.4$mA。其他元件检测方法同前。

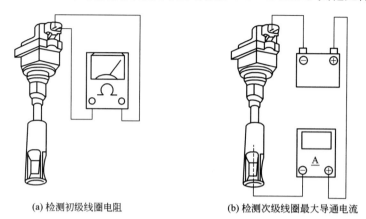

(a) 检测初级线圈电阻 (b) 检测次级线圈最大导通电流

图 1-70 独立点火系统的点火线圈检测

102. 点火系统故障诊断流程

（1）故障现象

打开点火开关，启动发动机，发动机无启动症状。

（2）诊断与排除

当确定点火系统故障时，可参照图 1-71 所示的故障诊断流程框图进行故障诊断。

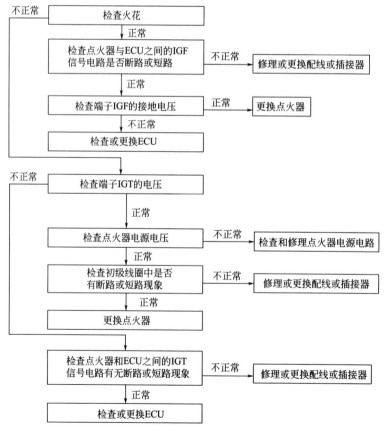

图 1-71 点火系统故障诊断流程框图

◉ 第七节 供油系统常见故障诊断检修

电控汽油发动机供给系统主要由油箱、电动汽油泵、汽油滤清器、燃油压力调节器，喷油器、进回油管及控制系统组成，图 1-72 所示为电控汽油发动机供给系统的组成。

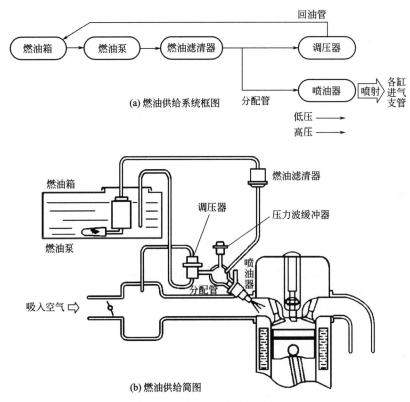

图 1-72 燃油供给系统组成

汽油机燃料供给系统的功用是根据发动机的不同工况要求，配制出一定数量和浓度的可燃混合气，供入汽缸，最后把燃烧后的废气排出汽缸。

燃料供给系统出现故障同样将导致发动机无法启动、启动困难或运行中熄火等现象，同时还会使油耗上升、动力下降、温度上升、进气管回火、排气管放炮等。

103. 油路不供油

（1）故障现象

发动机不能启动或在运转过程中自动熄火，不能再次启动。

（2）故障原因

① 油箱燃油不足。

② 油管及接头漏油。

③ 汽油滤清器严重堵塞。

④ 燃油压力调节器膜片破裂。

⑤ 油泵电动机损坏，熔断器、继电器损坏或线路断路、接触不良等。

⑥ 喷油器线圈、继电器、熔断器损坏或控制线路不良等。

⑦ 冷却液温度传感器信号失常、曲轴位置传感器（发动机转速传感器）无信号、启动开关信号未传入 ECU 等，使 ECU 未进行喷油控制。

⑧ ECU 有故障。

（3）故障诊断与排除

① 先检查油箱是否有油，燃油管路及接头是否有破损之处。

② 再进行故障自诊断，检查有无故障码，有故障码按故障码检修。

③ 测量系统油压。

④ 检查汽油滤清器，若堵塞严重应更换。

⑤ 检查油压调节器。

⑥ 若上述检测均正常，则为油泵不供油，应检查油泵及其控制线路或 ECU，视情况检修或更换。

104. 油路供油不畅

（1）故障现象

① 发动机启动困难或无法启动（电路无故障）。

② 汽车行驶途中发动机缓慢熄火。

③ 进气管回火等。

（2）故障原因

① 储油箱：无油或少油、油箱盖不通气。

② 滤清器：滤芯和油管接头堵塞或漏油；油杯与盖之间衬垫不密封。

③ 供油管：断裂、折瘪、堵塞、接头断裂或漏气。

④ 燃油泵：电动机线圈短路、断路、匝间短路，出油阀、卸压阀失效。

⑤ 燃油泵控制电路：线路松动或接触不良。

⑥ 油压调节器故障。

⑦ 冷却液温度传感器信号失常、曲轴位置传感器（发动机转速传感器）无信号、启动开关信号未传入 ECU 等，使 ECU 未进行喷油控制。

（3）诊断与排除

① 先检查油箱是否有油，燃油管路及接头是否有破损之处。

② 检查油泵保险器和继电器接点是否正常。

③ 检查进油滤网、汽油滤清器是否堵塞。

④ 检查油管是否堵塞、断裂、折瘪。

⑤ 在燃油分配管上连接油压表，测量燃油压力是否正常。若不正常，则为燃油泵故障。

⑥ 检查油压调节器。

⑦ 若以上都正常，再用故障诊断仪检查有无故障码，有故障码按故障码检修。

105. 混合气过稀

（1）故障现象

踩下加速踏板后发动机转速不能马上升高，有迟滞现象，加速反应迟缓，或在加速过程中发动机转速有轻微的波动，有时出现"回火""放炮"现象。

（2）故障原因

① 燃油泵性能不良。

② 油压调节器性能下降。

③ 节气门位置传感器或空气流量计、进气歧管绝对压力传感器、冷却液温度传感器、曲轴位置传感器、氧传感器信号不良。

④ 废气再循环系统工作不良。

⑤ 进气歧管、真空管泄漏等。

⑥ 燃油滤清器堵塞，管路泄漏。

⑦ 喷油器堵塞。

⑧ 电控单元 ECU 故障。

（3）故障诊断与排除

① 进行故障自诊断，检查有无故障码。

② 检查进气系统有无漏气，真空管是否脱落、破裂等。

③ 检查供油管路及接头，如有泄漏予以排除。

④ 检查汽油滤清器，堵塞则更换。

⑤ 检查油压调节器。

⑥ 安装燃油表，检查燃油压力。

a. 启动发动机并怠速运转，观察油压表的读数，应为 250kPa 左右。

b. 增大节气门开度后加速，油压表读数应增大到 280kPa 左右。

c. 拔下油压调节器的真空管，燃油压力必须提高到 300kPa 左右。

d. 关闭点火开关，检查系统密封性及保持油压，在 10min 后油压应不低于 200kPa。

e. 若保持油压过低，说明系统泄漏。重新启动发动机建立油压，关闭点火开关，用钳子夹住回油管，等待 10min，若此时压力表读数不低于 200kPa，说明油压调节器回油阀关闭不严，应更换油压调节器。若仍低于 200kPa，说明系统密封不良，管路泄漏，也可能是油泵单向阀损坏。

注意：不同发动机，燃油系统的压力值有所不同，检测时应符合维修手册的要求。

⑦ 若油压调节器正常，则为燃油泵供油不足造成系统油压过低，应检修或更换燃油泵。

⑧ 若系统油压正常，应拆卸、清洗各喷油器，并检查喷油器的喷油量。如有异常，应更换喷油器。

⑨ 检测供电系统电压。

106. 混合气过浓

（1）故障现象

发动机耗油量过大，排气管冒黑烟，运转不稳，加速无力。

（2）故障原因

① 冷却液温度传感器失真，电阻值增大。

② 空气流量计或进气管压力传感器失效。

③ 氧传感器失效。

④ 冷启动喷油器漏油或冷启动控制失常。

⑤ 喷油器漏油。

⑥ 油压调节器失效使燃油压力大于标准值。

⑦ 喷油器喷孔磨损过大，增大了喷油量。

⑧ 回油管折瘪，回油不畅使燃油压力过高。

⑨ 空气滤清器堵塞。

⑩ ECU 故障。

（3）诊断与排除

① 首先读取故障码，并按故障码提示排除故障。

② 检查空气滤清器，堵塞应更换。

③ 检查冷启动喷油器控制是否正常。

④ 检查系统油压，测量分配油管燃油压力。

⑤ 如果油压过高，则检查油压调节器和油泵卸压阀是否正常，检查回油管是否折瘪。

⑥ 如果油压正常，则用故障诊断仪，分析温度传感器和空气流量器数据流。

⑦ 以上都正常则拆卸喷油器，在试验台上测量喷油器喷油流量。

⑧ 用万用表或示波器检查喷油脉宽，若不正常，则为 ECU 故障导致喷油控制失常，应更换 ECU。

107. 燃油消耗超标

（1）故障现象

① 排气管冒黑烟，排放超标。

② 汽油严重超耗，超耗量超过原车标准的 20% 以上。

（2）故障原因

燃油消耗超标的主要原因是混合气超标和燃烧条件不佳，理想的混合气浓度如图 1-73 所示。

影响混合气浓度和燃烧条件的原因有以下几个。

① 冷却液温度传感器失常。

② 空气流量计或进气压力传感器失常。

③ 节气门位置传感器失常。

④ 燃油压力过高。

⑤ 冷启动喷油器漏油或冷启动控制失常。

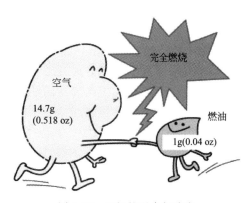

图 1-73 理想的混合气浓度

⑥ 喷油器漏油。

⑦ 氧传感器失效。

⑧ 点火系统故障。

⑨ 发动机机械部件故障（缸压过低等）。

⑩ 配气相位不正确。

⑪ ECU 及连接器故障。

（3）诊断与排除

① 电控系统

a. 测量冷却液温度传感器，其不同温度下的电阻值应符合标准。电阻太大，会使电脑误认为发动机处于低温状态，从而进行冷车加浓控制，使油耗增加。也可以用电脑解码器来检测，将检测仪所显示的冷却液温度传感器传给电脑的冷却液温度数值与发动机实际冷却液温度相比较。如有差异，说明冷却液温度传感器有故障，应更换。

b. 检测空气流量计或进气压力传感器，其数值应符合标准。空气流量计或进气压力传感器的误差会直接影响喷油量。检测结果如有异常，应更换空气流量计或进气压力传感器。

c. 检查节气门位置传感器。在节气门处于中小开度时，全负荷开关应断开。若全负荷开关始终闭合或闭合时间过早，会使电脑始终或过早地进行全负荷加浓，从而增大油耗。

d. 检查冷启动喷油控制是否正常。用电压表或试灯接在冷启动喷油器线束插头上，检查发动机启动时冷启动喷油器工作的持续时间是否符合标准值。若工作时间过长或启动后一直工作，则说明冷启动喷油器控制失常，应检查冷启动温度开关及控制电路。

② 供油系统

a. 测量燃油压力。怠速时的燃油压力应为 250kPa。随着节气门的开启，燃油压力应逐渐上升。节气门全开时的燃油压力约为 300kPa。若燃油压力能随节气门开度变化而改变，但压力始终偏高，则说明油压调节器有故障，应更换。若燃油压力不能随节气门开度变化而改变，而始终保持在 300kPa 左右，则说明油压调节器的真空软管破裂或脱落，或燃油压力调节控制电磁阀有故障，进气管真空度没有作用在油压调节器的真空膜片室上，导致油压过高。对此，应更换软管或电磁阀。若燃油压力过高，达 400kPa 以上，说明回油管堵塞或油压调节器有故障，应检测回油管或更换油压调节器。

b. 拆卸喷油器，检查各喷油器有无漏油。如有异常，应清洗或更换喷油器。

③ 点火系统　检查点火电压与能量、检查点火正时。

④ 机械部分

a. 活塞、活塞环与汽缸壁配合间隙过大或汽缸垫漏气，应更换活塞环或大修更换汽缸套，重新镗汽缸后的汽缸标准压力值：大修 95%，二保 90%，最小不低于原厂设计的 85%。

b. 进、排气门与气门座接触不良、漏气，可通过声响大小和测量汽缸漏气率来判定。

c. 检查气门间隙和配气相位，气门间隙过大可通过响声来判断，过小则需检查气门间隙，同时检查凸轮磨损情况，气门间隙和凸轮磨损都会影响配气相位。

d. 若温度高，应清除散热器和发动机水套的水垢，调整风扇传动带松紧度，检修水泵，检查并调整风扇叶片角度，若温度低，检查百叶窗关闭是否严密，检查节温器的工作状况并检查加装的保温套。

e. 检查润滑油是否过浓或变质。润滑油的黏度增大会使发动机各部分运动阻力增大，发动机的内阻增大，输出功率降低而引起燃油耗量增加。

f. 检查润滑油加注量，当润滑油超过最大限量时，曲轴连杆运转时撞击油面，增加了运行阻力，同样使发动机的内阻增大，输出功率降低而引起燃油耗量增加。

108. 进气管回火

(1) 故障现象

进气管回火、发动机无力、启动困难、耗油量增加。

(2) 故障原因

如果空燃混合气在进气门打开时进入进气歧管，然后点燃空燃混合气，则会出现回火现象。当点火正时由于非常稀薄空燃比而延迟时，由于空燃混合气燃烧速度非常慢，导致出现回火。回火是由下列条件引起的。

① 混合气过稀。

② 发动机在寒冷环境中启动。

③ 在发动机暖机过程中迅速加速。

④ 进气门上有炭沉积。

⑤ 空气滤清器堵塞。

（3）诊断与排除

① 发动机在寒冷环境中启动或在发动机暖机过程中迅速加速进气管回火属正常现象，无须修理。

② 检查空气滤清器滤芯是否脏污。

③ 调整混合气浓度，在电控发动机中混合气浓度受传感器的影响，因此检查有关传感器的参数是故障诊断的关键。

④ 清理发动机积炭。

109. 排气管放炮

（1）故障现象

排气管有爆炸声，下坡或空挡瞬间响声较严重。

（2）故障原因

当未燃烧空燃混合气进入排气歧管而且在排气管内燃烧时，会出现排气管放炮现象。因为未燃烧可燃混合气由于混合气浓或点火正时不当而导致汽缸内缺少空气，而排入排气歧管，在排气管遇到空气而燃烧或者由于空燃比过浓而导致后燃。因为后燃导致的高温燃烧可能损坏催化转换器，所以排气管放炮现象，应尽快排除。

后燃是由下列条件引起的。

① 燃油内有水分。

② 减速过程中没有切断燃油。

③ 火花塞故障。

④ 混合气过浓或过稀。

（3）诊断与排除

① 从燃油滤清器中检查燃油中是否有水分，如有水分应清洗燃油箱。

② 检查空燃比，在电控发动机中混合气浓度受传感器影响，因此检查有关传感器的参数是故障诊断的关键。

③ 下坡减速没有切断燃油供给，是由于电控系统故障，应检查电控部分工作是否正常。

④ 点火不正常可参见第六节检查各有关部件，主要检查火花塞是否正常。

110. 电控燃油供给系统检修注意事项

① 燃油供给系统中存有高压汽油，因此任何涉及燃油管路拆卸的工作都应首先卸压并准备好消防设备，作业区应通风良好、断绝火源，作业时要格外仔细，避免泄漏的汽油引发火灾。

② 在拆卸油管时，油管内有还会有少量燃油泄出，所以在断开油管前，用抹布将拆卸处罩住，以吸附泄漏的燃油，并将吸附燃油的抹布收集到规定的容器中。

③ 燃油管多用钢、橡胶或尼龙制造，不得渗漏、裂纹、扭结、变形、刮伤、软化或老化，否则应立即予以更换。

④ 所有密封元件、油管卡箍均为一次性零件，维修时应予以更换。

⑤ 油管接头不得松动，否则应立即予以紧固；钢制油管端部的喇叭口应密封良好、无渗漏，否则应重新制作。有些轿车采用特制的油管快速接头，拆装时应使用专用工具。

⑥ 连接螺母或接头螺栓与高压油管接头连接时必须使用新垫片并涂上一薄层机油，先用手拧上接头螺栓，再用工具拧紧到规定力矩。喇叭口的连接也一样。

⑦ 安装喷油器时可先用汽油润滑其密封元件，以利于顺利安装，不可使用机油、齿轮油或制动油。喷油器安装后应可在其位置上转动，否则说明密封圈扭曲，应重新装配。

⑧ 不能通过燃油箱加油管放出油箱中的燃油，会损坏燃油箱加油管定位部件，正确方法是首先释放系统油压，卸下油箱，然后用手动泵油装置从燃油箱上的维修孔抽出燃油。不得将燃油放入开口容器中，否则会导致失火或爆炸。

⑨ 燃油系统维修后不能立即启动发动机运行，应仔细检查有无漏油处。有的车接通点火开关，不启动发动机运行燃油泵工作 1~2s 即停止工作，可接通点火开关 2s，再关闭点火开关 10s，这样反复几次看有无漏油，还可夹住回油管，使系统油压上升，在这种状态下检查和观察燃油系统是否有部位漏油；有的车启动时燃油泵才工作，可先启动一下，检查启动时有无部位漏油。不管用哪一种方法都要确认无漏油部位后才能正式启动发动机运行，发动机启动后使发动机怠速运转，再仔细检查有无部位漏油，此后才能关上发动机罩正常运行。

111. 电控燃油供给系统压力的卸除

汽油喷射发动机为便于再次启动，在发动机熄火后，燃油系统内仍保持有较高的残余压力。在燃拆卸油系统内任何元件时，都必须首先释放燃油系统压力，以免系统内压力油喷出，造成人身伤害或火灾。燃油系统压力卸除的方法如下。

① 松开油箱上的加油盖，释放油箱中的蒸气压力。

② 启动发动机，维持怠速运转，在运转中拔去燃油泵继电器或熔断丝，也可拔下燃油泵导线插头，直至发动机自行熄火。

③ 再次启动发动机 3~5 次，利用启动喷射卸除油管中残余压力。

④ 关闭点火开关，装上油泵继电器或熔断丝或电动燃油泵导线插头。

112. 电控燃油供给系统压力的预置

在拆开燃油系统进行维修之后，为避免首次启动发动机时，因系统内无压力而导致启动时间过长，应预置燃油系统残余压力。燃油系统压力预置可通过反复打开和关闭点火开关数次来完成，也可按下述方法进行。

① 检查燃油系统所有元件和油管接头是否安装良好。

② 用专用导线将诊断座上的燃油泵测试端子跨接到 12V 电源上，如日本丰田车系直接将诊断座上的电源端子"＋B"与燃油泵测试端子"FP"跨接。

③ 将点火开关转至"ON"位置，使电动燃油泵工作约 10s。

④ 关闭点火开关，拆下诊断座上的专用导线。

113. 电控燃油供给系统压力的检测

通过检测燃油系统压力，可诊断燃油系统是否有故障，进而根据检测结果确定故障性质和部位。检测时需用专用油压表和管接头，检测方法如下。

① 卸除燃油系统的压力。

② 安装汽车专用汽油压力表，如图 1-74 和图 1-75 所示。

拆下蓄电池负极搭铁线，安装汽车专用汽油压力表（量程为 1MPa），压力表一般安装于汽油滤清器的出油口或燃油分配管的进油口处，带测压口的车辆可将燃油压力表连接至测压口处，重新装复蓄电池负极搭铁线、电动燃油泵继电器和电动燃油泵导线插头。

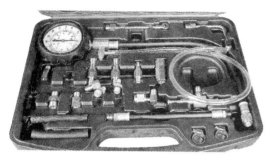

图 1-74　专用汽油压力表

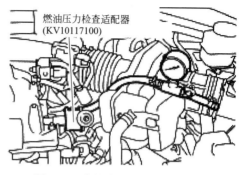

燃油压力检查适配器
(KV10117100)

图 1-75　专用汽油压力表安装方法

③ 检测静态油压。拔下电动燃油泵继电器，用导线将电动燃油泵继电器供电端子短接；打开点火开关（不启动发动机）使电动燃油泵运转，此时的燃油压力应符合技术要求，一般应在 300kPa 左右摆动（油压调节器的工作使得油压表指针摆动）。

静态油压偏高多是由于回油管变形或油压调节器损坏造成的，应先仔细检查回油管，变形的油管会阻碍燃油的流动，导致静态油压升高，若回油管完好应更换燃油压力调节器。静态油压偏低多是由于燃油泵进油滤网脏堵、电动燃油泵内部磨损、电动燃油泵限压阀损坏、汽油滤清器脏堵、油压调节器调压弹簧过软或喷油器喷孔卡滞常喷油造成的，可更换汽油滤清器试一下，若油压没有恢复正常，则继续下述检测步骤，找出故障确切位置。

④ 检测怠速工作压力。启动发动机怠速运转时油压表读数即为燃油供给系统的怠速工作压力，一般为 250kPa 或符合车型技术规定。怠速工作油压偏高多是由于油压调节器真空管错装、漏装或漏气造成的，此时应先检视真空管安装是否正确、是否存在漏气部位，必要时予以更换。

检测怠速工作压力时，拔下真空管时油压应上升至 300kPa，与节气门全开时的加速油压基本相等，否则应更换油压调节器。

⑤ 检测急加速压力。急加速至节气门全开时油压表读数即为燃油供给系统的急加速油压，一般急加速时油压应迅速由怠速工作时的 250kPa 上升至 300kPa，或符合车型技术规定。若急加速油压无变化，则可能是真空管插在了有单向阀的真空储气罐上（如刹车真空系统），应予以恢复。

若急加速油压与怠速工作油压差值小于 50kPa，则说明在节气门全开时进气系统仍存在真空节流（例如节气门无法开至最大角度），应予以检修。

⑥ 检测燃油泵最大供油压力。在发动机怠速运转中，用包有软布的钳子将回油软管夹住，此时油压表读数即为燃油泵最大供油压力，其值应符合车型技术要求，一般为工作油压的 2～3 倍，即 500～750kPa。

燃油泵最大供油压力偏高是由于油泵限压阀卡滞造成的，应更换电动燃油泵。

燃油泵最大供油压力偏低是由于燃油滤清器堵塞、油泵进油滤网脏堵、电动燃油泵内部磨损、油泵限压阀关闭不严或调压弹簧过软造成的。应先更换燃油滤清器后重新检测，若油压仍然偏低，则从油箱中拆出电动燃油泵检视，若油泵进油滤网脏污则清洗汽油箱和油泵进油滤网，若油泵进油滤网良好应更换电动燃油泵总成。

⑦ 检测调节压力　在发动机怠速运转中，将油压调节器真空管拆开后，燃油系统升高后的油压与怠速工作油压的差值，应符合车型技术规定，一般在 28～70kPa 之间。

⑧ 检测燃油供给系统保持压力 松开油管夹钳，恢复静态油压，取下油泵继电器跨接线使燃油泵停止运转，并等待30min，此时油压表读数即为燃油供给系统保持压力，应符合车型技术规定，详见表1-11。

表1-11 部分车型燃油压力

车型	排量/L	喷射类型	系统油压(接真空管)/kPa	残压/kPa
丰田	—	多点喷射	196～235(怠速)	熄火后5min不降低
桑塔纳	1.8	多点喷射	约300	>150(停车10min后)
奥迪A6	1.8	多点喷射	约350	>250(停车10min后)
本田	2.0	多点喷射	285±20(怠速)	>150(停车10min后)
SGM别克	3.0	多点喷射	284～325	>33(停车10min后)
通用	5.0	单点喷射	75	残压很低
福特	2.3	多点喷射	206～318(怠速)	熄火后5min不降低
克莱斯勒	2.5	单点喷射	98	残压很低

保持压力过低是电动燃油泵止回阀关闭不严、油压调节器回油口关闭不严或喷油器滴漏造成的。应首先恢复静态油压，再用包有软布的钳子夹住回油软管，若压力停止下降，则应更换油压调节器；若保持压力继续下降，则用包有软布的钳子夹住燃油压力表三通接头至燃油分配管之间的进油软管，如果压力停止下降说明喷油器漏油，则应结合喷油器试验，找出滴漏的喷油器并予以清洗，清洗后复检，必要时予以更换；若保持压力继续下降说明电动燃油泵止回阀密封不严，应更换电动燃油泵总成。

保持压力检测完毕后再次复查静态压力，如果静态压力仍然偏低应更换油压调节器。

114. 电动燃油泵的检修

检修电动燃油泵时应判断是控制电路故障还是电动燃油泵本身的故障：先关闭点火开关，拆下后备厢底板处的油泵检测盖板，拔下电动燃油泵导线插头；再打开点火开关（初始油压型）或用启动机带动曲轴旋转（无初始油压型），检测电动燃油泵导线插头中电源端子和搭铁端子之间的电压，如为12V说明电动燃油泵控制电路完好，故障点在电动燃油泵；如不为12V，说明故障点在电动燃油泵控制电路。

(1) 电动燃油泵电阻的检测

测量电动燃油泵电源端子和搭铁端子间的电阻，即为电动燃油泵直流电动机线圈的电阻，其阻值应为0.2～3Ω，否则应更换电动燃油泵。

(2) 电动燃油泵工作状态检查

将电动燃油泵与蓄电池相连（正负极不得反接），并使电动燃油泵尽量远离蓄电池，每次通电时间不得超过10s（时间过长会烧坏电动燃油泵电动机的线圈）。如果电动燃油泵不转动，则应予以更换。

(3) 电动燃油泵供油量的检查

① 按安全操作规程拆除燃油分配管上的进油管。

② 把拆开的进油管放入一个大号量杯中。

③ 用跨接线将电动燃油泵与蓄电池相连，此时电动燃油泵工作，泵送出高压汽油。

④ 记录电动燃油泵工作时间和供油体积，供油量应符合车型技术要求。一般经汽油滤

清器过滤后的供油量为 0.6～1L/30s。

检测电动燃油泵供油量时，应充分认识此项操作的危险性，操作现场应通风良好、断绝火源并准备好灭火器材。

（4）电动燃油泵进油滤网的维护

电动燃油泵在进油口处有一个进油滤网，如图 1-76 所示，用来过滤汽油中直径较大的杂质和胶质，保护油泵电动机。杂质和胶质较多时会影响电动燃油泵的泵油量，严重时会导致电动燃油泵无法吸油，此时需清洗油泵滤网和汽油箱。油泵滤网破损后应更换电动燃油泵总成。

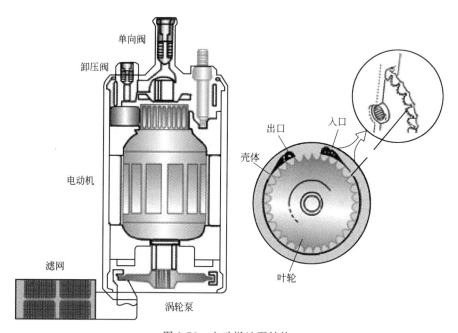

图 1-76　电动燃油泵结构

115. 电动燃油泵的控制

（1）ECU 控制的燃油泵控制电路

主要应用在装用 D 型 EFI 和装用热式和卡门旋涡式空气流量计的 L 型 EFI 系统中。

控制原理（图 1-77）：燃油泵控制 ECU 根据发动机 ECU 端子 FPC 和 DI 的信号，控制＋B 端子与 FP 端子的连通回路，以改变输送给燃油泵电压，从而实现对燃油泵转速的控制。

（2）开关控制的燃油泵控制电路

主要用于装用叶片式空气流量计的 L 型 EFI 系统中。

控制原理（图 1-78）：当点火开关 ST 端子接通时，启动机继电器线圈通电使触点闭合，此时开路继电器中 L1 线圈通电使其触点闭合，从而通过主继电器、开路继电器向燃油泵供电，燃油泵工作；发动机正常运转时，点火开关 IG 端子与电源接通，同时空气流量计测量板转动使燃油泵开关闭合，开路继电器 L2 通电，使开路继电器触电保持闭合，燃油泵继续工作。发动机停转时，L1 和 L2 线圈不通电，燃油泵停止工作。

（3）继电器控制的燃油泵控制电路

如图 1-79 所示，此控制电路根据发动机转速和负荷的变化，通过燃油泵继电器改变燃

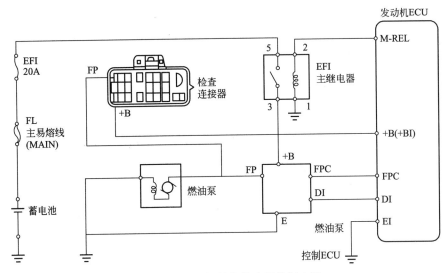

图 1-77　ECU 控制的燃油泵控制电路

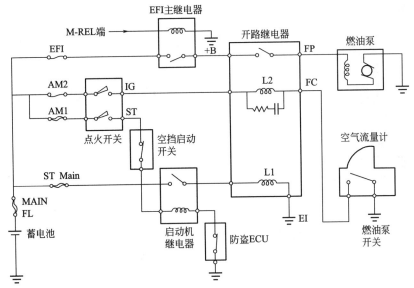

图 1-78　开关控制的燃油泵控制电路

油泵的供电线路，从而控制燃油泵的工作转速。

116. 喷油器检修

(1) 检查喷油器工作情况

喷油器结构如图 1-80 所示，发动机热机后怠速运转时，可用手触摸或触杆式听诊器接触喷油器测听各缸喷油器工作的声音，如图 1-81 所示。发动机运转时应能听到有节奏的"嗒、嗒"声，发动机加速时节奏加快，这是针阀开闭时的工作声；若各缸喷油器工作声音清脆、均匀，则说明各喷油器工作正常；若某缸喷油器工作声音很小则可能是针阀卡滞，应做进一步的检查；若听不见某缸喷油器的工作声音，则说明该缸喷油器不工作，应检查喷油器及其控制线路。

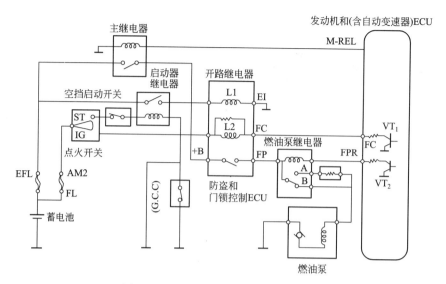

图1-79　继电器控制的燃油泵控制电路

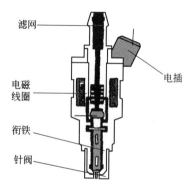

图1-80　喷油器结构

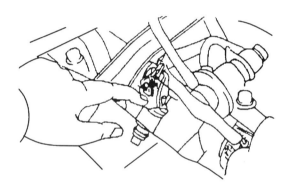

图1-81　用手指感觉喷油器是否工作

（2）喷油器电磁线圈电阻的测量

关闭点火开关，拔下喷油器的导线插头，如图1-82所示，测量喷油器两个接线端子间（电磁线圈）的电阻值。在温度为20℃时，低阻式喷油器电阻值一般为2～3Ω，高阻式喷油器电阻值一般为13～16Ω，如图1-83所示。

（3）喷油器喷油质量的检查

喷油质量的检查包括喷油量、雾化和泄漏的检查。此项检查可在专用的喷油器试验台上进行。若无试验台，可按下述方法进行（以丰田车为例）。

① **断开点火开关，拆下蓄电池搭铁线。**拆下进油管，按图1-84所示装上丰田专用

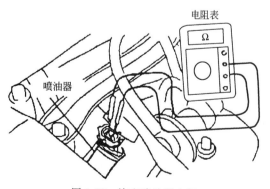

图1-82　检查喷油器电阻

软管连接头和检查用软管。把喷油器、压力调节器和油管用连接头和连接卡夹连接好。

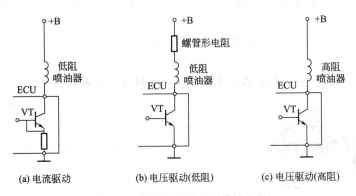

(a) 电流驱动   (b) 电压驱动(低阻)   (c) 电压驱动(高阻)

图 1-83 测量喷油器电磁线圈电阻

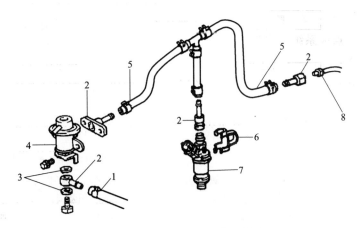

图 1-84 喷油器测试安装示意图

1—回油管；2—连接器；3—垫圈；4—燃油压力调节器；5—软管；

6—油管连接卡夹；7—喷油器；8—进油管

② 用跨接线短接诊断座中＋B 与 FP 端子，使燃油泵开始泵油。

③ 将喷油器两接线端子直接与蓄电池相连，接通电源 15s，用量筒测量喷油量的大小并同时观察喷油器喷油雾化状况。每个喷油器测 2～3 次，标准喷油量为 70～80mL/15s，各喷油器允许误差 9mL。

喷油器喷油状况检查如图 1-85 所示。停止喷油后检查喷油器喷口处有无漏油，每分钟漏油应不超过 1 滴。如不符合上述要求，可以先清洗再检查，如果还不符合要求，则应更换喷油器。

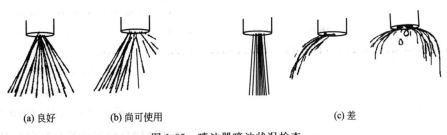

(a) 良好   (b) 尚可使用   (c) 差

图 1-85 喷油器喷油状况检查

◉ 第八节　油、电路综合故障诊断检修

在汽车修理行业中点火系统故障习惯简称为电路故障；供油系统故障简称为油路故障。油、电路故障发生的概率差不多，而且故障现象也差不多，都是发动机无法启动、启动困难或运行中熄火等现象，还会使油耗上升、动力下降、温度上升、进气管回火、排气管放炮和发动机异响等故障现象。本节介绍汽车故障出现时如何区分故障出自油路还是电路，以快速地诊断并排除故障。

117. 发动机无法启动

（1）故障现象

启动机能带动发动机，但不能发动，且无发动迹象。

（2）故障原因

① 油路系统故障，电动燃油泵、喷油器不工作；油管断裂或堵塞。

② 点火系统故障，无点火。

③ 电控系统故障：空气流量计失效、冷启动喷油器不工作致使冷启动困难；怠速控制阀卡死在关闭状态，电脑故障。

④ 进气系统有漏气、堵塞情况。

（3）诊断与排除

从点火、汽油供给、空气供给和电脑几方面综合考虑，操作步骤如下。

① 首先检查燃油箱是否有燃油，观察燃油警告灯，必要时加油。

② 检查中央高压线是否有火，若中央高压线有火而分缸线无火，则是高压漏电故障，分别检查分火头、分电器盖和高压线。

③ 检查分缸线是否有火：用试验火花塞，将分缸线插接上火花塞抵在缸体上，启动发动机，观察火花塞跳火情况。

④ 用故障诊断仪检查是否有故障码，如有按故障码处理。

⑤ 在确认发动机没有故障代码的前提下，再检查点火线圈、分电器、点火器及相关的曲轴位置传感器及其控制系统。

⑥ 检查燃油泵是否工作。检查燃油泵可在打开点火开关时听燃油泵运转声。如燃油泵不工作，可用导线短接燃油泵插孔，能听到燃油泵转动声音，并感到进油管油压脉动。否则，应检查燃油泵熔断器、继电器及控制电路。

⑦ 油压调节器是否卡滞在开启位置，可用木棒敲击油压调节器外壳。

⑧ 检查喷油器电源线是否有电源。

⑨ 检查喷油器。在启动时监听其工作声音或用阻抗大的试灯接在喷油器线束插头上，启动时灯闪，视为正常。如各缸试验时，灯均不闪，则说明喷油器电源有断路现象，应对喷油器、控制器（ECU）接线和电源继电器接线等逐一进行检查。

电控发动机无法启动故障的诊断流程框图如图1-86所示。

118. 发动机启动困难

（1）故障现象

启动机以正常转速带动发动机时，有发动迹象，但不能顺利启动，多次长时间启动才能

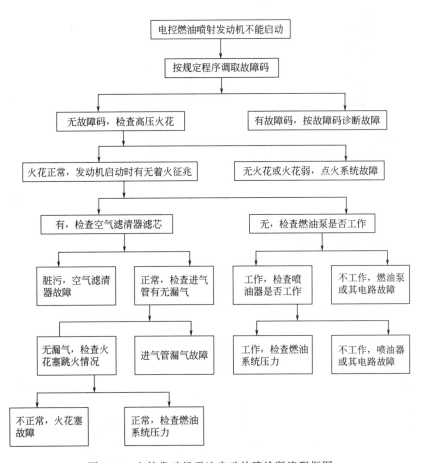

图 1-86 电控发动机无法启动故障诊断流程框图

启动困难怎么办？

图 1-87 启动困难

勉强发动汽车（图 1-87）。

（2）故障原因

良好的空燃混合气、正确的压缩压力和良好点火是发动机正常工作的三个基本因素，如图 1-88 所示。

如果发动机处于不良状态，则容易出现启动困难的故障，说明没有满足这三个因素中的

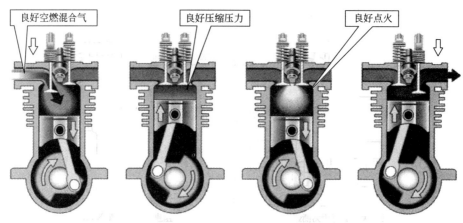

图 1-88　发动机正常工作的三个基本因素

某一个或几个。

具体原因有以下几个。

① 油路系统故障：电动燃油泵、喷油器工作不良或油路不畅。

② 点火系统故障：点火能量不足或点火时刻不正确。

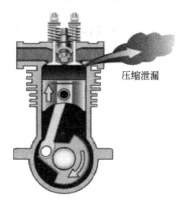

压缩泄漏

图 1-89　汽缸密封性能不良

③ 电控系统故障：空气流量计失效、喷油器有漏油、堵塞、工作不良、喷油器不工作致使冷启动困难；或冷启动喷油器持续工作，使热车启动困难；急速控制阀故障、温度开关故障、电脑故障。

④ 机械故障：汽缸密封性能不良，如图 1-89 所示。

⑤ 进气系统有漏气、堵塞情况。

（3）诊断与排除

① 用故障诊断仪读取故障码，如有故障码按照故障码指示检查。

② 如发动机没有故障码，则检查点火系统火花强弱的情况，如果火花弱，再分别检查点火线圈、分电器、点火器及相关的曲轴位置传感器及其控制系统。

③ 检查油压：用油压表检测燃油系统的油压，将滤清器到燃油分配管之间油路断开，接上油压表，拧紧管接头，启动启动机可测出油压的高低。若油压不正常，则是油路问题，须检查燃油泵、滤网、滤清器、蓄压器、油压调节器、喷油器。检查燃油泵可在打开点火开关时听燃油泵运转声。

④ 检查喷油器。在启动时监听其工作声音或用阻抗大的试灯接在喷油器线束插头上，启动时灯闪，视为正常。如各缸试验时，均不闪耀，则说明喷油器电源有断路现象。应对喷油器、控制器（ECU）接线和电源继电器接线等逐一检查。

⑤ 检查油压调节器。卡断回油管，如燃油压力迅速上升，则说明油压调节器漏油，如果上升慢或不上升，则说明油路或电动燃油泵有故障。

⑥ 检查汽缸压力是否下降。检查配气正时、汽缸垫、正时带位置、活塞环密封性、气门密封性等。汽缸压力检测方法如图 1-90 所示。

⑦ 检查气路。检查是否有脱落的真空管，按要求插好各种真空管路，检查空气管路是

图 1-90　汽缸压力检测方法

否有堵塞的现象。

电控发动机启动困难诊断流程框图如图 1-91 所示。

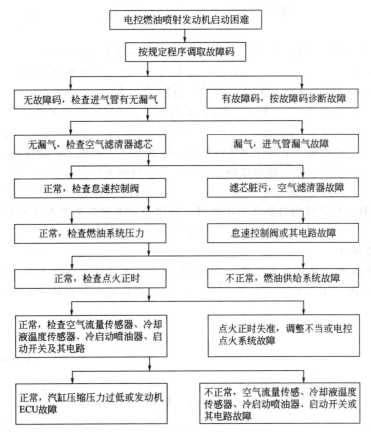

图 1-91　电控发动机启动困难诊断流程框图

119. 发动机热启动困难

(1) 故障现象

发动机冷车启动正常，但是热车启动困难。

（2）故障原因

① 供油系统气阻，燃油泵出油阀泄漏使系统剩余压力消失，温度高时汽油受热汽化而使燃油泵失效不能供油。

② 点火线圈阻值过大，热车后温度高而使电阻值更大，造成点火性能不良，而启动困难。

（3）诊断与排除

① 发动机热车时熄火后马上启动时，无法启动但稍等后能够启动。一般是点火线圈阻值过大，可检查中央高压线火花，如果火花弱则更换点火线圈。

② 发动机热车时熄火后马上启动时，能够启动但稍等后无法启动。通常是燃油泵出油阀泄漏，在高温时停车时间稍长汽油汽化成蒸气，使燃油泵失效不能泵油而启动困难或无法启动。解决办法：检修燃油泵出油阀或更换燃油泵。

120. 怠速过高

（1）故障现象

发动机怠速大于设定转速，在 1100r/min 以上。

（2）故障原因

① 油门踏板或节气门卡滞，没有回位或调整不当。

② 怠速控制阀卡滞或电路接触不良。

③ 供油压力过高，引起喷油量增大。

④ 节气门位置传感器故障灵敏度降低或电路接触不良。

⑤ 冷启动喷油器漏油。

⑥ 温控开关失效，造成冷启动喷油器一直喷油。

⑦ 喷油器故障有漏油现象，导致怠速供油量增加。

⑧ 冷却液温度传感器失效。

（3）诊断与排除

电控发动机怠速过高的诊断流程框图如图 1-92 所示。

121. 怠速发抖

（1）故障现象

发动机怠速发抖，怠速运转不稳定，容易熄火。

（2）故障原因

发动机动力不平衡，有单缸工作不良或不工作。

（3）诊断与排除

即使切断燃油喷射，发动机转速也保持不变，则可能有故障。在这种情况下，导致怠速发抖有图 1-93 所示的三种基本因素。

① 首先检查火花塞跳火情况，如果不跳火或火花弱则是点火系统故障，应检修点火系统。

② 再检查喷油器是否正常，如雾化状况、密封状况和油量是否正常。

③ 最后测量汽缸压力是否合格，气门是否密封、活塞环、汽缸是否密封良好。

122. 怠速不稳，易熄火

（1）故障现象

无论冷车还是热车，怠速运转不稳，转速低，易熄火。

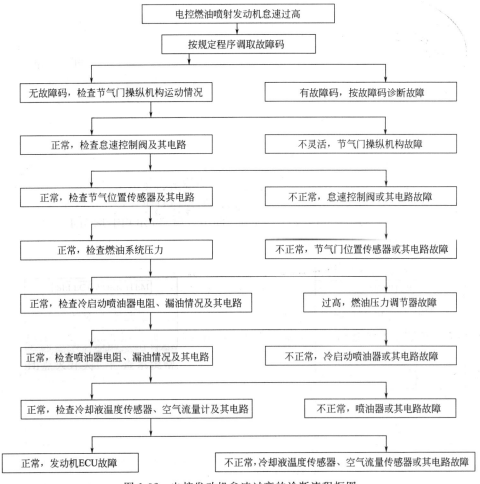

图 1-92　电控发动机怠速过高的诊断流程框图

(2) 故障原因

① 进气系统漏气。

② 空气滤清器堵塞。

③ 空气流量计不工作。

④ 怠速控制阀或旁通空气阀工作不良。

⑤ 怠速调整不当。

⑥ 供油压力低，喷油器有漏油、堵塞现象。

⑦ 火花塞有积炭、断火现象。

⑧ 汽缸压力偏低。

⑨ 氧传感器故障。

(3) 故障诊断

① 进行故障自诊断，视有无节气门位置传感器、水温传感器、空气流量计、氧传感器、怠速控制阀等故障代码，并以此作为排除故障重点。

② 怠速时逐缸检查，拔下高压线或喷油器线束插头，如果转速明显下降，说明工作正常。若无变化，说明该缸火花塞或喷油器及控制电路有故障。

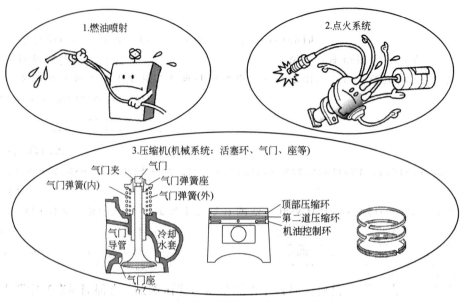

图 1-93　怠速发抖的三种基本因素

③ 发动机熄火后拔下怠速控制阀线束插头，再启动后，如怠速上下波动消失，随之怠速不稳加剧，说明怠速控制阀工作正常，喷油系统有故障；如怠速波动不变，则说明怠速控制阀工作不正常。

④ 检查进气管接头、真空软管、废气再循环等有无漏气。怠速不稳的诊断流程框图如图 1-94 所示。

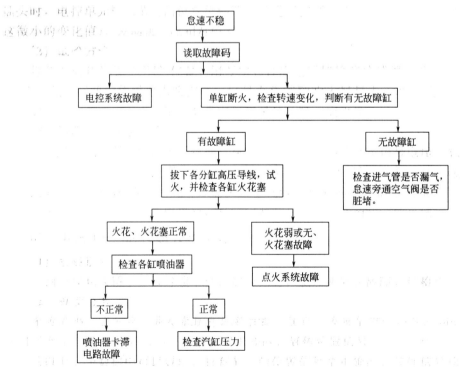

图 1-94　怠速不稳诊断的流程框图

123. 怠速熄火，爬坡无力

（1）故障现象

① 发动机熄火、无怠速。

② 爬坡动力不足。

③ 开空调汽车速度下降过多。

（2）故障原因

① EGR 阀卡滞在开的位置。

② 燃油蒸气阀卡滞在通气位置。

③ 制动器助力器漏气。

（3）诊断与排除

发动机出现怠速熄火，大负荷无力的故障，除电控系统故障外，通常是进气系统有额外空气进入，导致混合气过稀。

首先检查燃油蒸气阀，可以堵住该阀通在气的进气口，如果怠速恢复，说明此阀卡滞在通气位置，一般更换此阀。

检查 EGR 阀是否正常，可以通过阻断该阀的通道来判断。可以用铜片或铝片按 EGR 阀外形和螺栓孔做一个没有通道的垫片安装，切不可用抹布来堵塞，这样很容易将抹布吸入汽缸造成更大故障。

检查制动器助力器是否漏气：将发动机熄火，1min 后踏制动踩板，如果有发硬感，即是助力器漏气故障。可进一步检查助力器控制阀密封是否可靠有效；助力器膜片是否老化、开裂、破损等。

124. 发动机间歇熄火

（1）故障现象

运转中发动机突然下降接近熄火或熄火，过后会自动恢复（或可以启动）正常运转，又会不定时突然自行熄火。

（2）故障原因

① 空气流量计信号不连续。

② 节气门位置传感器不良。

③ 曲轴位置传感器信号时通时断。

④ EFT 主继电器、燃油泵继电器触点接触不良，时通时断。

⑤ 电控燃油喷射系统相关线路插接器松动。

⑥ 点火系统相关线路插接器松动。

⑦ 发动机 ECU 搭铁不牢靠。

⑧ 发动机 ECU 不良。

（3）诊断与排除

① 发动机出现故障后，应先读取故障码。影响发动机间歇熄火的有空气流量计、节气门位置传感器、曲轴位置传感器等。读出故障码后按故障码查找故障原因并排除故障。

② 检查 EFI 主继电器、燃油泵继电器是否能正常工作。

③ 电控燃油喷射系统、点火系统相关线路插接器是否有松动现象。在发动机运转时，人工依次振动各插接器，观察故障是否出现。当振动到某插接器时故障出现，说明该插接器松动，应进行修理。

④ 人工振动发动机 ECU 的搭铁线，同时使用万用表电阻挡检测发动机 ECU 搭铁是否良好。若电阻在 0 至无穷之间摆动说明 ECU 搭铁不良，应进行修理。

⑤ 若故障仍然存在，换个新的发动机 ECU 试试。

⑥ 故障排除后，清除故障码。

125. 发动机经常失速

（1）故障现象

发动机在运转时转速忽高忽低，不稳定。

（2）故障原因

① 节气阀后方管路漏气。

② 喷油器故障。

③ EFT 主继电器、燃油泵继电器触点接触不良。

④ 电控燃油喷射系统相关线路插接器松动。

⑤ 燃油压力不稳定。

⑥ 活性炭罐电磁阀故障。

⑦ 节气门位置传感器故障。

⑧ 空气流量计或进气压力传感器及其线路有故障。

⑨ 冷却液温度传感器故障。

⑩ 曲轴位置传感器信号不良。

⑪ 火花塞工作不良。

⑫ 点火系统高压断火。

⑬ 点火正时不正确。

⑭ 发动机 ECU 故障。

（3）诊断与排除

① 影响发动机正常运转的传感器有空气流量计（或进气压力传感器）、冷却液温度传感器、节气门位置传感器、曲轴位置传感器等。应读取故障码并按读取到的故障码查找故障原因并排除故障。

② 检查进气系统是否有漏气现象，活性炭罐电磁阀是否工作正常。

③ 检查发动机各分缸高压电火花情况。若有个别汽缸的火花较弱或有断火现象，应按电子点火系统高压火弱或高压断火故障进行诊断与排除。

④ 用点火正时灯检查点火正时，若点火不正时应进行调整。

⑤ 拆下火花塞，检测其跳火性能。若不符合技术要求，应更换。

⑥ 检测燃油系统压力。若检测时发现压力波动较大（超过 50kPa），应检查油泵继电器、压力调节器、电动燃油泵、燃油滤清器、油泵线束插接器等。

⑦ 拆下喷油器，检测各喷油器的密封、雾化性能。若不符合要求，应更换。

⑧ 检查电控燃油喷射系统各插接器、继电器、熔断器是否都连接牢固。若有松动或发热现象，应进行更换或修理。

⑨ 若故障仍然存在，换上新的发动机 ECU 再试。

⑩ 故障排除后，清除故障码。

126. 发动机加速不良

（1）故障现象

踩下加速踏板后发动机转速不能马上升高，有迟滞现象，加速反应迟缓，或在加速过程中发动机转速有轻微的波动，偶尔出现"回火""放炮"现象。

（2）故障原因

加速不良的原因主要是空燃比不当、点火性能差和密封性能差。

① 混合气稀，燃油泵油压低，喷油器、燃油滤清器、进气歧管真空泄漏等。

② 节气门位置传感器或空气流量计、进气歧管绝对压力传感器故障。

③ 点火提前角不正确。

④ 火花塞或高压线不良、高压火花弱。

⑤ 排气再循环系统工作不良。

⑥ 排气管有堵塞现象。

（3）诊断与排除的步骤

① 进行故障自诊断，检查有无故障码。空气流量计、节气门位置传感器等故障都会影响发动机的加速性能。有专用诊断仪的还需要观察动态数据流，按故障码和动态数据查找故障原因。

② 检查点火正时。怠速时通常为 $10°\sim15°$，或按维修手册规定。如不正确，应调整发动机的初始点火提前角。加速时点火提前角应能自动加大到 $20°\sim30°$。如有异常，应检查点火控制系统。

③ 测量各缸高压线电阻并拆检各缸火花塞。若大于 $25k\Omega$，或高压线外表面有漏电痕迹，应更换。观察火花塞间隙和颜色，调整间隙或更换火花塞。必要时用点火示波器检查点火系统波形，确认有无故障。

④ 检查进气系统有无漏气。用真空表测量并结合在进气歧管附近喷化油器清洗剂的方法检查是否漏气。

⑤ 检查燃油压力。怠速时燃油压力应为 250kPa 或符合原厂规定，加速时应上升至 300kPa 或符合原厂规定。如油压过低，需检查油压调节器、燃油滤清器、燃油泵等。

⑥ 用示波器检查空气流量计、节气门位置传感器的输出电压波形，如有异常，应更换。

⑦ 拆卸、清洗各喷油器，检查喷油器在加速工况下的喷油量，如有异常，应更换喷油器。

⑧ 检查废气再循环系统的工作情况。

⑨ 检查排气管是否有堵塞现象。

⑩ 用汽缸压力表检查汽缸密封状况。

以上程序须全部检查完成，确保排除同时存在几个故障原因的故障。

（4）故障诊断、排除的相关要点

发动机加速不良通常是由于混合气过稀、过浓、点火系统故障、发动机机械系统故障等原因引起的。

造成上述故障的具体原因有：燃油系统油压过高或过低，喷油器喷油不良，传感器信号错误，点火高压低、能量小，点火正时不正确，汽缸压缩压力低，排气管堵塞等。

发动机加速不良一般有两种现象：一种是踩下加速踏板，发动机加速迟缓；另一种是踩下加速踏板，发动机转速反而下降。

踩下加速踏板，节气门开度增加，进气量增加，发动机 ECU 根据进气量和节气门位置传感器信号和信号变化率，修正增加喷油量。如果踩下加速踏板，进气量增加量少，修正增加喷油量也少，或喷油器喷油量增加迟缓或量少，加速就迟缓；如果踩下加速踏板，进气量急剧增加，但由于传感器信号出错，喷油器喷油量不增加或增加量少，或点火高压弱，就会使发动机转速下降。

如果踩下加速踏板，发动机转速不升反降且有熄火征兆，很难加速到高速。这一般为混合气过稀及高压火花弱，当然也可能是排气管堵塞，其中以混合气过稀最为常见。此时，可在进气系统合适的地方（空气滤清器处、节气门处、真空管处，视机型而定）一边喷点化油器清洗剂，一边迅速开启节气门。若此时发动机转速可迅速提高则说明混合气过稀。如果用喷化油器清洗剂的方法确认故障原因为混合气过稀，则应从燃油压力低和导致喷油量减小的可能原因入手检查。

如果发动机在加速过程中，转速只是发生一下波动，而后马上可以加速到高速，且能较长时间维持高速运转。这一般是在加速过程瞬间出现了断火现象，应重点检查点火系统。

如果提高转速易熄火，且有时为高压火花弱、加速断火，也可能为点火错乱，点火错乱会引起加速时回火、放炮，同时急速时发动机发抖，排气管有"突、突"声，甚至急速时可放炮，这在不同发动机上有不同程度的体现。如果急速运转平稳，加速时回火、放炮，一般是由高压火花弱或断火引起的。

电控发动机加速不良诊断流程框图见图1-95。

127. 发动机动力不足

（1）故障现象

发动机在大负荷时，加速迟缓、上坡动力不足，车速达不到最高值。

（2）故障原因

① 空气流量计故障。

② 空气滤清器滤芯堵塞。

③ 节气门开度小，不能全开。

④ 喷油器工作不良。

⑤ 燃油压力过低。

⑥ 点火时间不正确，或高压火花太弱。

⑦ 汽缸压力低。

⑧ 蓄电池亏电，电压不足。

（3）诊断与排除

① 检查空气滤清器是否堵塞，必要时清洗。

② 检查节气门开度。将油门踏板踩到底时，节气门应全开。否则，应调整其拉索或进行踏板位置传感器和节气门位置传感器的学习。

③ 检查高压线、火花塞、高压火花是否太弱。

④ 测量燃油压力是否过低，必要时检查电动燃油泵、油压调节器及汽油滤清器等。

⑤ 检查喷油器工作情况，是否有均匀的振动声音。

⑥ 检查蓄电池电压，过低时将使喷油量减少。

128. 发动机回火

（1）故障现象

① 启动困难。

② 加速时进气管回火。

③ 发动机温度高。

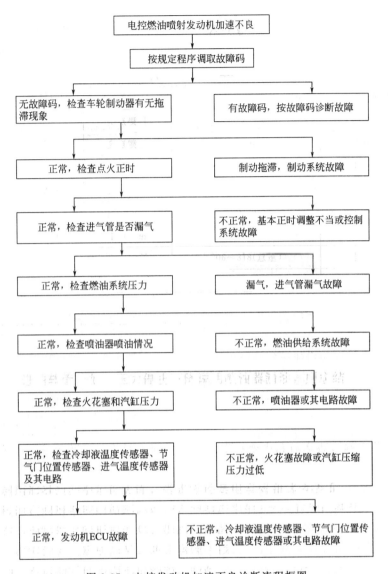

图 1-95 电控发动机加速不良诊断流程框图

④ 发动机动力不足。

(2) 故障原因

进气管回火，是指混合气在进气歧管内燃烧，燃气从进气口喷出的一种故障现象。造成进气管回火的原因很多，涉及供油系统、点火系统和机械故障及电控等各个方面。

① 在供油系统：进气管出现回火是由燃油供应不足，混合气过稀引起。混合气过稀使混合气燃烧速度减慢，燃烧一直延续到排气行程终了进气门开启的时候，新鲜混合气遇到汽缸内未排净的燃烧气体而被点燃，并逆流经进气歧管从进气口喷出而回火。

② 在点火系统：进气管出现回火是因为点火过晚或火花质量差。一方面使开始燃烧的时刻推迟；另一方面也会使燃烧速度减慢，从而导致燃烧一直延续到进气门开启，引起进气管回火。同时伴随的现象还有：发动机加速时转速提高缓慢，急加速时回火现象明显，有时缓加速时也有回火现象，同时排气管排气声发闷，发动机温度易升高。

③ 机械故障如进气门漏气、汽缸垫漏气、进气管漏气等。

④ 如电控失调或元件及线路有故障、搭铁不良等，也会导致混合气过稀，进气管回火放炮。

（3）诊断与排除

如果在进气管回火的同时，机体抖动严重，排气管放炮，发动机功率严重下降，则多是由点火错乱而引起的。由于点火错乱，当某缸处于进气行程，进气门开启，恰好该缸火花塞点火，则会形成进气管回火。如果检查确认各缸分高压线没有插错，则多为分电器盖击穿。需要引起注意的是分电器盖存在轻微击穿时，一般情况下发动机在无负荷空转时工作正常，但在热车重负载爬坡时有回火现象，且回火时动力明显下降。

① 如果发动机空转时工作正常，急加速或急减速时有时回火；高速行驶时有不规则的回火现象；在不平道路上行驶时回火频繁，对于传统有触点点火系统来说多因分电器搭铁不良，对电子点火系统来说可能是点火器等搭铁不良或点火系统某传感器松动等。搭铁不良的分电器或点火器当发动机振动较大使分电器搭铁时，相当于低压回路断开，产生高压电。若分火头正好指向某个处于进气行程的汽缸，则会引起进气管回火。

② 对于无分电器双缸同时点火的点火系统来说，急加速时出现回火现象还有一个常见的故障原因，那就是火花塞不良。在检查高压线无漏电、断路后，试换火花塞不失为上策。

③ 如果发动机低速运转时进气管回火。排气管有"突、突"声，转速提高后症状减轻，则应检查某汽缸压缩压力比正常值是否低 0.2MPa 以上。若将此缸断火，回火现象消失，则说明该缸进气门密封不严。电于进气密封不严，该缸做功时，燃烧的高温气体便会通过进气门进入进气歧管，引起进气管回火。因为发动机转速提高后，气门的相对漏气率降低，因此回火现象在低速时明显，高速时减轻。

④ 如果发动机工作时，连续有节奏地出现回火，同时动力下降。某缸断火后，回火现象消失，则多是因为该缸排气门调整螺栓松脱或推杆折断，使该排气门无法开启或开度过小。由于排气门不能完全开启，使得该缸废气不能及时完全排出，在进气门开启时，尚未排出的高温废气便进入进气歧管，引起进气管回火。可用断缸法找出故障缸，然后打开气门室盖，检查该缸排气门调整螺栓及推杆是否异常。

⑤ 如果发动机工作时，进气管连续回火，低速时更明显，相邻的两缸中某缸断火。回火现象消失，则可能是因为相邻两缸之间的汽缸垫烧穿。因为相邻两缸之间的汽缸垫烧穿，使某缸做功时，燃烧着的混合气进入相邻汽缸，若此时这个缸的进气门处于开启状态，则会形成进气管回火。可用断缸法找出工作不良的两个汽缸，检查两缸的配气机构，若无异常，则可判断为汽缸垫烧穿，应更换汽缸垫。

⑥ 如果电控失调或元件及线路有故障，导致混合气过稀，进气管回火放炮，可用万用表检查电控电路，ECU 熔丝和主继电器、各线路连接状况、空气流量计、冷却液温度传感器、进气温度传感器、节气门位置传感器、燃油喷射信号电路等是否正常。也可用故障诊断仪读取故障码，根据故障码进行检查和维修。

129. 发动机放炮

（1）故障现象

① 排气管冒黑烟。

② 加速时排气管放炮。

③ 发动机温度高。

④ 发动机动力不足，燃油消耗量过大。

（2）故障原因

① 消声器放炮主要是因为混合气过浓。

② 个别缸火花塞击穿断火。

③ 点火过迟或过早。

④ 废气再循环系统工作不正常（EGR 阀打开太早等）。

⑤ 排气门密封不良，当缸内压缩冲程时可燃混合气体漏入排气管，在排气管中遇其他缸排出的火焰混合气产生燃烧而造成放炮。

（3）诊断与排除

① 读取故障码，根据故障码找出故障原因，并予以排除。

② 检查点火正时及控制系统是否正常。

③ 检查冷启动喷油器和冷启动正时开关是否正常。

④ 检查燃油压力是否过高，若不正常，再注意检查油压调节器。

⑤ 检查喷油器的泄漏是否超过标准。

⑥ 检查火花塞间隙是否正常。

⑦ 检查汽缸压力和气门间隙。

⑧ 用电压表和电阻表检查电控电路，主要检查喷油信号是否正常。

130. 发动机游车

（1）故障现象

① 发动机节气门固定在某一位置，而发动机转速却在一定的范围内上下波动，忽高忽低，这种现象会引起发动机发抖，也叫游车。

② 发动机动力不足，燃油消耗量过大。

（2）故障原因

① 机械方面

a. 燃油泵工作不良或油路压力低。

b. 燃油中有杂质，使主喷油器的喷油量忽大忽小或有时候不喷油。

c. 油压调节器工作不良，造成供油压力脉动大。

d. 真空管路有泄漏现象。

e. 点火系统故障（高压线电阻大、点火线圈损坏、电源电压不够），造成发动机工作不良。

② 电控方面

a. 节气门位置传感器故障，如信号不准确。

b. 进气压力传感器有故障，如信号不准确。

c. 冷却液温度传感器有故障，如间歇不良。

d. 曲轴位置传感器有故障，如内部叶片槽严重磨损；车速信号严重失真等。

e. 凸轮轴位置传感器有故障，如信号不准确。

f. ECU 或连接器有故障。

g. 点火器有故障，如热稳定性差等。

h. 氧传感器有故障。

i. 油压调节器有故障, 如膜片破裂, 燃油经油压调节器进入汽缸燃烧。

(3) 诊断与排除

这种故障由于原因较多, 应针对具体现象和原因进行排查。排除故障时注意故障属于哪一个原因, 然后给予排除。

① 节气门关闭不严

a. 故障现象。发动机怠速在 1000～2000r/min 之间游车。

b. 诊断与排除。发动机在怠速时节气门应处于关闭状态, 若关闭不严造成漏气, ECU 无法对其控制, 因而造成发动机进气量大, VS 信号增大, ECU 增加喷油量, 使转速增加。但此时怠速触点还处于闭合状态, 电脑又根据 IDL 信号按怠速程序供油, 减少喷油量, 使转速下降。这一增一减引起转速上下波动, 从而导致游车。

② 自动变速器的 P/N 位开关与 D/R 位开关时通时断

a. 故障现象。怠速转速在 800～1000r/min 之间无规律变化。

b. 原因分析。当 P/N 位开关与 D/R 位开关接通时, ECU 判断为有负荷工作, 增加转速, 当断开时, ECU 判断为无负荷工作, 降低转速到正常怠速转速, 从而造成怠速不稳。

③ 怠速 (IDL) 触点常开 (节气门关闭时, IDL 触点不能闭合)

a. 故障现象。发动机怠速在 800～1000r/min 之间波动, 在怠速工况下开空调, 开前照灯, 或转动转向盘等, 负荷增加时发动机不提速, 但发动机加速正常。

b. 诊断与排除。由于在怠速工况下 IDL 触点常开, ECU 收到的是加速工况信号, 也就是按加速工况进行燃油控制, 而此时发动机却在怠速工况下工作, 进气量较少, 造成混合气过浓, 转速上升; 当 ECU 收到氧传感器反馈的 "混合气过浓" 信号时, 减少喷油量, 增加 ISC 阀的开度, 又造成混合气过稀, 使转速下降; 当 ECU 收到氧传感器反馈的 "混合气过稀" 信号时, 又增加喷油量, 减少 ISC 阀的开度, 又造成混合气过浓, 使转速上升。如此反复, 使发动机出现游车现象。

④ 怠速触点常闭 (节气门打开时, 怠速触点仍然闭合)

a. 故障现象。发动机怠速稳定, 加速时转速在 1500～2000r/min 之间上下波动, 加速无力。

b. 诊断与排除。这是 ECU 采取急减速断油程序控制的结果。发动机实际处于加速工况, 但 ECU 接受到的却是怠速工况。当发动机加速到 2000r/min 时, 达到怠速断油转速, ECU 实施断当转速下降到 1500r/min 时, ECU 又恢复供油; 转速再升至 2000r/min 时, ECU 又实施断油, 即发动机反复地断油→供油→供油, 从而引起游车现象。

⑤ 发动机点火过迟。

a. 故障现象。怠速游车, 加速无力。

b. 诊断与排除。由于发动机点火过迟, 使汽缸中的可燃混合气燃烧不完全, 有时延迟到排气管内燃烧, 使氧传感器检测到混合气过浓的信号并传至 ECU, ECU 得到此信号后, 便减少供油量, 供油量降低造成混合气过稀, 氧传感器又检测到混合气过稀的信号并传至 ECU, ECU 接到此信号后, 又增加供油量。如此反复, 从而引起怠速游车的故障。同时由于点火过迟, 可燃混合气燃烧不完全, 导致发动机功率下降, 加速无力。

⑥ 废气再循环 (EGR) 控制阀卡死在常开位置

a. 故障现象。发动机怠速不稳, 加速无力。

b. 诊断与排除。在以下四种工况下 EGR 阀处于关闭位置: 发动机启动时及怠速触点闭合时；发动机冷却液温度低于 70℃时；节气门全开时；发动机重载时。

由于 EGR 阀常开，使得在以上四种工况下废气均参与循环进燃烧室，使发动机燃烧变得不稳定（怠速时最明显），有时甚至缺火，导致加速时动力不足，加速无力。

⑦ 排气管部分堵塞

a. 故障现象。在任何转速下发动机均会出现忽高忽低现象。

b. 诊断与排除。安装在排气管中的三元催化转换器，其催化剂是铂（或钯）和铑的混合物，它在与废气中的 HC、CO 和 NO_x 发生反应的同时体积会膨胀，从而逐渐堵塞排气通道，排气管中的压力逐渐升高，当升高到一定程度时，会突然吹开部分堵塞物，使排气状况有所好转，发动机转速得以提高。但经过一段时间后，又会逐渐出现堵塞，使发动机转速再下降。如此反复出现游车现象。

⑧ 电脑丧失学习功能

a. 故障现象。启动时，怠速控制机构来回无规则运动；怠速转速偏低（600r/min 以下）；打开空调，发动机转速急剧下降至熄火；用解码器做发动机怠速转速基本设置后，启动发动机能正常怠速运转，打开空调也能正常运转，但熄火后重新启动故障又重现。

b. 诊断与排除。电控发动机的电脑都具有学习控制功能，即 ECU 将上次发动机熄火时的数据记录并存储起来，以备下一次工作时启用并修正完善。若发动机熄火时保持记忆的电源中断或记忆存储器损坏，ECU 将丧失这一功能，从而导致 ECU 对怠速转速进行控制时无法找到内存的目标转速，从而出现游车现象。

131. 挫车或耸车

(1) 故障现象

发动机由于运转不良、转速不稳、抖动厉害造成车辆无法正常行驶，车辆行驶时有一窜一窜的感觉，或有后坐的感觉，或有跳动的感觉。这种现象称为挫车或耸车，它的实质是发动机运转抖动在车辆行驶中的一种表现形式。下面以捷达电控车为例，详细分析耸车的原因及判别方法，对其他电控车有指导作用。

(2) 故障原因

引起电控车耸车的原因可以从以下四个系统进行考虑：燃油系统、点火系统、电脑控制系统和机械传动系统。

(3) 诊断与排除

挫车或耸车现象有时是由单方面原因引起的，有时是由多方面原因引起的，在修理过程中需要综合分析进行判断，然后逐一排除。

① 燃油系统　燃油系统一般由燃油泵、燃油滤清器、燃油压力调节器和喷油器等部件组成。由燃油系统造成耸车主要有以下两方面原因，即系统供油压力过高或过低。压力过高会造成混合气过浓，压力过低会造成混合气过稀，这两种情况均能造成耸车。

在修理实践中发现，供油不足是造成耸车的主要原因。造成供油不足的原因有：燃油泵工作不良造成燃油压力过低；燃油泵滤网、燃油滤清器堵塞，或喷油嘴不同程度的堵塞等。燃油压力调节器上的滤网堵塞，致使回油不畅，会造成燃油系统压力过高，从而会出现混合气过浓。

混合气过浓或过稀均会导致发动机动力不足而引起耸车。若在行驶过程中，在平稳路上感觉不出耸车，或者是耸车程度较轻，而在上坡时感觉明显或较重，则可判断此种耸车是由混合气过稀引起的。若在行车加油时，感觉加速迟缓，严重耸车，加速后又感觉动力强劲，这种现象可以判断是由混合气过浓引起的。

在维修中，如果确定是燃油系统问题，则应先测量燃油系统压力和燃油泵压力。燃油系统的标准压力位 0.25MPa，燃油泵压力为 0.50～0.70MPa。供油系统的压力低于 0.25MPa 时，会造成混合气过稀。从而引起耸车现象，原因是系统供油不足。若燃油压力表指针跳动不稳定，则是燃油泵内部有异物，需要清洗。如果启动后燃油系统压力超过 0.25MPa，则为压力调节器堵塞，致使混合气过浓而耸车，清洗后即可解决问题。

在燃油系统正常，燃油泵压力也正常的情况下，如果仍感觉供油不足，可拆下四只喷油器，在喷油器试验台上检查清洗后的喷雾形状和喷油量是否正常，若存在问题应予以更换。

喷油器堵塞一般是由于使用了劣质的燃油。如果发现压力调节器的滤网堵塞，也应进行清洗，同时应更换汽油滤清器。

② 点火系统　若燃油系统故障排除之后，仍存在耸车现象，应对点火系统进行检查。点火系统一般由电脑、点火放大器和线圈、高压线、火花塞等组成，其中高压线和火花塞出现问题引起耸车的现象较多。

判断高压线和火花塞引起的耸车故障较为困难，通常可以按以下方法进行判断：当发动机空挡加油（急加油）时，发动机排气管有"突、突"声，而且行车无力，汽车行驶时有跳动的感觉，这种现象一般就是由高压线和火花塞的故障引起的，可通过更换一组高压线和火花塞来证实，或者拆下火花塞来查看其烧蚀情况。更换后故障排除说明判断正确，如果更换后仍有耸车现象，那就是点火线圈和点火放大器的故障，更换新件后故障一般可以得到解决。

③ 电脑控制系统　在排除了燃油系统和点火系统之后，若仍存在耸车现象，则应对电脑控制系统进行检查。在电控轿车上，经常是因为传感器损坏而造成耸车故障，由于传感器元件出现故障，致使传出的信号有误，不清楚或者没有信号，使得电脑不能稳定地工作，或无法正常工作，使得混合气过稀或过浓，造成行车时发动机工作不稳定，出现耸车现象。

经常容易出现问题的传感器：氧传感器、进气压力传感器、空气流量计、冷却液温度传感器、节流阀体进气温度传感器等。通常，通过故障诊断仪读取故障码，然后根据故障码判断故障所在，再根据具体情况进行处理，必要时更换传感器。

然而，许多情况下空气流量计、节流阀体和冷却液温度传感器在电脑检测时并没有故障记忆，只能通过与正常数据进行比较来判断哪一个元件工作状态不良。具体步骤如下。

a. 空气流量计。先拔下电控系统中央控制器的插头，然后在连线端接上电控系统测试转换器 V. A. G1598/22，分别用万用表高阻挡和低阻挡测量空气流量计端子 11、12、13 的电阻值，根据测得的电阻值与标准电阻值的差别，判断空气流量计是否存在问题。当电阻值为无穷大或 0 时，分别表示断路和短路。如果电阻值不符合标准应更换，同时注意连接部分是否漏气，若存在漏气应将其密封。

b. 节流阀体。对于节流阀体，除了检查操纵机构是否畅通、密封和脏污外，还需要进一步检查各端子之间的电阻值。拔下电控系统中央控制器的插头，然后在连线端接上电控系统测试转换器 V. A. G1598/22，并用万用表分别测量各有关的阻值和通断情况。另外也可从节流阀体插座处拔下插头，直接测量相应端子间的电阻值。根据测出的各端子电阻值和标准阻值的差别，判断其故障原因。电阻值为 0 时，表示短路；电阻值变大或为无穷大时，表示断路，与标准值不符合时均应更换。

冷却液温度传感器，测量它的电阻值，查看它的数据是否符合标准，与标准不符合时应更换。

在进行上述三种传感器的阻值检查时，应仔细观察，尽管故障诊断仪没有显示故障码，但如果把测出的数据和标准数据进行比较，就会发现问题，这一点往往容易被忽略。

c. 凸轮轴位置传感器。当它出现故障时，传出的信号（也就是判缸信号）不确定或不准确，使点火系统点火滞后，造成加速迟缓而出现耸车现象，利用故障诊断仪读出的故障码是"00515"（五气门电控车），可检查各端子的电阻和电压值是否符合标准，利用电子示波器或发光二极管测试输往中央控制器的信号，根据检测的情况决定是否更换传感器。

④ 机械系统 机械动力传动系统引起耸车相对来说比较普遍。主要出现在发动机固定支架（胶结件）上。若行车加速时出现较大抖动而耸车，就应仔细检查发动机固定支点螺栓是否断裂、橡胶金属支承是否损坏，若损坏应及时更换。

132. 排气管冒白烟

（1）故障现象

① 排气管排出乳白色油雾，特别是冷车时，排白色的烟更浓。

② 排气管排出大量水汽白烟，且排气管口有水珠。

（2）故障原因

① 排气管排出乳白色油雾。主要原因是燃油汽化不良，没有燃烧便从排气管排出，而形成乳白色烟。在冬季发动机启动时较为常见，这是因为温度低，燃油雾化不良所致。通常在发动机启动后随发动机温度升高而消失。

② 排气管排出大量水汽白烟，且排气管口有水珠。主要原因是冷却水窜入汽缸或汽油中含有水分而形成的水蒸气所致。

（3）诊断与排除

① 冬季或雨季停放的汽车初次发动时，常常可以看到排白烟。这属于正常，一旦发动机温度升高，白烟就会消失，此状况不必检修。若发动机温度升高后排气管变为排黑烟，则表明汽缸压力过低或个别缸不工作，应予检查和排除。

② 发动机运转时排气管排出大量水汽白烟，应检查油箱内是否有积水，检查汽缸垫是否破损、汽缸体是否有裂纹、汽缸套密封圈是否良好等。

133. 排气管冒黑烟

（1）故障现象

排气管有黑烟冒出，耗油量增加。

（2）故障原因

① 点火时间过早或过迟。

② 喷油雾化不良。

③ 进气通道堵塞或空气滤清器堵塞。

④ 各缸喷油不均。

⑤ 喷油器滴油。

⑥ 选用的汽油牌号不当。

（3）诊断与排除

① 调整点火时间，电控发动机检查曲轴位置传感器是否松动或位置不正确。

② 拆下喷油器检查喷油雾状况如果正常，则在试验台上检查各喷油器的喷油量是否均匀和喷油器密封状况，是否有滴油现象。

③ 检查进气通道是否堵塞或空气滤清器是否堵塞。

④ 选用的汽油牌号是否合适。

134. 排气管冒蓝烟

（1）故障现象

排气管有蓝烟冒出，机油消耗量增加。

（2）故障原因

① 发动机排气管冒蓝烟，通常是因为过多的机油进入燃烧室，就是平常说的烧机油。

② 导管与气门杆之间发生磨损，间隙过大，在行驶时，气门罩中的机油滴就会沿间隙进入；燃烧室，如发生这一故障或扩大了气门导管孔径，应选用大一号的气门杆的进气门。

③ 气门挡油圈失效，不能有效阻止机油通过气门进入燃烧室。

④ 活塞环与汽缸壁磨损过大，油环刮油作用减弱，使机油进入燃烧室。

⑤ 曲轴箱通风阀发生黏结而不能移动，失去控制通风量的作用，曲轴箱中过多的机油蒸气便通过曲轴箱通风管进入气管。

⑥ 空气滤清器滤芯堵塞，空气泵进气负压大，机油倒窜。

⑦ 增压器密封环失效。

（3）诊断与排除

① 首先检查空气滤清器滤芯是否堵塞。

② 然后检查曲轴箱通风阀是否发生黏结而不能移动。

③ 拆开气门室盖检查导管与气门杆之间间隙是否过大和检查气门挡油圈是否失效，如不合格应当更换。

④ 拆检增压器密封环如果失效，应更换。

⑤ 最后检查活塞环与汽缸壁磨损是否过大，活塞环是否对口以及活塞环弹性是否正常，否则根据情况修理发动机。

● 第九节　电控发动机故障诊断方法

电控发动机的基本诊断步骤：燃油系统分析；故障码分析；数据流分析；常规检查；真空分析；点火波形分析；电脑电路分析；废气分析。

135. 燃油系统测试

（1）燃油油压测试

用燃油压力表测试以下五种油压，通过燃油压力测试仪进行检测（图1-96）：初始油压；工作油压；加速油压；最大油压；残余油压。

（2）喷油器测试

喷油器清洗测试仪如图1-97所示。

136. 故障码分析

（1）故障码的确认

① 数值判定法　例如，水温传感器在−30～120℃时，对应电压为0.3～4.7V，对应电

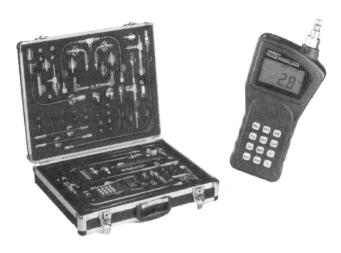

图 1-96 燃油压力测试仪

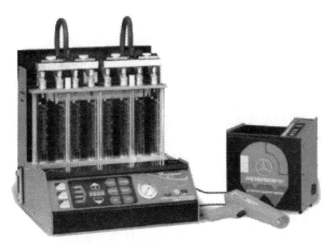

图 1-97 喷油器清洗测试仪

阻为 10～180kΩ。

数值判定域为（＞0.15V，＜4.85V）。

② 时间判定法　例如，当达到规定时间后，氧传感器仍然没有在 0.45V 上下变化的现象。

③ 功能判定法　例如，当 ECU 发出让控制阀 EGR 动作的命令后，马上检查 MAP 的反应信号，以此判定 EGR 是否正常。

④ 逻辑判定法　例如，当发动机转速大于某值时，节气门位置信号仍小于某值，则判定节气门位置传感器损坏。

(2) 故障码的读取与清除

① 人工跨线法。

② 诊断仪器法。

③ 拔保险法（清除）。

④ 拆电瓶负极法（清除，慎用！其他系统的数据同样会被清除）。

(3) 故障码的分类

① 当前故障码　当前正发生着的故障生成的故障码。

② 历史故障码　当前试车没有生成，但过去曾经有过的故障码。

(4) 故障的分类

① 持续性故障　一旦出现就始终存在的故障。

② 间歇性故障　时有时无的故障。

(5) 故障码与故障现象的关联性

① 相关故障码　故障现象与故障码完全对应。

② 无关故障码　故障现象与故障码没有任何联系。

(6) 故障和故障现象及故障码

① 有故障/有故障现象/有故障码　举例如下。

- 有故障：水温传感器开路。

- 有故障现象：冷车不易着车，热车一切正常。

- 有故障码：能够读出故障码。

② 有故障/有故障现象/无故障码　举例如下。

- 有故障：喷油器结焦。

- 有故障现象：喷油不良，发动机运转不平稳。

- 无故障码：不能读出故障码。

③ 有故障/无故障现象/有故障码　举例如下。

- 有故障：空气温度传感器开路。

- 无故障现象：空气密度修正，对空燃比影响较小，感觉甚微。

- 有故障码：能够读出故障码。

④ 有故障/无故障现象/无故障码　举例如下。

- 有故障：三元催化转换器被拆除。

- 无故障现象：对行驶性能无影响。

- 无故障码：大部分控制系统不显示故障码。

⑤ 无故障/无故障现象/有故障码　例如，已经排除了的故障产生的、还未清除的历史故障码。

(7) 故障码的分析步骤

① 读取故障码。

② 清除故障码（并未排除故障）。

③ 路试（再现故障）。

④ 再读故障码。

⑤ 分析故障码。

故障码分析要点如下。

a. 故障码的当前性与历史性。

b. 故障的持续性和间歇性。

c. 故障码与故障现象的相关性与无关性。

137. 数据流分析

(1) 值域分析法

根据数值的大小判断测试参数是否在正常范围之内。

例如，水温传感器数值小于 0.3V 为短路，大于 4.7V 为开路；执行器：热车喷油时间超过 2～5ms 时，燃油控制系统可能出现故障。

（2）时域分析法

根据一定时间内测试参数变化的次数和频率判断是否正常。

例如，在热车状态下，发动机转速大于 2000r/min 时，氧传感器输出电压在 0.45V 上下变化次数应大于 4 次/10s。

（3）因果分析法

根据输入信号及随之变化的输出信号关系，判断系统是否工作正常。

例如，打开 A/C 开关，喷油时间将延长。

（4）关联分析法

根据两个相互对应的信号关系，判断两元件是否正常。

例如，节气门位置传感器（TPS）与进气压力传感器（MAP）之间有着一一对应的关系，若失常必有一个损坏。

（5）比较分析法

根据对正常系统测试的参数，判断被测系统是否正常。

138. 发动机常规检查

① 点火正时；

② 怠速；

③ 真空度；

④ 汽缸压力；

⑤ 汽缸漏气率；

⑥ 配气相位；

⑦ 排气背压；

⑧ 火花塞、高压线、分火头、分电器盖等高压电路。

139. 进气管真空度分析

（1）检测方法

真空表由表头和软管组成。真空度表盘如图 1-98 所示。

检测进气管真空度时，首先将发动机预热到正常工作温度，同时检查发动机的燃料系统、润滑系统、冷却系统、电器系统及外观状况，进行着车前的准备。

① 真空表要安装在节气门的后方。将真空表用软管同发动机进气歧管测压孔接头相连接，或连接在节气门下座雨刮器接头上。

② 变速器处于空挡位置，发动机怠速运转。

③ 检查真空表和进气歧管连接软管及各接头部位，均不得有泄漏。

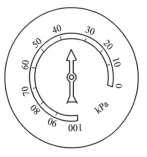

图 1-98　真空度表盘

④ 在怠速、加速、减速等各种工况下读取真空表上的读数。考虑到进气管真空度随海拔增加而降低，海拔每升高 1000m，真空度将减少 10kPa 左右。因此，在测定真空度时，应根据所在海拔高度修正真空度标准值。

真空度单位用 kPa 表示。真空度表的量程为 0～101.325kPa，旧式表头的量程为 0～

760mmHg（1mmHg≈0.133kPa）。

⑤ 按真空表指针示值及摆动情况，结合其他故障症状及诊断方法，判断发动机故障并予以排除。

⑥ 故障排除后，重新进行检测，验证发动机工况。

（2）综合分析

① 发动机的点火系统、配气机构、密封性能等各部分良好且发动机温度正常时，在相当于海平面高度的条件下，发动机怠速运转时，真空度在 57.33～71.66kPa（430～530mmHg）之间，且较稳定，表示汽缸密封性正常。

② 发动机在怠速工况下，迅速开启、关闭节气门时，真空度应在 6.66～84.66kPa（50～635mmHg）之间摆动，且变化较灵敏，则进一步说明汽缸组技术状况良好。

③ 怠速时，若指针低于正常值，节气门突然开启，指针会回落到 0；若节气门突然关闭，指针也回跳不到 84.66kPa。在此情况下，主要是活塞环、进气管或节气门衬垫漏气造成的，也可能与点火过迟或配气过迟有关。

④ 怠速时，指针有时跌落到 13.33kPa（100mmHg）左右，说明某进气门口处有结胶。

⑤ 怠速时，指针有规律地下跌到某一数值，为某气门烧毁。

⑥ 怠速时，指针跌落到 6.66kPa 左右，表明气门与气门座不密合。

⑦ 怠速时，指针很快地在 46.66～60kPa（350～450mmHg）之间摆动，升速时指针反而稳定，表示进气门杆与其导管磨损松旷。

⑧ 怠速时，指针在 33.33～74.66kPa（250～560mmHg）之间缓慢摆动，且随发动机转速升高摆动加剧，为气门弹簧弹力不足或汽缸衬垫泄漏。

⑨ 怠速时，指针停留在 26.66～50.66kPa（200～380mmHg）之间，为气门机构失调，气门开启过迟。

⑩ 怠速时，指针跌落在 46.66～57.33kPa（350～430mmHg）之间，为点火时刻过迟。

⑪ 怠速时，指针在 46.66～53.33kPa（350～400mmHg）之间缓慢摆动，是火花塞间隙太小或断电器触点接触不良。

⑫ 怠速时，指针在 17.33kPa（130mmHg）以下，是进气管或节气阀衬垫漏气。

⑬ 怠速时，指针在 17.33～64kPa（130～480mmHg）之间大幅度摆动，说明汽缸衬垫漏气。

⑭ 表针最初指示较高，怠速时逐渐跌落到 0，为排气消声器或排气系统堵塞。

⑮ 怠速时，指针在 46～57.33kPa（33～43mmHg）之间缓慢摆动，为怠速调整不良。

140. 点火波形分析

（1）基本点火波形

点火初级波形和点火次级波形如图 1-99 所示。

基本点火波形特征如下。

a. 时基分段

- 闭合段［初次级］；
- 跳火段［初次级］；
- 振荡段［初次级］。

b. 电压分段

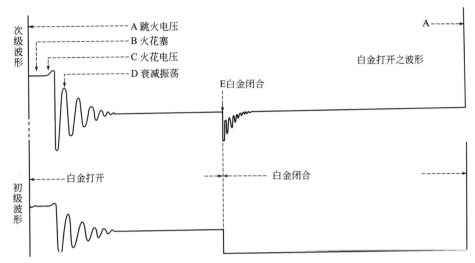

图 1-99　初、次级基本点火波形

- 击穿电压［次级］；
- 跳火电压［次级］；
- 接地电压［初级］。

（2）点火波形显示方法

① 单缸波形如图 1-100 所示。

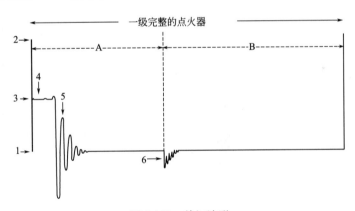

图 1-100　单缸波形

② 阵列波形如图 1-101 所示。

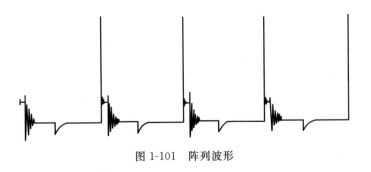

图 1-101　阵列波形

③ 并列波形如图 1-102 所示。

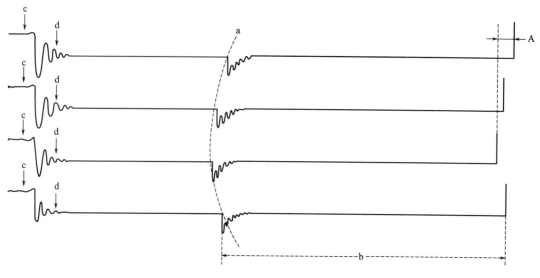

图 1-102　并列波形

a—各缸闭角的变动；b—平均闭角区间；c—火花线的变动；d—衰减振荡的变动；A—点火正时的变动

④ 重叠波形如图 1-103 所示。

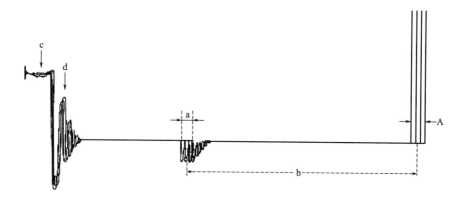

图 1-103　重叠波形

a—闭角变动；b—平均闭角区间；c—火花线的变动；d—衰减振荡的变动；A—点火正时的变动

（3）点火波形的分析步骤

① 点火极性波形分析如图 1-104 所示。

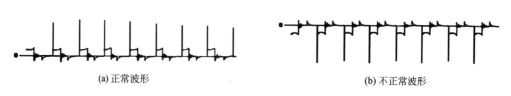

(a) 正常波形　　　　　　　　　　(b) 不正常波形

图 1-104　点火极性波形分析

② 点火线圈电压波形分析如图 1-105 所示。

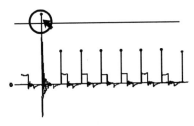

(a) 正常波形

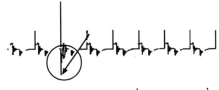

向下之线至少有向上之线的 $\frac{1}{2}$，电子点火为 $\frac{1}{4}$。

(a) 正常波形

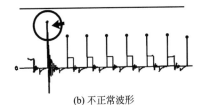

(b) 不正常波形

图 1-105　点火线圈电压波形分析

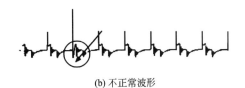

(b) 不正常波形

图 1-106　点火次级绝缘性能波形分析

③ 点火次级绝缘性能波形分析如图 1-106 所示。

④ 点火初级电阻波形分析如图 1-107 所示。

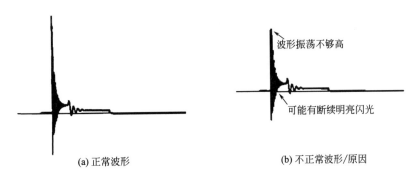

(a) 正常波形　　　　　　　　(b) 不正常波形/原因

图 1-107　点火初级电阻波形分析

⑤ 点火次级电阻波形分析如图 1-108 所示。

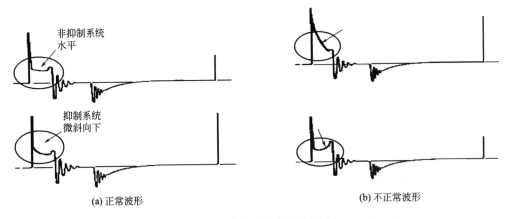

(a) 正常波形　　　　　　　　　　(b) 不正常波形

图 1-108　点火次级电阻波形分析

⑥ 电容电感振荡波形分析如图 1-109 所示。

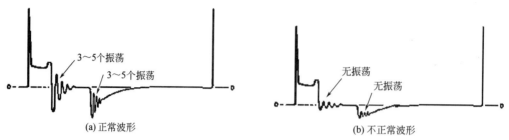

图 1-109　电容电感振荡波形分析

⑦ 点火次级电压波形分析如图 1-110 所示。

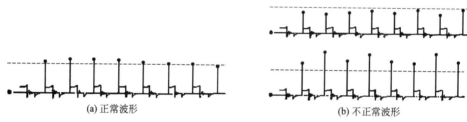

图 1-110　点火次级电压波形分析

⑧ 点火闭合角波形分析如图 1-111 所示。

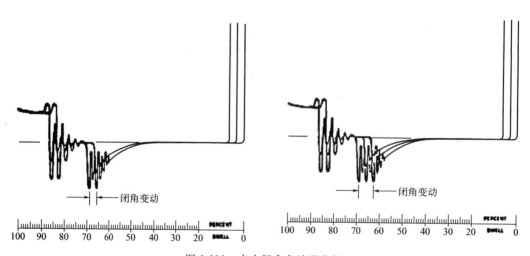

图 1-111　点火闭合角波形分析

141. 发动机废气分析

汽车排放的三种有害气体如图 1-112 所示。

(1) 废气检测

使用五气分析仪（图 1-113）检测汽油机废气排放，发动机的准备工作与测量废气时相同。五气分析仪的具体操作如下。

① 发动机预热到正常工作温度。

② 连接电源、各种传感器等。

图 1-112　汽车排放的三种有害气体

(a) 五气分析仪的操作控制面板

(b) 五气分析仪背面结构

图 1-113　五气分析仪

③ 连接在取样接头上。

④ 打开电源开关，分析仪自动扫描。

⑤ 在分析仪主界面上用上下键选择 3，对仪器进行校正：选择项目，输入密码，依次进行校正。

⑥ 用手堵住取样管，检查是否漏气。显示良好，则可进行下一步操作；如果显示泄漏，则需要关闭电源，排除泄漏故障。

⑦ 选择废气测试，按"1"或直接按"ENTER"仪器进行预热，5～10min。

⑧ 预热后仪器自动进行校零。

⑨ 选择点火方式。

⑩ 选择测试工况。

⑪ 输入车辆信息。

⑫ 选择显示方式。

⑬ 数值稳定后读数。

⑭ 输入车辆信息保存测量数据。

⑮ 废气排放标准查询。

⑯ 发动机维护向导。

⑰ 测量结束，回到主界面后关闭电源。

注：五气体分析仪功能多，可根据检测需要选择操作。

(2) 废气分析

① 一氧化碳（CO）分析　一氧化碳是由于氧气不足，燃料在燃烧过程中由于缺氧没有充分燃烧而形成的有害气体。

CO 的含量过高，表明燃油供给过多、空气供给过少，可能由下列条件中的一个或多个引起。

a. 冷启动喷油器一直工作或喷油器漏油。

b. 燃油压力调节器故障导致油压过高。

c. 空气滤清器堵塞造成混合气过浓。

d. 冷却液温度传感器、进气压力传感器、空气流量计等信号失常，氧传感器失效、ECU 损坏导致喷油过多。

e. 三元催化转换器存在故障。

f. 二次空气喷射控制系统存在故障（如总是逆流泵入空气）。

g. 燃油蒸发控制系统不能正常工作，造成混合气过浓。

h. PCV 系统有故障，窜缸混合气过多。

i. EGR 系统非正常导入废气导致不完全燃烧。

CO 的含量过低，则表明混合气过稀，故障原因有：燃油油压过低、喷油嘴堵塞、真空泄漏、EGR 阀泄漏等。

一氧化碳进入人体之后会和血液中的血红蛋白结合，产生碳氧血红蛋白，进而使血红蛋白不能与氧气结合，从而引起机体组织出现缺氧，导致人体窒息死亡。

② 碳氢化合物（HC）分析　碳氢化合物是由于燃烧条件不佳，使部分燃料没有被燃烧排出缸外而形成的有害气体；HC 的排放量比正常值高，说明燃油没有充分燃烧。可能由下列条件中的一个或多个引起。

a. 点火系统缺火或点火能量不足，造成混合气燃烧不充分。

b. 点火正时不准确。

c. 电控系统的传感器故障、控制单元 PCM 故障、供给系故障导致混合气过浓或过稀。

d. 汽缸压力过低导致燃烧不良。

e. 个别缸不工作。

f. 三元催化转换器有故障，必要时应进行修理或更换。

g. 二次空气喷射控制系统存在故障。

h. 燃油蒸发控制系统不能正常工作，造成混合气过浓。

i. EGR 系统非正常导入废气导致不完全燃烧。

碳氢化合物是光化学烟雾产生的主要因素之一。

③ 氮氧化合物（NO_x）分析　氮氧化合物是氮和氧在高温高压燃烧状态下产生的有害气体。

NO_x 的排放量一般与发动机的故障关系很少。因此发动机故障诊断一般不采集氮氧化合物数据。现在汽车控制氮氧化合物的含量都是采用废气再循环控制和三元催化转换器对氮氧化合物进行无害转换，使其变成氮和水排放。

NO_x 的排放量过大的原因如下。

a. EGR 系统不能正常工作，视情况进行修理或更换 EGR 阀。

b. 点火正时失准导致燃烧温度过高。

c. 传感器故障、ECU 故障或供给系统故障导致混合气过稀，燃烧缓慢，致使发动机过热。

d. 缸压过高、燃烧室积炭过多等导致不正常燃烧。

e. 发动机冷却系统等故障导致过热。

氮氧化物与空气中的水结合，最终会转化成硝酸和硝酸盐，随着降水和降尘从空气中去除。硝酸是酸雨的原因之一。它与其他污染物在一定条件下能产生光化学烟雾污染。

④ 二氧化碳（CO_2）分析　二氧化碳是燃料充分燃烧后的必然产物。

CO_2 是可燃混合气燃烧的产物，其高低反映出混合气燃烧的好坏，即燃烧效率。可燃混合气燃烧越完全，CO_2 的读数就越高，混合气充分燃烧时尾气中 CO_2 的含量达到峰值 13%～16%。当发动机混合气出现过浓或过稀时，CO_2 的含量都将降低。当排气管尾部的 CO_2 低于 12% 时，要根据其他排放物的浓度来确定发动机混合气的浓或稀。燃油滤芯太脏、燃油油压低、喷油嘴堵塞、真空泄漏、EGR 阀泄漏等将造成混合气过稀，而空气滤清器阻塞、燃油压力过高，都可能导致混合气过浓。

二氧化碳对人体的危害最主要的是刺激人的呼吸中枢，导致呼吸急促，并且会引起头痛、神志不清等症状，严重可致人死亡。

⑤ 氧含量（O_2）分析　氧含量是反映混合气空燃比的最好指标，是最有用的诊断数据之一。可燃混合气燃烧越完全，CO_2 的读数就越高；与此相反，燃烧正常时，只有少量未燃烧的 O_2 通过汽缸，尾气中 O_2 的含量应为 1%～2%。O_2 的读数小于 1%，说明混合气浓；O_2 的读数大于 2%，表示混合气稀。导致混合气过稀的原因有很多，如燃油滤芯太脏、燃油油压低、喷油嘴堵塞、真空泄漏、EGR 阀泄漏等。而空气滤清器阻塞、燃油压力过高等都可能导致混合气过浓。

⑥ 废气分析基本规则　汽油车污染物超过标准，主要原因是汽油机燃料供油系统调整不当所导致的。除发动机供油系统的调整对排气污染物的成分、浓度有影响外，点火系统和冷却系统工作状态及曲柄连杆机构技术状况，对排气中 CO、HC 的浓度也有较大的影响。

a. HC 超标　混合气燃烧不完全所致。应检查与燃烧质量有关的元件，油路、电路、机械等方面是否工作正常，如调整火花塞间隙、检查调整点火正时等。

b. CO 超标　CO 超标是混合气过浓（正常是 1∶14.7）所引起。应检查、清洁、节气门、空气滤清器以及与空燃比有关的传感器和执行元件。

c. CO_2 超标　怠速时 CO_2 最佳值为 15%；若 CO_2 过低，为混合气稀；若 CO_2 过高，为怠速过高。此时可调整怠速。

d. HC 示值偏高，而 CO 示值偏低　说明混合气过稀，或因点火系统故障产生汽缸断火、缺火。

e. CO 示值正常，HC 示值偏高　说明发动机存在汽缸压力低。汽缸真空度下降或点火系统工作不正常等故障。

f. HC 和 CO 示值都偏高　说明混合气过浓，应检查和调整与混合气浓度有关的元器件。

g. HC 示值正常，而 CO 示值偏高　说明混合气偏浓，供油量大或进气量少，进气管或空滤器有堵塞现象，或与供油量的关的传感器有故障。

142. 废气分析案例实例

实例1——凌志车怠速抖动无故障码

一辆丰田凌志ES300，怠速时有轻微抖动，且加速迟缓，无故障码输出。进行数据流和点火波形检测，运行参数正常，点火波形也基本正常。用四气分析仪进行尾气检测，CO为0.4%、O_2为2.12%、CO_2为14.1%、HC在（260～500）$\times 10^{-6}$间变化。初步分析是混合气过稀，导致失火。首先检修燃油供给部分，各部件工作正常。清洗喷油器后，HC值虽然有所下降但仍较高。再检查空气供给系统，无漏气现象。至此，混合气过稀而导致失火的可能性被排除，可能是点火系统的故障。进一步检查电子点火系统，当检查到右侧汽缸的高压线和火花塞时，发现一个缸的高压线短路，火花塞电极间隙过小。更换高压线，调整火花塞电极间隙，启动发动机，故障消失，尾气检测值完全在标准范围之内。

实例2——北京现代车冷机启动困难

一辆北京现代索纳塔2.0，冷机启动困难，随着温度升高发动机出现抖动现象，行驶时加速无力。读取故障代码和数据流，一切正常。但用尾气分析仪检查，CO为0.23%，HC高达1100$\times 10^{-6}$，CO_2为13.2%、O_2为2.35%。HC、O_2的数值偏高，一般是由点火不良或混合气过稀失火而引起的。对点火系统部件进行全面检查，未发现异常。于是，重点检查供油系统。首先检测燃油压力，检测结果正常；逐缸进行断油试验，将1、4缸断油时，发动机转速无明显下降，推断1、4缸喷油器可能处于堵塞状态。换上两个新的喷油器，发动机工作恢复正常，冷机启动迅速、热机工作稳定、加速有力，尾气中HC下降至150$\times 10^{-6}$。本例是由于喷油器堵塞，使实际喷入1、4缸的燃油量偏少，从而造成两缸混合气过稀而失火，致使发动机工作失常。

实例3——桑塔纳怠速不稳经常熄火

一辆桑塔纳2000GSi，发动机怠速不稳，经常熄火。调取故障代码，显示为"00525"，表明氧传感器有故障。对氧传感器进行检测，信号电压在0～0.3V和0.7～1.0V之间变化，且变化频率达到8Hz以上，这说明氧传感器正常。用四气尾气分析仪进行检测，HC、CO、CO_2、O_2分别为250$\times 10^{-6}$、0.43%、14.6%、2.54%。由此看出HC和O_2都较高，这是空燃比严重偏离正常值的一个重要特征。CO值较低而CO_2在最大值，说明可燃混合气已充分燃烧，点火系统正常。综合分析表明，该车发动机工作时混合气偏稀，因此应从空气供给系统和燃油供给系统着手检修。

检查燃油供给系统，一切正常。检查空气供给系统时，发现空气流量计后面的进气软管有破损、裂纹。更换进气软管，启动发动机，一切恢复正常。再次用尾气分析仪进行检测，结果HC为50$\times 10^{-6}$、CO为0.23%、CO_2为14.5%、O_2为1.33%，数据正常，故障排除。本例是由于进气管漏气，使额外的空气进入汽缸，造成混合气过稀，发动机怠速不稳，经常熄火。这部分未经过ECU检测的空气经发动机燃烧后，造成排气中剩余大量氧气，氧传感器将此信号反馈给ECU，ECU根据这一信号进行相应加浓。由于氧传感器一直输出要求加浓的信号，自诊断系统则认为氧传感器有故障，便输出相应的故障码。

143. 数据流分析实例

本节数据流分析以桑塔纳2000轿车为例，参见表1-12。

表 1-12　桑塔纳 2000 轿车发动机数据流分析

输入组号	显示区域	定　义	各显示值说明
01	A	发动机转速	—
	B	冷却液温度	
	C	λ 传感器电源	
	D	系统状态	10000000 表示存储器中有故障码信息存在 00100000 表示空调未关闭 00010000 表示非急速状态 00000100 表示节气门未关闭 00000001 表示冷却液温度低于 80℃
02	A	发动机转速	急速运转时 750～850r/min
	B	发动机负荷 (曲轴循环喷油时间)	急速运转时 3.5～4.5ms
	C	系统电压	急速运转时 12.5～14.5V
	D	进气温度	随温度变化而变化
03	A	发动机转速	—
	B	发动机负荷 (曲轴循环喷油时间)	急速运转时 1.5～2.5ms
	C	节气门角度	节气门关闭时 5°～10°
	D	暂不使用	—
04	A	发动机转速	
	B	发动机负荷 (曲轴循环喷油时间)	
	C	车速	
	D	发动机状态	第 1 位数字:在发动机转速大于 3000r/min 后,突然关闭节气门时,显示值应为 1(发动机负荷值小于 1.0ms) 第 2 位数字:反映急速状态,即在急速时为 1 第 3 位数字:反映部分负荷状态即在加速,节气门开度超过急速位置后应为 1 第 4 位数字:反映全负荷状态,在节气门全开时应为 1 第 5 位数字:反映加速状态,在节气门突然打开时应为 1 第 6 位数字:反映减速状态,在节气门突然减小时应为 1 第 7 位数字:在霍尔传感器工作正常时应为 1
05	A	发动机转速	急速运转时 750～850r/min
	B	碳罐清除	关闭时 0%;全开时 100%
	C	暂不使用	—
	D	暂不使用	

第十节　排放系统故障诊断与检修

目前汽车废气排放控制越来越严格,排放控制技术也日新月异,新技术、新材料、新工艺和新设备不断装备汽车。本文只能从当前最基本的汽车排放控制来论述故障诊断方法。现有的排放控制包括：曲轴箱通风系统、燃油蒸气回收系统、废气再循环系统和三元催化排气系统等，如图 1-114 所示。

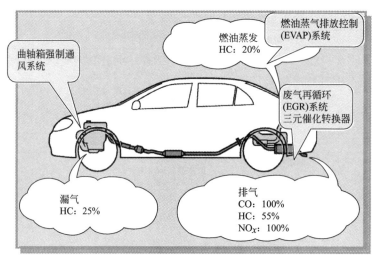

图 1-114　汽车排放控制系统

144. 曲轴箱强制通风系统故障

（1）故障现象

怠速不稳，容易熄火。

（2）故障原因

如图 1-115 所示，由于 PCV 阀卡滞不能回位，通气量在中速或高速时的位置。怠速时过量的通气量使混合气过稀而造成怠速不稳甚至熄火。

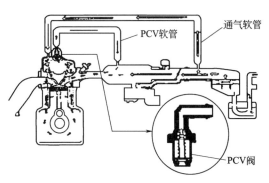

←：窜缸混合气
⇐：新鲜空气

图 1-115　发动机曲轴箱通风控制

（3）诊断与排除

曲轴箱强制通风（PCV）系统的作用是将窜入曲轴箱内的窜气和机油蒸气的混合气导入发动机燃烧室进行燃烧。该系统的核心是 PCV 阀，当 PCV 阀正常工作时，曲轴箱内的排放将得到有效控制。

① 诊断曲轴箱排放控制系统的故障时，应按照如下步骤进行操作。

a. 从 PCV 阀上拆下通风软管。

b. 从摇臂罩板上卸下 PCV 阀。

c. 重新接上通风软管。

d. 使发动机处于怠速运转状态，用手指按在 PCV 阀的开口端，确认是否有真空度，正常情况下，应能感觉到有真空度（手指受到吸力作用），否则说明曲轴箱排放控制系统堵塞，应用清洗液清洗 PCV 阀和通风软管，必要时更换。

② 诊断 PCV 阀的故障时的方法

a. 拆下 PCV 阀。

b. 将干净的软管接到 PCV 阀上，从汽缸盖一侧吹气，空气应能顺畅地通过，从进气歧管一侧吹气，空气应很难通过，如果检测结果与上述要求不符，则应更换 PCV 阀。

c. 从 PCV 阀的螺纹端将一根小细棍插入 PCV 阀，检查 PCV 阀内的柱塞是否移动，正常情况下，PCV 阀的柱塞应能移动，如果柱塞不移动，则说明 PCV 阀柱塞卡滞，需清洗或更换 PCV 阀，需要注意的是，安装 PCV 阀时，其拧紧力矩为 8～12N·m。

d. 重新装上 PCV 阀，检查垫片及连接处有无泄漏、破裂或其他损坏，必要时更换。

145. 燃油蒸发排放控制系统故障

(1) 故障现象

发动机经常热启动困难，怠速抖动厉害，同时感觉有异味，启动后发动机转速不稳定，需要踩几脚油门才好，冷车启动正常。

(2) 故障原因

不该打开时打开，影响空燃比浓度，发动机动力下降，怠速不稳；该打开时不打开，排放不合格。

(3) 诊断与排除

燃油蒸发排放控制系统原理如图 1-116 所示。

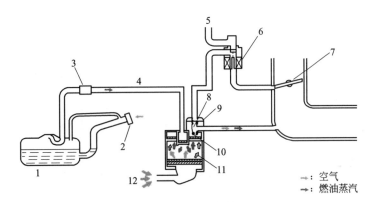

图 1-116　燃油蒸发排放控制系统原理图
1—燃油箱；2—油箱盖；3—单向阀；4—通气管；5—接进气缓冲室；6—活性炭罐电磁阀；7—节气门；
8—主通气口；9—活性炭罐通气阀；10—定量通气小孔；11—活性炭罐；12—新鲜空气

燃油蒸发控制（EVAP）系统的一般诊断和检修方法如下。

① 目测软管、连接导线是否良好。

② 使用故障诊断仪读取故障码。

③ 检查活性炭罐电磁阀工作是否正常。发动机怠速，拔下活性炭罐的真空软管，用手感觉软管口处，应无真空吸力；发动机转速 2000r/min 时，活性炭罐真空软管处应有真空吸力。

④ 检查电磁阀电阻值。

⑤ 检查电磁供电及其控制电路。

实例——桑塔纳 2000 燃油蒸发控制（EVAP）系统的检修

① 软管的检查　从活性炭罐开始对每根软管进行仔细检查，保证软管连接良好没有损坏、裂缝和泄漏故障（图 1-117）。

② 活性炭罐的检查　检查活性炭罐是否有开裂或损坏现象，如果发现上述情况或活性炭罐内部被燃油浸泡，就必须更换活性炭罐。

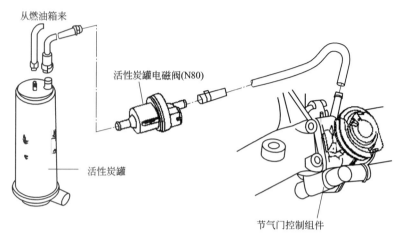

从燃油箱来

活性炭罐电磁阀(N80)

活性炭罐

节气门控制组件

图1-117 活性炭罐软管连接

清洗活性炭罐中的滤清器。堵塞排污管，用294kPa的压缩空气吹入油箱接管，可清洗活性炭罐滤清器，参见图1-118。

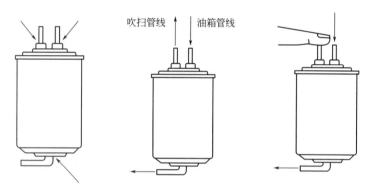

吹扫管线 油箱管线

图1-118 活性炭罐检查方法

③ 活性炭罐电磁阀（图1-119）的检查 测量电磁阀电阻，其标准值为22～30Ω，如果数值不符，更换电磁阀。

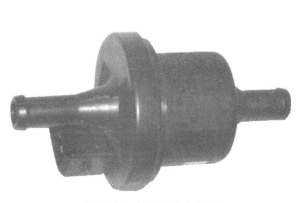

图1-119 活性炭罐电磁阀

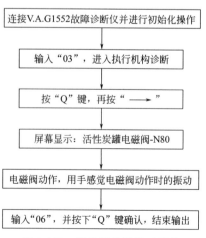

连接V.A.G1552故障诊断仪并进行初始化操作

↓

输入"03"，进入执行机构诊断

↓

按"Q"键，再按"———"

↓

屏幕显示：活性炭罐电磁阀-N80

↓

电磁阀动作，用手感觉电磁阀动作时的振动

↓

输入"06"，并按下"Q"键确认，结束输出

图1-120 用故障诊断仪对元件
进行动态测试步骤

126

测量电磁阀的供电电压：拔下电磁阀的线插，用发光二极管试灯检测插头触点 1，在启动发动机后，试灯应亮。

④ 进行执行元件诊断测试　用故障诊断仪对元件进行动态测试，步骤如图 1-120 所示。

146. 案例 1、帕萨特 B5 发动机热启动困难

车型：2005 年帕萨特 B5 1.8T 自动挡车，带二次空气喷射系统。

(1) 故障现象

发动机经常热启动困难，有时需要踩油门才能很困难地着车，同时感觉有异味，启动后发动机转速不稳定，需要轰踩几下油门才好，冷车启动一切正常。

该车曾到 4S 店维修，而在 4S 店试车时故障并没有出现，于是该 4S 店认为故障的原因是混合气偏浓，清洗了节气门体和喷油器，并更换了发动机供电继电器。接车后开始几天车辆状况比较正常，但过了几天故障又再次出现。

(2) 故障诊断

连接 V. A. G1552 故障诊断仪，调取发动机系统的故障码，有两个故障码："16825 P0441 035 Tank breathing system flow rate faulty（燃油蒸发控制系统流量不正确）"和"17544 P1136 Bank1 mixture adaption（add）system too lean/sp（混合气自适应过稀/偶发）"。

读取前氧传感器数据。发现在热车怠速时（水温 95℃，进气温度 55℃，发动机转速为 760～800r/min），氧传感器电压值一直在 1.54～1.58V 之间，相对应的短期修正也在 2%～9% 之间，这说明此时混合气处于一种比较稀的状态。再进入 030 通道，察看怠速和负荷状态下的长期修正值都是 0，这说明混合气稀的程度并不是很严重，还没有需要进行长期修正的必要。

使用诊断仪进入 01→03 对碳罐清洗电磁阀 N80 进行驱动试验。此时可以听到燃油泵泵油的声音，这是因为 N80 的供电是由燃油泵继电器负责的，检测 N80 功能时燃油泵继电器自然要参与工作。但此时 N80 并没有发出期望的"嗒、嗒"声。拆下 N80 的插头，直接将试灯接到接线端的两个端子，再次进行驱动试验时试灯闪亮，说明 N80 供电及驱动电路功能正常，问题出在 N80 上。

将 N80 电磁阀拆下，吹气时发现电磁阀的两端常通，说明 N80 电磁阀卡在了开启位置。至此，故障原因找到。

(3) 修复

更换了活性炭罐清洗电磁阀（N80）后，试车，症状不再出现，故障排除。

(4) 分析

活性炭罐清洗电磁阀长期处于打开状态都无法通过检测，所以会设置故障码"16825 P0441 燃油蒸发控制系统流量不正确"。

同时由于 N80 长期打开，使得活性炭罐内的燃油蒸气很快就被发动机吸收干净了，此时发动机就开始通过活性炭罐的通风阀吸进空气，而这部分空气是不被空气流量计所计量的，就导致了混合气长期过稀，于是设置"17544 P1136 混合气自适应过稀/偶发"的故障码。

因为热启动时会有大量的燃油蒸气通过常开的活性炭罐清洗电磁阀进入汽缸，造成混合气偏浓而难以启动，同时也会因此产生异味。冷启动时，由于活性炭罐内的燃油蒸气量比较少，而且发动机低温启动时本身就需要较浓的混合气，因此影响不大。

147. 案例 2、一汽小福星发动机故障灯点亮

(1) 故障现象

车型：一汽小福星 ACA37。

发动机故障灯点亮。

(2) 诊断内容

经电脑检测故障代码为"P0171（系统过稀）"，查看数据流发现"SHORT FT ♯1 17.1％"，"long FT ♯1 26.5％"，不正常，和 AFS B1S1 电压为 3.75V，过高，说明系统过稀，如图 1-121 所示。

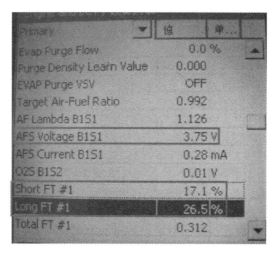

图 1-121　故障车显示的数据流

过稀原因分析如表 1-13 所示。

表 1-13　混合气过稀原因和检查方法

因　素	原　因/检查方法	结　果	
燃油压力	无法喷入期望的燃油量（已按规定方法检查）	OK	NG
喷油器			
吸入空气	有未被空气流量计检测的空气进入（真空泄漏）（已按规定方法检查）	OK	NG
MAF 传感器	传感器特性向比实际值偏大的方向偏移，静态检查/数据流/目视检查	OK	NG
缺火	增加废气中氧含量（已按规定方法检查）	OK	NG
气门积炭	喷入的燃油附着在积炭上（已按规定方法检查）	OK	NG
AFS B1S1	输出值不正常（数据流/主动测试）	OK	NG
空燃比传感器	主动测试	OK	NG
吸入稀的净化气	活性炭罐的蒸气在收集过程中（已按规定方法检查）	OK	NG
水温传感器	数据流	OK	NG

由以上检查得知，A/F B1S1 传感器主动测试时输出电压几乎无响应和 EVAP 真空开关阀主动测试无反应，先检查 EVAP 真空开关阀，拔掉活性炭罐过来的软管，用手堵住，如

图 1-122 所示，查看数据流，发现数值马上变为正常数值，如图 1-123 所示，说明真空开关阀内部卡在打开位置，然而导致不断吸入稀的净化气体，从而导致过稀。

图 1-122 软管用手堵住的管口

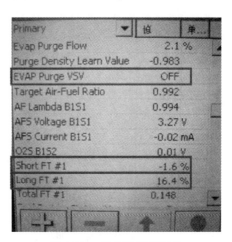

图 1-123 数据流恢复正常

（3）修理内容

更换 EVAP VSV 真空开关阀，故障排除。

（4）结论

对系统的原理更加了解和熟悉，就能少走弯路！

148. 废气再循环系统故障

目前轿车发动机上应用较多的是由废气再循环阀（EGR 阀）、三通电磁阀、废气修正阀等组成的废气再循环装置，如图 1-124 所示。

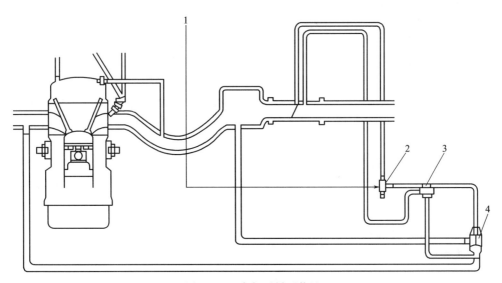

图 1-124 废气再循环装置

1—接 ECU；2—三通电磁阀；3—废气修正阀；4—废气再循环

（1）故障现象

发动机怠速不稳定甚至熄火，低速时产生喘振，排放超标，氮氧化合物含量过高。

（2）故障原因

发动机怠速不稳定甚至熄火故障原因是：EGR阀卡滞在开的位置。

排放超标，氮氧化合物含量过高故障原因是：EGR阀卡滞在关的位置或者管道堵塞。

（3）诊断与排除

① 诊断废气再循环系统故障的具体步骤

a. 从节气门体上拆下真空软管（绿条）并将真空泵接到真空软管上。

b. 在发动机分别处于冷（发动机冷却液温度为50℃或更低）、热（发动机冷却液温度为80～95℃或更高）状态下，检查EGR系统的工作状况，发动机冷态，怠速运转时施加真空，真空应该消失，发动机热态时，真空应能保持住。

② 检查EGR阀的控制真空度的方法

a. 在发动机冷却液温度为80～95℃时，从节气门体的EGR真空接头上拆下真空软管，接上真空泵。

b. 启动发动机，轰大油门使发动机转速增高后，检查EGR阀的控制真空度是否随发动机转速的升高而正比例增加，如果真空度变化不合理，则说明节气门的通风孔可能堵塞，需要清理。

③ 检修EGR阀的具体步骤

a. 拆下EGR阀，检查有无黏结、积炭现象，如有则需要清洗。

b. 将真空泵接到EGR阀上。

c. 向一个EGR通道吹气，检查EGR阀工作情况，当真空度不大于7kPa时，空气应吹不过去；当真空度不小于23kPa时，空气可以吹过去。注意：在安装EGR阀时，要用新的密封垫并将紧固螺栓拧紧至15～22N·m的规定力矩。

④ 检查EGR-TVV（废气再循环温控真空阀）的具体步骤

a. 从EGR-TVV上拆下真空软管，并将真空泵接到EGR-TVV上。

b. 抽真空，检查通过EGR-TVV真空的情况，正常情况下当发动机冷却液温度不高于50℃时，真空度下降，当发动机冷却液温度不低于80℃时保持真空。

c. 将发动机冷却液从散热器中排入合适的容器内，从旁通出水口上拆下TVV阀，并将TVV阀放入水中。

d. 当水温低于35℃时，TVV阀应该关闭，将空气吹入管口中，空气应不能流过TVV阀，当水温高于54℃时，TVV阀应该开启，将空气吹入管口中，空气应能自由地流过TVV阀。

e. 在检修过程中，拆卸和安装EGR-TVV时，对塑料部位均不得使用扳手，安装EGR-TVV时，在螺纹部分要涂一层密封剂并将紧固螺栓拧紧至20～40N·m的规定力矩，并重新加注发动机冷却液，检查有无泄漏。

149. 三元催化转换器（图1-125）堵塞故障

（1）故障现象

① 发动机有油、有火，但是无法启动。

② 加速不良，没有高速。

③ 加速时进气管"回火"，急加速熄火。

④ 进气管向外冒白烟。

⑤ 没有超速挡（排气背压过高会造成发动机加速不良，好像没有超速挡，所以有时会

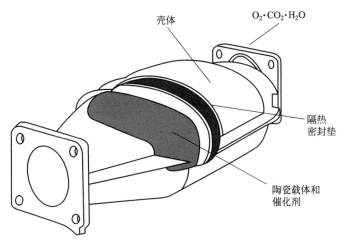

图 1-125　三元催化转换器结构图

误认为是自动变速器的故障）。

⑥ 用故障诊断仪检测电控系统，一般没有故障代码。若读取数据流，往往有多项数据不正常。

有的汽车低速行驶时耸车，减速后再加速耸车更加明显，更换点火线圈高压线、火花塞、电控单元都不见好转，这就要考虑排气背压是否过高了。这种情况与加速不畅、车速提不起来、急加速时回火甚至熄火相比较，只是三元催化转换器堵塞的程度不同而已。

总之，若三元催化转换器堵塞后排气背压过高，会造成发动机启动困难、怠速不良、加速无力、转速不稳定、点火调节失控等故障现象。

（2）故障原因

一般行驶了 12 万千米以上的汽车，其三元催化转换器都会有不同程度的堵塞。引起三元催化转换器堵塞的原因是多方面的，其中一个重要原因是燃油和润滑油的质量不高（三元催化转换器堵塞原因见表 1-14）。发达国家的无铅汽油不仅辛烷值高、抗爆性好，而且含硫和含磷量极低，还有行车途中很少出现长时间堵车，对氧传感器和三元催化转换器造成的污染较低。因此在发达国家很少听说汽车三元催化转换器堵塞的。

表 1-14　三元催化转换器堵塞原因及处理办法

堵塞原因	后果	处理办法
燃油和润滑油品质差	不可逆转	更换
乙醇汽油	可逆转	清洗
高温烧结	不可逆转	更换
催化剂载体破碎剥落	不可逆转	更换
油污积炭	可逆转	清洗

催化剂载体的破碎剥落和油污的堆积都会阻塞三效催化转换器中的气道，使排气阻力增大，造成较大的压力损失。

（3）诊断与排除

① 利用真空测量法检查是否堵塞　利用真空表测量进气歧管的真空压力检测进气歧管的真空度：在正常情况下，发动机怠速运转时，若拔下进气管上一根真空管，应该感觉吸力

很大，若吸力很小，则排气系统可能有堵塞。这是因为，若排气管时通时堵，则排气时的反压力增大，会使进气管的真空度降低。为了准确测量，可以用真空表软管连接到进气歧管真空管接口上，启动发动机，待转速稳定后使发动机怠速运转，同时观察真空表读数的变化情况。发动机进气歧管真空度分析见表1-15。

表1-15　发动机进气歧管真空度分析

运转状态	真空表读数/kPa	故障原因
怠速	54～70	正常
怠速	40～45	进气歧管或真空管漏气
怠速	比正常低3～23	气门密封不良或正时错位
怠速	10左右摆动	排气系统堵塞
2000r/min时迅速关闭节气门	下降5～17	活塞环漏气、缸内压力低
2000r/min时迅速关闭节气门	下降10～30	进、排气歧管垫漏气
怠速	稳定在43～53	点火时间过晚
怠速时快速开闭节气门	8～82跟随变化	发动机工作性能良好

当三元催化转换器正常时（发动机排气通道均无故障），真空表读数应为如下情况：当发动机怠速运转时，真空表读数应为54～70kPa，并保持稳定；当把发动机转速快速提高时，真空表读数首先应很快下降接近0（不到0kPa），然后随着发动机转速的提高而逐渐上升；在发动机高转速过程中突然关闭节气门时，真空表读数会猛然上升超过发动机怠速时的值，在80kPa左右（说明：供油量减少时真空表读数也会下降）。

三元催化转换器堵塞时，真空表读数应为如下情况（排气通道其他部门堵塞时相同）：当发动机怠速运转时，真空表读数开始为某一个值（有的可能为正常值），然后很快下降至10kPa（或很小的值）；当发动机转速快速提高到2000r/min以上后突然关闭节气门时，若真空表读数猛然上升到80kPa左右后迅速下降到7kPa以下，然后再回升到发动机怠速运转时的值，则三元催化转换器堵塞。

当三元催化转换器严重堵塞时，真空表读数应为如下情况（排气通道其他部分严重堵塞时相同）：当发动机怠速运转时，真空表读数很小；当发动机转速从怠速转速逐渐提高到2500r/min后保持为2500r/min时，真空表读数继续快速下降。

②利用排气背压测量法检查是否堵塞　发动机排气系统由于线路比较长，而且系统中还有三元催化转换器和消声器等部件，运行时本来就存在一定的压力（排气背压），但是很小。若排气系统堵塞后，由于系统发动机排气压力大，排气系统压力也会增大，影响发动机运行，所以可以通过测量排气背压判断排气系统是否堵塞。

在三元催化转换器前端排气管上接出一个压力表，有下述几种方法：有二次空气泵的可以从二次空气喷射管路上脱开空气泵止回阀的接头，再在二次空气喷射管路的排气管端接上压力表；也可以把前氧传感器拆下，在它的接口上接压力表；有的车在三元催化转换器前端排气管上预留有接口，把闷头拆下即可。压力表的量程为0～50kPa。启动发动机，并使发动机温度达到85℃以上，在发动机转速为2500r/min时读取压力表读数，此读数即为排气管的背压，其值应小于13.8kPa。如果排气背压不超过发动机所规定的限值，则表明三元催化转化器没有被阻塞。

如果，则需将三元催化转换器后端的排气系统拆掉，重复以上的试验，如果排气背压还是超过发动机所规定的限值，则说明是三元催化转换器阻塞。如果排气背压下降，则说明消声器或三元催化转换器下游的排气系统出现问题，破碎的催化剂载体滞留在下游的排气系统中，所以首先进行外观检查确认催化剂载体完整是非常必要的。对有问题的排气管、消声器也可通过测量其前后的压力损失来判断。

150. 案例 1、宝马 750i 加速不良

(1) 故障现象

一辆宝马 750i（V12）轿车，进厂维修时，该车加速不良，急加速时发动机转速不能随节气门开度的增大而增大，同时，当发动机转速达到 3000r/mim 后就很难再上升，另外，该车还存在着热车不易发动的现象。

(2) 故障检测

用 Ob15 解码器进行电脑检测显示一切工作正常，因此决定从燃油、点火和发动机进气系统等方面进行检查。

检查燃油压力（因该车装有两个燃油泵，所以应分别加以检查）。在拔掉油压调节器真空管后检测两燃油泵压力均为 350kPa，装上油压调节器真空管后再检测，其油压为 296kPa，表明燃油泵工作正常。

检测各缸工作压力。在拖动转速 300r/mim 左右，各缸汽缸压力基本能达到 800～980kPa 之间，说明汽缸压力也符合要求。

检测各火花塞、高压线及分火头、分电器盖的技术状态也未发现异常。

检测两个高压点火线圈的一、二次电阻值，分别为 0.55Ω［正常值为（0.5 ± 0.1）Ω］和 $6.0k\Omega$［标准值为（6 ± 1）$k\Omega$］，也属正常。

检查 12 个喷油器的电阻值，均在 $15\sim17\Omega$ 之间，同时，喷油均匀、雾化良好且无泄漏现象。

(3) 故障分析

通过以上检查，并未发现故障的存在，进而又对点火正时和配气相位进行检查，但同样没有发现不良之处。随后又检查其他各主要传感器的技术状况，也未发现异常。对故障的诊断一时进入僵持阶段。

这时，想到了用真空表来检测进气歧管真空度，以发现进气系统是否有漏气部位。在发动机怠速时，检测到的进气管真空度仅为 48kPa，明显低于正常数值（53kPa）。在急加速时，其数值（绝对压力数值）不仅不能随节气门开度增大而增加，而且还急速下降到 20kPa 以下，同时，真空表指针也随着节气门的急速变化表现出较大的波动。检查结果表明：该发动机的真空度存在异常。

那么，是什么原因引起这种故障现象的？根据真空表显示的读数值和汽油发动机工作原理分析认为，这种故障有可能是排气系统不畅或堵塞引起的。因为在排气系统堵塞的情况下，汽缸内燃烧后的废气不能全部（或部分）排出缸外，这样当汽缸进行下一个进气行程时，就会受到缸内废气的冲击（废气对进气气流形成的反向压力），从而引起汽缸进气量的下降，导致加速无力。当发动机在热状态下重新启动时，就会因缸内废气量的增大而导致不易启动（但这种情况不会影响到汽缸工作压力，因为废气也存在于汽缸内）。这种现象显示到真空表上就会出现较大的波动和读数的下降。

(4) 故障诊断与排除

拆下排气歧管后试车，急加速、慢加速均正常，发动机转速也能升高到标准值，故障现象消除。怠速时再检测进气歧管真空度也达到了 73kPa（标准值为 53.2～79.8kPa），且真空表指针也较稳定，表明找到了故障的真正原因。最后拆下装在排气管内的三元催化转换

器，发现已被积炭堵塞。更换新的三元催化转换器后，发动机工作正常，故障彻底排除。

151. 案例2、别克新世纪车速提不高

（1）故障现象

一辆别克新世纪轿车，在停驶条件下将加速踏板踩到底时其发动机转速达不到规定值；在行驶条件下加速时其车速提不高，且发动机"发闷"。

（2）故障分析

用解码器读取故障代码时未读得故障代码。读取数据流，燃油压力及点火系统的状况均正常。

根据故障现象分析，剩下的可能原因只有进气不畅或排气通道堵塞。检查表明进气系统完全正常，于是用真空表测量节气门后进气歧管的真空压力。在发动机怠速运转时，真空表读数在开始时为53kPa接近正常，但很快就下降到接近0；将发动机转速迅速提高到2000r/min后突然关闭节气门时，真空表读数猛然升高后迅速下降到6kPa以下。显然，发动机排气不畅。对三元催化转换器的拆检表明，催化剂载体中的尾气通道已被其碎屑堵塞。

（3）故障原因

该车发动机未能按时维护，致使发动机长期工作不正常，汽油在汽缸内不能燃烧完全，而在三元催化转换器内还继续燃烧，燃烧的高温导致催化剂载体剥落，并堵塞气道。

（4）故障排除

更换三元催化转换器后，故障排除。

152. 案例3、尼桑阳光加速无力

（1）故障现象

一辆尼桑阳光2.0L轿车，行驶里程12万多千米。该车出现发动机不易启动、启动后加速无力的故障。

（2）故障原因

检查燃油压力为280kPa，正常。进行急加速试验，发动机转速上升缓慢，并且伴有"呜、呜"的声音。拆开空气滤清器检查，发现这种"呜、呜"声是由进气管发出的，怀疑排气管堵塞，于是拆下氧传感器接上压力表测量排气背压。

检测结果如表1-16所示，发动机怠速与转速2500r/min的工况下，排气管的背压均高达31kPa，和同型号车比较数值大了很多。脱开后面排气管后再试数值没变化。将汽车举起，检查三元催化转换器，发现其内部的蜂窝状催化物质大面积破损，阻碍了废气的排出，因而影响吸气效果，造成发动机加速无力。更换三元催化转换器，故障排除。

表1-16　发动机2500r/min 时排气背压值比较　　　　　　　　/kPa

被检车	排气畅通	排气不畅	堵塞
正常	小于13.8	13.8～24	大于24
故障车			31
同型号车	13.3		

153. 三元催化转换器失效故障

（1）故障现象

发动机工作正常，排放超标，环境污染。

（2）故障原因

三元催化转换器失效。

（3）诊断与排除

三元催化转换器失效通常发动机工作没影响，主要是排放超标和环境污染。

在对三元催化转换器进行检查之前，应先确认是否有关于氧传感器的诊断故障代码，因为氧传感器的故障会影响到三元催化转换器的转换效率。如果存在关于氧传感器的诊断故障代码，则应首先排除氧传感器的故障，然后再进行三元催化转换器的检查。

检查三元催化转换器的方法如下。

① 连接汽车诊断仪并读取识别参数。

② 使车辆以 60～90km/h 的速度行驶 10min，使得三元催化转换器达到正常工作温度。

③ 使发动机怠速运转，记录在 1min 内的识别参数。

④ 选择适当的识别参数并阅读图表。

⑤ 记录前部、后部氧传感器曲线超过 0.5V 的次数。

⑥ 计算比率：比率＝前部氧传感器波形脉冲数/后部氧传感器波形脉冲数。

如果比率大于等于 5.5 或者是后部氧传感器输出信号没有变化，则说明三元催化转换器的运转是正常的。

如果比率小于 1.125，则说明三元催化转换器已基本失去催化转换作用，需要更换。

如果比率介于 1.125 和 5.5 之间，则表明三元催化转换器的功效有不同程度的降低，但尚能满足发动机工作要求，使用期间应注意观察。

◎ 第十一节　柴油机供油系统常见故障诊断与检修

柴油机燃料供给系统的作用是：储存、滤清和输送柴油，并根据柴油机的工作要求，定时、定量、定压地将雾化质量良好的柴油按一定的喷油规律喷入汽缸内，使其与空气迅速而良好地混合和燃烧，再将废气排入大气。

柴油机燃料供给系统的组成如图 1-126 所示，主要包括燃油供给装置（油箱、输油泵、柴油滤清器、高压喷油泵、喷油器、高低压油管等）、空气供给装置（空气滤清器、进气管道）、混合气形成装置（燃烧室）、废气排出装置（排气管道、消声器）。

柴油机燃料供给系统出现故障将导致发动机无法启动、启动困难或运行中熄火等现象，同时还会使油耗上升、动力下降、温度上升、进气管回火、排气管放炮运行粗暴等故障现象。

154. 柴油机不能启动

（1）故障现象

① 启动时听不到爆发声音，排气管无烟，不能启动。

② 启动时排气管有少量排烟或大量排白烟，不能启动。

（2）故障原因

第一种现象的实质是柴油没有进入汽缸，应从燃料的输送方面查找故障的原因。

第二种现象的实质是柴油已经进入汽缸，但未能正常组织燃烧，应从供油时刻、燃油雾化、压缩终了时的汽缸压力和温度等方面查找故障的原因，造成发动机不能启动的具体原因如下。

① 柴油不进缸

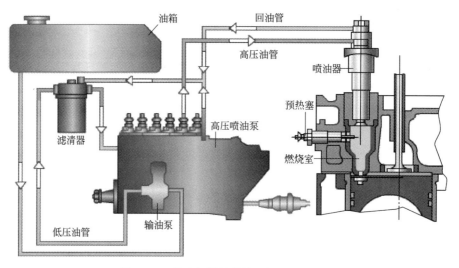

图 1-126　柴油机燃料供给系统组成示意图

a. 油箱无油，或滤网脏、堵。

b. 熄火拉扭没有退回（或断油拉杆）。

c. 柴油滤清器滤芯脏堵。

d. 输油泵故障（活塞卡滞等）。

e. 油路故障：有空气、油管破裂或管接头漏油、堵塞；油路中有水，冬季结冰堵塞。

f. 柴油牌号不对，冷凝后析出石蜡，堵塞。

g. 喷油泵故障：泵内有空气、油量调节拉杆卡在不供油位置、油门拉杆脱落、柱塞严重磨损。

h. 驱动机构损坏，喷油泵凸轮轴没有被驱动。

i. 喷油器不喷油：针阀卡滞，喷油孔积碳堵。

② 柴油进缸，不能正常燃烧

a. 供油时间过迟：正时螺钉调整不当；联轴器上的调整螺栓松动。

b. 供油量不足：低压油路压力低（溢流阀失效）；出油阀密封不良、柱塞偶件磨损。

c. 喷油器喷雾质量差：调压弹簧、针阀磨损。

d. 柴油质量差：有水分。

e. 空气滤清器脏堵，进气不足。

f. 排气不畅，使进气时缸内真空度下降，造成进气不足。

g. 缸压不足。

h. 外界环境温度低，预热装置失效。

（3）诊断与排除

油不进缸时，首先判断故障是出在低压油路还是高压油路。

先旋松喷油泵上的放气螺塞（纵向低压油道上），用手油泵泵油，同时感受输油泵的工作情况。

① 放气螺孔不流油或流出泡沫柴油是低压油路故障

a. 不流油——低压油路中有堵塞或破损、泄漏。

b. 流出泡沫柴油——油路中有空气窜入，拉手油泵手柄试验。

ⓐ 有明显吸力，放开后自动复位——输油泵至油箱的油路堵塞。

　　ⓑ 无吸力，压手柄时阻力很大——输油泵至喷油泵的油路堵塞。

　　② 放气螺孔处流油正常且无气泡出现是高压油路故障

　　a. 检查油门拉杆是否脱落。对于有些柴油机，启动时需要踩油门的，供入过量柴油，如果油门拉杆脱落，无法控制油量调节机构动作。

　　b. 检查各高压油管有无因破裂或接头松动而漏油。

　　c. 拆下喷油泵侧盖，检查各连接件是否松脱。

　　d. 发动机转动时，用手触试各缸高压油管，如图 1-127 所示：

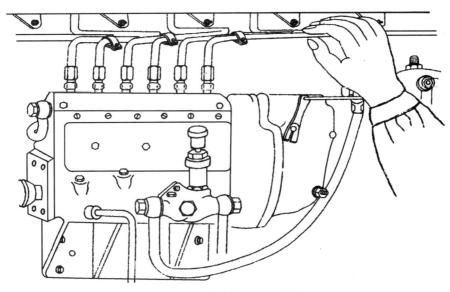

图 1-127　手感高压油管脉动

　　有喷油脉动——故障在喷油器。拆下喷油器，在缸外观查喷油质量，必要时拆检喷油器。

　　无喷油脉动或脉动甚弱——故障在高压油泵。拆下喷油泵的高压油管，用手油泵泵油，观察出油阀：有油溢出，说明出油阀密封不良；无油溢出，则应检查高压油路中有无空气。先排气，再启动查看。如还不行可将调节拉杆放在最大供油量位置上，用螺丝刀（螺钉旋具）撬动喷油泵柱塞弹簧座（图 1-128），做泵油动作，使柴油从出油阀中喷出，直到不夹

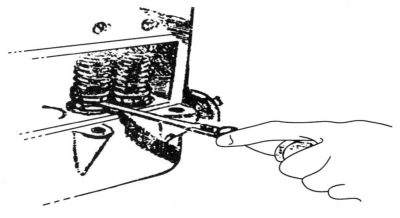

图 1-128　柱塞泵油试验

有气泡时为止。旋紧高压油管，再撬动喷油泵柱塞弹簧座几次，使喷油器喷出柴油，听到有清脆的泵油声音为止，故障即排除。

为了清晰柴油机启动困难的诊断思路，可以分为低压油路故障和高压油路故障两方面考虑，具体可参考图 1-129～图 1-131。

柴油机启动困难的诊断流程框图如图 1-129 所示。

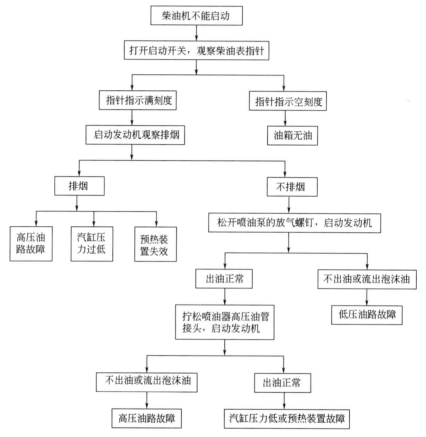

图 1-129　柴油机启动困难的诊断流程框图

低压油路故障诊断流程框图如图 1-130 所示。

高压油路故障诊断流程框图如图 1-131 所示。

155. 柴油机启动困难

（1）故障现象

启动机正常带动柴油机运转，着火困难，多次启动或长时间启动才能着火。

（2）故障原因

① 油箱开关未全开。

② 燃油管路或滤清器堵塞。

③ 燃油系统中有少量空气。

④ 喷油泵不供油或供油时间不对。

⑤ 喷油器不喷油或雾化不良。

⑥ 气温太低、柴油机过冷。

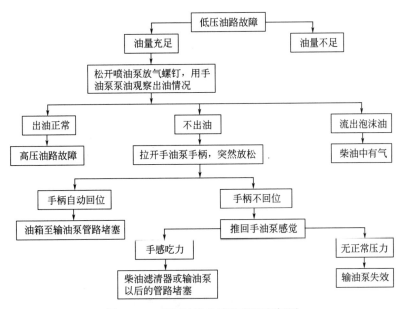

图 1-130　低压油路故障诊断流程框图

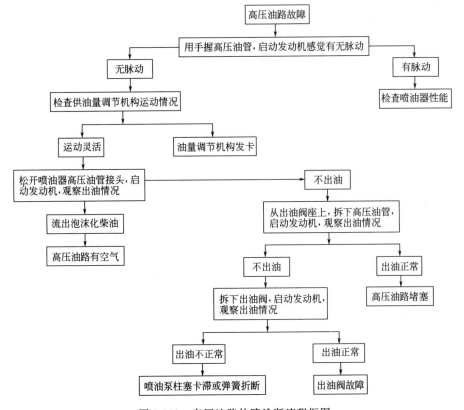

图 1-131　高压油路故障诊断流程框图

⑦ 汽缸压缩压力不足。

⑧ 空气滤清器或进气管路堵塞。

（3）诊断与排除

① 检查燃油开关是否全开。

② 考虑环境温度是否过低，如果过低则加热发动机。

③ 检查燃油管路接头是否松动而漏气。

④ 检查空气滤清器或进气管路堵塞。

⑤ 旋开喷油泵上方滤清器上的放气螺钉，检查和排除燃油系统中的空气。

⑥ 检查输油管路是否畅通，清洗滤清器或调换滤芯。

⑦ 将喷油器拆出，检查喷油器雾化情况，必要时应拆洗、检查并在喷油器试验台上调整喷油压力至规定范围或更换喷油器偶件。

⑧ 检查或调整喷油提前角，可移动联轴器或喷油泵壳体改变喷油时刻，如果启动更困难则反向移动，至故障现象消失为止。

⑨ 如以上都无效则检查汽缸压力，检测汽缸是否漏气。

156. 柴油机功率不足

（1）故障现象

满负荷（或较大负荷）时，转速明显下降，爬坡能力差、行驶速度降低，加速性能差，排气管冒黑烟，发动机温度高等。

（2）故障原因

① 燃油管路、燃油滤清器阻塞。

② 输油泵供油不足。

③ 喷油器雾化不良或喷油压力低。

④ 燃油系统管路、器件内有空气。

⑤ 供油提前角不对。

⑥ 柴油质量不好或油中含水。

⑦ 空气滤清器堵塞。

⑧ 消声器堵塞。

⑨ 调速器油门摇臂达不到最大位置。

⑩ 各缸供油量不均匀。

⑪ 配气相位误差超限。

（3）诊断与排除

① 按前述方法首先检查和排除燃油系统中的空气。

② 重点检查输油泵最大供油量，最大供油量不足的原因：油泵问题，可检修油泵进、出油阀和柱塞；油路问题，可更换燃油滤清器滤芯，检查输油管路是否堵塞和折瘪；调整问题，即最大供油量调整不当。

③ 检查柴油质量是否合格。

④ 检查进、排气管是否有堵塞现象。

⑤ 调整喷油提前量试试，如果动力上升，则继续调整；如果动力不上升或下降，则调回原位。

⑥ 对喷油器进行喷雾观察或调整喷油压力，并检查喷油嘴偶件或更换。

⑦ 检查和调整油门摇臂最大位置。

⑧ 拆卸高压油泵，在高压油泵测试台上检测修理或更换偶件；检测最大供油量和各缸

喷油均匀度。

157. 柴油机运转不稳、工作粗暴

(1) 故障现象

柴油机运转不稳并伴有敲击声、工作粗暴，伴随着排气管排黑烟。

(2) 故障原因

① 供油时间过早（黑烟，粗暴）。

② 各缸供油量不均匀，发动机运转不稳。

③ 喷油器密封不好，出现滴漏、雾化不良。

④ 汽缸压力不足（个别缸密封不好）。

⑤ 柴油牌号不对。

⑥ 进气不足（空气滤清器滤芯堵）。

(3) 诊断与排除

监听敲击声，若不均匀，单缸断油，找出故障缸（检查汽缸压力、喷油器、喷油泵、单缸供油正时）若敲击声比较均匀，则说明各缸的工作情况一致。

① 首先检查空气滤清器滤芯是否脏、堵。

② 检查供油正时是否正确

a. 若供油过早，响声尖锐、清脆，排气管排黑烟，怠速不良。

b. 若供油过迟，响声沉闷，柴油机过热、无力，排气管排黑烟。

c. 调整供油提前角，故障现象无明显变化，应检查柴油牌号选择是否适当。

d. 供油提前角的检查，应在发现上述故障或拆装保养喷油泵时进行，其方法步骤如下。

ⓐ 拆下各缸分泵的高压油管和喷油泵检视孔盖板，将调速手柄放在最大供油位置，并排除油路中的空气。

ⓑ 可按曲轴前端的带轮端面直径大小，制作一个刻度盘贴在带轮前端面上，并在带轮附近任意固定件上固装一根铁丝。

ⓒ 摇转曲轴，看喷油泵第一缸的柱塞，当柱塞开始上行时，说明快到供油时刻，此时注意将飞轮上的上止点刻线与飞轮壳记号对正，对正后，将柴油机前端固装的铁丝一端指在自制刻度盘一缸 $0°$。

ⓓ 将曲轴反转 $50°$ 左右，用起子（螺钉旋具）撬动第一缸柱塞，使柴油充满出油阀压紧座，之后吹去出油阀压紧座中心孔内的柴油，使油面低于孔的边缘，再缓慢均匀地顺转曲轴，同时密切注意第一缸出油阀压紧座孔中油面情况，在油面稍微波动的瞬间，立即停止曲轴转动，此时为第一缸分泵开始供油时刻，然后看前端指针对应的刻度盘度数，即为该缸的供油提前角，并做好记录。

ⓔ 检查完第一缸供油提前角之后，按柴油机各缸工作顺序，依次检查其余各缸开始供油的时刻。各缸开始供油间隔角应为 $\dfrac{360°}{(\text{缸数})}$，误差不应超过 $\pm0.5°$，否则应进行调整。

e. 供油提前角的调整。供油提前角的调整分单个分泵的调整和整体调整两种。单个分泵的调整通过改变滚轮传动部件的高度来实现，使各分泵的开始供油间隔角一致，从而保证各缸供油提前角一样。整体调整是通过联轴器，以改变柴油机曲轴与喷油泵凸轮轴相对位置来实现。这种方法同时使各分泵的供油提前角做相同度数的改变，从而保证柴油机供油正时。

如果各分泵的供油提前角都过大或过小相同的度数，即各分泵开始供油的间隔角符合规

定，则需进行整体调整。如果大多数分泵的供油提前角都正时，只有个别分泵供油提前角不正时，则需进行单个分泵的调整。如果各分泵供油提前角都不一样，即有的过大，有的过小，一般应先进行单个调整，先使各分泵开始供油间隔角一致，然后根据情况再做整体调整。

ⓐ 单个分泵的调整。调整之前必须首先检查柱塞上方的安全间隙，即摇转曲轴，使需调分泵的滚轮传动部件上升到最高位置；然后用起子向上撬动滚轮传动部件至柱塞不能再上升为止，凭手感觉撬动间隙的大小，此间隙应为 0.4～1mm，如果间隙过小或无间隙，柱塞上端就有碰出油阀座的可能，造成机件损坏。如安全间隙有调整余地，方可实施调整。

ⓑ 整体调整。将喷油泵联轴器上两个固定螺钉拧松，根据误差角度的大小转动喷油泵凸轮轴。顺工作旋转方向转动凸轮轴，供油提前角增大，反之则供油提前角减小。在联轴器上，每一小格刻线代表凸轮轴转角3°（即曲轴转角6°）。调整完后，拧紧联轴器两个固定螺钉，重新检查供油提前角是否正确。

③ 检查调速器弹簧是否过软。调速器怠速弹簧过软，也会使柴油机运转不稳，其检查方法是：用手的压力使弹簧压缩到极限位置，若放开后不能自动回位，则说明弹簧过软或折断。

④ 喷油器喷油雾化不良检查排除方法。柴油机在工作中，将油门减小使柴油机怠速运转，然后逐缸将喷油泵上的高压油管松开进行试验，与此同时，倾听柴油机声音及转速的变化和观察排气颜色；若柴油机声音、转速变化很少或者不变化，且排气管停止冒黑烟，为该缸喷油雾化不良。首先停止柴油机运转，拆下高压油管，将手油门置于不供油位置，用手油泵泵油，若出油阀压紧座有油溢出，则为出油阀密封不严，否则说明该缸喷油器有故障。判断出故障以后，将喷油器取下装到喷油器试验器上，如图 1-132 所示，进一步试验（或喷油器取下后，将喷油器头朝柴油机外侧装在高压油管上，用手柄撬动喷油泵分泵柱塞压油，进行喷油试验）。如发现下列情况，则说明喷油器有故障。

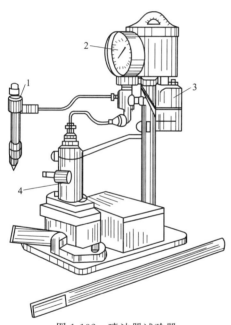

图 1-132　喷油器试验器

1—喷油器；2—压力表；3—储油罐；4—喷油泵

a. 达不到标准压力，油针便开启喷油。

b. 喷油不雾化，成明显的油滴或连续有油流出。

c. 燃油喷射不干脆和不能立即切断。

d. 多喷孔的喷油器，喷出的油束不匀称、长短不一。

e. 喷油器有滴油现象。

f. 喷不出油或喷出的油束成偏斜状态。

发现此故障后，应将喷油器各机件分解，进行清洗，刮除积炭。清除积炭时不得用砂布和钢刮刀，可用木制或铜制刮刀清除。油嘴头的积炭，可另放在清洁的汽油或柴油中浸泡数小时后，再用铜丝刷清除。针阀、喷油孔板上的积炭，应放在软木板上来回摩擦清除。喷孔如被积炭脏污堵塞，可用直径小于喷孔的钢丝或绣花针细心地清通，并用压缩空气吹净。清洗后进行细致检查。

如果油嘴头偶件卡死；针阀烧损变成蓝色；针阀导向部分拉毛或针阀在阀体中松旷；喷孔失圆或裂痕等，应更换偶件。

如果针阀与针阀导向孔配合光洁度不够，滑动不良；针阀体大端平面有轻微损伤；喷油器体与油嘴头接合的端面有轻微损伤，致使封闭不严等，可更换偶件，也可以研磨修复。

⑤ 喷油质量和喷油压力的检查调整

喷油质量的标准如下。

a. 各处不得有漏油现象。

b. 喷射声音清脆。

c. 喷射的油雾匀细成圆锥形，不偏斜，油雾喷到纸上的油迹均匀，不得能用肉眼发现油粒。

d. 停止喷油时干脆，无滴漏现象，喷孔处无明显的油迹（允许稍有湿润）。

喷油压力的调整方法如下。

a. 在喷油器试验器上检查调整。如图 1-133 所示，拆下喷油器上帽（图中未示出），松开锁止螺母；将喷油器装在试验器油管上；拧进调压螺钉，压动射压杆，使喷油压力高出标准压力10MPa，看各部连接处是否漏油，如不漏油，再将压力降至标准压力：以每分钟 60～70 次的压油速度压动手压杆，检查喷油质量；调好后，用起子固定调节螺钉，用扳手将锁止螺母拧紧，然后复查一次，若符合标准，再将上帽装复。

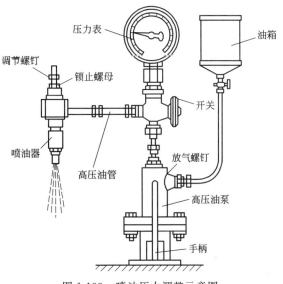

图 1-133　喷油压力调整示意图

b. 在柴油机上检查调整。如果没有喷油器试验器，可在柴油机上用比较法检查调整，如图 1-134 所示。其方法是：拆下高压油管和喷油器，将三通管装在喷油泵上，一端装被检查的喷油器，另一端装标准的喷油器，将油门放在最大供油位置，用起子撬动喷油泵的滚轮传动部件使柱塞压油，若被检查的喷油器与标准喷油器不同时喷油，则应进行调整，使被检查的喷油器与标准喷油器同时喷油。最后启动柴油机，进一步检查其喷油质量。

柴油机工作粗暴的诊断流程框图如图 1-135 所示。

158. 柴油发动机"游车"

（1）故障现象

① 发动机在运转时，加速踏板停留在一定位置不动，而发动机转速在较大的范围内周期性地变化。

② 加、减油时发动机转速变化不及时，发动机无力。

（2）故障原因

① 喷油泵油量调节拉杆卡滞、移动不灵活。

② 齿圈与齿条或调节叉与调节臂之间运动不灵活。

③ 喷油泵凸轮轴轴向间隙过大。

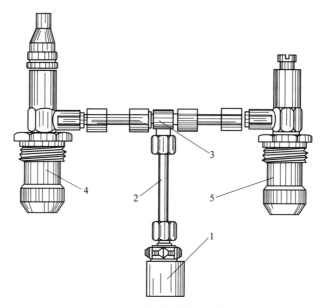

图 1-134 利用三通管检查喷油器

1—喷油泵；2—高压油管；3—三通管；4—标准喷油器；5—被检查喷油器

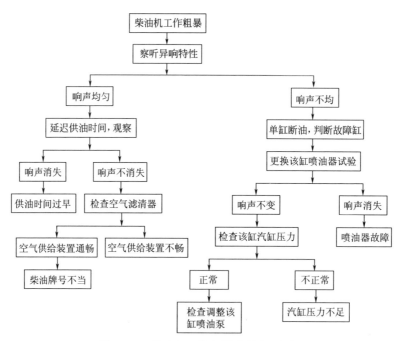

图 1-135 柴油机工作粗暴诊断流程框图

④ 油量调节机构机件配合松旷。

⑤ 柱塞套安装不良，使调节齿杆（或拨叉）不能游动自如。

⑥ 柱塞调节臂或扇形小齿轮变形或松动，使齿杆不能游动自如。

⑦ 调速器内润滑油太脏、过稠或过少。

⑧ 调速弹簧变形或折断。

⑨ 飞球组合件与保持架之间运动不灵活。

⑩ 调速器离心飞块收张距离不一致。

（3）诊断与排除

① 检查调速器机油是否太脏、过稠或过少。机油太脏或过稠都将增大阻力，降低调速器的灵敏度。其中对飞球式的调速器的影响最为明显。

② 拆下喷油泵检视窗盖板，用手握住油量调节拉杆（或齿圈），使齿杆轻轻移动。若油量调节拉杆移动阻力较大，则说明故障是由机件移动阻力大引起的。应拆下调速器盖，使油量调节拉杆与调节器脱开。若这时油量调节拉杆能在倾斜45°时自行滑动，则说明阻力在调速器内部，可能是调速器各连接点过紧，如离心飞块收张不灵活、滑套阻力过大等。如果油量调节拉杆与调速器脱开后仍只能在小范围内推动，则说明阻力在调速器以外，即可能是某缸喷油泵柱塞套在泵体内安装不垂直，使调节叉（或齿杆）拉动不灵活；柱塞调节臂（或扇形齿轮）弯曲变形或松动，使油量调节拉杆不能灵活拉动；柱塞套的定位螺栓拧紧力过大，造成柱塞套与泵体不垂直，柱塞往复运动时不灵活。

③ 如果油量调节拉杆运动自如，"游车"原因多系调速器各部位连接点松旷，如飞块销孔和座架磨损过大；供油齿杆齿隙过大；齿条（或调节叉）拉杆销子松动；凸轮轴轴向间隙过大；调速器外壳磨损松旷等。必要时检修调速器，以恢复各活动部位的正常配合间隙。

④ 检查喷油泵凸轮轴轴向间隙。如果超过规定范围，应进行调整。

⑤ 检查调速器离心飞块行程和调速弹簧的预紧度，使两飞块的行程和两组调速弹簧的预紧度基本相同。

159. 柴油机飞车

柴油机转速失去控制，急转不止的现象称为超速（俗称飞车）。

（1）故障现象

经常发生在全负荷或超负荷高速运转时突然卸荷后，转速自动升高超过额定转速而失去控制，同时伴有巨大异常响声。

（2）故障原因

① 调速器调整不当或卡死

a. 油量调节拉杆卡在某一供油位置，或者其与调速杠杆之间的联系中断。

b. 飞块组合件生锈卡滞，使油量调节齿杆在减油方向卡住或运动不畅。

c. 柱塞油量调节机构出现松脱，使柱塞失去控制。

② 柱塞和柱塞套卡滞在某一供油位置。

③ 调速器内机油过多、黏度过大，飞球甩不开。

④ 额外燃油、润滑油参与燃烧。

（3）诊断与排除

① 若抬起加速踏板后，柴油机转速随之降低或熄火，则说明故障是因机油过稠或调速器总成从凸轮轴上脱落引起的。

② 抬起加速踏板后，柴油机转速继续升高，故障可能是油量调节拉杆卡住，柱塞与柱塞套卡死，调速器内部机件卡死或供油拉杆与调速器连接的某一部位卡住等原因造成的。

a. 若拉出熄火拉钮后，柴油机转速仍继续升高，说明故障是由于油量调节拉杆被卡在供油位置引起的。拆下喷油泵检视窗盖板，用手拨动齿圈或油量调节拉杆。若扳不动，则可证实油量调节拉杆与泵体座孔或柱塞卡死。

b. 若拉出熄火拉钮后，柴油机能熄火，则说明油量调节拉杆和柱塞均未被卡死，应检查调速器与油量调节拉杆的连接是否可靠，调速器飞块销是否脱出，调速器总成与凸轮轴之间是否松脱（飞球或调速器）。

③ 分解检查调速器内部零件。

④ 若燃油供给系统良好，应检查汽缸有无额外进入的燃油或机油。例如，增压器的机油是否漏入汽缸，汽缸密封性如何，是否上机油；低温启动预热电磁阀是否关闭可靠等。

柴油机飞车的诊断流程框图如图 1-136 所示。

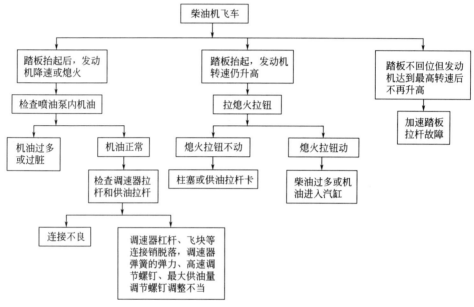

图 1-136 柴油机飞车的诊断流程框图

160. 柴油机飞车采取的措施

（1）汽车正在运行中

① 千万不要脱挡或踩下离合器，应挂高速挡并踩下制动器，慢抬离合器，使发动机超负荷强制熄火。

② 迅速将油门拉杆收回到停车位置，拉出熄火拉钮。

③ 有减压装置的，迅速将减速手柄拉到减压位置。

④ 有排气制动阀的发动机，可将阀门关闭。

（2）柴油机未装车

柴油机未装车时发生飞车，可立即采用断油或断气的方法使发动机熄火。

① 可拆下空气滤清器，堵住进气管道。

② 松开各缸高压油管或低压油路的油管接头以停止供油。

161. 柴油机冒黑烟

（1）故障现象

柴油机运转过程中，排气管有大量黑烟冒出，动力不足，有时运转不均，有时冷却系统温度不正常。

（2）故障原因

冒黑烟主要是燃料在高温缺氧情况下燃烧，C-C，C-H 裂化聚合成炭粒而排入大气所致。

① 空气供给不足。

② 燃油供给过多。

③ 喷油器雾化不良，燃油不能和空气充分混合。

④ 喷油泵柱塞副磨损，造成供油压力低，供油量少，且雾化不良，缓燃期延长。

⑤ 供油正时错误，供油正时过早或过晚均造成冒黑烟：过早，预燃期提前，缸内温度低，燃烧不充分，并伴有爆燃；过晚，缓燃期延长，同样造成燃烧不充分，没燃尽的燃油形成炭黑被排出。

⑥ 燃油不符合要求。

（3）诊断与排除

① 首先检查燃油是否符合要求。

② 空气供给不足的可能原因

a. 空气滤清器赃污、堵塞

• 检查：拆掉空气滤清器滤芯，运转发动机，观察冒黑烟现象是否消失，若消失，说明是空气滤清器脏堵。

• 排除：清洁或更换空气滤清器滤芯。

b. 进气软管不畅通或在进气过程中被抽瘪

• 检查：高速运转发动机观察进气软管是否有抽瘪现象，拆下进气软管检查是否有脏物或脱层现象。

• 排除：清理或更换进气软管。

c. 涡轮增压器损坏，造成增压效果差

• 检查：检查涡轮增压器叶片是否有脱落现象，涡轮转速是否较低。

• 排除：维修或更换涡轮增压器。

d. 涡轮增压器增压气管漏气

• 检查：目测，听声音，找到漏气部位。

• 排除：维修或更换。

e. 中冷器散热不好，造成进气温度过高，降低了进入汽缸的空气密度，影响充气效率

• 检查：检测进气温度是否过高，一般不超过 45℃。

• 排除：清洁中冷器外部，清洗疏通中冷器水道。

f. 消声器堵塞，消声器堵塞造成排气背压过高，影响充气效率

• 检查：高速运转发动机，看其是否有停机趋势，观察排气管温度是否过高，进气管是否有回气现象。

• 排除：修理或更换消声器。

③ 燃油供给过多的原因

a. 喷油器针阀关闭不严或烧蚀在常开状态，喷油器针阀体密封锥面处破裂，调压弹簧断裂，弹力过弱，调压螺钉松退。

• 检查：断缸试验，若断开某缸后，黑烟减少或消失，说明故障出在此缸；也可用手触摸各缸高压油管弯处，脉冲弱者或温度高者为喷油器针阀关闭不严，此故障常伴有点火敲击声和发动机润滑油增加，断缸时高压油管有回气现象。

• 排除：清洗调校喷油器或更换针阀偶件。

b. 喷油泵压力调整过高，与本机型不匹配，造成供油量过大；或喷油泵调速器不正常。

• 检查：检查供油正时、空气供给是否符合要求，若两者均符合要求做断缸试验，当分别断开各缸排烟均无明显变化，可断定是喷油泵喷油压力过高（一般发生在新调校的油泵）；若附带有转速不稳定，可断定为喷油泵调速器有问题。

• 排除：重新调校喷油泵。

④ 喷油器雾化不良

• 检查：断缸试验，断开某缸后，黑烟减弱或消失且发动机转速变化相对断开其他缸不明显，可考虑该缸喷油器雾化不良，也可与其他缸喷油器对调试验来进一步确定，若对调后，再断此缸，发动机转速变化明显，黑烟不减弱，说明原喷油器有问题。

• 排除：清洗调校喷油器。

⑤ 喷油泵柱塞副磨损

• 检查：断缸试验，若各缸分别断开后，排烟情况均无好转，且发动机启动困难，功率下降，供油正时正确，喷油泵校正后工作时间又较长，可断定喷油泵柱塞副有故障。

• 排除：调校喷油泵。

⑥ 供油正时错误

• 检查：拆掉一缸高压油管，排净油路中空气，使油门处于最大供油位置，转动曲轴，待一缸柱塞出油后，再缓慢转动曲轴，同时注意观察一缸柱塞出油阀中心孔液面的变化情况，当液面稍有向上波动时，立即停转曲轴，此即为供油始点，检查供油提前角是否正确，此记号一般在飞轮上，即检查飞轮上的零刻度与壳体上的零刻度或指针之间的度数是否符合要求，若不符合要求，则重新调整供油时间。此故障一般是由喷油泵固定螺栓或油泵凸轮轴连接盘螺栓松动引起。

• 排除：松开连接螺栓，先顺转喷油泵体（逆转喷油泵轴）然后再逆转喷油泵体（顺转喷油泵轴）至一缸出油阀座中心孔油面刚刚向上波动时为止，拧紧喷油泵（喷油泵轴连接盘）连接螺栓。启动发动机抖动油门确认正时的正确性（在此把喷油泵轴正常工作时的旋转方向称为顺转）。

162. 大量排黑烟，发动机无法启动

（1）故障现象

柴油车接通启动机开关后，排气管大量排放黑烟，但发动机无法启动。

（2）故障原因

这种现象出现在发动机正常运转前。发动机无法运转的原因有多种，主要在燃油供给系统和进气系统。柴油机不易启动，说明柴油虽然进入燃烧室，但由于某种原因使燃烧室不具备压燃条件，使已经喷入的柴油不能燃烧或不能完全燃烧。

① 喷油泵驱动联轴器固定螺栓松动，喷油正时错误。

② 喷油泵故障，即喷油泵柱塞、挺杆或凸轮磨损严重。

③ 喷油泵柱塞挺杆调整螺钉松动，造成供油量误差过大。

④ 喷油器故障，即喷油器针阀黏滞不能关闭、针阀与阀座接触不良或泄漏、喷油压力弹簧调整螺钉松动。

⑤ 在喷油泵柱塞副磨损情况下，调整器调整不当，供油量过大。

⑥ 汽缸压力过低。

⑦ 空气滤清器或进气通道堵塞。

(3) 诊断与排除

首先检查进、排气通道是否通畅，如空气滤清器有无堵塞、进气胶管是否凹瘪等。若发动机有敲击声并排黑烟，说明喷油时间过早，应重新调整喷油正时。通常这种情况是由喷油泵联轴器螺钉松动、轴键损坏或从动盘错位所致。

如未发现问题，可按下述方法检查喷油正时：拆下第一缸高压油管，使喷油系统出油阀压紧座中心孔的油液液面清晰可见，将供油齿条置于供油位置，从放气螺塞处泵出油路中的空气，缓转动曲轴，仔细观察喷油泵出油阀液面的变化。只要液面有变化，即说明供油开始，立即停转曲轴，检查喷油提前角是否正确。此时，喷油泵连接盘的定时刻线应与泵体上的刻线重合。

若以上检查都正常，可检查喷油器雾化情况。喷油器在试验台上试验时，喷油压力、喷油锥角及射程等应符合标准，否则应拆检其针阀。查看针阀是否卡滞、针阀与座是否密封、喷油压力调整弹簧是否过软或断裂、喷油器座孔密封是否有积炭等。

若供油系统一切正常，且发动机排黑烟不能发动，应检查发动机汽缸压力。如果压力不足，应从气门、活塞及汽缸垫等处查找原因。

163. 大量排黑烟，发动机运转不均匀

(1) 故障现象

发动机运转不均匀，并且排放大量黑烟。

(2) 故障原因

发动机能运转起来，就说明燃油已经进入汽缸，开始工作，但工作的状况不是很稳定，发动机排大量黑烟现象也反映了这个问题。这时的故障主要是由喷油系统引发的，当然，汽缸压力过低也会造成此类故障。

① 喷油泵故障，即油泵的个别凸轮或挺杆滚子磨损过度、挺杆调整螺钉调整不当或松动、个别柱塞套扇形小齿轮固定螺钉松动、个别柱塞粘住或弹簧折断、出油阀磨损或弹簧折断等。

② 喷油器故障，即喷油器的针阀粘住不能关闭、喷油器的针阀密封不良、喷油器的压力调整弹簧断裂或弹力过低、喷油器的密封垫积炭等。

③ 个别汽缸内压力过低，如活塞环漏气或汽缸密封不严。

(3) 诊断与排除

① 首先要检查发动机的工作情况，可以尝试在发动机运转时进行逐缸断油试验。当某缸断油时，若发动机转速显著降低、黑烟减少、敲击声变弱或消失，说明该缸供油量过多；若发动机无变化或变化很小，则说明该缸供油量过少；若发动机转速变化小而黑烟消失，说明该缸喷油器喷雾质量差。找出有故障的单缸后，再进一步检查故障原因，如该缸喷油泵柱塞副情况、扇形齿轮固定螺钉有无松动及柱塞弹簧有无断裂等。若正常，可拆检喷油器，必要时可换装新喷油器进行对比；若用新喷油器时故障消失，说明原喷油器有故障。

若各缸喷油量均过大，应打开调速器盖，检查调节齿杆的刻度是否向喷油泵壳内移动过多（刻度线应与喷油泵壳后端面平等）。如在柴油机冒黑烟的同时，还可听到汽缸内有清脆敲击声，则说明喷油时刻过早，应正确校准喷油正时。如检查中发现空气滤清器堵塞（滤芯脏污），应清洗、吹净。

② 其次，对喷油泵柱塞挺杆带有调整螺钉的，应检查各缸喷油正时是否一致。

③ 若以上各项均无问题，可对有故障的单缸进行压力测试，以判断是否因汽缸、活塞、活塞环等的磨损漏气或气门密封不良而造成故障。

④ 发动机排放黑烟的其他检修项目：排放黑烟除了燃油供给系统的原因之外，还需要留意由于进气量的不足而造成的未完全燃烧。在观察空气滤清器滤芯是否有堵塞、进气管道是否漏气后，也要注意排气管道是否堵塞或背压太高，造成进气量的不足，从而影响空燃比。在排除上述故障之后，应该再检查气门间隙的调整是否正确、气门与座圈密封性能如何、气门弹簧的工作状况是否正常等。有的发动机使用的柴油质量差或牌号有误，也同样会引起排气冒黑烟，应根据机型、结构及温差条件选择适当的柴油，应严格按照制造商的使用说明来使用。

164. 柴油机冒蓝烟故障

（1）故障现象

① 排气管冒蓝烟，特别是突然加油门时，排出的蓝色烟更浓。

② 机油消耗增大。

（2）故障原因

发动机排出蓝色烟雾一般是由于润滑油窜入燃烧室后燃烧造成。

（3）诊断与排除

发现蓝色烟雾后建议进行如下检查。

① 检查油底壳油面是否过量。因为曲轴高速转动会使机油飞溅到汽缸壁上，并窜入燃烧室。值得注意的是，检查油面过高时，切不可在发动机停止工作后就立即抽出油尺查看，因为此刻飞溅到曲轴箱壁上的润滑油尚未流回，须停机 10min 后再抽出油尺。

② 检查汽缸套、活塞和活塞环的状况。如果磨损严重，间隙过大，造成机油上窜至燃烧室外燃烧，同时伴有发动机曲轴箱废气增多，应及时更换磨损的活塞。活塞环失去作用，机油大量上窜至燃烧室燃烧，出现排放蓝烟，应拆下活塞环、清除积炭、正确装配各活塞环，必要时更换活塞环。对于新车或刚大修过的汽车，一般不会因活塞与汽缸的间隙过大而引起润滑油上窜，往往是活塞环内、外切口（或切角）装反而引起润滑油上窜，应该注意查看。

③ 气门和导管间隙过大或气门油封损坏，机油被大量吸入燃烧室燃烧，应更换磨损的气门和气门导管。

④ 对于涡轮增压发动机，若出现烧机油、排烟呈蓝色，但发动机的动力未下降，且在压缩空气出口处或进气软管上可看到黏附有机油油污，可基本判定是涡轮增压器漏油，机油随气流进入燃烧室燃烧，此时应更换涡轮增压器，还应检查润滑油是否已污染，必要时更换。

⑤ 检查空气滤清器是否堵塞。空气滤清器堵塞会使汽缸进气过程中阻力增加，进气不畅。汽缸内有一定负压，也会将润滑油吸入燃烧室。因此，出现冒蓝烟时，也应检查与清洁空气滤清器。

165. 柴油机冒白烟故障

（1）故障现象

① 排气管冒白烟，特别是冷车时，排的白色烟更浓。

② 燃油消耗增大。

（2）故障原因

① 燃油中含有水分或冷却水漏入汽缸，经炽热后化为蒸汽由排气管喷出，常常成为

白烟。

② 柴油机喷油时刻过迟、喷油压力低、雾化不良都可导致柴油未经充分燃烧即化作白色烟雾排出。

③ 需要说明的是，在冬季冷启动时，排气管冒大量白烟，但运转一段时间后白烟逐渐消失，是正常现象。

　　a. 发动机温度过低。部分柴油未燃烧便变成油蒸气，从排气管中随废气排出，冒白烟。

　　b. 供油系统中有水。燃油中或燃烧室中有水分，水在汽缸内被燃烧放出的热量加热成水蒸气，从排气管排出形成白烟。

　　c. 喷油时间过迟。由于喷油时间晚，喷油时汽缸温度已下降，部分柴油未燃烧变成油蒸气，冒白烟。

　　d. 喷油嘴雾化不良。雾化不良导致柴油未完全燃烧，从而冒白烟。

　　e. 汽缸压力过低。部分柴油未经燃烧就变成油蒸气，因此从排气管冒白烟。

(3) 诊断与排除

① 柴油机刚启动时冒白烟、温度升高后变成冒黑烟。这说明汽缸压力不足，此压力虽能维持柴油机启动，但启动时因温度过低使部分柴油未燃烧便挥发成蒸气排出。应检查气门关闭严密程度、配气相位情况、汽缸垫或喷油座孔的密封垫是否漏气、汽缸磨损是否过大、活塞环有无卡滞或其开口是否重合等。

② 柴油机工作无力、冒白烟。可将手靠近排气管，白烟掠过手面有水珠则说明汽缸内已有水进入，此时可用单缸断油法找出漏水的汽缸。若单缸断油时影响柴油机的转速，说明该缸工作良好，否则说明该缸不工作，应拆下喷油器检查喷孔上有无水迹；若发现有水应检查进水原因，查明是汽缸破裂还是汽缸垫冲坏；若各缸情况一样，仍然工作无力、冒白烟，则应检查柴油中是否有水。这时可打开燃油箱和燃油滤清器的放污螺塞，检查燃油中是否有水。

③ 柴油机高速运转时工作不均匀、加速不灵敏、温度过高、工作无力、排气管冒灰白色烟雾。这说明喷油时间过迟，应检查并调整连接盘固定螺栓紧固情况以及键和键槽情况，慢慢提前喷油时间，使白烟消除、发动机运转正常；若调整后仍无好转，则应检查喷油泵各缸柱塞的定时调整螺钉是否失调，并采取措施。

④ 柴油机冒白烟时可提高发动机的工作温度，如在水温 70℃ 左右时排气由冒白烟转为冒黑烟，便可判断为喷油器雾化不良、滴油。用逐缸断油的方法查出有故障的喷油器，然后校验喷油器；若在喷油时有滴油现象，则应进一步检查是由于喷油压力过低还是由于针阀体变形或磨损过甚而造成的，从而改进。

第 2 章
底盘部分

　　汽车的种类繁多，结构各异。乘载汽车一般由发动机、底盘、车身和电气设备四部分组成。汽车底盘由传动系统、行驶系统、转向系统和制动系统四大系统组成，如图 2-1、图 2-2 所示。

图 2-1　汽车底盘组成

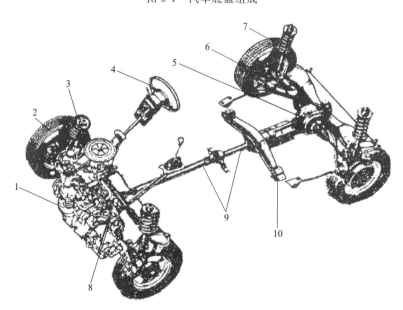

图 2-2　汽车底盘构造

1—发动机；2—前轮；3—前悬架；4—方向盘；5—后桥；6—后轮；7—后悬架；8—变速器；9—万向传动装置；10—车架

第一节　底盘异响

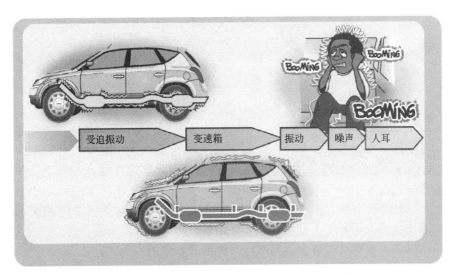

图 2-3　底盘异响

一、底盘异响（图 2-3）的原因

166. 零件变形、断裂或磨损使间隙增大而引起异响

因为撞击或者超负荷使零件变形或断裂（图 2-4）；由于磨损使零部件之间的间隙增大，而松旷造成异响，这种情况，通过整形复位或更换零件，恢复零件的正常配合，异响即可消除。

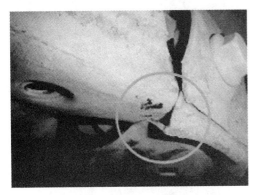

图 2-4　零件变形或断裂

图 2-5　螺母松动而产生异响

167. 螺栓、铆钉、焊接松动而引起的异响

这种情况在车龄长、保养较差的车上比较容易出现，一般在起步或者制动时更明显。通过紧固或更换螺栓螺母（特别是一次性螺母）即可解决。当然在新车上也会出现此类现象。如普桑和 3000 型在转向时有"咔哒"声，很多是由于前减振器固定螺母松动引起的（图 2-5），因

153

为螺母松动，减振器在悬挂内就有了间隙，同悬挂套筒内壁撞击而产生响声。

168. 传动轴万向节松旷引起的异响

若传动轴万向节出现故障，车辆在行驶中，特别是急加速和转弯时，会发出尖锐的声音。一般是因为万向节游隙过大或发卡造成的，这种情况多数是由于防尘罩破裂未及时维修而引起的，如图2-6所示。

图2-6　万向节防尘罩破裂

169. 连接球头、橡胶支架松旷产生的异响

悬挂及各连接球头、橡胶支架松旷（图2-7）产生的异响，如横拉杆球头（图2-8）、连杆球头（图2-9）、托架球头（图2-10）、变速箱支架、减振器等松动都会产生"咕咚"的异响。这种异响在不平的路面上非常明显，不管是加速、制动还是转向，只要路面不平，异响就会出现，且是连续性的。因为球头与球头座之间松旷的话，间隙就变大，随着车身连续不断上下颠簸，两者之间就会产生连续的撞击，所以产生了异响。如果松旷严重，起步或者制动时也会有异响，这种情况只能更换零件。

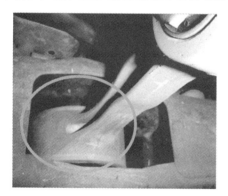

图2-7　橡胶支架松旷

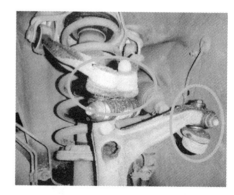

图2-8　横拉杆球头松旷

图2-9　连杆球头松旷

图2-10　托架球头松旷

170. 制动系统部件的松旷引起的异响

制动系统部件的松旷引起的异响，包括制动片、制动钳及支架等部件松旷都会产生异

响。这种情况一般在制动时发生。

制动拖滞会引起行驶时制动异响，是由于液压制动的总泵回油堵塞、气压制动的排气阀卡滞或调整不当；制动器各运动部件缺油、锈蚀和卡滞等原因引起的。

171. 由于轮毂轴承或轮胎异常引起的异响

这种情况在到达一定的车速时才发生，是"嗡、嗡"的声音，且异响随车速的增加而增大，多数是由于轮毂轴承烧蚀或轮胎磨损引起的。判别轮毂轴承好坏比较简单有效的方法是：一只手放在减振器或弹簧上，另一只手转动轮胎，如果感到减振器或弹簧有明显的振动，说明轴承已损坏。如果感觉不到振动，则轴承没有问题，那么异响应该是轮胎不正常的磨损引起的。

二、底盘各类异响分析

172. 轮胎异响

轮胎响声一定是有节奏的，而且车速快频率就高。如果是低沉的"啪、啪"声，多半是轮胎胎面变形、起包、磨损严重或气压不足；如果是"嗒、嗒"声，则可能是胎面夹杂了小石子。如果轮胎"呼、呼"地响，而且车身明显抖动甚至方向跑偏，一般是轮胎爆了，应立即停车检查轮胎。

173. 发动机舱异响

这里出现异响的可能性比较多。传动带啸叫声比较刺耳，一般是因为传动带打滑造成的。发动机在运转时如果外部有金属件干摩擦的声音，一般是发电机、水泵、转向助力泵轴承损坏。发动机运转时有漏气的声音，则可能是排气系统堵塞、真空管泄漏或断裂。

174. 悬挂异响

一遇到颠簸四个轮子附近就发出"咚、咚"或者"咔嚓"的声音，多半是减振器问题或者悬挂部件松动造成，应及时检查修理，因为悬挂部件不仅与乘坐的舒适度有关，还事关行车安全，千万不可小视。

175. 车身异响

通常是因为车身刚度不够，导致车辆在行驶中发生形变，车门与车框摩擦或者抖动，或者有的地方脱焊而产生钢板之间的摩擦等。在门窗上贴胶条或者在摩擦部位垫橡胶等方法或许可以减轻或者消除异响，但治标不治本。有些车的风噪较大，这和造型有关，如果确认没有增加多余物品，车主自己就别想办法解决了。还有一些车的车身部件之间固定不好也可能造成异响，一般紧上螺栓就能解决。

176. 刹车噪声

刹车时，刹车盘片摩擦尖叫多半是摩擦材料不合标准和接触面不正常引起的，或者刹车片过度磨损，一般更换摩擦片或修整接触面即可。

177. 变速箱异响

在行驶中如果变速箱内部有"沙、沙"声，而踩下离合器后又消失，则说明噪声来源是变速箱，有可能是变速箱轴承或齿轮磨损、轴承斑点所致。

三、底盘异响的判断和区分方法

汽车底盘是由传动系统、行驶系统、转向系统和制动系统四部分组成，它是整个车辆的重要组成部分。因为所包含的零部件非常多，且分布面比较广，底盘部分发出的异响是多变的，在日常维修工作中是比较难处理的，一旦出现异响，判断起来比较困难。诊断与排除可参照发动机异响诊断与排除，总结判断底盘异响经验，四个字"听、摸、看、换"。

听：是最主要的，也是最难的，异响首先是听到的，一定要分辨出异响的类型和异响在哪个部位发出的，至少要有一个大致的方位，才能进行下一步的处理。

摸：找到大致部位以后，可以摸摸这个部位是否有零件松动了，对于一些起步异响的车辆，可以借助地槽，用手去感觉异响发出的部位（要注意安全）。

看：看看底盘上零部件是否有互相摩擦或者碰撞的痕迹，因为有些异响就是由于零件之间的相互干涉而产生的。

换：如果没有方向，只能用换件替代法，可以先换部件的总成，那样可以缩小范围，一旦确定了某个部件，再对这个部件进行分解检查就相对容易些。

178. 发动机异响和后桥异响的区分

将汽车在平坦的路面上行驶一定的里程，使后桥的工作温度升至正常，然后当汽车行驶发出异响时，记下发动机转速，停车后，置变速器于空挡位置，启动发动机再缓缓加速，直至发动机的转速与出现异响时的车速相当时，观察有无异响的发生。如有则是发动机异响；如无则是底盘异响。可以重复几次，以确定异响是否由于排气或发动机的不正常状况所引起的。

179. 轮胎噪声与后桥噪声的区分

轮胎噪声是随路面而发生变化的，后桥噪声则不然。当汽车的速度低于经济车速时，后桥噪声消失，而轮胎噪声则继续存在。汽车在行驶改滑行时，噪声相同的是轮胎噪声；噪声不同的是后桥的噪声。

180. 轮毂轴承异响和后桥噪声的区分

汽车在行驶和滑行时，从动轮轴承的噪声不变，如保持车速不变而稍施制动，可使后轮承载轴承减少部分负荷，从而可减弱噪声，即可发现噪声源来自何处。

当车速大于经济车速时，除非后轮轴严重损坏，一般情况下后轮轴承的噪声很少能听到，汽车滑行或空挡时，裂损的后轮轴承会产生"隆、隆"声，而剥蚀的后轮轴承则发出"沙、沙"声响。

181. 减速器圆锥主动轴承与差速器轴承异响的区分

减速器轴承通常产生刺耳的"隆、隆"声或"嘎、嘎"声，声音节拍稳定，随着车速变化而变化。

减速器的圆锥主动齿轮前轴承的声音在汽车滑行时较大，后轴承的声音则在行驶时较大。

差速器轴承的噪声通常是一种不变的刺耳声，但它的节拍比减速器圆锥主动齿轮轴承的噪声要缓和得多。

182. 后桥齿轮噪声的区分

在正常直线行驶时，由于差速器半轴齿轮和行星齿轮几乎没有相对运动，所以听不到噪声。

汽车行驶过程中，后桥齿轮发生异响的原因大多是润滑不良所致，从而导致减速器齿轮磨出伤痕，如果在各种滑行速度下都能听到异响，则说明是由减速器主动齿轮的凸缘螺母松动。

低速时，后桥部位发生敲击声，加速或减速时，发出特别沉闷的异响。上述故障可从下列一处或多处查出原因。

① 差速器半轴齿轮轴颈与差速器壳的间隙不当。

② 差速器十字轴轴颈与差速器壳的配合不当。

③ 半轴花键齿轮与差速器半轴齿轮键槽的侧隙不当。

④ 差速器半轴齿轮与行星齿轮的啮合齿隙不当。

⑤ 差速器圆锥主动、从动齿轮啮合齿隙不当。

⑥ 止推垫圈磨损。

车辆行驶中，后桥发生异响是因为齿轮啮合间隙不当，差速器轴承预加负荷调整不当或两者兼而有之。排除异响时，需拆开检查差速器齿轮与减速器齿轮的啮合间隙、减速器圆锥主动齿轮轴承的预加负荷及减速器齿轮的接触痕迹。

四、底盘异响诊断与排除

183. 离合器异响

（1）故障现象

离合器异响多发生在离合器接合或分离的过程中以及转速变化时。例如离合器刚接合时有时会有"沙、沙"的响声，接合与分离或转速突然变化时会有"喀啦、喀啦"的响声等。离合器产生异响是由于某些零件不正常摩擦及撞击造成的，根据异响声音的不同及产生的条件可判断出异响产生的部位及原因，以便采取相应的维修办法。

（2）故障原因

① 摩擦片磨损至极限，使铆钉露出与压盘摩擦产生异响。

② 摩擦片烧蚀或从动盘变形。

③ 减振弹簧松弛或折断。

④ 各分离杠杆不在同一平面、磨损或断裂。

⑤ 分离轴承损坏或与杠杆间隙过小。

（3）诊断与排除

① 不踩离合器时响，踩离合器时不响，即使空挡停车也会有异响。这是因为：离合器踏板没有自由行程或自由行程过小，此时分离杠杆与分离轴承总是接触着，应调整离合器踏板的自由行程。

② 不踩离合器时响，踩离合器时不响，空挡停车异响消失，且伴有离合器打滑现象。这是因为：离合器摩擦衬片磨损，分离杠杆翘起而压紧分离轴承，使离合器易经常处于半接合状态。汽车在行驶中，由于离合器分离轴承转动而引起响声。这种情况可通过调整离合器踏板自由行程予以排除。若通过调整自由行程仍不能消除时，应重新铆离合器衬片。

③ 离合器在工作状态时响，一般是离合器衬片脏污或沾油，加上摩擦生热，逐渐使衬片硬化。这时，即使稍有打滑，便产生异响。此时应清洁衬片或更换衬片。

④ 离合器在改变传动方向时响，通常是离合器从动盘扭转或减振弹簧折断，会产生扭转振动噪声。此时应修理或更换从动盘。

⑤ 在刚踩离合器时响，踩紧离合器时响声改变或消失。这是因为：离合器分离轴承缺油，刚接触分离杠杆时将产生"吱、吱"声，压紧后响声改变或消失。此时应给分离轴承注油或更换分离轴承。

⑥ 分离杠杆（或膜片弹簧分离指端）不在同一平面时，易使减振弹簧折断，起步时将产生连续打滑，引起振动。此外，离合器弹簧折断、弹力变小，也会产生同样现象。分离杠杆的回位弹簧弹力减弱，会导致离合器分离轴承回位不好，从而造成离合器分离不彻底，产生异响。此时应将分离杠杆的高度调整一致，更换弹簧。

⑦ 高速时离合器振动异响，一般是因为：离合器、变速器、发动机曲轴主轴颈轴线不同轴，或离合器动不平衡。

184. 变速箱异响

（1）轴承异响

① 第一轴轴承发响

a. 故障现象。汽车行驶中无论挂入任何挡位均会发出一种无节奏"呼隆、呼隆"的响声，严重时还会带有"咯楞、咯楞"的声音，车速越快，响声越大，有时还伴有跳挡故障。

b. 诊断与排除。汽车停稳后，变速箱置于空挡，发动机怠速运转，离合器踏板完全放松，加大油门响声增大，当踩下离合器踏板后，响声消失，可判定为第一轴轴承发响。

② 第二轴后轴承发响

a. 故障现象。与第一轴轴承响声相同。

b. 诊断与排除。除空挡不响之外，挂入任何挡位均会发出一种无节奏的"呜、呜"声音，车速越快，声音越大。与第一轴轴承发响的诊断与排除相同，只是响声的声音不同。断定是轴承发响，必须更换轴承，否则将引起齿轮发响、跳挡等故障。

（2）齿轮异响

① 常啮合齿轮发响

a. 故障现象。常啮合齿轮为斜齿轮传动，响声是连续性的金属挤压声且响声具有周期性。

b. 诊断与排除。挂入任何挡位均发响，只有挂直接挡不响，这是常啮合齿轮响的特征。

② 换挡齿轮发响　换挡齿轮为滑动直齿齿轮或接合套（同步器）。

除空挡不响外，挂入某个挡位发响，即为那个挡位的齿轮发响。

③ 齿轮发响原因与排除

a. 齿轮牙齿磨损严重。齿轮转速高，受力大，齿面压力周期性变化，正常磨损不可避免，但若缺油或油质变坏，会加速齿轮磨损，以致出现阶梯形、烧蚀、疲劳剥落、个别牙齿损坏、正常配合间隙变大，传递动力时就会发出撞击声。遇此情况，应检查测量齿轮啮合间隙，间隙超限者，只能更换齿轮。

b. 两齿轮中心线相对位置改变。变速箱内齿轮传动机构为定轴轮系传动，一对齿轮的正确啮合是由位置精度保证的，即由轴与轴的同心度、平行度保证的。

若轴的同心度、平行度发生变化，两齿轮中心线相对位置即发生改变，因而两齿轮啮合间隙相应改变，时大时小，或在牙齿长度上间隙不一致，造成两齿轮啮合不良、传动不平稳而产生响声。

影响两轴同心度、平行度的主要因素有：变速箱壳体与飞轮壳之间的连接螺栓松动或拧紧程度不一致，如属此种应拧紧一致；轴承磨损松旷，尤其是第一、二轴及中间轴支承轴承，如属轴承磨损松旷，应更换轴承；如果是第二轴、中间轴弯曲变形，应予更换；若是变速箱壳体变形，也应予以更换。

（3）变速箱异响诊断流程

变速器异响诊断与排除流程框图见图 2-11。

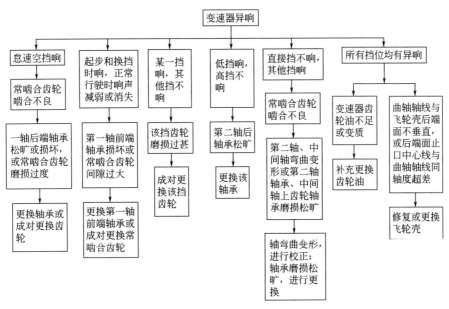

图 2-11　变速器异响诊断排除流程框图

185. 自动变速器异响

(1) 故障现象

① 在汽车运行过程中，自动变速器内始终有一异常响声。

② 汽车行驶中自动变速器有异响，但停车挂空挡后异响消失。

(2) 故障原因

① 油泵因磨损过甚或自动变速器油油面高度过低、过高而产生的异响。

② 变矩器因锁止离合器、导轮单向超越离合器等损坏而产生异响。

③ 行星齿轮机构损坏而产生异响。

④ 换挡执行元件损坏而产生异响。

(3) 诊断与排除

① 检查自动变速器油面高度，若太高或太低，应调整至正确高度。

② 用举升器将汽车升起，启动发动机，在空挡、前进挡、倒挡等状态下检查自动变速器产生异响的部位和时刻。

③ 若在任何挡位下自动变速器前部始终有一连续的异响，通常为油泵或变矩器异响。对此，应拆检自动变速器，检查油泵有无磨损、变矩器内有无大量磨损粉末。如有异常，应更换油泵或变矩器。

④ 若自动变速器只有在行驶中才有异响，空挡时无异响，则为行星齿轮机构异响。对此，应分解自动变速器，检查行星排各个零件有无磨损痕迹，齿轮有无断裂，单向超越离合器有无磨损、卡滞，轴承或止推垫片有无损坏。如有异常，应予以更换。

186. 传动轴异响

(1) 故障现象

① 汽车起步时或行驶中变速换挡时传动轴都有撞击声出现，尤其是在高速挡位上低速行驶时响声更加明显。

② 汽车起步时传动轴无异响，而汽车行驶时传动轴有撞击声响。

③ 汽车起步时传动轴无异响，而汽车滑行时传动轴有异响。

④ 汽车在整个行驶过程中声响不断。

（2）故障原因

① 传动轴各凸缘连接处（或连接螺栓）松动，引起异响。

② 各处润滑脂嘴（俗称黄油嘴）、十字轴油道堵塞而注不进润滑脂、未按期加注润滑脂、十字轴油封损坏而漏油等原因，造成十字轴滚针轴承在长期缺少润滑油的条件下工作，使十字轴颈、滚针和套筒磨损过大，形成松旷而引起异响。

③ 万向十字轴装配过紧。

④ 套筒与万向节叉孔配合松旷、支承片螺栓松脱导致套筒转动，使万向节叉孔磨损过大，松旷而引起异响。

⑤ 变速器第二轴花键与凸缘内花键磨损过大，形成松旷而引起异响。

⑥ 传动轴中间支承支架固定螺栓松动，中间支承与中间传动轴轴颈配合松旷，中间传动轴后端花键与凸缘键槽配合松旷以及后端螺母松动。

⑦ 传动轴中间支承轴承散架、轴承滚道损伤、轴承润滑不良，磨损过量而松旷。

⑧ 传动轴中间支承支架安装位置偏斜、轴承预紧度调整不当、橡胶垫环隔套损坏，中间支承支架固定螺栓拧紧力矩过大或过小而引起支架位置的偏斜等原因，而引起异响。

⑨ 传动轴两端的万向节叉不处于同一平面，使等速排列遭到破坏而引起异响。

（3）诊断与排除

① 汽车行驶中突然改变速度，传动轴出现一种金属敲声，则可说明个别凸缘或万向节十字轴轴承磨损过大而松旷，引起传动轴异响。

② 汽车起步时传动轴出现"咣当"一声或响声杂乱。汽车在缓坡上向后倒车时，发出"咯叭"的断续响声，则可说明是滚针折断或碎裂，应更换滚针轴承。

③ 汽车起步或变速换挡时，传动轴有明显金属撞击声，而低速挡比高速挡更加明显，多为中间支承内圈与轴过盈配合减小而松旷引起异响。

④ 汽车起步或行驶中，传动轴始终有明显"喀啦"异响，并伴有振动，则说明中间支承支架固定螺栓松动而引起异响。

⑤ 汽车低速行驶时传动轴出现清脆而有节奏的金属撞击声，汽车脱挡滑行时存在清晰声响。多系万向节轴承壳压紧力过大，使轴承不能灵活转动。

⑥ 汽车行驶时传动轴声响随车速增加而增大，中间支承轴承发出沉闷而连续的杂乱声响，则说明中间支承轴承因磨损过大而散架。汽车行驶中传动轴发出连续的"呜……呜"声，首先检查中间支承轴承支架橡胶垫环隔套紧固螺栓是否过紧或过松（没有按规定的拧紧力矩要求），使轴承支架位置发生偏斜。可调整轴承盖螺栓的松紧度来排除异响故障，若调整轴承预紧度后仍有响声，则应检查轴承的润滑状况，如果轴承润滑不良，应拆检、清洗轴承，并加注润滑脂后装复轴承及支架。

⑦ 汽车行驶中，传动轴声响杂乱无规则，时而出现金属撞击声，则说明传动轴两端的万向节叉不处在同一平面内，使等速排列遭到破坏。

⑧ 汽车高速行驶时传动轴有异响，脱挡滑行时传动轴异响依然存在，多系中间支承轴承滚道损伤，或中间支承轴承支架安装位置发生偏移。

⑨ 为了进一步验证以上诊断的正确性，可在停车时检视并用手晃动传动轴各部，察看其安装位置是否正确、机件表面有无伤痕、紧固连接是否松动、配合间隙是否过松或过紧。

a. 停车后松开驻车制动器，用手上下推动万向节，如有松旷，则说明十字轴滚针轴承松旷。

b. 用手来回晃动驻车制动盘，如有松旷，则说明变速器第二轴花键松旷。

c. 将驻车制动器拉紧，用手来回晃动中间传动轴后凸缘，如有松旷，则说明中间传动轴花键轴键齿松旷。

d. 用手前后拉动中间传动轴凸缘，如有松旷，则说明中间传动轴后端螺母松动。

⑩ 汽车行驶中，若制动减速时传动轴出现沉重的金属敲击声，则说明后钢板弹簧骑马螺母松动。

187. 盘式制动器异响

（1）故障现象

车辆以低速行驶在平坦路面上时，在轮轴部位发出间断无规律的"嘎、嘎"声，车速提高时响声会随之略有加重，而上下坡和转弯时却没有变化；在凹凸不平的路面行驶时，声响加重，用脚踩制动踏板响声减轻或消失。停车检查时，来回旋转车轮即可听到异响。

（2）故障原因

这是由于盘式制动器的制动蹄片支持板、减振弹簧板或导向板损坏、变形、脱落、磨损，使制动蹄片与制动钳支架的间隙（图 2-12）增大，互相撞击而发出声响。修理磨损或变形的零件，更换脱落或磨损的零件。

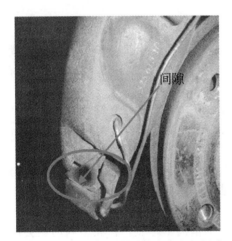

图 2-12　制动蹄片与制动钳支架之间间隙

图 2-13　前制动片修理部位

最常见的如普桑和 3000 型在制动时前轮处有"咔哒"的异响，主要是因为前制动片与制动钳支架之间有间隙，在制动时由于受到冲击，制动片撞击制动钳支架产生的异响，可以把外侧制动片下端的底板（图 2-13）用榔头敲击，使其张开些，以消除两者的间隙，也可以焊上一层焊接材料，同样可以消除间隙。

188. 鼓式制动器异响

（1）故障现象

① 汽车行驶时制动器内有异响。

② 踩制动时制动器内有异响。

（2）故障原因

① 行驶时制动器有异响

a. 制动蹄回位弹簧折断。

b. 摩擦片断裂或脱落。

c. 制动蹄压紧弹簧锁止圈脱落。

d. 制动蹄支承销松旷。

② 踩制动时制动器内有异响

a. 制动蹄接触位置不正确。

b. 摩擦片材质不合格。

c. 摩擦片磨损超过极限。

(3) 诊断与排除

① 行驶时制动器有异响：支起车桥转动车轮，如有异响说明故障在该制动器，必须进行拆卸检查。

② 踩制动时制动器内有异响：必须在行驶中踩住制动器来确定哪个车轮发响，然后拆卸检查。

③ 更换损坏零件和不合格零件。

④ 调整制动蹄接触位置或进行光磨。

189. 制动噪声

(1) 故障现象

制动时出现摩擦噪音或尖锐的啸叫响声。

(2) 故障原因

① 制动鼓失圆，其圆度误差超过 (0.5 ± 1)mm。制动鼓工作面变形（椭圆），制动时片与鼓贴合瞬间，便发生碰撞，同时发出尖锐的撞击响声。维护时拆下制动鼓，按规范标准进行镗削，并需进行平衡校验，使不平衡量控制在 200g/cm 之内。

② 制动摩擦片表面太光滑、摩擦因数小而制动压力大时，光滑的表面滑摩时便产生摩擦噪声。维修时拆下制动鼓，并且用粗砂纸打磨摩擦片，使之配合副接触面积达 70% 以上即可。

③ 制动摩擦片严重磨损，表面出现沟槽及不规则形状，制动时不能完全有效地与制动鼓贴合，或制动支承板变形，破坏了鼓与片的同轴度，局部摩擦、碰撞而出现噪声。维修时，更换摩擦片，校正制动支承板。

④ 前轮轴承损坏、滚道和滚珠表面出现麻坑、沟槽甚至碎裂，行驶中制动就会出现异响。更换前轮轴承，即可消除此噪声。

190. 传动轴万向节异响

(1) 故障现象

① 汽车起步时有撞击声，行驶中始终有异响。

② 起步时无异响，行驶中却有异响。

③ 行驶中发出周期性的响声，速度越高响声越大。

④ 不同工况时，传动轴发出"吭"或"咣当、咣当"的响声。

⑤ 运行中出现连续的"鸣、鸣"响声。

(2) 故障原因

① 缺乏润滑油。

② 万向节十字轴及滚针磨损松旷或滚针碎裂。

③ 传动轴花键齿与伸缩管花键槽磨损松旷。

④ 变速器第二轴花键齿与凸缘花键槽磨损过甚。

⑤ 各连接部位的螺栓松动。

⑥ 中间轴承磨损过甚或轴承支架橡胶套损坏，或支架位置不正确和装配不当等导致轴承歪斜。

⑦ 传动轴弯曲、凹陷，运转中失去平衡。

⑧ 传动轴两端万向节叉安装不正确。

⑨ 平衡块脱落，凸缘和轴管焊接歪斜，花键配合松旷。

⑩ 万向节十字轴回转中心与传动轴同轴度误差过大。

（3）诊断与排除

① 行驶中变换车速和油门试验，如出现"喀啦、喀啦"的撞击声，很可能是轴承磨损松旷或缺油，应加足润滑油，修复或更换轴承。

② 车辆在起步时，出现"咣当"一声响或响声较杂乱，如在缓坡路上向后倒车时，出现"咯叽、咯叽"的连续声响，一般是滚针碎裂、折断或丢失，应更换新品。

③ 周期性异响，车速越快响声越大，应检查传动轴是否弯曲、平衡块有无脱落、花键配合是否松旷。

④ 若连续振响，应检查中间轴承支架垫圈等。

⑤ 举起汽车挂入高速挡，查看传动轴摆振情况。特别是当抬起加速踏板，车速突然下降时，若摆振更大，则为凸缘和轴管焊接歪斜或传动轴弯曲。

⑥ 检查万向节叉及中间轴支架的技术状况，如因安装不合要求，十字轴及滚针磨损碎裂而引起松旷，使传动轴总成失去平衡，应修复或更换。

⑦ 用手扭动传动轴，如感到阻力很大，应检查支架螺栓紧固情况和轴承位置，必要时进行调整。如扭转传动轴感到松旷时，可分解检查轴承是否磨损过甚或损坏、润滑油是否缺少、支架橡胶套是否损坏，必要时进行修理或更换。

191. 驱动桥异响

（1）故障现象

① 行驶时驱动桥异响，脱挡滑行时异响消失。

② 行驶时驱动桥异响，脱挡滑行时亦有异响。

③ 直线行驶时无异响，转向时有异响。

④ 上坡时无异响，下坡时有异响。

⑤ 上、下坡时都有异响。

（2）故障原因

① 齿轮啮合不良或齿面剥落、裂缺、断齿、磨损过度等。

② 半轴齿轮与半轴配合花键松旷。

③ 差速器某零部件磨损过度。

④ 某齿轮啮合间隙过小或过大；某齿轮啮合印迹不当。

（3）诊断与排除

① 行驶时驱动桥异响，脱挡滑行时异响消失，通常为齿面剥落引起。

② 行驶时驱动桥异响，脱挡滑行时亦有异响，通常为齿轮断齿、磨损过度等。

③ 直线行驶时无异响，转向时有异响，通常为差速器某零部件磨损过度。

④ 上坡时无异响，下坡时有异响，通常为减速器齿轮啮合间隙过小或过大和齿轮啮合印迹不当。上、下坡时均有异响，通常为齿面裂缺和断齿。

192. 传动系统异响的综合诊断

传动系统异响较为复杂，应视情况诊断，确定异响部位所在，其诊断与排除流程框图如图 2-14 所示。

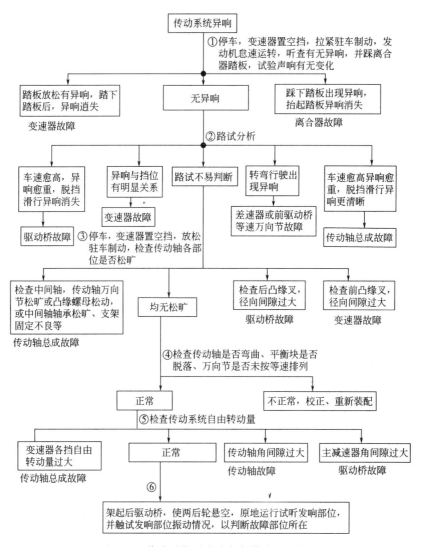

图 2-14　传动系统异响诊断与排除流程框图

193. 前悬挂球头异响

(1) 故障现象

车辆以低速挡位行驶在起伏不平的路面上时，前桥部位发出不间断的"咔、咔"声，路面质量越差，响声越大，随车速的提高响声加剧，停车后用力左右摇晃车辆前部会出现异响。若车辆在平坦的公路上行驶，前桥部位则会出现间断无规律的异响，像是钢铁断裂的撞击声。

（2）故障原因

球头与球头座之间的间隙变大，松旷严重。因为球头座是密封结构，不可拆卸，所以，遇到这种情况只能更换。

194. 前轮减振器异响

（1）故障现象

在平坦公路上，可以听见车辆前部的"咕、咕"声，转急弯时声响加剧。

（2）故障原因

车辆通常在恶劣的道路上行驶，且维护不当，造成减振器漏油而损坏。在维修站，这种情况要视损坏的严重程度维修或者更换。

（3）诊断与排除

停车检查，用力按住车辆前部，使其上下回弹，异响出现，而且用力越大，响声越大。同时感到车辆无弹性，不柔和。

195. 案例一、途安汽车 D 挡或 R 挡起步时"哼嗒"响

（1）故障现象

一辆 1.8T 手自一体的途安汽车，挂 D 挡或 R 挡起步时，油门稍大一点，底盘会有明显的"哼嗒"响，车辆静止后再挂挡起步时又有一下响声。

（2）诊断与排除

试车，故障确实存在。因为是新车，初步认为是底盘螺栓松掉引起的。紧固所有底盘螺栓，未发现有松动。

检查相关的球头，也未有异常。将车开到地槽上，一人模仿故障发生时的驾驶状况，一人在车下听声音，感觉异响是两侧的悬挂处发出的，然后用手放在传动半轴上，发现内球笼处有明显的振动，于是熄掉发动机，用手抓住左、右内球笼处

图 2-15　传动半轴内球笼

（图 2-15）上下晃动，有明显的松动。更换左、右传动轴，装复后试车，异响消失，故障排除。

196. 案例二、POLO 劲情行驶中"咕咚"的响声

（1）故障现象

一辆 1.4 手排的 POLO 劲情汽车，车辆在行驶中，路面稍有不平，底盘会发出"咕咚"的响声，路面越差，声音越响。

（2）诊断与排除

首先试车，故障确实存在，是连续的"咕咚"声，而且感觉异响在车辆的中部，在稍好些的路面异响较轻，紧固底盘螺栓，未发现有松动，更换了左右悬挂上的连杆，故障仍旧存在。检查了变速箱支架及相关的球头，也未见松动。后又进行试车，确定声音是在车身的中部发出的。于是再次检查与副车架连接的部分，在对左右横拉杆（靠近转向机一侧，图 2-16）上下晃动时发现有些松动，照理应该不会有松动的，又找了几辆相同的车进行比较，发现其他车基本没有松动，或者说这辆车更明显。联系到异响发出的部位在车辆的中部，和转向机处比较吻合，于是更换左、右横拉杆。装复后试车，异响消失，故障排除。

图 2-16　副车架连接的部分的左右横拉杆　　　图 2-17　变速箱支架

197. 案例三、POLO 劲取不平路面上行驶底盘有异响

（1）故障现象

一辆 1.6 自动挡的 POLO 劲取汽车，车辆在连续不断的不平路面上行驶时底盘有"咕咚"的声音，且特别强调要连续的不平路面（如有小的坑坑洼洼的乡村道路），且车速在 20～30km/h 左右。

（2）诊断与排除

试车，专门找了一条车主所说的道路，以 20km/h 的速度行驶时底盘确实有车主描述的异响，但声音不是很响，到了平路上异响就没有了。还是依照原来的思路，紧固螺栓，检查连接的球头，都未有异常。最后怀疑是变速箱与车身连接的支架有问题，为了确定判断的准确性，用手拉住变速箱来回摇动，变速箱支架（图 2-17）处可听到轻微的"咕咚"声，于是更换支架。装复后试车，异响消失，故障排除。

◎ 第二节　传动系统常见故障诊断与排除

传动系统的功用是将发动机的动力按照需要传递到驱动轮。普通汽车采用的机械式传动系统由离合器、变速器、万向传动装置、驱动桥等组成，如图 2-18 和图 2-19 所示。现代汽车越来越多地采用液力机械式传动系统，以液力机械变速器取代机械式传动系统中的离合器和变速器。液力机械变速器又称自动变速器。

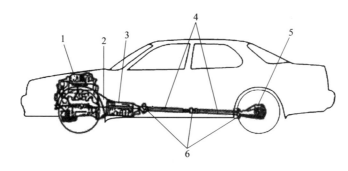

图 2-18　汽车的传动系统组成

1—发动机；2—离合器；3—变速器；4—传动轴；5—驱动桥壳；6—万向节

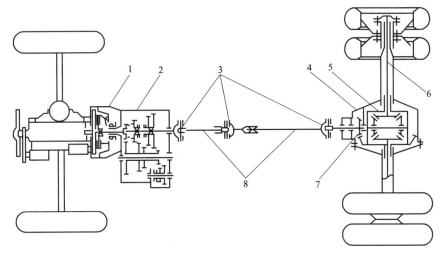

图 2-19　汽车传动系统结构

1—离合器；2—变速器；3—万向节；4—驱动桥；5—差速器；6—半轴；7—主减速器；8—传动轴

一、离合器常见故障与原因分析

离合器相当于一个动力开关。当它接合时接通发动机到变速器的动力，当其断开时，切断发动机到变速器的动力。离合器有下述功用。

① 使发动机与传动系统逐渐接合，保证汽车平稳起步。

② 暂时切断发动机与传动系统的联系，便于发动机的启动和变速器的换挡，保证传动系统换挡时工作平顺。

③ 限制所传递转矩，防止传动系统过载。

离合器出现故障，将造成汽车挂挡困难或无法挂挡、起步发抖、异响甚至无法行驶等现象。

198. 离合器不能分离

（1）故障现象

在急踩离合器踏板时，离合器可以分离，但踩住离合器踏板一段时间后，离合器会慢慢结合上；若慢慢踩下离合器踏板，离合器无法分离。

（2）故障原因

液压主缸皮碗老化、内壁磨损严重，急踩离合器时，由于液体的黏性和流动惯性，泄漏量少，离合器能够分离。当慢慢踩下离合器时，皮碗前面的压力油沿皮碗及沟槽被挤回低压腔，油压无法建立，造成离合器不能分离。

（3）诊断与排除

首先试车，踩住离合器踏板，感觉踏板缓缓上升。从故障现象及试车情况分析，离合器踏板高度会自由变化，说明故障部位在液压操作机构。对液压系统进行排气，但故障仍然存在。拆检离合器液压主缸，其活塞、皮碗、缸筒内壁均正常。拆检液压主缸，发现皮碗老化、内壁磨损并有纵向沟槽。故障部位在此，更换液压主缸，故障排除。

199. 离合器分离不彻底

（1）故障现象

① 汽车起步时将离合器踩到底仍挂挡困难。

② 勉强挂上挡，而踏板尚未完全放松车就前移或发动机立即熄火。

③ 变速器挂挡困难或挂不上挡。

④ 挂挡时变速器内发出齿轮撞击声。

⑤ 离合器自由行程很大。

（2）故障原因

① 踏板自由行程过大，有效工作行程减少使分离不彻底。

② 分离杠杆内端不在同一平面内或调整螺钉或支架松动。

③ 双片离合器中间压盘限位螺钉调整不当、新摩擦片过厚、从动盘装反等。

④ 从动盘翘曲、摩擦片破损、铆钉松脱，压紧弹簧部分折断或弹力不均，膜片弹簧变形等。

⑤ 从动盘毂键槽与变速器输入轴键齿锈蚀或有油污、发动机前后支承螺栓松动等。

⑥ 离合器片装反。

⑦ 液压系统内有空气。

（3）诊断与排除

① 首先检查离合器踏板自由行程，如果过大，则可判定是故障原因，通常调整自由行程后故障排除。

② 踩离合器踏板，如果有发软的感觉踏板有弹性，则可判定液压操纵系统有空气，排除空气后，故障可解决。

③ 如果是刚修完离合器后发生的故障，可考虑摩擦片安装方向错误，必须拆检离合器。

④ 分离杠杆内端不在同一平面内、调整螺钉或支架松动和从动盘翘曲，可在踩下离合器踏板状态下，测量从动盘与主动盘在一个回转周内 3～4 个点的间隙，如果各点的间隙差距大于规定值，则检查和调整各分离杠杆的高度一致，如果故障还未解决则是从动盘翘曲故障。

⑤ 双片离合器还要调整中间压盘限位螺钉，通常是将调整螺钉拧到底再松 1/2～3/4 圈。

⑥ 检查发动机前后支承螺栓是否松动。

⑦ 最后拆卸离合器检查从动盘毂键槽与变速器输入轴键齿锈蚀或有油污和摩擦片破损、铆钉松脱、压紧弹簧折断或弹力不均，膜片弹簧变形等。

200. 离合器打滑

（1）故障现象

① 汽车起步困难，在起步时，离合器踏板抬得很高才能勉强起步。

② 行驶中发动机加速时，车速却不能随之提高。

③ 行驶无力、油耗上升。

④ 上坡或重载时可嗅到离合器摩擦片的焦臭味。

（2）故障原因

① 踏板自由行程过小、分离杠杆调整不当。

② 压紧弹簧过软、摩擦衬片变薄、硬化，铆钉外露或沾有油污等。

③ 压盘或飞轮翘曲变形、与飞轮的连接螺栓松动。

④ 离合器摩擦片烧蚀严重。

⑤ 离合器摩擦片破碎。

（3）诊断与排除

首先进行故障确诊，然后再进行逐项检查。

① 启动发动机，拉紧驻车制动，挂上低速挡，缓缓放松离合器踏板并慢慢踩下加速踏板，若车身不动，而发动机又不熄火，即为离合器打滑。

② 行驶汽车并急加速，若发动机转速升高，而车速不随之相应升高，则为离合器打滑。

③ 离合器打滑的仪器诊断——频闪测定仪诊断。离合器打滑频闪测定仪由闪光灯、电极、电阻、电容和蓄电池等组成，见图 2-20。检查原理，由发动机火花塞给该仪器的高压电极输入电脉冲。火花塞输入电脉冲 1 次，闪光灯亮 1 次，并且闪光灯的光亮频率应与发动机转速成正比。将测定仪的光亮点投射到传动轴上的某一定点，如果每次闪光灯的光亮点均能准确地照射在该点上，说明离合器性能良好；若不能准确地照射在该点上，而是依次照在该点之后，则说明离合器打滑。

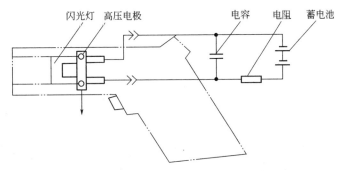

图 2-20　离合器打滑频闪测定仪工作原理

离合器打滑的诊断与排除流程框图见图 2-21。

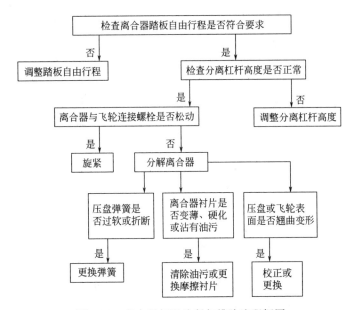

图 2-21　离合器打滑诊断与排除流程框图

（4）排除方法

① 检查和调整离合器踏板自由行程。如图 2-22 所示，离合器操纵系统不同，踏板自由

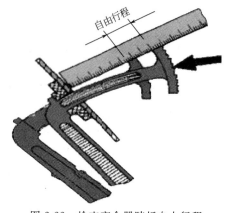

图2-22 检查离合器踏板自由行程

行程调整方法也不同。对杆式操纵系统，用改变踏板拉杆长度的方法来调整踏板自由行程，对拉索式操纵系统，可用改变拉索长度的方法来调整其自由行程。车型不同，踏板自由行程标准值也不相同，如桑塔纳离合器踏板自由行程为15～20mm。

② 检查和调整离合器分离杠杆。离合器分离杠杆的调整是将各分离杠杆内端面或膜片弹簧内端面调整到与飞轮平面平行的同一平面内，同时分离杠杆内端面或膜片弹簧的高度应符合要求，如公爵轿车C240S分离杠杆的高度为37.5～39.5mm，其平面度要求为0.5mm；桑塔纳轿车膜片弹簧内端面的平面度为0.5mm。分离杠杆高度可通过旋动调整螺钉进行调整，膜片弹簧则利用专用工具进行校正。

注意：调整分离杠杆高度时，踏板自由行程也会随着发生改变，因此应同时进行调整。
- 离合器与飞轮连接螺栓松动，应拧紧。
- 压盘或飞轮表面翘曲变形，应校正或更换。
- 离合器压紧弹簧过软或折断，应更换。

③ 离合器从动盘衬片有油污，可进行清洗，若油污过多则更换，若磨损过度、烧焦、硬化、铆钉露头等，均应予以更换。因离合器摩擦片烧蚀而打滑时，应更换离合器摩擦片。

④ 摩擦片硬化，可以用粗砂布打磨去除硬化层后继续使用。

201. 离合器发抖

（1）故障现象

当离合器按正常操作平缓地接合时，汽车不是逐渐而平滑地增加速度，而是间断起步，甚至使汽车产生抖动，直至离合器完全接合。

（2）诊断与排除

① 主、从动盘间压力分布不均。接合式离合器压紧弹簧弹力不均，各分离杠杆调整不一致或膜片弹簧分离指端不平，会使压紧先后时间不一致，压盘受力不均，甚至使压盘歪斜，造成主、从动盘接触不良，引起离合器抖动。此时应更换离合器压紧弹簧、调平分离杠杆。

② 离合器扭转减振弹簧弹力变弱、离合器压紧弹簧弹力变弱、膜片弹簧产生裂纹等都会引起离合器接合时发抖。此时应更换弹簧。

③ 离合器衬片接触不良，表面硬化粘上胶状物，容易引起离合器发抖。此时应重新铆离合器衬片。

④ 从动盘翘曲、歪斜和变形时，在离合器接合过程中离合器衬片会产生不规则接触，压力不能平顺地增大。此时应校正或更换从动盘。

⑤ 离合器操纵机构连接松动、离合器片花链毂严重磨损、变速器第一轴弯曲等原因也会引起离合器发抖。此时应更换相应零件。

⑥ 发动机安装松动或变速器第一轴与发动机曲轴的中心线不同心时，会产生离合器发抖。这时应紧固发动机或更换零件。

⑦ 从动盘毂铆钉折断或松动、从动盘钢片断裂、转动件动平衡不符合要求等也会引起

离合器发抖。此时应更换零件或重新铆接从动盘毂。

202. 离合器踏板沉重

（1）故障现象

踩离合器沉重，很难踩到底。

（2）诊断与排除

对装有气压助力器或油气助力器的离合器，如踏板沉重，则表明助力系统工作不良，其原因包括：管路系统漏气，汽缸活塞密封圈磨损，排气阀密封不严等，从而使助力作用减弱。此时应根据上述不同原因修复或更换件。

203. 离合器液压系统中空气的排放

在添加制动液或检修时，离合器液压系统系统内部可能会进入一部分空气，空气的进入使液压系统有一定压缩性（即空气被压缩），从而增加了踏板的自由行程，导致离合器不能正常分离，因此需对液压系统中的空气予以排除。排除方法如下。

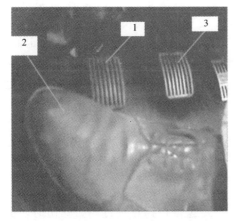

图 2-23　一人慢慢踩动离合器踏板
1—离合器踏板；2—脚；3—油门踏板

图 2-24　另一人旋松排气阀让制动液流出
1—排气阀；2—油管；3—分泵；4—分离叉

① 在离合器分泵的排气阀上安装一根塑料软管以备制动液的回收，将其另一端接到一个干净的容器内。

② 将储液器中的制动液加到规定高度或稍高一些，在排除空气时要时常注意储液室液面高度。

③ 排空气时需两个人配合完成，一人慢慢踩动离合器踏板数次（图 2-23），当有阻力时踩住踏板不动；另一人旋松排气阀让制动液流出（图 2-24），然后再拧紧。再按上述方法进行，直到排出的制动液中无气泡为止。

④ 排气完毕后，拧紧放气螺塞，取下软管，然后再对离合器踏板自由行程进行调整。

204. 离合器的调整

（1）踏板自由行程的调整

主缸活塞与活塞推杆之间、分离轴承与分离膜片等部位的间隙综合反映到离合器踏板上，即从驾驶员踩下离合器踏板直至离合器开始起作用，这一段踏板行程叫做离合器的自由行程。奥迪轿车离合器踏板行程要保证在 10～15mm 之间。踏板自由行程过大或没有，会使离合器分离不彻底或产生打滑等现象，而影响离合器的正常工作。它的调整主要是靠离合器主缸 U 形叉来完成。转动 U 形叉使踏板的自由行程调整到合适，同时要使踏板在静止时，才能进行离合器的组装与调整。安装离合器盖时，不能和踏板支架相接触，其踏板要高于制动踏板 10mm［在安装时要保证分离主缸 U 形叉销孔中心至主缸总成缸体法兰下端面的距离为（116.2±0.2）mm］。在调整过程中，如果踏板不能正常回位，则有可能是离合器踏板在安装于支架上时过紧，或由于液压系统中有空气，则应将液压系统中的空气从主缸上的

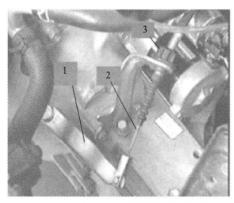

图 2-25　拉索式离合器操纵机构的调整
1—分离臂；2—拉索；3—锁紧螺母

排气孔排出，调整好后将 U 形叉的锁紧螺母锁紧。

（2）离合器踏板高度的调整

离合器踏板的高度，一般应达到 170～190mm，其调整方法：拧松锁紧螺母，转动踏板高度调整螺钉，使踏板高度达到规定值，然后锁死锁紧螺母即可。

（3）拉索式离合器操纵机构的调整

拉索式离合器踏板的自由行程调整（图 2-25）首先拧松分离叉一端的锁紧螺母，转动调整螺栓将离合器踏板的自由行程调整到规定值，然后将锁紧螺母锁死，调整完毕后要再检查离合器踏板的有效行程即在离合器踏板下行不超过 140mm 时，离合器就能彻底分离，否则应重新调整。

二、变速器常见故障分析与排除

变速器（图 2-26）是汽车传动系统的一个重要的部件，其功用如下。

① 实现变速变转矩。

② 实现倒车。

③ 实现中断动力传递。在发动机启动、怠速运转、变速器换挡和进行动力输出时，都要中断发动机至传动系统的动力传递，故变速器中设有空挡。

变速器出现故障，将造成汽车挂挡困难、无法挂挡、乱挡、异响甚至无法行驶等现象。

205. 变速器换挡困难

（1）故障现象

换挡时，拨动变速器操纵杆比较费力，甚至基本不能换挡。

（2）故障原因

汽车行驶中换挡困难，就变速箱本身的原因有以下几个。

① 变速杆限位销配合松旷。

② 同步器损坏失效。

③ 变速叉轴弯曲，端部打毛，叉轴与叉轴杆配合过紧，造成叉轴移动困难。

④ 变速叉弯扭变形与叉轴不垂直。

⑤ 阻尼弹簧弹力过大，或车辆长期不用，导致换挡拨块、换挡连杆、换挡销轴、变速叉、换挡销及支点螺栓等配合表面缺油严重锈蚀等。

（3）诊断与排除

首先检查变速杆，若变速杆能相对变速箱顶盖明显转动，即为变速杆限位销配合松旷造成换挡困难，应恢复限位销与球节上键槽及顶盖正常配合间隙。

图 2-26　丰田系列自动变速器

若仍感到换挡困难，应检查变速叉及换挡连杆，若弯扭变形，应修复、校正或更换。

如果变速叉轴及换挡连杆正常，应更换同步器。另外离合器不能分离或分离不彻底，也会造成换挡困难。

206. 变速器跳挡

（1）故障现象

汽车行驶中，变速杆自动跳回空挡位置，此情况一般是在大负荷工况或负荷突然变化和剧烈振动时出现。

（2）故障原因

① 齿轮或齿套磨损成锥形或啮合深度不足。

② 变速器第二轴与齿毂花键齿，接合套花键齿槽磨损过甚而松旷。

③ 止动弹性卡环或轴端锁紧螺母松动或脱掉，齿轮背面的止推垫圈磨损，引起轴与齿轮的轴向窜动。

④ 换挡拨块、换挡连杆、换挡销轴、变速叉、换挡销及支点螺栓等配合表面过度磨损，不能正确控制滑动齿套。

⑤ 定位装置失效，变速叉轴无法定位。

⑥ 变速器轴承松旷、壳体变形、固定螺栓松动等。

⑦ 变速器轴的同轴度、平行度误差过大，轴承严重磨损或轴向间隙过大。

（3）诊断与排除

发现某挡跳挡时，将变速杆推入该挡，将动机熄火，拆掉变速器上盖查看齿轮啮合情况。如啮合深度不够，应检查轴承是否磨损松旷，变速叉是否变形，变速器换挡销与滑动齿套上的环槽配合间隙是否过大，如过大可以焊修，若变速叉变形应校正。若齿啮合良好，应检查定位装置工作情况。若定位不良，需拆下变速叉轴检查定位弹簧，若弹簧过软或折断，应更换。如定位装置亦良好，应检查齿轮是否磨损成锥形。若齿轮磨损成锥形，应更换。若轴前后移动越限，应调整到适当。最后检查变速器轴的同轴度、平行度误差，轴承磨损或轴向间隙是否过大。

207. 变速器乱挡

（1）故障现象

离合器技术状况正常，变速杆不能挂入所需要的挡位、挂上挡后不能退挡或一次挂入两个挡位。

（2）故障原因

① 互锁装置各机件磨损严重，失效。

② 变速杆定位松动或球节严重磨损松旷。

③ 变速杆下端拨头或导块拨槽严重磨损失常。

④ 互锁装置失效。

（3）诊断与排除

若变速杆能任意转动，则属限位销对变速杆失去控制作用，应予以检查排除。若限位销工作正常，挂挡后自动跳回，则可能是变速杆下端拨头与拨槽摩擦严重松旷所致，应予焊修或更换。若能同时挂上两个挡，则是互锁装置磨损过甚而失去作用，应更换互锁钢球和互锁销。

208. 变速器漏油

（1）故障现象

变速器内的润滑油从变速器盖，前、后轴承盖或其他部位渗漏出来。

（2）故障原因

① 润滑油加注过多。

② 壳体破裂。

③ 密封衬垫变形或损坏。

④ 放油螺塞松动或滑扣。

⑤ 加油螺塞松动或滑扣。

⑥ 变速器的通气孔堵塞，使变速器内压力增加、温度升高，造成各密封部位渗漏。

⑦ 变速器盖、轴承盖固定螺钉松动。

（3）诊断与排除

① 检查各紧固螺钉是否松动。若松动，予以紧固。

② 检查变速器润滑油量是否过多。若过多，应按规定放出多余的润滑油。

③ 检查通气塞是否堵塞，如图 2-27 所示。若堵塞，要加以疏通。

④ 检查加油螺塞、放油螺塞是否松动、滑扣，如图 2-27 所示。若松动，加以紧固；若滑扣，视情况进行修理或更换。

⑤ 观察变速器漏油处并检查漏油处纸垫、油封的完好情况。如有损坏，应予以更换。

⑥ 若经上述检查后仍漏油，应将变速器拆下，检查变速器壳体有无裂纹、砂眼、气孔等，若破裂或有砂眼、气孔，应予以修理或更换。

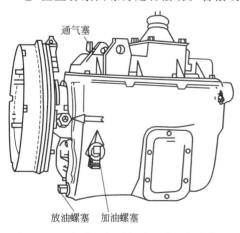

图 2-27 通气塞、加油螺塞、放油螺塞位置

三、自动变速器常见故障

自动变速器（图 2-28）能够根据发动机负荷和车速等情况自动变换传动比，使汽车获得良好的动力性和燃料经济性，并减少发动机排放污染。自动变速器操纵容易，在车辆拥挤时，可大大提高车辆行驶的安全性及可靠性。

自动变速器的主要故障有：不能起步、起步困难、换挡冲击、不能升挡、不能降挡和异响等。

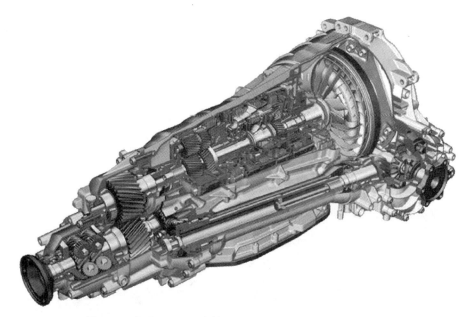

图 2-28　奥迪 Quattro 全轮驱动轿车手/自一体变速器剖示图

209. 自动变速器诊断与排除与排除

自动变速器故障的诊断与排除，是运用各种检测仪器，按照规定的程序和步骤，对自动变速器的选挡操纵机构、液压控制系统、机械系统和电子控制系统进行测试，根据故障现象和测试情况，结合自动变速器的具体结构原理和有关技术资料，对故障进行分析，确定故障原因及部位，然后对故障部位进行相应的调整、修理或更换。

当自动变速器出现故障之后，应按如下程序和方法进行故障诊断。

① 对自动变速器进行基础检验，并加以必要的处理。基础检验也称基本检查，是对自动变速器油的品质和油量、发动机怠速、挡位开关、操纵手柄位置和节气门拉索等进行的检查。自动变速器的油量不当、油质不佳、联动机构调节不妥及发动机怠速不正常等，都是引起自动变速器故障的最常见原因。因此，通过基础检验发现的问题，应首先加以调整和处理，以使问题得以简化。如果故障仍然存在，则需进行有关的机械试验，进行深入诊断。但必须强调，基础检验及其调整和处理，应作为机械试验的前提。

② 若做基础检验并完成必要的处理之后，故障仍然存在，则应对自动变速器进行手动换挡试验。

③ 通过手动换挡试验发现自动变速器工作不正常，则应对自动变速器进行机械试验，以区别属机械故障还是液压控制系统故障，并分析确定具体的故障部位。

④ 若手动换挡试验时自动变速器工作正常，说明故障在电子控制系统，应通过故障自

诊断系统读取故障码，参考有关资料，并进行分析，以确定故障的具体部位。

⑤ 根据诊断与排除所确定的故障部位，进行故障维修。

210. 自动变速器失速测试

失速工况是指操纵手柄处于前进挡或倒挡的位置条件下，踩住制动踏板并完全踩下加速踏板时，发动机运转所处的工况。很显然，在失速工况下，自动变速器的输出轴转速为零，变速器壳体和泵轮随发动机飞轮一起转动，因此，发动机就处于最大转矩工况。

（1）失速试验目的

根据失速试验来诊断发动机的整体性能和自动变速器的综合性能。主要是检查发动机的输出功率、变矩器性能、自动变速器的离合器及制动器是否打滑等。

（2）失速试验时的注意事项

① 发动机及自动变速器应预热至正常工作温度。

② 自动变速器的油面高度应符合标准。

③ 在升高发动机转速时不要换挡。

④ 从发动机加速踏板踩下到松开的整个时间不超过 5s，否则自动变速器油会因温度升高而变质，变速器的密封件会因油压过高而损坏。

（3）失速试验的步骤

自动变速器失速试验步骤（图 2-29）如下。

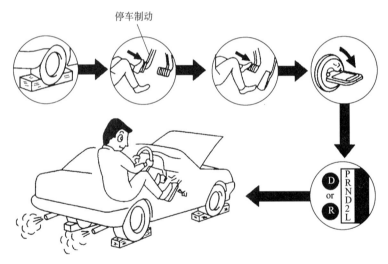

图 2-29　自动变速器失速试验步骤

① 驾驶汽车，使发动机和自动变速器达到正常工作温度。

② 将汽车停放在宽阔的水平路面上，前后车轮用三角木塞住。

③ 扣紧驻车制动，左脚用力踩住制动踏板。

④ 启动发动机，将操纵手柄拨入 D 位。

⑤ 在左脚踩紧制动踏板的同时，用右脚将油门踏板踩到底（时间控制在 5s 以内），在发动机转速不再升高时，迅速读取此时发动机的转速。

⑥ 读取发动机转速后，立即松开油门踏板。

⑦ 将操纵手柄拨入 P 位或 N 位，让发动机怠速运转，以防止油液因温度过高而变质。

⑧ 将操纵手柄拨入 R、S、L 或 2、1 各挡位，做同样的试验。

⑨ 记录失速数据，失速试验数据记录分析如表 2-1 所示。

表 2-1 失速试验数据记录分析表

操纵柄所在位置	失速正常转速	失速转速	故障原理分析
D 位			
R 位			

（4）测试结果及分析

① 失速转速与标准相符，说明自动变速器的油泵、主油路油压及各挡位的换挡执行元件工作基本正常。

② 若 D 位和 R 位的失速转速相同，均低于规定值，则有可能发动机功率不足、变矩器导轮单向离合器工作不良或不工作。

③ 若 D 位和 R 位的失速转速值都超过规定值，应该是导致变速操纵杆位置在 D 位置时的 1 挡和在 R 位时的共同因素造成的。就 AL4 自动变速器而言，可能是主油路压力过低、自动变速器的油量不足、油质差、离合器 E1 打滑等。

④ 若只是 D 位的失速转速高于规定值，其故障原因只能是变速操纵杆位置在 D 位时所特有的动作部件。

⑤ 若只是 R 位失速转速高于规定值，其故障原因只能是变速操纵杆位置在 R 位时所特有的动作部件。

失速转速不合乎标准，故障原因分析如表 2-2 所列。

表 2-2 失速转速不正常的故障原因

操纵手柄	失速转速	故障原因
所有位置	过高	①主油路油压过低 ②前进挡和倒挡的换挡执行元件打滑 ③低挡及倒挡制动器打滑
	过低	①发动机动力不足 ②变矩器导轮的单向离合器打滑 ③低挡及倒挡制动器打滑
仅在 D 位	过高	①前进挡油路油压过低 ②前进离合器打滑
仅在 R 位	过高	①倒挡油路油压过低 ②高挡及倒挡离合器打滑

211. 自动变速器时滞测试

自动变速器时滞测试，又称为延时测试。

（1）目的

主要是检测选挡手柄操作开始后，到变速器内部执行机构液压活塞开始动作这个时间过程。

进一步检查前、后离合器和制动器的磨损情况和控制油压是否正常。它是利用升挡和降挡的时间差来分析故障，是对失速试验结果的进一步验证。

（2）测试方法（图 2-30）

① 驾驶汽车，使发动机和自动变速器达到正常工作温度。

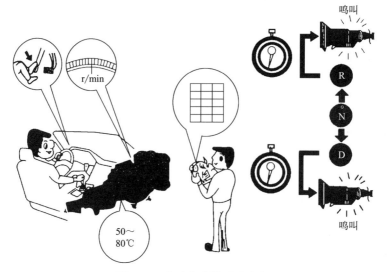

图 2-30　自动变速器延时试验

② 将汽车停放在水平地面上，拉紧手制动。

③ 检查发动机怠速。如不正常，应按标准予以调整。

④ 将自动变速器操纵手柄从空挡位置拨至前进挡位置，用秒表测量从拨动操纵手柄开始至感觉到汽车振动为止所需的时间，该时间称为 N-D 时滞时间。

⑤ 将操纵手柄拨至 N 位，让发动机怠速运转 1min 后，以使离合器、制动器恢复全开状态，再做同样的试验。

⑥ 上述试验进行 3 次，取其平均值。

⑦ 记录时滞数据，时滞试验数据记录分析如表 2-3 所示。

表 2-3　时滞试验数据记录分析表

试验项目	正常时滞时间	时滞时间	故障原理分析
从 N 位到 D 位			
从 N 位到 R 位			

(3) 测试数据分析

标准值：N→D 为 1.2s；N→R 为 1.6s。

如时滞过长，说明离合器片间和带鼓间隙过大（磨损严重）、控制油压过低或活塞行程间隙过大。其故障原因分析见表 2-4。

表 2-4　延时时间过长的原因分析

现　象	原因分析
从"N"推入"D"滞后时间大于规定值	①主油路油压过低 ②前进挡离合器磨损过甚 ③前进挡单向超越离合器打滑
从"N"推入"R"滞后时间大于规定值	①主油路油压过低 ②倒挡离合器磨损过甚 ③低挡及倒挡制动器磨损过甚 ④超速单向离合器打滑 ⑤超速离合器磨损

如时滞过短，说明离合器片间和带鼓间隙调整不当或控制油压过高。由于高、低挡之间的转换存在着充油和排油问题，应该有一定的"时差"。这个时差还有一个目的，即汽车行驶在阻力无常的路上时，当汽车速度接近"换挡点"速度时，由于"时差正常"，可防止忙乱换挡。

212. 自动变速器油压测试

（1）测试目的

通过油压测试试验，可以进一步对自动变速器诊断与排除提供依据，可以区分故障是由离合器、制动器引起的还是油泵、油路引起的；可以判断离合器、制动器打滑的原因。

（2）测试方法

① 测试准备

a. 驾驶汽车，使发动机和自动变速器达到正常工作温度。

b. 将汽车停放在宽阔的水平路面上。

c. 将驱动轮顶起。

d. 检查发动机怠速。如不正常，应按标准予以调整。

e. 准备一个量程为 2MPa（有的车型为 3MPa 或 7MPa）的压力表，找出自动变速器各个油路测压孔的位置。

f. 拆下自动变速器壳体上的油压测试孔螺塞，装上压力表。

g. 测压孔的设置方式。图 2-31～图 2-34 所示为几种常见车型自动变速器测压孔（油压测试点）的位置。自动变速器的三个基本油压是主油路油压、调速器油压和节气门油压。

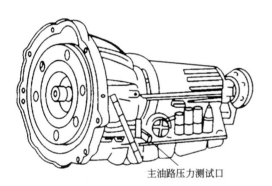

图 2-31 丰田 A340、A341 自动变速器油压测试点

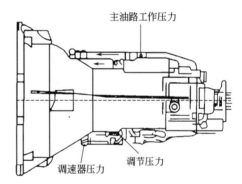

图 2-32 奔驰汽车自动变速器油压测试点

特别注意：测试失速油压时，前后车轮必须用三角木塞住并扣紧驻车制动。

② 测试正常工况主油路油压

a. 测试时将驱动轮顶起，如图 2-35 所示。

b. 将操纵手柄拨至前进挡 D 位，将发动机加速到 1000r/min，读出油压并记录。

c. 将发动机加速到 1800r/min，读出油压并记录。

d. 将操纵手柄拨至空挡或驻车挡，让发动机怠速运转 1min 以上。

重复上述步骤三次并记录，结果取平均值。

③ 测试怠速和失速时的主油路油压

a. 测试时，前后车轮必须用三角木塞住并扣紧驻车制动。

b. 前进挡主油路油压的测试：拆下变速器壳体上主油路测压孔或前进挡油路测压孔螺

179

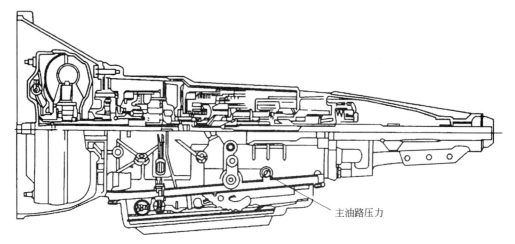

主油路压力

图 2-33 福特汽车 A4LD 自动变速器油压测试点

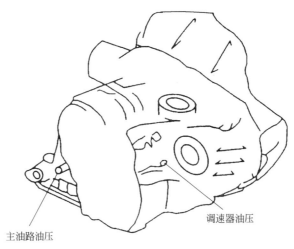

调速器油压

主油路油压

图 2-34 日产 U13 车型 RL4F03A 自动变速器油压测试点

塞，接上油压表。启动发动机，将操纵手柄拨至前进挡位置，读出发动机怠速运转时的油压。该油压即为怠速工况下的前进挡主油路油压。

c. 左脚踩紧制动踏板，同时用右脚将油门踏板完全踩下，在失速工况下读取油压。该油压即为失速工况下的前进挡主油路油压。

d. 将操纵手柄拨至空挡或驻车挡，让发动机怠速运转 1min 以上。

将操纵手柄拨至各个前进低挡位置，重复上述步骤三次，读出各个前进低挡在怠速工况下和失速工况下的主油路油压取平均值。

④ 测试倒挡主油路油压和失速时的油压

a. 拆下自动变速器壳体上的主油路测压孔或倒挡油路测压孔螺塞，接上油压表。

b. 启动发动机，将操纵手柄拨至倒挡位置，在发动机怠速运转工况下读取油压值，即怠速工况下的倒挡主油路油压。

c. 用左脚踩紧制动踏板，同时用右脚将油门踏板完全踩下，在发动机失速工况下读取油压，即失速工况下的倒挡主油路油压。

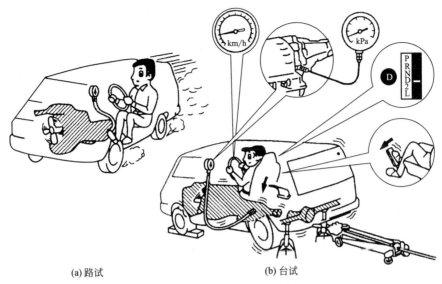

(a) 路试   (b) 台试

图 2-35 自动变速器油压测试

d. 将操纵手柄拨至空挡位置，让发动机怠速运转 1min 以上。

重复上述步骤三次并记录，取平均值。主油压试验数据记录分析如表 2-5 所示。

表 2-5 主油压试验数据记录分析表

手柄所在位置	正常工况	怠速工况	失速工况	故障原理分析
D 位				
R 位				

⑤ 测试调速器油压

a. 用三角木塞住从动轮，顶起驱动桥并支承牢靠。

b. 启动发动机。

c. 将自动变速器操纵手柄拨至前进挡（D）位置。

d. 松开驻车制动器，缓慢踩下加速踏板，使驱动轮转动。

e. 读取不同车速下的调速器油压。

f. 将测试结果与该车型的标准值进行比较。液压控制自动变速器装有调速器，调速器油压的大小反映了车速的高低。不同车型的自动变速器，其调速器油压也不相同。

（3）测试数据分析

① 主油压参考数据 将驱动轮顶起变速器挂入 D 挡，油路压力值如下。

a. 转速 1000r/min，油压 0.09～0.17MPa。

b. 转速 1800r/min，油压 0.17～0.25MPa。

c. 将 4 个车轮顶住，拉紧驻车制动，将变速器挂入 D 挡或 R 挡，发动机怠速和失速时油路压力值见表 2-6。

表 2-6 怠速和失速时油路压力

挡位	油路油压/MPa	
	怠速	失速
D 挡	0.37～0.43	0.92～1.07
R 挡	0.54～0.72	1.44～1.63

② 数据分析　如果主油路油压超过限值，其故障可能原因见表2-7。

表 2-7　油压超过限值的原因

工况	测试结果	故障原因
怠速	所有挡位的主油路油压均太低	①油泵故障 ②主油路调压阀卡死 ③主油路调压阀弹簧软 ④节气门拉索或节气门位置传感器调节不当 ⑤节气门阀卡滞 ⑥主油路泄漏
	前进挡和前进低挡的主油路油压均太低	①前进离合器活塞漏油 ②前进挡油路泄漏
	前进挡的主油路油压正常，前进低挡的主油路油压太低	①1挡强制离合器或2挡强制离合器活塞漏油 ②前进低挡油路泄漏
	所有挡位的主油路油压均太高	①节气门拉索或节气门位置传感器调整不当 ②主油路调压阀卡死 ③节气门阀卡滞 ④主油路调压阀弹簧太硬 ⑤油压电磁阀损坏或线路故障
失速	稍低于标准油压	①节气门拉索或节气门位置传感器调整不当 ②油压电磁阀损坏或线路故障 ③主油路调压阀卡死或弹簧太软
	明显低于标准油压	①油泵故障 ②主油路泄漏

如果测出调速器油压不正常，其故障分析见表2-8。

表 2-8　调速器油压不正常分析

测试结果	原因分析
调速器油压过低	①主油路油压太低 ②调速器油路泄漏 ③调速器工作不正常

213. 自动变速器手动换挡试验

(1) 目的

手动换挡试验的目的是确定故障存在的部位，区分故障是由机械、液压系统还是由电子控制系统引起的。

手动换挡试验应在读取故障代码和完成自动变速器基本检查后进行。

(2) 试验步骤

① 对自动变速器进行基本检查和调整。

② 脱开电子控制自动变速器所有换挡电磁阀线束的插头。

③ 启动发动机，将自动变速器操纵手柄拨至不同位置，然后做道路试验（也可将驱动轮悬空，进行台架试验）。

④ 观察发动机转速和车速的对应关系，以判断自动变速器所处的挡位。丰田轿车系列

车型的电子控制自动变速器手动换挡时挡位和操纵手柄的关系见表 2-9。

表 2-9　手动换挡时挡位和操纵手柄的关系

操纵手柄的位置	P	R	N	D	2	L
挡位	停车挡	倒挡	空挡	超速挡	3 挡	1 挡

⑤ 操纵手柄位于不同位置时，若根据试验时的发动机转速和车速推断出自动变速器所处的挡位与表 2-10 相符，说明电子控制自动变速器的阀板及换挡执行元件基本上工作正常。否则，说明自动变速器的阀板或换挡执行元件有故障。

表 2-10　发动机转速与车速的关系

挡位	发动机转速/r·min⁻¹	车速/km·h⁻¹	挡位	发动机转速/r·min⁻¹	车速/km·h⁻¹
1 挡	2000	18～22	3 挡	2000	50～55
2 挡	2000	34～38	超速挡	2000	70～75

⑥ 试验结束后，接上电磁阀线束插头。

⑦ 清除电脑中的故障代码，防止因脱开电磁阀线束插头而产生的故障代码保存在电脑中，影响自动变速器的故障自诊断工作。

214. 自动变速器道路试验

道路试验是诊断、分析自动变速器故障的最有效手段之一，试验内容主要有：检查换挡车速、换挡质量及换挡执行元件有无打滑现象。在道路试验之前，应先让汽车以中低速行驶 5～10min，使发动机和自动变速器都达到正常工作温度。在试验中，如无特殊需要，通常应将超速挡开关置于"ON"位置（即超速挡指示灯熄灭），并将模式开关置于普通模式或经济模式位置。

（1）升挡过程的检查

将选挡杆拨至前进挡 D 位，踩下加速踏板，使节气门保持在 1/2 开度左右，让汽车起步加速，检查自动变速器的升挡情况。自动变速器在升挡时发动机会有瞬时的转速下降，同时车身有轻微的闯动感。正常情况下，汽车起步后随着车速的升高，试车者应能感觉到自动变速器能顺利由 1 挡升入 2 挡，随后再由 2 挡升入 3 挡，最后升入超速挡。若自动变速器不能升入高挡（3 挡或超速挡），说明控制系统或换挡执行元件有故障。

（2）升挡车速的检查

将选挡杆拨至前进挡 D 位，踩下加速踏板，并使节气门保持在某一固定开度，让汽车起步并加速。当察觉到自动变速器升挡时，记下升挡车速。一般 4 挡自动变速器在节气门开度保持在 1/2 时 1 挡升至 2 挡的升挡车速为 25～35km/h。由 2 挡升至 3 挡的升挡车速为 55～70km/h，由 3 挡升至 4 挡（超挡速）的升挡车速为 90～120km/h。若升挡车速过低，一般是控制系统的故障所致；若升挡车速过高，可能是控制系统有故障，也可能是换挡执行元件有故障。

（3）升挡时发动机转速的检查

正常情况下，若自动变速器处于经济模式或普通模式，节气门保持在低于 1/2 开度范围内，则在汽车由起步加速直至升入高挡的整个行驶过程中，发动机转速都将低于 3000r/min，通常在加速至即将升挡时发动机转速可达到 2500～3000r/min，在刚刚升挡后的短时间内发动机转速将下降至 2000r/min 左右。

如果在整个行驶过程中发动机转速始终过低，加速至升挡时仍低于 2000r/min，说明升挡时间过早或发动机动力不足。

如果在行驶过程中发动机转速始终偏高，升挡前后的转速在 2500～3000r/min 之间，而且换挡冲击明显，说明升挡时间过迟。

如果在行驶过程中发动机转速过高，经常高于 3000r/min，在加速时达到 4000～5000r/min 甚至更高，则说明换挡执行元件（离合器或制动器）打滑。

（4）换挡质量的检查

换挡质量的检查主要是检查有无换挡冲击。正常的自动变速器只能有不太明显的换挡冲击，特别是电子控制自动变速器的换挡冲击应十分微弱。若换挡冲击过大，可能是油路油压过高或换挡执行元件有故障，应做进一步的检查。

（5）锁止离合器工作情况的检查

液力变矩器中的锁止离合器的工作是否正常可以采用道路试验的方法进行试验。试验时，让汽车加速至超速挡，以高于 80km/h 的车速行驶，并让节气门开度保持在低于 1/2 的位置，使变矩器进入锁止状态。此时，快速将加速踏板踩下至 2/3 开度，同时检查发动机转速的变化情况。若发动机没有太大变化，说明锁止离合器处于接合状态；反之，若发动机转速升高很多，则表明锁止离合器没有接合，其原因通常是锁止离合器控制系统有故障。

（6）发动机制动作用的检查

将选挡杆拨至前进低挡（S、L 或 2、1）位置，在汽车以 2 挡或 1 挡行驶时，突然松开加速踏板，若车速立即随之而降，说明有发动机制动作用，否则说明控制系统或相关的离合器、制动器有故障。

（7）强制降挡功能的检查

检查自动变速器的强制降挡功能时，应将选挡杆拨至前进挡 D 位，保持节气门开度为 1/3 左右，在以 2 挡、3 挡或超速挡行驶时突然将加速踏板完全踩到底，检查自动变速器是否被强制降低一个挡位。在强制降挡时，发动机转速会突然上升至 4000r/min 左右，并随着加速升挡，转速逐渐下降。

若踩下加速踏板后没有出现强制降挡，说明强制降挡功能失效。

若在强制降挡时发动机转速异常升高达 5000r/min，并在升挡时出现换挡冲击，则说明换挡执行元件打滑，应检修自动变速器。

（8）P 位制动效果的检查

将汽车停在坡度大于 9% 的斜坡上，选挡杆拨入 P 位，松开驻车制动，检查机械闭锁爪的锁止效果。

215. 自动变速器不能行驶

（1）故障现象

无论操纵手柄放在哪个位置，汽车都不能行驶。

冷车时可行驶一段路程，热车后汽车便不能行驶。

（2）故障原因

① 自动变速器无润滑油。

② 选当杆与手动阀之间的连接松动，手动阀保持在空挡位置。

③ 油泵进油滤网堵塞。

④ 主油路严重堵塞。

⑤ 油泵损坏。

（3）诊断与排除

① 检查自动变速器内有无液压油。其方法是：拔出自动变速器的油尺，观察油尺上有无液压油。若油尺上没有液压油，说明自动变速器内的液压油已漏光。对此，应检查油底壳、液压油散热器、油管等处有无破损而导致漏油。如有严重漏油处，应修复后重新加油。

② 检查自动变速器操纵手柄与手动阀摇臂之间的连杆或拉索有无松脱。如果有松脱，应予以装复，并重新调整好操纵手柄的位置。

③ 拆下主油路测压孔上的螺塞，启动发动机，将操纵手柄拨至前进挡或倒挡位置，检查测压孔内有无液压油流出。

④ 若主油路侧压孔内没有液压油流出，应打开油底壳，检查手动阀摇臂轴与摇臂间有无松脱，手动阀阀芯有无折断或脱钩。若手动阀工作正常，则说明油泵损坏。对此，应拆卸分解自动变速器，更换油泵。

⑤ 若主油路测压孔内只有少量液压油流出，油压很低或基本上没有油压，应打开油底壳，检查油泵进油滤网有无堵塞。如无堵塞，说明油泵损坏或主油路严重泄漏，对此，应拆卸分解自动变速器，予以修理。

⑥ 若冷车启动时主油路有一定的油压，但热车后油压即明显下降，说明油泵磨损过甚。对此，应更换油泵。

⑦ 若测压孔内有大量液压油喷出，说明主油路油压正常，故障出在自动变速器中的输入轴、行星排或输出轴。对此，应拆检自动变速器。

汽车不能行驶的诊断与排除流程框图如图 2-36 所示。

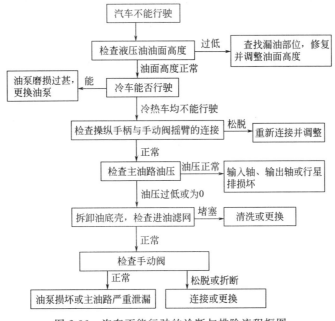

图 2-36　汽车不能行驶的诊断与排除流程框图

216. 自动变速器起步困难

（1）故障现象

发动机启动后，变速器操纵杆无论挂入任何挡位，汽车都无法起步或起步困难。

（2）故障原因

① 自动变速器润滑油过多或过少。润滑油过多，油面过高，运动件搅拌润滑油产生气泡，油中混入空气使油压下降；同样润滑油过少，油面过低，油泵吸入空气使油压下降。油压不足导致执行元件打滑，而起步困难。

② 离合器打滑（离合器烧蚀，离合器片磨损严重，工作压力不足）。

③ 阀体主油路调压阀损坏（漏油、卡住）。

④ 车锁棘爪损坏（控制杆卡住）。

⑤ 液力变矩器损坏（导轮打滑，单向离合器有故障），导致输入转矩不足而起步困难。

⑥ 油泵吸油滤油网堵塞（拆滤油网，清洗）。

⑦ 制动器拖滞。

（3）诊断与排除

自动变速器原地起步困难的诊断与排除：首先检查自动变速器润滑油是否正常，然后通过失速试验、时滞试验、油压试验后进行综合分析，以判断故障具体原因。

① 进行失速试验，检查离合器是否烧蚀。失速试验方法如下。

a. 将汽车停放在宽阔的水平路面上，前后车轮用三角木塞住。

b. 扣紧驻车制动，左脚用力踩住制动踏板。

c. 启动发动机，将操纵手柄拨入 D 位。

d. 在左脚踩紧制动踏板的同时，用右脚将油门踏板踩到底（时间控制在 5s 以内），在发动机转速不再升高时，迅速读取此时发动机的转速。

e. 读取发动机转速后，立即松开油门踏板。

失速数据分析：如果发动机转速为 1900～2100r/min，正常；如果转速小于 1900r/min，则为发动机动力不足或液力变矩器导轮、单向离合器打滑；如果转速大于 2100r/min，为离合器打滑。

② 用时滞试验检查液力变矩器：启动发动机，挂入 D 位，用秒表计时，从拨动操纵手柄开始到感觉到汽车振动为止所需的时间，该时间称为 N-D 时滞时间。如果大于 1.2～1.5s，可判定为离合器片过度磨损或活塞行程过大。

③ 油压试验，检查各油路油压，以判断油泵、主调压阀、节气门及油控系统故障。

根据以上检测试验分析，再进行针对性拆卸检修。

217. 自动变速器换挡冲击大

（1）故障现象

起步时，选挡手柄从 P 位或 N 位挂入 D 位或 R 位时，汽车振动大；行驶中，自动变速器升挡瞬间产生振动。

（2）故障原因

① 发动机怠速过高。

② 节气门拉线或节气门位置传感器调整不当，主油路油压高。

③ 升挡过迟。

④ 真空式节气门阀真空软管破损。

⑤ 主油路调压阀故障，使主油路油压过高。

⑥ 减振器活塞卡住，不起减振作用；单向阀球漏装，制动器或离合器接合过快。

⑦ 换挡组件打滑。

⑧ 油压电磁阀故障。

⑨ 电控单元故障。

（3）诊断与排除

① 检查发动机怠速；检查、调整节气门拉线和节气门位置传感器；检查真空式节气门阀的真空软管。路试检查自动变速器升挡是否过迟，升挡过迟是换挡冲击大的常见原因。

② 检测主油路油压。如果怠速时主油路油压高，说明主油路调压阀或节气门阀存在故障；如果怠速油压正常，而起步冲击大，说明前进离合器、倒挡及高挡离合器的进油单向阀损坏或漏装。

③ 检查换挡时主油路油压。正常情况下，换挡时主油路油压瞬时应有下降。若无下降，说明减振器活塞卡住，应拆检阀体和减振器。

④ 检查油压电磁阀的工作是否正常；检查电控单元在换挡瞬间是否向油压电磁阀发出控制信号。如果电磁阀本身有问题则应更换；如果线路存在问题则应修复。

218. 自动变速器打滑

（1）故障现象

① 起步时踩下加速踏板，发动机转速上升很快但车速升高缓慢。

② 汽车行驶中踩下加速踏板加速时，发动机转速升高，但车速没有很快提升。

③ 上坡时无力，发动机转速上升很高。

（2）故障原因

① 自动变速器油面过低。

② 自动变速器油面过高，运转中被行星齿轮机构剧烈搅动后产生大量气泡。

③ 离合器或制动器摩擦片、制动带磨损过甚或烧焦。

④ 主油路漏油造成主油路油压低。

⑤ 主调压阀卡住，油泵溢油阀卡住造成工作油压过低。

⑥ 离合器活塞环密封圈（包括外、内环）损坏，导致漏油。

⑦ 制动器制动不灵或制动拖滞。

⑧ 单向离合器损坏。

⑨ 油泵磨损严重。

⑩ 离合器或制动器密封圈损坏导致漏油。

⑪ 减振器活塞密封圈损坏导致漏油。

⑫ 单向超越离合器打滑。

（3）诊断与排除

① 应先检查自动变速器的油面高度和品质。若油面过高或过低，应先调整至正常液面后再检查。

② 检查自动变速器油的品质。若自动变速器油呈现棕黑色，或有烧焦味，说明离合器或制动器的摩擦片或制动带有烧焦。应拆检自动变速器。

③ 路试检查，若所有挡都打滑，原因出在前进离合器。

④ 若选挡手柄在 D 位的 2 挡打滑，而在 S 位的 2 挡不打滑，说明 2 挡单向超越离合器打滑。若不论在 D 位、S 位的 2 挡时都打滑，则为低挡及倒挡制动器打滑。若在 3 挡时打滑，原因为倒挡及高挡离合器故障。若在超速挡打滑，则为超速制动器故障。若在倒挡和高挡时打滑，则为倒挡和高挡离合器故障。若在倒挡和 1 挡打滑，则为低挡及倒挡制动器

打滑。

⑤ 在前进挡或倒挡都打滑，说明主油路油压低。此时应对油泵和阀体进行检修。若主油路油压正常，原因可能是离合器或制动器摩擦片磨损过度或烧焦，更换摩擦片即可。

⑥ 在拆卸分解之前，应先检查自动变速器的主油路油压，找出造成自动变速器打滑的原因。自动变速器不论前进挡或倒挡均打滑，原因往往是主油路油压过低。若主油路油压正常，则只要更换磨损或烧焦的摩擦元件即可。若主油路油压不正常，则在拆修自动变速器的过程中根据主油路油压相应地对油泵及阀板进行检修，并更换自动变速器的所有密封圈。

自动变速器打滑诊断与排除流程框图如图 2-37 所示。

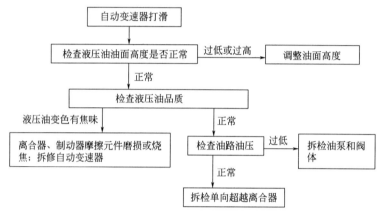

图 2-37　自动变速器打滑诊断与排除流程框图

219. 自动变速器不能升挡

(1) 故障现象

行驶途中自动变速器只能升 1 挡，不能升 2 挡及高速挡；或可以升 2 挡，但不能升 3 挡或超速挡。

(2) 故障原因

① 节气门拉线或节气门位置传感器调整不当。

② 调速器存在故障或调速器油路漏油。

③ 车速传感器故障。

④ 2 挡制动器或高档离合器存在故障。

⑤ 换挡阀卡滞或挡位开关故障。

(3) 诊断与排除

① 电控自动变速器应先进行诊断与排除，有故障码先按故障码处理。

② 然后检查调整节气门拉线和节气门位置传感器是否正常。

③ 再检查车速传感器是否正常。

④ 检查挡位开关信号是否正常。

⑤ 测量调速器油压，如果车速升高后调速器油压为 0 或很低，说明调速器有故障或漏油。

⑥ 如果控制系统无故障，应拆检自动变速器，检查换挡执行组件是否打滑，用压缩空气检查各离合器、制动器油缸或活塞有无泄漏。

220. 自动变速器升挡缓慢

(1) 故障现象

汽车行驶中，升挡车速较高，发动机转速也偏高；升挡前必须松开加速踏板才能使自动变速器升入高挡。

(2) 故障原因

① 节气门拉线或节气门位置传感器调整不当。

② 调速器存在故障。

③ 输出轴上调速器进出油孔的密封圈损坏。

④ 真空式节气门阀推杆调整不当。

⑤ 真空式节气门阀的真空软管或真空膜片漏气。

⑥ 主油路油压或节气门油压太高。

⑦ 强制降挡开关短路。

⑧ 电脑或传感器故障。

(3) 诊断与排除

电控自动变速器应首先进行诊断与排除，有故障码的先按故障码处理。然后检查、调整节气门拉线或节气门位置传感器，测量节气门位置传感器电阻，如不符合标准应更换。采用真空式节气门阀的自动变速器，应检查真空软管是否漏气，检查强制降挡开关是否短路。

测量怠速主油路油压，若油压太高，应通过节气门拉线或节气门位置传感器予以调整。采用真空式节气门阀的自动变速器，应用减少节气门阀推杆长度的方法进行调整。若以上调整无效，应拆检油压阀或节气门阀。

测量调速器油压，调速器油压应随车速的升高而增大。将不同转速下测得的调速器油压与规定值比较，若油压太低，说明调速器存在故障或调速器油路存在泄漏。此时应拆检自动变速器，检查调速器固定螺钉是否松动，调速器油路密封环是否损坏，阀芯是否卡滞或磨损过度。

如果调速器油压正常，升挡缓慢的原因可能是换挡阀工作不良。应拆卸阀体检查，必要时更换。

221. 自动变速器无前进挡

(1) 故障现象

① 倒挡正常，但在 D 位时不能行驶。

② 在 D 位时汽车不能起步，在 S 位、L 位（或 2 挡、1 挡）时可以起步。

(2) 故障原因

① 前进离合器打滑。

② 前进单向超越离合器打滑。

③ 前进离合器油路泄漏。

④ 选挡手柄调整不当。

(3) 诊断与排除

① 检查操纵手柄的调整情况。如果异常，应按规定程序重新调整。

② 测量前进挡主油路油压。若油压过低，说明主油路严重泄漏，应拆检自动变速器，更换前进挡油路上各处的密封圈和密封环。

③ 若前进挡的主油路油压正常，应拆检前进离合器。如摩擦片表面的粉末冶金有烧焦现象或磨损过甚，就应更换摩擦片。

④ 若主油路油压和前进离合器均正常，则应拆检前进单向超越离合器，按照《自动变速器维修手册》所述方法，检查前进单向超越离合器的安装方向是否正确以及有无打滑。如果装反，应重新安装；如有打滑，应更换新件。

自动变速器无前进挡的诊断与排除流程框图如图 2-38 所示。

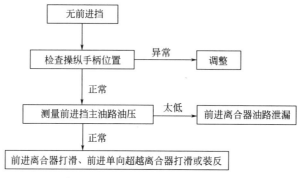

图 2-38　自动变速器无前进挡的诊断与排除流程框图

222. 自动变速器无超速挡

（1）故障现象

汽车行驶中，不能从 3 挡升入超速挡；车速已达到超速挡工作范围，采用松加速踏板几秒钟再踩下加速踏板的方法，自动变速器也不能升入超速挡。

（2）故障原因

超速挡开关故障；超速电磁阀故障；超速制动器打滑；超速行星排上的直接离合器或直接单向超越离合器故障；挡位开关故障；液压油温度传感器故障；节气门位置传感器故障；3-4 换挡阀卡滞。

（3）诊断与排除

对电控系统自动变速器应进行诊断与排除，检查有无故障码输出。

检查液压油温度传感器电阻值；检查挡位开关和节气门位置传感器的输出信号。挡位开关信号应与选挡手柄的位置相符，节气门位置传感器输出电压应与节气门的开度成正比。检查超速挡开关：在"ON"位置时，超速挡开关触点应断开，指示灯不亮；在"OFF"位置时，超速挡开关触点应闭合，指示灯应亮，否则检查超速挡电路或更换超速挡开关。

检查超速挡电磁阀的工作情况。打开点火开关，不启动发动机，按下 O/D 开关，超速挡电磁阀应有接合声音。若无接合声音，应检查控制电路或更换电磁阀。

用举升器举起车辆，使四轮悬空。启动发动机，使自动变速器在 D 挡工作，检查在无负荷状态下自动变速器升挡情况。

如果能升入超速挡，并且车速正常，说明控制系统工作正常。

如果不能升入超速挡，是因为超速制动器打滑，所以在有负荷情况下不能升入超速挡。

如果能升入超速挡，而升挡后车速提不高，发动机转速下降，说明超速行星排中直接离合器或直接单向超越离合器故障。

如果在无负荷情况下不能升入超速挡，说明控制系统存在故障，应拆检阀体，检查 3-4 换挡阀。

223. 自动变速器无倒挡

（1）故障现象

汽车在 D 挡能行驶而倒挡不能行驶。

（2）故障原因

① 选挡手柄调整不当。

② 倒挡油路泄漏。

③ 倒挡及高挡离合器或低挡及倒挡制动器打滑。

（3）排除方法

① 检查并调整选挡手柄位置。

② 检查倒挡油路油压，若油压太低，说明倒挡油路泄漏，应拆检自动变速器。

③ 如果倒挡油路油压正常，应拆检自动变速器，更换损坏的离合器或制动器摩擦片或制动带。

④ 自动变速器无倒挡的诊断与排除流程框图如图 2-39 所示。

224. 自动变速器频繁跳挡

（1）故障现象

汽车行驶中，自动变速器出现突然降挡现象，降挡后发动机转速升高，并产生换挡冲击。

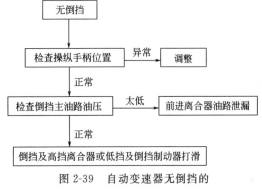

图 2-39　自动变速器无倒挡的
诊断与排除流程框图

（2）故障原因

① 节气门位置传感器故障。

② 车速传感器故障。

③ 控制系统电路故障。

④ 换挡电磁阀接触不良。

⑤ 电控单元故障。

（3）诊断与排除

① 对电控自动变速器进行诊断与排除。

② 测量节气门位置传感器，测量车速传感器。

③ 拆下自动变速器油底壳，检查电磁阀连接线路端子情况。

④ 检查控制系统各接线端子电压。

225. 自动变速器不能强制降挡

（1）故障现象

汽车以 3 挡或超速挡行驶时，突然把加速踏板踩到底，自动变速器不能立即降低一个挡位，汽车加速无力。

（2）故障原因

节气门拉线或节气门位置传感器调整不当；强制降挡开关损坏；强制降挡电磁阀短路或断路；强制降挡阀卡滞。

（3）诊断与排除

检查节气门拉线、节气门位置传感器的安装情况。

检查强制降挡开关。在加速踏板踩到底时，强制降挡开关触点应闭合；松开加速踏板时，强制降挡开关触点应断开。如果加速踏板踩到底时，强制降挡开关触点没有闭合，可用手动开关。如果按下开关后触点能闭合，说明开关安装不当，应重新调整；如果按下开关触点不闭合，说明开关损坏。

检查强制降挡电磁阀工作情况。拆卸阀体，分解清洗强制降挡控制阀，阀芯若有问题，应更换阀体总成。

226. 自动变速器无发动机制动

（1）故障现象

① 汽车行驶中，当选挡手柄位于 2、1 或 S、L 挡位时，松开加速踏板，发动机转速降至怠速，但汽车减速不明显。

② 下坡时，自动变速器在前进低挡，但不能产生发动机制动作用。

（2）故障原因

① 挡位开关调整不当。

② 操纵手柄调整不当。

③ 2 挡强制制动器打滑或低挡及倒挡制动器打滑。

④ 控制发动机制动的电磁阀有故障。

⑤ 阀体有故障。

⑥ 自动变速器打滑。

⑦ ECU 有故障。

（3）诊断与排除

① 对于电子控制自动变速器，应先进行故障自诊断，按所显示的故障代码查找故障原因。

② 做道路试验，检查加速时自动变速器有无打滑现象。如有打滑，应拆修自动变速器。

③ 如果操纵手柄位于 S 位时没有发动机制动作用，但操纵手柄位于 L 位时有发动机制动作用，则说明 2 挡强制制动器打滑，应拆修自动变速器。

④ 如果操纵手柄位于 L 位时没有发动机制动作用，但操纵手柄位于 S 位时有发动机制动作用，则说明低挡及倒挡制动器打滑，应拆修自动变速器。

⑤ 检查控制发动机制动的 ECU 线路有无短路或断路；电磁阀线圈电阻是否正常；通电后有无工作声音。如有异常，应修复或更换。

⑥ 拆卸阀体总成，清洗所有控制阀。阀芯如有卡滞，可抛光后装复。如抛光后仍有卡滞，应更换阀体。

⑦ 检测 ECU 各端子电压。要特别注意与节气位置传感器、挡位开关连接的各端子的电压。如有异常，应做进一步的检查。

⑧ 更换一个新的 ECU 试一下。如果故障消失，说明原 ECU 损坏，应更换。

自动变速器无发动机制动的诊断与排除流程框图如图 2-40 所示。

227. 自动变速器液力变矩器离合器无锁止

（1）故障现象

① 汽车行驶中，车速、挡位已经满足离合器锁止条件，但锁止离合器仍没有锁止作用。

② 汽车油耗增大。

（2）故障原因

① 液压油温度传感器有故障。

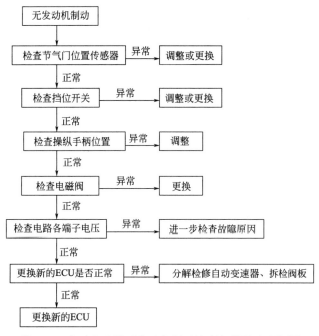

图 2-40　自动变速器无发动机制动诊断与排除流程框图

② 节气门位置传感器有故障。

③ 锁止电磁阀有故障或线路短路、断路。

④ 锁止控制阀有故障。

⑤ 液力变矩器中的锁止离合器损坏。

（3）诊断与排除

① 对于电子控制自动变速器，应先进行故障自诊断，检查有无故障代码，如有故障代码，则可按显示的故障代码查找相应的故障原因。与锁止控制有关的部件包括液压油温度传感器、节气门位置传感器、锁止电磁阀等。

② 检查节气门位置传感器。在一定节气门开度下，如果节气门位置传感器输出电压过高或电位计电阻过大，应予以调整。若调整无效，应更换节气门位置传感器。

③ 打开油底壳，拆下液压油温度传感器。检测液压油温度传感器，如不符合标准，应更换液压油温度传感器。

④ 测量锁止电磁阀。如有短路或断路，应检查电路。如电路正常，则应更换电磁阀。

⑤ 拆下锁止电磁阀，并进行检查，如有异常，应予以更换。

⑥ 拆下阀体，分解并清洗锁止控制阀。如有卡滞，应抛光装复。如不能修复，应更换阀体。

⑦ 若控制系统无故障，则应更换液力变矩器。

自动变速器无锁止的诊断与排除流程框图如图 2-41 所示。

228. 自动变速器润滑油容易变质

（1）故障现象

① 更换后的新自动变速器油使用不久即变质。

② 自动变速器温度太高，从加油口处向外冒烟。

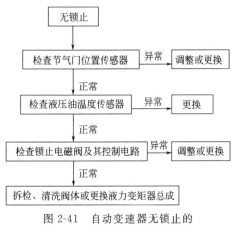

图 2-41　自动变速器无锁止的
诊断与排除流程框图

(2) 故障原因

① 自动变速器油牌号不符合规定。

② 换油不彻底，仅仅更换油底盘内的油，而未更换变矩器和散热器中的油。

③ 发动机冷却液进入自动变速器冷却油路。

④ 汽车使用不当，经常超负荷或不正常行驶。

⑤ 自动变速器散热器或管路堵塞、散热器的限压阀卡滞等。

⑥ 离合器或制动器间隙过大、过小，运动件配合间隙过小。

⑦ 主油路油压过低，致使离合器或制动器在接合过程中打滑。

⑧ 液力变矩器有故障。

(3) 诊断与排除

① 查问汽车行驶情况。若汽车经常超负荷运行或不正常驾驶，如经常拖车或经常急加速、超速行驶等，应改变汽车行驶状况，按规定要求行车。

② 若行驶正常，应检查油面和油质。若油面过低，应按规定补充加油。若因混入其他液体而变质，则可能是自动变速器散热器破裂以致发动机冷却液进入自动变速器冷却系统，对此，应更换散热器。若混有黑色固体颗粒，则为换油不彻底或离合器、制动器烧片所致。对前者，应进行循环换油，对后者，应拆检自动变速器。

③ 若油面高度和油质正常，应检测油温。让汽车以中速行驶 5～10min，待自动变速器达到正常工作温度后，在发动机运转过程中检查自动变速器散热器的温度。在正常情况下，散热器的温度可达 60℃。

④ 若油温正常，应检测主油路油压。若主油路油压过低，应检查调压电磁阀及线路、调整节气门拉线、检修油泵、阀体及相应油路。

⑤ 若油温过高，应检查自动变速器冷却系统。拆下进油管，中速运转发动机或自动变速器，若散热器无油流出或流量较小，说明散热器或管路堵塞，也可能是散热器限压阀（旁通阀）卡滞在常开位置。

⑥ 若冷却系统正常，则可能是运动件配合间隙过小，使油温升高；也可能是离合器或制动器间隙过小或过大，使压盘和摩擦片经常处于摩擦状态而导致油温过高。对此，应拆检自动变速器，调整各间隙，如有必要，更换相应零部件。

⑦ 若以上检查均正常，则可能是变矩器损坏，应更换变矩器。

自动变速器油易变质的诊断与排除流程框图见图 2-42。

四、传动轴常见故障

传动轴的工作条件是极其恶劣的，它不仅在高转速下承受着较大力矩和冲击负荷而且要适应车辆在行驶中随着悬架的变形、车架与车桥之间相对位置不断变化引起传动轴之间的夹角变化和传动轴随着悬架的变形，不断伸长和缩短，所以传动轴是有夹角传递动力的机件，并要改变传动轴轴线之间方向的万向传动装置。

万向传动装置由万向节、传动轴（有时还加装中间支承）组成，如图 2-43 所示。

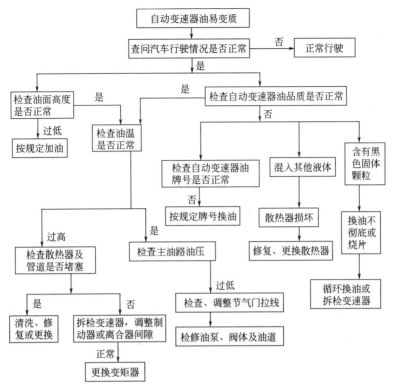

图 2-42　自动变速器油易变质的诊断与排除流程框图

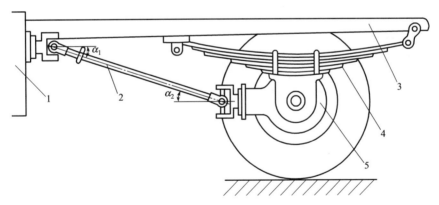

图 2-43　万向传动装置结构

1—变速器；2—万向传动装置；3—驱动桥；4—后悬架；5—车架

　　传动轴故障有：万向节松旷、中间支承松旷、传动轴不平衡，这些故障将造成汽车行驶时振动、异响严重时甚至会甩断传动轴，使汽车无法行驶。

229. 传动轴发抖或前驱动轴振动

（1）故障现象

　　若为传动轴振动，则当汽车行驶达到一定速度时，车身出现严重振动，车门、转向盘等强烈振响。

　　若为前驱动轴振动，当汽车加速行驶或高速行驶时会出现前驱动轴振动，严重时车身亦出现振响。

（2）故障原因

① 传动轴装配错误，两端万向节叉不处在同一平面内。

② 传动轴弯曲变形。

③ 传动轴轴管凹陷或平衡片脱落。

④ 中间支承轴承或支架橡胶垫环隔套磨损松旷。

⑤ 十字轴滚针轴承磨损松旷或破裂。

⑥ 传动轴伸缩节的花键齿与花键槽磨损，配合松旷。

⑦ 前驱动轴内侧等速万向节磨损松旷。

传动轴结构图如图 2-44 所示。

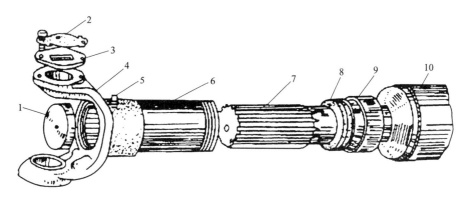

图 2-44　传动轴结构图

1—塞；2—锁止片；3—轴承盖；4—万向节叉；5—注油嘴；6—伸缩套；7—滑动花键；8,9—油封；10—传动管

（3）诊断与排除

① 汽车行驶时产生周期性声响和振动，车速越快声响和振抖越大，应检查装配标记是否对正，以保证传动轴两端万向节叉处于同一平面内，如图 2-45 所示。如不对正，应重新装配。

② 若装配标记正确，应检查平衡片是否脱落，传动轴轴管是否凹陷。如平衡片脱落或轴管凹陷，应予以修理。

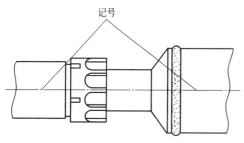

图 2-45　传动轴装配记号

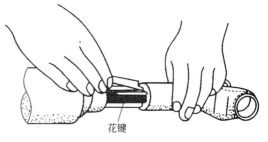

图 2-46　检查传动轴花键配合间隙

③ 进一步诊断，应拉紧驻车制动器，用两手握住传动轴轴管来回转动。若有晃动感，应检查各连接螺栓是否松动。若松动，应予以紧固。再检查传动轴花键配合是否松旷，如图 2-46 所示。如松旷，应修理或更换。

④ 以上检查完好，应拆下传动轴，检查传动轴是否弯曲变形，如图 2-47 所示。如弯曲变形，应予以校正。

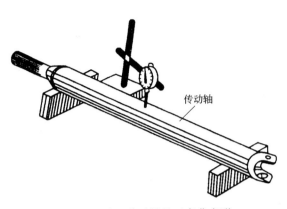

图 2-47 检查传动轴是否弯曲变形

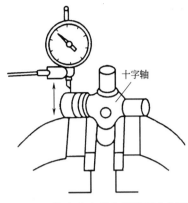

图 2-48 检查十字轴与轴孔配合间隙

⑤ 检查十字轴轴颈和滚针轴承是否磨损松旷、滚针碎裂，如图 2-48 所示。不符合要求，应予以修理或更换。

⑥ 若汽车行驶时呈连续振响，应在发动机熄火后，用手握住中间传动轴，径向晃动，如图 2-49 所示，检查中间支承支架固定螺栓是否松动，轴承是否磨损松旷，橡胶垫环隔套是否径向间隙过大。如不符合要求，应予以修理或更换。

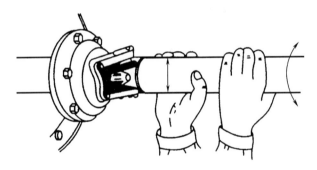

图 2-49 检查中间支承是否松旷

⑦ 经以上检查完好，应拆下中间传动轴检查，如有弯曲变形，应予校正。

⑧ 若为前桥驱动的，应拆检前驱动轴内侧等速万向节的滚道表面和钢球是否严重磨损、卡滞，如图 2-50 所示。如过度磨损或卡滞，应更换内侧等速万向节。

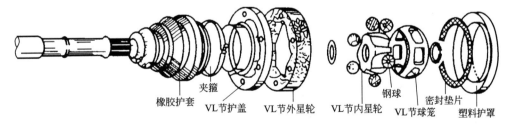

橡胶护套　夹箍　VL节护盖　VL节外星轮　VL节内星轮　VL节球笼　钢球　密封垫片　塑料护罩

图 2-50 检查内侧等速万向节是否磨损

230. 万向节松旷

（1）故障现象

在汽车起步时就能听见"咯啦、咯啦"的撞击声，在突然改变车速的瞬间，如变换挡位或突然加速时，响声更为明显，稳定油门慢速行驶时响声较轻微，在汽车缓行时发出"咣当、咣当"的响声。

（2）故障原因

万向节松旷故障（图2-51）原因如下。

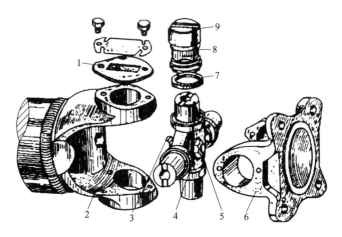

图 2-51　万向节零件图

1—轴承盖；2,6—万向节叉；3—注油嘴；4—十字轴；5—安全阀；7—油封；8—滚针；9—套筒

① 凸缘盘连接螺栓松动。

② 万向节主、从动部分游动角太大。

③ 万向节十字轴磨损严重。

（3）诊断与排除

① 用榔头轻轻敲击各万向节凸缘盘连接处，检查其松紧度。太松旷则故障由连接螺栓松动引起，否则继续检查。

② 用双手分别握住万向节主、从动部分转动，检查游动角度。游动角度太大，则故障由此引起。

231. 传动轴动不平衡

（1）故障现象

汽车行驶中传动装置发出周期性的响声，车速越高响声越大，严重时伴有驾驶员振背感。这是传动轴动不平衡的特征。

（2）故障原因

① 传动轴弯曲或传动轴管凹陷。

② 中间支承固定螺栓松动。

③ 中间支承轴承位置偏斜。

④ 万向节损坏；安装不合要求；传动轴的凸缘和轴管焊接时位置歪斜。

⑤ 传动轴上原平衡块脱落。

（3）诊断与排除

① 检查传动轴是否凹陷，有凹陷，则故障由此引起；没有凹陷，则继续检查。

② 检查传动轴管上的平衡片是否脱落。

③ 检查伸缩叉安装是否正确，不正确，则故障由此引起。伸缩叉正确安装，要求两个

万向节叉在同一平面上。

④ 拆下传动轴进行动平衡试验，如动不平衡，则应校准以消除故障。

232. 传动轴中间支承松旷

(1) 故障现象

当汽车行驶时，发出"呜、呜"的响声，车速越快，声音越大。

(2) 故障原因

传动轴中间支承松旷的原因（图 2-52）如下。

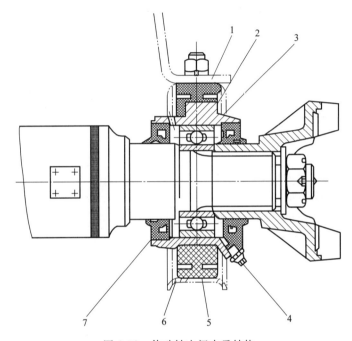

图 2-52 传动轴中间支承结构

1—车架横梁；2—轴承座；3—轴承；4—注油嘴；5—蜂窝式橡胶垫；6—U 形支架；7—油封

① 滚动轴承缺陷油烧蚀或磨损严重。

② 中间支承安装方法不当，造成附加载荷而产生异常磨损。

③ 橡胶圆环磨损。

④ 车架变形，造成前后连接部分的轴线在水平面内的投影不同线而产生异常磨损。

(3) 诊断与排除

① 给中间支承轴承加注润滑脂，响声消失，则故障由缺油引起。

② 松开夹紧橡胶圆环的所有螺钉，待传动轴转动数圈后再拧紧，否则可能是橡胶圆环损坏或者滚动轴承技术状况不佳或者车架变形等引起。

五、驱动桥常见故障

驱动桥是汽车传动系统中的最后一个组成部分，对于前轮驱动的车辆来说前桥既是转向桥又是驱动桥（称为转向驱动桥的）。它由主减速器、差速器、半轴和驱动桥壳等组成，如图 2-53 所示。

驱动桥的主要功用如下。

① 将万向传动装置传来的发动机转矩传给驱动车轮。

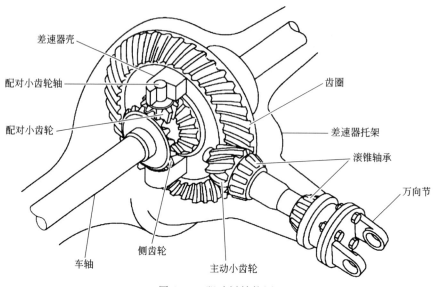

图 2-53　驱动桥结构图

② 实现降低转速、增大转矩。

③ 改变变动力传递方向。

④ 允许左、右驱动轮以不同的转速旋转，实现车辆转弯。

驱动桥的主要故障现象有异响、过热、漏油等。驱动桥的主减速齿轮磨损很严重时会断齿，造成汽车无法行驶。

233. 驱动桥过热

（1）故障现象

汽车行驶一段里程后，驱动桥壳中部或主传动器壳异常烫手。

（2）故障原因

① 齿轮啮合间隙和行星齿轮与半轴齿轮啮合间隙调整过小。

② 轴承调整过紧。

③ 润滑油量不足、变质或牌号不符合要求。

④ 止推垫片与主减速器从动齿轮背隙过小。

⑤ 齿轮油变质，油量不足或者牌号不符合要求。

（3）诊断与排除

① 局部过热

a. 油封处过热，则故障由油封过紧引起。

b. 轴承处过热，则故障由轴承损坏或轴承间隙过小引起。

c. 减速器壳体过热，则故障由止推垫片与主减速器从动齿轮背隙过小引起或从动齿轮轴承损坏和轴承间隙过小引起。

② 普遍过热

a. 检查齿轮油油面高度。油面太低，则故障由齿轮油油量不足引起。

b. 检查齿轮油规格、黏度或润滑性能。检查结果不符合要求，则故障由齿轮油变质或规格不符引起。

c. 检查主减速器齿轮啮合间隙大小。松开驻车制动器，变速器置于空挡，轻轻转动主减速器的凸缘盘；若转动角度太小，则故障由主减速器齿轮啮合间隙太小引起；若转动角度正常，则故障由行星齿轮与半轴齿轮啮合间隙太小引起。

234. 驱动桥漏油

（1）故障现象

从驱动桥加油口、放油口螺塞处或油封、各接合面处可见到明显漏油痕迹。

（2）故障原因

① 螺栓多次拆卸导致螺纹孔间隙大。

② 通气孔堵塞。

③ 油封、衬垫等老化、变质。

④ 螺栓松动导致接合面不严密。

⑤ 润滑油加注过多。

⑥ 放油螺栓松动或壳体裂纹。

（3）故障诊断与排除

① 齿轮油经主减速器、半轴油封或衬垫向外渗漏，首先检查润滑油是否加注过多。

② 如果正常，则检查通气孔是否堵塞。通气孔堵塞是驱动桥漏油的最常见故障。

③ 最后检查油封或衬垫是否损坏。

◉ 第三节　制动系常见诊断与排除与检修

制动系统的功用是使行驶中的汽车按照驾驶员的要求进行强制减速甚至停车，使已停驶的汽车在各种道路条件下（包括在坡道上）稳定驻车，使下坡行驶的汽车速度保持稳定。

对汽车起制动作用的只能是作用在汽车上的方向与汽车行驶方向相反的外力，而作用在行驶汽车上的滚动阻力、上坡阻力、空气阻力虽然都能对汽车起一定的制动作用，但这些外力的大小都是随机的、不可控制的。因此，汽车上必须装设一系列专门装置以实现上述功能。这样的一系列各种装置总称为制动装置。

一般汽车制动系统应设有行车制动和驻车制动两套相互独立的制动装置，每一套制动装置由制动器、制动传动装置组成。现代汽车行车制动装置还装设了制动防抱死装置。制动防抱死装置用以提高和改善制动系统的制动性能。制动系统一般由制动操纵机构和制动器两个主要部分组成，见图 2-54、图 2-55。

一、液压制动系统常见故障

如图 2-56 所示，液压制动装置利用液压油，将驾驶员施加力量通过制动踏板转换为液压力，再通过管路传至车轮制动器，车轮制动器再将液压力转变为制动蹄张开的机械推力，使制动蹄摩擦片与制动鼓产生摩擦（将机械能转换成热能而消耗），从而产生阻止车轮转动的力矩。

当驾驶员踏下制动踏板时，推杆推动制动主缸活塞使制动液升压，通过管道将液压力传至制动轮缸，轮缸活塞在制动液挤压的作用下将制动蹄片摩擦片压紧制动鼓形成制动，根据驾驶员施加于踏板力矩的大小，使车轮减速、恒速或停车。

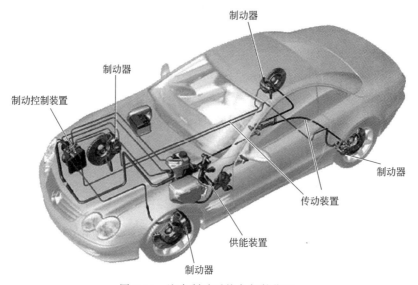

图 2-54　汽车制动系统各部件位置

图 2-55　汽车制动系统结构简图

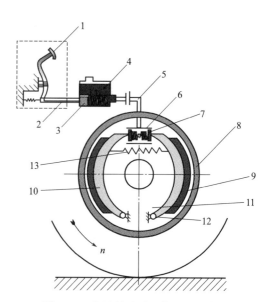

图 2-56　液压制动系工作原理示意图

1—制动踏板；2—推杆；3—主缸活塞；4—制动主缸；

5—油管；6—制动轮缸；7—轮缸活塞；8—制动鼓；

9—摩擦片；10—制动蹄；11—制动底板；

12—支承销；13—制动蹄回位弹簧

当驾驶员放开踏板，制动蹄和分泵活塞在回位弹簧作用下回位，制动液压回到制动总泵，制动解除。

液压制动有下述特点。

① 反应灵敏，基本无滞后，随动性好。

② 制动柔和，行驶平稳。

③ 节约能源。

④ 结构简单，维修方便，成本低。

⑤ 非簧载质量轻，行驶舒适性好，使用方便。

液压制动的缺点如下。

① 操纵较费力，制动力矩有限，不适合载重量大的车辆。

② 液压油低温流动性差，高温易产生气阻，如有空气侵入或漏油回降低制动效能甚至失效。

③ 通常在液压制动传动机构中增设制动增压或助力装置，使制动系统操纵轻便并增大制动力。

液压制动的常见故障有：制动失灵、制动能力下降、制动踏板发软或发硬、制动拖滞和制动跑偏等。

235. 制动不灵

（1）故障现象

制动不灵又叫制动力不足。

汽车行驶中制动时，制动力小；汽车紧急制动时，制动距离长。

（2）故障原因

造成制动不灵的原因（图 2-57）主要有以下几个。

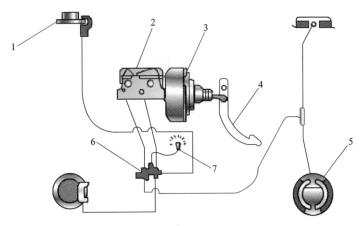

图 2-57　制动系统的组成示意图

1—前轮盘式制动器；2—制动总泵；3—真空助力器；4—制动踏板机构；
5—后轮鼓式制动器；6—制动组合阀；7—制动警示灯

① 制动管路中有空气，或油管凹瘪，软管老化、发胀，内孔不畅通或管路内壁积垢太厚。

② 储液罐制动液不足或变质，应使用规格正确的制动液并调整到规定高度。

③ 制动主缸、制动轮缸的皮碗、活塞、缸壁磨损过甚。

④ 制动主缸、制动轮缸、管路或管接头漏油。

⑤ 制动鼓磨损甚，或制动间隙调整不当。

⑥ 制动主缸出油阀、回油阀不密封或活塞回位弹簧预紧力太小，或进油孔、补偿孔、储液罐通气孔、活塞前贯通小孔堵塞。

⑦ 制动主缸或制动轮缸皮碗老化、发黏、发胀。

⑧ 制动器摩擦片（制动盘）与制动鼓（制动钳）的接触面积太小，制动蹄摩擦片质量

欠佳或使用中表面硬化、烧焦、油污，铆钉头外露。

⑨ 增压器、助力器效能不佳或失效。

⑩ 制动踏板自由行程太大。

（3）诊断与排除

具体参照图 2-58 所示的液压制动系制动不灵常见故障原因的诊断流程框图进行诊断。

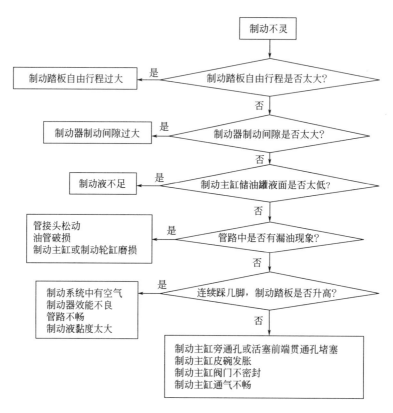

图 2-58　液压制动系制动不灵常见故障原因的诊断流程框图

236. 制动失效

（1）故障现象

汽车行驶时，踩下制动踏板车辆不减速，即使连续踩几脚制动也无明显作用。

（2）故障原因

① 制动主缸内无制动液，应添加制动液至规定高度。

② 制动主缸、制动轮缸皮碗严重破裂，应予更换。

③ 制动软管、金属管断裂或接头处严重泄漏，应予更换。

④ 制动踏板至制动主缸的连接脱开，应予修理等。

（3）诊断与排除

踩下制动踏板，如无连接感，说明是踏板与制动主缸的连接脱开。

检查系统管路有无泄漏或破裂（通常根据油迹）。管路的泄漏或破裂会使回路中形成不了高压，使制动性能失效。

如上述情况正常，则应检查制动主缸和制动轮缸。

图 2-59 所示为液压制动系统制动失效常见故障原因的诊断流程框图。

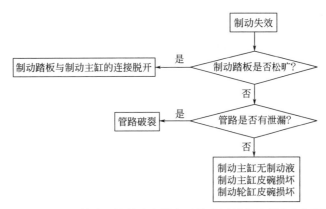

图 2-59　液压制动系统制动失效常见故障原因的诊断流程框图

237. 制动拖滞

（1）故障现象

在行车制动中，当抬起制动踏板后，全部或个别车轮的制动作用不能完全立即解除，以致影响车辆重新起步、加速行驶或滑行。

（2）故障原因

① 制动踏板无自由行程。

② 踏板回位弹簧脱落、拉断、拉力不足或踏板轴锈蚀、卡住而回位困难。

③ 制动主缸皮碗发胀、发黏或活塞回位弹簧拉断、预紧力太小，造成回位不畅。

④ 制动主缸补偿孔被污物堵塞。

⑤ 制动蹄回位弹簧脱落、拉断、拉力太小而回位不畅。

⑥ 制动器制动间隙太小。

⑦ 制动油管凹瘪、堵塞或制动液太脏、太稠而使回油困难。

（3）诊断与排除

若个别车轮发热，应检查该轮制动轮缸是否回位不畅，管路是否不畅，制动器制动间隙是否太小，制动蹄（盘）是否回位不畅。

若全部车轮发热，应检查制动踏板自由行程是否太小，制动器制动间隙是否太小，制动主缸是否回油慢（回油孔不畅，皮碗发胀），真空助力器空气阀是否漏气。

238. 制动踏板发软或有弹性

（1）故障现象

踩制动踏板时感觉踏板发软或有弹性，制动无力。

（2）故障主要原因及处理方法

① 制动系统管路中有空气，应进行放气操作。

② 制动主缸、制动轮缸中活塞与缸筒间隙过大，应更换皮碗或总成。

③ 制动液不足，应补充同型号制动液至规定高度等。

239. 制动踏板发硬

（1）故障现象

踩制动踏板时感觉踏板发硬，有反弹感，制动能力下降。

（2）故障原因

真空助力器漏气失效。

（3）诊断与排除

装有真空助力器的车辆，主要是助力器或软管漏气，可对真空助力器真空度和阀门的密封性进行检查。

二、制动器常见故障

汽车车轮制动器都是通过其中的固定元件对旋转元件施加制动力矩，使旋转元件的旋转角速度降低，同时依靠车轮与地面的附着作用，产生路面对车轮的制动力以使汽车减速。凡利用固定元件与旋转元件工作表面的摩擦而产生制动力矩的制动器都称为摩擦制动器，目前汽车所用的车轮制动器都是摩擦制动器。

车轮制动器的类型通常称为鼓式和盘式，但鼓式和盘式又有多种，详见图 2-60。

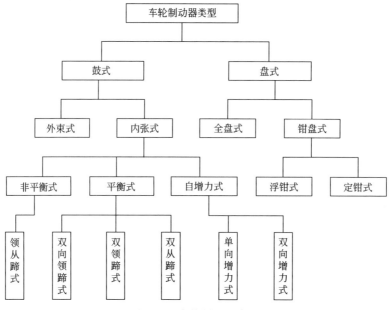

图 2-60　车轮制动器类型

240. 制动器制动失效

（1）故障现象

制动时某个制动器或同步制动器完全无制动。

（2）故障原因

① 管道漏油或漏气。

② 轮缸漏油（分泵）。

（3）诊断与排除

① 如果是同步制动器（双管路中同一个主缸的两个制动器）无制动，通常为管道漏油，可先检查制动器底板连接软管，然后再检查系统管道。

② 如果是单个制动器无制动，则为制动轮缸漏油，可检查制动鼓边缘有泄漏油渍。

（4）排除方法

① 管道损坏必须更换。

② 接头松动，应查明原因后再紧固。

③ 制动轮缸漏油，拆检制动轮缸，更换密封圈（皮碗）。

241. 单个制动不灵

（1）故障现象

制动时汽车跑偏，某个车轮制动效果差。

（2）故障原因

① 制动摩擦片与制动鼓接触面过少。

② 制动摩擦片有油污、烧焦或质量差等原因。

③ 制动轮缸微量泄漏。

④ 制动摩擦片与制动鼓间隙不当。

⑤ 制动蹄回位弹簧过强。

（3）诊断与排除

① 首先检查制动鼓边缘是不是有油渍，如有则是摩擦片油污；再摸制动鼓温度，如烫手，故障为制动片质量、间隙不当、接触面积过少等；如不热，则为制动蹄回位弹簧过强。

② 如果是刚修过的制动器，通常是：制动摩擦片接触面过少、质量差和间隙调整不当；不是刚修过的制动器通常是摩擦片有油污、烧焦和制动轮缸微量泄漏等。

（4）排除方法

① 摩擦片接触面过少，要重新磨合或光磨。

② 摩擦片有油污、烧焦或质量差、回位弹簧过强，必须更换。

③ 制动轮缸微量泄漏，更换密封圈。

④ 摩擦片与制动鼓的间隙不当，应重新调整合适。

242. 单个制动拖滞

（1）故障现象

单个制动器制动不能完全解除及单个制动鼓温度过高，转向跑偏。

（2）故障原因

① 制动间隙过小，当放松制动踏板时，制动力没有完全解除，使得摩擦副长时间处于摩擦状态。

② 制动轮缸活塞或制动蹄支承孔卡滞。

③ 制动蹄回位弹簧过弱。

（3）诊断与排除

① 用手抚摸轮鼓表面感到烫手。

② 支起车桥转动车轮，如果阻力大或转不动则为该制动拖滞故障。

③ 松动制动蹄支承销固定螺母，车轮转动阻力减小则为支承孔卡滞。如果阻力相同则必须拆卸制动鼓检查。

（4）排除方法

① 制动间隙过小，按规范重新调整制动间隙即可。

② 制动轮缸活塞卡滞，清洗轮缸并用细砂纸打磨卡痕点。

③ 制动蹄支承孔卡滞，调整支承垫圈厚度。

④ 制动蹄回位弹簧过弱，必须更换。

三、液压制动总泵常见故障

液压制动总泵作用：将由踏板输入的机械推力转换成液压力。

液压双腔式制动主缸结构组成如图 2-61 和图 2-62 所示，主缸的壳体内装有前活塞、后活塞及前、后活塞弹簧，前、后活塞分别用皮碗、皮圈密封，前活塞用挡片保证其正确位置。

图 2-61　液压制动主缸总成实物图

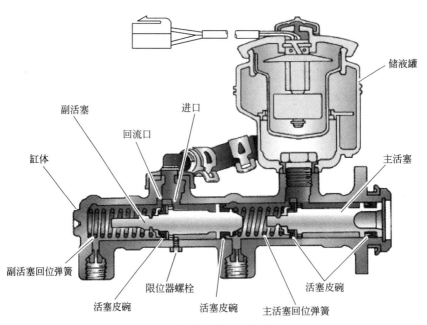

图 2-62　液压制动主缸零件位置图

两个储液筒分别与主缸的前、后腔相通，前出油口、后出油口分别与前、后制动轮缸相通，前活塞靠后活塞的液力推动，后活塞直接由推杆推动。

243. 全车制动拖滞

（1）故障现象

起步困难、行驶无力、全车制动器制动不能完全解除及全车制动鼓温度过高。

（2）故障原因

踏板自由行程过小，当放松制动踏板时，制动力没有完全解除，使得摩擦副长时间处于摩擦状态。

（3）诊断与排除

遇此情况应按规范重新调整制动间隙即可。

244．制动无力

（1）故障现象

踩刹车时觉得软弱无力，踏板有下沉的感觉。

（2）故障原因

① 漏油：制动系统漏油是危险的，它可导致制动失效。

② 卡滞：单个制动器效能下降，将造成制动跑偏现象。

（3）诊断和排除方法

制动轮缸故障诊断与排除流程框图如图 2-63 所示。

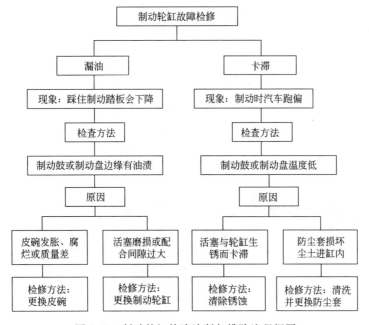

图 2-63　制动轮缸故障诊断与排除流程框图

四、真空增压器常见故障

真空液压制动传动装置就是在人力液压制动传动机构的基础上，加装一套以发动机工作时在进气管中产生的真空度（或利用真空泵）为力源的动力制动传动装置。它可以提高汽车制动性能，减轻驾驶员的劳动强度。这种传动装置有真空增压式和真空助力式两种。真空增压式是利用真空度对制动主缸输出的油液进行增压，因此它装在制动主缸之后；真空助力式是利用真空度对制动踏板进行助力，因此它装在踏板与制动主缸之间。

图 2-64 所示为装有真空增压器的液压制动系统。它比人力液压制动系统多一个真空增压器，一套由真空单向阀 2、真空筒 3 和真空管道组成的真空增压系统。真空源来自发动机进气管 1。

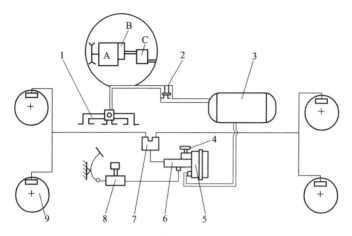

图 2-64　真空增压式液压制动系统

1—进气管；2,C—单向阀；3—真空筒；4—控制阀；5—真空伺服气室；6—增压缸；
7—双活塞安全缸；8—制动主缸；9—车轮制动器；A—发动机；B—真空泵

真空增压器的结构如图 2-65 所示，由真空伺服气室、控制阀和增压缸组成。

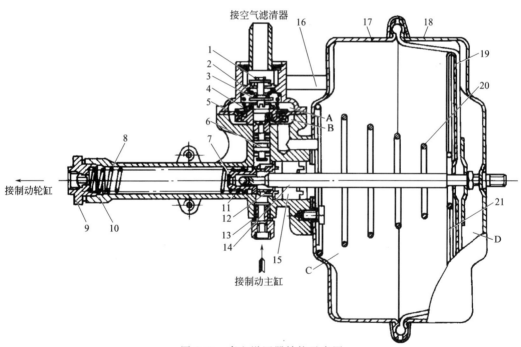

图 2-65　真空增压器结构示意图

1—空气阀；2—阀门弹簧；3—真空阀；4—控制阀膜片回位弹簧；5—控制阀膜片；6—控制阀活塞；
7—增压缸活塞；8—增压缸活塞回位弹簧；9—出油管接头；10—增压缸；11—球阀；12—活塞限位座；
13—进油管接头；14—推杆；15—密封圈座；16—通气管；17—伺服气室前壳体；18—伺服气室后壳体；
19—伺服气室膜片；20—伺服气室膜片回位弹簧；21—膜片托盘

245. 完全无增力作用

(1) 故障现象

① 制动时踏板有效行程明显减少，踏板发硬和有反弹感。

② 制动效能明显降低，制动费力，无法执行紧急制动。

③ 汽油发动机伴有动力下降、无怠速，严重时进气管回火。

（2）故障原因

此故障系增压器完全不工作造成，使增压器完全不工作有以下原因。

① 无真空气源。由于严重漏气造成的，主要原因是气管破损或断裂；储气筒锈蚀破损或加力气室壳体破损。柴油发动机真空泵不工作。严重漏气造成汽油发动机进气支管真空度降低、混合变稀、使发动机功率下降、无怠速甚至进气管回火。

② 增压器本体故障。主要因为空气阀脱落，大量空气进入，造成无气压差和控制阀活塞卡死不能动作，使增压器失效。

（3）诊断与排除

首先测定有无真空气源，汽油发动机如伴有动力下降，无怠速可确定为气管接头脱落或折断。

柴油发动机应拆下真空泵附近的真空气管。用手指堵试真空管负压，测定真空泵是否工作正常；如有负压，工作正常，应检查漏气；如无负压，真空泵工作不正常，应拆开真空泵检查转子是否运转，刮片是否断裂，泵体机油孔是否堵塞。如测定有真空气源且无明显漏气则可断定控制阀卡死或空气阀脱落。

246. 增力作用时有时无

（1）故障现象

发动机工作时（柴油发动机中、高速工作时）增力作用正常，当汽油发动机短时间熄火滑行或柴油发动机低述工作时，增力作用减弱或消失。

（2）故障原因

此故障属真空系统中的一般油气造成，造成加力气室的真空度低下，只有在发动机工作且真空气源源不断地弥补漏气才能维持增力制动。发动机停止工作或真空气源不足以弥补漏气时，则丧失增力作用或增力减弱。

柴油发动机的真空泵泵气不足，造成真空度低下，只能维持 2～3 次增力制动，便丧失增力作用。待发动机高速工作一段时间后，才能恢复增力作用。

（3）诊断与排除

汽油发动机熄火 1～2min 后踩制动，听增压器进气口的进气声。如无进气声可断定是一般偏气故障，应检查气管接头、储气筒和加力气室有无明显漏气，如果无明显漏气，则可断定是单向阀或增压器空气阀漏气。

柴油发动机熄火后。静候 1～2min 踩制动，增压气无进气应按上述方法检查。如有 2～3 次进气声，可以启动发动机，中速运行时拆下真空泵气管，用手指堵住气管，凭感觉判定真空泵的真空负压程度。如果其负压足，可断定单向阀或空气阀漏气；如果其负压不足，可断定真空泵故障。应检查传动带是否过松或打滑；真空泵刮片是否磨损和泵体机油孔是否堵塞。

247. 增力作用一次比一次减弱

（1）故障现象

汽车下较长坡时连续踏放制动器，一脚比一脚费力，但隔一段时间再踏制动又变得轻松。此种现象多发生于柴油发动机的车辆。

（2）故障原因

此类故障属真空系统中的轻微漏气，汽油发动机如不熄火则滑行。由于发动机的强制怠速时气管中的真空度特别大，所以没有明显的症状。此种故障多表现于柴油发动机，由于下坡时，发动机转速低，真空泵在低转速状态下工作而泵气不足，真空度低，制动耗气量大，加上轻微漏气而产生此种故障。

（3）诊断与排除

发动机熄火，静候 1～2min 制动，增压器只有 1～2 次进气声（正常的 6～7 次），可断定属轻微漏气故障，这种故障应先检查增压器的空气阀。因为此处灰尘多，容易造成轻微漏气，还应注意橡胶管老化产生漏气。

248. 增力作用减弱

（1）故障现象

下陡坡时踩住制动不放，一开始时制动增力正常，随后制动力逐渐减弱，直至踩板发硬，有效行程变小，完全丧失增力作用。

（2）故障原因

此故障无漏气现象属增压器故障，增力作用在制动中逐渐衰退。从增压器工作原理分析，应该是加力气室左、右（c、d）两腔压力差减少所致，开始制动时增力正常，说明两腔压力差大，随后减弱，说明 d 腔的大气漏至 c 腔。只有在加力膜片破裂和控制阀座与真空阀关闭不严，才会使 d 腔大气漏至 c 腔，加力膜片工作时不断运动，极易破裂造成大量漏气。控制阀座与真空阀关闭不严，漏气量不会很大，加上储气筒和真空气源的补偿，一般不会有明显的故障。

（3）诊断与排除

发动机熄火 5min 后踩制动，可听到增压器有清脆的进气声音，随后有连续不断的进气声音，可判定是加力气室膜片破裂，必须更换。

249. 增力作用迟缓

（1）故障现象

踩制动增力作用滞后严重。

（2）故障原因

此故障的主要原因是控制阀活塞由于有污物而阻滞、不灵活；或者制动液不合格使皮圈发胀，致使增力作用迟缓。同时由于控制阀动作迟缓使制动解除也延迟。

（3）诊断与排除

真空增压器都会程度不同地出现解除制动迟缓的故障现象，可断定是控制阀活塞阻滞。应拆检控制阀，清洗活塞并更换皮圈和制动液。

250. 解除制动迟缓

（1）故障现象

此故障的特点是单一的解除制动迟缓，无其他症状。

（2）故障原因

在解除制动过程中加力气室右侧 d 腔的空气经通气管和控制阀上的通气孔与加力气室左侧 c 腔的真空负压平衡。加力膜片和加力推杆在弹簧的作用下回位制动解除。由于控制阀活塞经常运动，皮圈微量泄漏。当漏的制动液流至通气孔，并黏附空气中的灰尘，将通气孔阻塞，使加力气室的空气流动不畅，两腔不能及时平衡，致使解除制动迟缓。

（3）诊断与排除

如遇上述单一的解除制动迟缓的故障，可直接判断为控制阀通气孔阻塞。拆洗控制阀通气孔和加强空气过滤器的维护。

五、真空助力器常见故障

真空助力器主要由真空伺服气室和控制阀组成。其传动装置结构如图 2-66 所示。

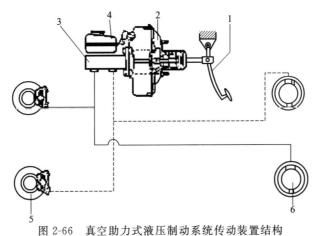

图 2-66　真空助力式液压制动系统传动装置结构

1—制动踏板；2—助力器；3—串联式双列总泵；4—储液室；5—前制动器；6—鼓式制动器

251. 真空助力器故障

真空助力器的故障现象与增压器故障现象相似，只是结构和安装位置不同，如图 2-67、图 2-68 所示。

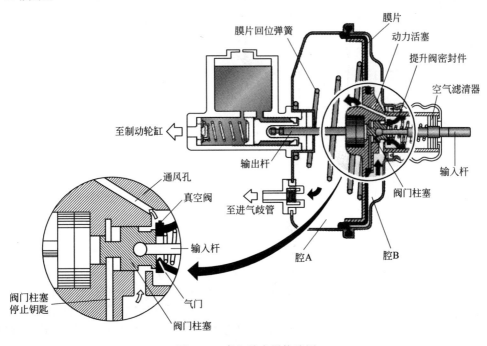

图 2-67　真空助力器构造图

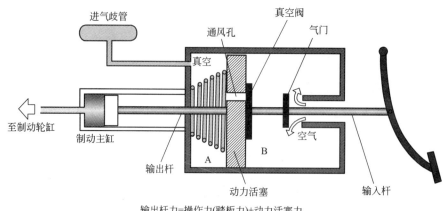

输出杆力=操作力(踏板力)+动力活塞力

图 2-68　真空助力器原理示意图

　　主要原因是系统泄漏、控制阀污染阻塞和皮碗破损、老化和腐蚀等。

　　故障现象和故障原因及诊断和排除方法参见图 2-69，排除方法参见增压器常见故障部分。

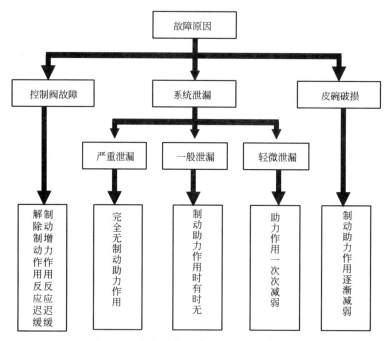

图 2-69　真空助力器故障现象和故障原因

六、气压制动常见故障

　　目前 4t 以上的载货汽车、大型客车几乎都使用气压制动。这是因为气压制动不但制动力矩大、踏板行程较短、操纵轻便、使用可靠，而且对长轴距、多轴和拖带半挂车、挂车等，实现异步分配制动有独特的优越性。它的缺点是：消耗发动机的动力，结构复杂，制动不如液压式柔和，制动反应也不如液压式快，非簧载质量大，行驶舒适性差。因而一般只用于中、重型汽车上。

气压制动传动装置，是以发动机的动力驱动空气压缩机工作，然后将压缩空气的压力转变为机械推力，使车轮产生制动。驾驶员按不同的制动强度要求，控制踏板的行程，释放出不同能量的压缩空气，便可获得所需的制动力。

气压制动系统的组成见图 2-70。

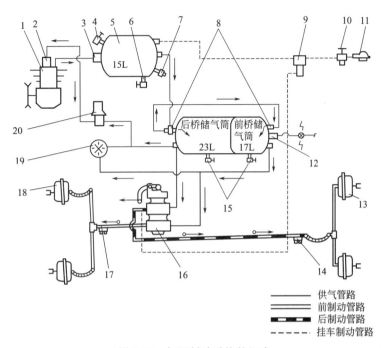

图 2-70　气压制动系统的组成

1—空气压缩机；2—卸荷阀；3,8—储气罐单向阀；4—取气阀；5—湿储气罐；6,15—油、水排放阀；
7—安全阀；9—挂车制动控制阀；10—挂车分离开关；11—接头；12—低压报警器；13—后制动气室；
14,17—快放阀；16—双腔制动阀；18—前制动气室；19—双针气压表；20—调压器

气压制动的常见故障有：制动失灵、制动能力下降、制动粗暴、制动拖滞和制动跑偏等。

252. 制动失效

（1）故障现象

汽车行驶中使用制动时，不能减速或停车，制动阀无排气声。

（2）故障原因

① 储气筒内无压缩空气。

② 制动控制阀的进气阀不能打开或排气阀不能关闭。

③ 气管堵塞，制动控制阀或制动气室膜片破裂漏气。

④ 制动踏板与制动控制阀拉臂脱节。

（3）诊断与排除

① 首先检查储气筒内有无压缩空气，若无压缩空气，应查找有无漏气之处。若无漏气，则为空气压缩机故障，应进行检修。

② 若空气压缩机工作正常，则可检查制动踏板与制动控制阀拉臂是否脱节，制动控制阀调整螺钉是否松动。如果上述情况都正常，则应拆检制动控制阀、疏通气道。

253. 制动不灵

（1）故障现象

制动时，各车轮的制动作用不好或不起制动作用。

（2）故障原因

① 空气压缩机工作不良，而使储气筒内气压低或无气。可能是空气压缩机传动带过松或折断，空气压缩机排气阀漏气，空气压缩机排气阀弹簧过软或折断，活塞或活塞环漏气。

② 气管破裂或接头松动。

③ 制动阀膜或制动气室膜片破裂。

④ 制动踏板自由行程过大。

⑤ 制动臂蜗杆调整不当，使制动气室推杆伸出过多。

⑥ 摩擦片与制动鼓间隙过大或摩擦片有油污。

（3）诊断与排除

① 如气压表指示数为 0，可踏下制动踏板，松起时，如有放气声，即说明气压表有故障，应更换气压表；如无放气声，则检查空气压缩机传动带和由空气压缩机至储气筒一段气管的情况。

② 经上述检查，情况良好，如气压表指示数很低，则故障在空气压缩机，应检查排气阀或汽缸内部技术状况，予以修复。

③ 如气压表指示压力数值合乎标准，可踩下踏板，检查由制动阀至各车轮间有无漏气之处。如无漏气处，则检查踏板自由行程和调整制动蹄摩擦片与制动鼓的间隙。

254. 制动效能下降

（1）故障现象

踩制动踏板感觉软，踏板空行程过多，制动滞后，制动无力。

（2）故障原因

① 控制总阀（总泵）排气阀门关闭不严。

② 控制总阀（总泵）平衡弹簧过弱。

③ 有效行程过少。

（3）故障诊断

① 踩下制动踏板，观察气压表气压下降的情况。若表针不停地下降，说明控制总阀（总泵）排气阀门关闭不严。

② 踩制动踏板感觉软，制动滞后，通常是因为控制总阀（总泵）平衡弹簧过弱。

③ 踏板空行程过多。

（4）故障排除方法

① 制动阀有漏气，可更换排气阀门或修整阀座。

② 控制总阀（总泵）控制总阀（总泵）平衡弹簧过弱，可增加调整垫片或更换弹簧。

③ 调整踏板自由行程。

255. 制动粗暴

（1）故障现象

踩下制动踏板时感觉硬，制动超前，制动粗暴，不好控制。

（2）故障原因

控制总阀（总泵）平衡弹簧过强。

（3）故障诊断

踩下制动时踏板硬，制动超前，随动性差。

（4）故障排除方法

调整平衡弹簧的预紧力，可减少调整垫片或更换平衡弹簧。

256. 制动拖滞

（1）故障现象

抬起制动踏板后，制动阀排气缓慢或不排气，不能立即解除制动，或排气虽快，但仍有制动作用，致使汽车起步困难或行车无力。

（2）故障原因

① 制动踏板无自由行程。

② 制动阀的排气阀调整垫片过薄，其回位弹簧过软、折断或橡胶阀座老化发胀。

③ 制动阀挺杆锈蚀。

④ 制动踏板至制动阀位臂之间传动件发卡。

⑤ 制动凸轮轴与支架衬套锈蚀发卡。

⑥ 制动鼓与摩擦蹄片间隙过小。

⑦ 制动蹄支销锈污或回位弹簧过软、折断。

⑧ 半轴套管与其后桥壳或轮毂轴承配合处磨损造成松动。

⑨ 制动气室膜片老化变形，单层胶膜破裂鼓起或制动软管老化，气流不畅。

（3）诊断与排除

抬起制动踏板时制动阀排气缓慢或不排气，多属制动阀故障，表现为各轮制动鼓均发热。若排气声怯或继续排气而制动发咬，一般为个别轮制动发咬，摸试各轮制动鼓温度高者即为有故障之轮。

① 若确定制动阀有故障，应先检查制动踏板自由行程。若自由行程太小或没有，应予以调整。若自由行程正常，可旋松排气阀试验。如有好转，则为排气阀调整垫片过薄。仍无好转，可检查排气阀回位弹簧及胶座以上均正常，则应检查制动挺杆是否锈污及制动传递杆件是否活动灵活。

② 个别轮发咬，可在抬起制动踏板时，观察制动气室推杆回位情况。若其回位缓慢或不回位，应检查制动凸轮轴与其支架套是否失去润滑或不同轴度过大而发卡。若架起车轮检查该间隙正常，而落下车轮后间隙有变化，则系轮毂轴承松旷或半轴套管与后桥壳配合松动。若间隙正常，可检查制动气室膜片及回位弹簧是否有问题。

257. 制动跑偏（单边）

（1）故障现象

制动时，同轴两车轮不能同时制动，汽车不能沿立脚点直行方向停车而偏向一侧。

（2）故障原因

① 左右车轮摩擦片与制动鼓的间隙不均。

② 个别车轮摩擦片有油污、硬化或铆钉头露出。

③ 左、右车轮摩擦片材料不一致或接触不良。

④ 个别车轮凸轮轴发卡或制动气室有问题。

⑤ 个别车轮制动鼓失圆度过大或鼓壁磨出沟槽。

⑥ 两前轮钢板弹簧的弹力不等。

⑦ 有负前束。

⑧ 横、直接杆球头销或垂臂松旷。

(3) 诊断与排除

首先进行路试。制动时，汽车向左偏斜即为右边车轮制动不灵，向右边偏斜则为左边车轮制动不灵。停车后察看左、右两边车轮在地面上的拖痕，拖痕短而轻的一边车轮制动不灵。参照上述原因进行排除，如是摩擦片有问题，可进行修复、更换、调整、紧固等。气压制动跑偏与液压制动跑偏有许多相同之处，可以互相参考。

七、ABS 系统诊断与排除

ABS 系统制动防抱死系统的作用是：在汽车制动时，自动控制制动器制动力的大小，使车轮不被抱死，处于边滚边滑的状态。它能使制动时间和距离缩短；有效防止紧急制动时的侧滑和甩尾，提高行驶稳定性；在紧急制动转向时不至于丧失转向能力；减少轮胎磨损。

ABS 系统制动防抱死系统的结构如图 2-71 所示。

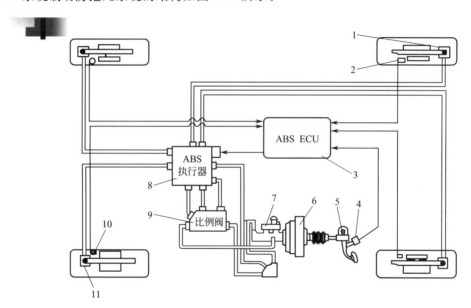

图 2-71　ABS 系统制动防抱死系统结构

1—后轮制动分泵；2—后轮速度传感器；3—控制器；4—制动灯开关；5—制动踏板；6—真空助力器；

7—制动总泵；8—制动压力调节器；9—比例阀；10—前轮速度传感器；11—前轮制动分

258. ABS 常用诊断与排除与排除

① 当汽车出现制动不良时，应先区别是普通制动系统不良，还是 ABS 电子控制系统的故障。方法是：关闭 ABS 系统（拔出保险丝）比较制动效果，如效果相同，则故障在普通制动系统；如效果不同，则故障在 ABS 系统。

② 当 ABS 系统工作不正常时，应先检查导线的接头和接插件有无松脱，制动油路和制动总泵、分泵及制动控制阀等有无漏损。制动液面是否在规定的范围内。

③ 确定是 ABS 电子控制系统的故障后，再读取故障码。

④ 拆检车速传感器时要小心，不要碰撞或敲击传感器头，也不要以传感器齿轮当撬面，以免损坏传感器。

⑤ 有储能器的 ABS 系统，在需要拆检时，应先进行泄压，以避免高压油喷出伤人。

⑥ 利用 ABS 系统故障自诊断。

ABS 系统制动防抱死系统诊断与排除流程框图如图 2-72 所示。

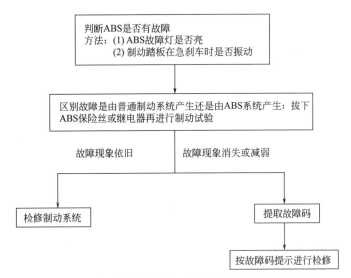

图 2-72　ABS 系统制动防抱死系统诊断与排除流程框图

防抱死制动系统有 2 个故障指示灯：红色［BRAKE（!）］，是指示普通制动系统的故障，如制动液不足，驻车制动器未放松等；黄色［ANTILOCK（ABS）］，通常指示电控系统故障，如车轮转速传感器故障。

系统正常工作时，接通点火或发动机启动后，警告灯应亮 3～5s，然后熄灭。启动发动机后，此时处于电控单元自检和系统建立过程，亮灯时间较长，可达十几秒，待自检过程完成后，两灯熄灭。随后在行驶和制动过程中均不亮，若指示灯仍亮，则系统中存在故障。这时，应先调出 ABS 电控单元中储存的故障码，以便得到故障指示，从而准确迅速地排除故障。

有诊断仪或读码器最好，它使用简单方便，故障指示明确，是诊断与排除的最好工具，但价格高。现代汽车诊断与排除仪和读码器品种繁多，各种诊断仪和读码器的使用方法有所不同，按照说明书的程序做就行了。下面介绍无诊断仪或读码器的故障码读取方法。

① 点火开关转到"ON"位置，但不启动发动机。

② 拔出自诊断接头（继电器）的接插件（w_A-w_B 跨接线插头）。

③ 连接检查接头或 TDCL 上的诊断与排除插座上的 T_C 与 E_1 端子，4s 后警告灯将闪烁。

④ 读取仪表板上的"ABS"警告灯闪烁次数，解出代码。

消除故障码：汽车停稳，点火开关接通，拔下短接销，连接 R 和 E_1 端子，在 3s 内完成踩制动踏板 8 次，即可消除（诊断代码）故障码。拆除 T_0 与 E_0 之间的连接线（SST 专用工具），故障警告灯熄灭。

259. ABS 维修中注意事项

目前，大多数 ABS 系统都具有很高的工作可靠性，通常不需对其进行定期的特别维护，但在使用、维护和检修过程中，应在以下几个方面特别注意。

① 在点火开关处于点火位置时，不要拆装系统中的电器元件和线束插头，以免损坏电子控制装置。要拆装系统中的电器元件和线束插头，应先将点火开关断开。

② 不可向电子控制装置供给过高的电压，否则容易损坏电子控制装置，所以，切不可用充电机启动发动机，也不要在蓄电池与汽车电系统连接的情况下，对蓄电池进行充电。

③ 电子控制装置受到碰撞敲击也极容易引起损坏，因此，要注意使电子控制装置免受碰撞和敲击。

④ 高温环境也容易损坏电子控制装置，所以，在对汽车进行烤漆作业时，应将电子控制装置从车上拆下。另外，在对系统中的元件或线路进行焊接时，也应将线束插头从电子控制装置上拆下。

⑤ 不要让油污沾染电子控制装置，特别是电子控制装置的端子更要注意；否则，会使线束插头的端子接触不良。

⑥ 在蓄电池电压低时，系统将不能进入工作状态，因此，要注意对蓄电池的电压进行检查，特别是当汽车长时间停驶后初次启动时更要注意。

⑦ 不要使车轮转速传感器和传感器齿圈沾染油污或其他脏物，否则，车轮转速传感器产生的车轮转速信号可能不够准确，影响系统控制精度，甚至使系统无法正常工作。另外，不要敲击转速传感器，否则，很容易导致传感器发生消磁现象，从而影响系统的正常工作。

⑧ 由于在很多具有防抱制动功能的制动系统中都有供给防抱制动压力调节所蓄能量的蓄能器。所以，在对这类制动系统的液压系统进行维修作业时，应首先使蓄能器中的高压制动液完全释放，以免高压制动液喷出伤人。在释放蓄能器中的高压制动液时，先将点火开关断开，然后反复地踩下和放松制动踏板，直到制动踏板变得很硬时为止。另外，在制动液压系统完全装好以前，不能接通点火开关，以免电动泵通电运转。

⑨ 具有防抱控制功能的制动系统应使用专用的管路因为制动系统往往具有很高的压力，如果使用非专用的管路，极易造成损坏。

⑩ 大多数防抱控制系统中的车轮转速传感器、电子控制装置和制动压力调节装置都是不可修复的，如果损坏，应该进行整体更换。

⑪ 在对制动液压系统进行维修以后，或者在使用过程中发觉制动踏板变软时，应按照要求的方法和顺序对制动系统进行空气排除。

⑫ 应尽量选用汽车生产厂推荐的轮胎，如要使用其他型号的轮胎，应该选用与原车所用轮胎的外径、附着性能和转动惯量相近的轮胎，但不能混用不同规格的轮胎，因为这样会影响防抱控制系统控制效果。

260. ABS 正常工作现象

对于 ABS 故障的诊断，首先要了解 ABS 正常工作现象，可使修理技师在诊断与排除中少走弯路。ABS 正常工作现象如下。

① 制动踏板有升有降（俗称打脚）。

② 制动时转向盘有轻微振动。

③ 制动时踏板有轻微下沉。

④ 制动时踏板有轻微振动。

⑤ ABS 警告灯偶有点亮，很快熄灭。

⑥ 车速小于 20km/h 时有抱死现象。

261. 制动时踏板行程过长

(1) 故障现象

① 制动踏板有下垂现象。

② 无故障码显示。

（2）故障原因

① 漏制动液。

② 常闭阀（出油阀）泄漏。

③ 制动盘严重磨损。

④ 系统中有空气。

⑤ 驻车制动调整不当。

（3）诊断与排除

① 目视检查液压管接头是否泄漏，若泄漏，应予以排除。

② 检查制动盘磨损情况，若磨损过甚则更换制动盘。

③ 检查驻车制动调节装置是否正常，若不正常则更换。

④ 以上检查正常则进行排气检查。

⑤ 以上检查后若故障仍存在，则用诊断与排除仪对液压控制单元进行诊断，检查常闭阀密封性能。若不正常更换 ECU。

262. 踩制动踏板费力

（1）故障现象

① 制动时感觉制动踏板有较大阻力。

② 无故障码显示。

（2）故障原因

① 真空助力器工作不正常。

② 常开阀（进油阀）工作不正常。

（3）诊断与排除

① 用传统方法检查助力器和制动踏板行程是否正常，否则，应加以调整或修理。

② 用诊断与排除仪对液压控制单元进行诊断，检查常开阀，若不正常更换 ECU。

③ 若常开阀正常，按非 ABS 车的传统方法检查助力器与踏板行程。

263. ABS 工作异常

（1）故障现象

① 无故障码显示。

② 制动力不足。

③ 制动力不均匀。

④ ABS 工作异常。

（2）故障原因

① 传感器安装不当。

② 传感器线束有问题。

③ 传感器损坏。

④ 齿圈损坏。

⑤ 传感器黏附异物。

⑥ 车轮轴承损坏。

⑦ ECU（液压控制单元）损坏。

⑧ ECU（电子控制单元）损坏。

（3）诊断与排除

① 检查传感器安装是否正确。

② 检查传感器输出电压，若电压不正常，则检查各个传感器，若传感器不正常予以更换。

③ 用诊断与排除仪对液压控制单元进行诊断，若不正常更换 ECU。

④ 检查各个传感器齿圈，若不正常予以更换，如图 2-73 所示。

⑤ 若各个传感器齿圈正常，则检查车轮轴承间隙，若不正常，予以修理或更换。

⑥ 检查 ECU 插座及中间插接器，若不正常予以修理或更换。

⑦ 若以上检查正常故障仍出现，检查 ABS 电线束各接线柱间的电阻值是否符合标准值，否则更换 ECU。

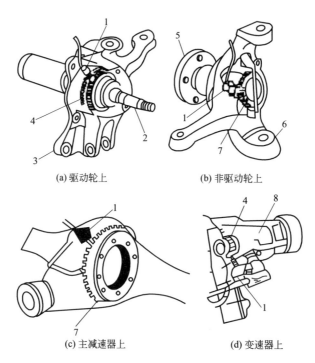

图 2-73　ABS 轮速传感器

1—传感器头；2—半轴；3—悬架支座；4—齿圈；5—轮毂；6—转向节；7—主减速器；8—变速器

264. ABS 失效

（1）故障现象

装有 ABS 的汽车在紧急制动时，车轮容易抱死。

（2）故障原因

① ECU 电源电路故障。

② 电池电压低于 12V。

③ 制动警告灯开关或线路故障。

④ 车速传感器和电磁控制阀导线束破损、搭铁。

⑤ 电磁控制阀故障。

（3）诊断与排除

ABS 失效故障诊断与排除流程框图如图 2-74 所示。

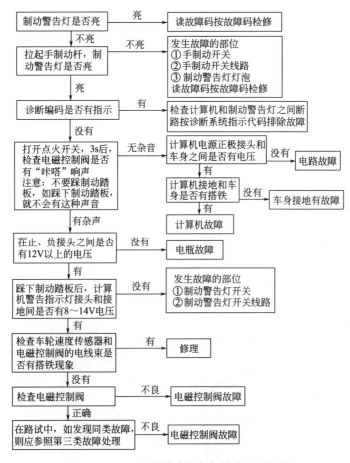

图 2-74　ABS 失效故障诊断与排除流程框图

265. ABS 警告灯常亮

（1）故障现象

① 发动机启动后，ABS 警告灯常亮。

② 无故障码显示。

（2）故障原因

① 警告灯控制器损坏。

② ABS 警告灯控制器回路开路。

③ ABS ECU 损坏。

（3）诊断与排除

① 检查 ECU 和 ABS 警告灯控制器之间的电线是否开路，若开路更换线束。

② 检查 ABS 警告灯控制器，若不正常则更换。

③ 若 ABS 警告灯控制器正常，则更换 ECU。

266. ABS 警告指示灯错亮

（1）故障现象

放开驻车制动器或行驶中制动警告指示灯亮。

（2）故障原因

① 制动液低于规定范围最低刻度。

② 电磁控制阀（图 2-75）故障。

③ 电源电路故障。

④ ECU 故障。

⑤ 传感器失效。

⑥ 驻车制动器开关、制动液量开关、制动警告灯线路故障。

图 2-75　ABS 电磁控制阀实物图

（3）诊断与排除

制动指示灯错亮故障诊断与排除流程框图如图 2-76 所示。

267. ABS 制动效果不良

（1）故障现象

① 制动时感觉制动力不够，制动距离延长，制动性能不良。

② ABS 控制操作出现异常情况，不能正常完成车轮防抱死的功能。

（2）故障原因

① 车轮轮胎规格不对，胎压不正常。

② 蓄电池电压过低。

③ 车速传感器故障。

④ 制动管路或接头有泄漏。

⑤ 制动警告灯开关或开关线路故障。

（3）诊断与排除

首先要确定制动效果不良的故障是常规制动系统故障还是 ABS 系统故障。诊断与排除

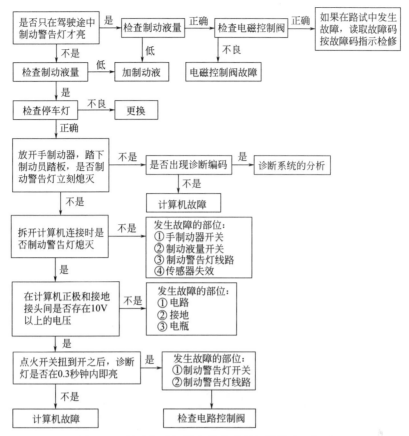

图 2-76　制动指示灯错亮故障诊断与排除流程框图

步骤如下。

① 拔除 ABS 保险丝或继电器，对比制动效果，如果制动效果相同则是常规制动系统故障；如果制动效果不同则是 ABS 系统故障。

② 路试车速 20km/h 以上，急踩制动踏板有没有反弹感觉，如有说明 ABS 工作，如无说明 ABS 不工作。

ABS 系统制动效果不良诊断与排除流程框图如图 2-77 所示。

八、ABS 诊断与排除实例

268. ABS 警告灯间歇性报警

（1）故障现象

一辆 SC7132 长安铃木雨燕乘用车因仪表盘内 ABS 灯间歇性报警送修。据车主所述，该车近几天仪表盘内 ABS 灯经常性点亮，有时能够自动熄灭，有时必须将点火钥匙关闭，重新启动发动机 ABS 报警灯才能熄灭。

（2）诊断与排除

接车后，用诊断仪对该车 ABS 系统读取了故障码：左前轮速传感器开路或对地短路、ABS 灯故障。故障码可以被清除，说明左前轮速传感器及其线路曾出现过偶发性故障。

根据所读取的故障码的提示，对左前轮速传感器侧的 2P 连接器进行了检查并对左前

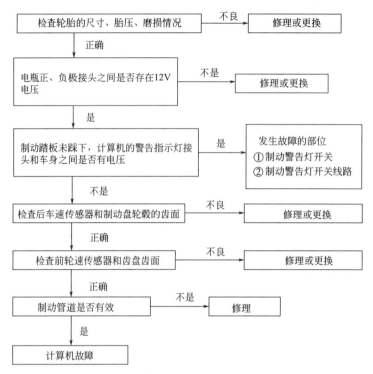

图 2-77　ABS 系统制动效果不良诊断与排除流程框图

轮速传感器的阻值进行了测量，其阻值为 1325Ω（在正常值范围内），没有发现异常。于是将左前轮速传感器侧的 2P 连接器复位，然后上路进行试车，行驶了 10min 左右，仪表盘内 ABS 灯再次点亮。重新读取故障码，依然是左前轮速传感器开路或对地短路、ABS 灯故障。

通过查看相关电路图得知左前轮速传感器侧的连接器（插头）直接与 ABS 电脑侧的 26P 连接器的端子 21、22 相连。为了验证是左前轮速传感器故障还是左前轮速传感器至 ABS 电脑线路故障，拆下蓄电池负极电缆，拔下左前轮速传感器侧 2P 连接器，对左前轮速传感器的阻值重新做了测量。经测量，阻值同上。

然后对左前轮速传感器侧的 2P 连接器至 ABS 电脑侧的 26P 连接器的端子 21（R）、端子 22（R-B）两根导线进行了测量，没有发现异常（ABS 电脑位于发动机仓右前侧）。为了防止 26P 连接器的端子 21、22 与 ABS 电脑端子依然存在接触不良现象，用尖锥将端子 21、22 的孔隙进行了处理。然后将所拆连接器复位，接上蓄电池负极电缆，启动发动机再次上路试车。经反复路试，ABS 故障灯不再报警。读取系统故障码，无故障代码。至此故障排除。

（3）总结

通过上述故障的排除，分析认为在诊断故障时，尤其是对一些偶发性故障的诊断，不仅要借助诊断与排除仪的提示，另外还可以通过查看相关资料以了解相关电路的走向及其零部件的方位，这样在排除故障时会少走一些弯路，大大缩短维修时间。

269. ABS 警告灯常亮（制动灯开关引起）

（1）故障现象

一辆上海帕萨特 B5 2.8 轿车，用户反映该车仪表板上的 ABS、ESP 故障警告灯常亮，并称一星期前就因仪表板上的 ABS、ESP 故障警告灯常亮而更换过制动灯开关。

（2）诊断与排除

连接诊断与排除仪 V. A. G1552 对车辆的制动系统进行检测，发现了"00526、00527——制动灯开关不可靠信号"的故障码。利用诊断与排除仪进入数据流（08）中的 005 组观察数据的变化，当用脚轻轻踩动制动踏板使得制动灯刚刚点亮时，设备显示制动压力为 1.4MPa，这个数据已经远远超出了维修手册要求的技术参数（0.2MPa 以下）。

根据这个诊断结果，重新拆下了制动灯开关，并按照安装规范重新进行安装。之后，再次观察数据流中 08-005 组第 3 区的数据，已经符合维修手册的技术要求。

清除故障码后再次启动发动机，仪表板上的 ABS、ESP 故障警告灯不再常亮。

（3）总结

本次故障是因为制动灯开关没有安装正确。

制动灯开关的正确安装方法如下。

① 安装前先将制动灯开关外壳旋转到图 2-78 所示位置，如果零件已经在此位置就不必进行此项操作，要注意旋转前应用手先将顶杆按到底（图 2-79）。

图 2-78　安装前位置

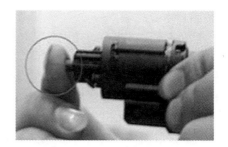

图 2-79　用手先将顶杆按到底

② 将顶杆拉到最长位置，并在顶杆涂少许凡士林或润滑油（顶杆的拉出和顶进必须使制动灯开关保持在拆卸时的位置，即图 2-79 所示位置，如果硬拉将损坏制动灯开关）。

③ 将制动灯开关放到制动踏板架的安装孔内（图 2-80），此时顶杆会被制动踏板顶回一部分，顶杆会根据制动踏板的高度调节到合适的长度。

图 2-80　放入安装孔

图 2-81　最终位置

④ 用手将制动灯开关外壳顺时针旋转 45°（图 2-81）。

⑤ 用脚踩几次制动踏板，检查一下制动灯是否能够正常工作。如果制动灯能够正常工作，安装完毕；如果制动灯不能正常工作，请拆下制动灯开关检查是否由于安装不规范导致制动灯不亮，并且检查相应的线路和熔丝。

270. ABS警告灯常亮（连接器引起）

（1）故障现象

一辆桑塔纳2000GSi轿车，行驶8万千米，该车装备MK20-I型防抱死制动系统，此车ABS故障灯亮起，车主开到修理厂进行检修。

（2）故障分析

首先，用元征电眼睛诊断与排除仪读取故障码，对ABS系统进行检测，显示"00290"，为左后轮转速传感器G46故障。一般情况下，以下三种情况将会导致ABS系统出现这种故障。

① 当车速超过10km/h时，没有转速信号传递给ABS控制单元。

② 当车速大于40km/h时，转速信号超出公差值。

③ 传感器存在可识别的断路或对正极、接地短路故障。

根据经验，重点检查以下项目。

① 轮速传感器与ABS控制单元的线路连接情况。

② 轮速传感器和齿圈的安装间隙、安装位置以及受灰尘或杂质污染的情况。

③ 车轮轴承间隙是否过大。

④ 传感器本身故障。

在该车故障排除过程中，首先并没有急于检查轮速数据。将发动机怠速运转，选择阅读数据块功能，进入显示组001，用举升机将车升起来，观察各显示数据。

车轮静止时候，各显示区均显示0。用手转动左后轮，第3显示区显示9km/h。又转动别的车轮，观察相对应的显示区，发现基本一致。放下车辆，用诊断与排除仪清除故障码。ABS警示灯随之熄灭，路试一切正常。

用诊断仪读取测量数据块功能，进入显示组002，观察第3显示区左后轮速度。无论在加速、减速、制动、低速还是高速时，其数值都与其他3个轮速基本一致。ABS警示灯没有亮起，制动时也能感觉到ABS系统在起作用，故障也没有出现。因为再没有发现故障，就准备让车主将车接走。

就在这时，故障再次出现了。在车辆怠速着车静止不动的时候，故障警示灯亮了。调码发现又产生左后轮的偶发性故障码。根据该车检查状况，只有一种可能，那就是左后轮转速传感器与ABS控制单元之间产生瞬间短路或断路。根据电路图进行检查时，发现ABS控制单元的25针插头端子10有轻微腐蚀。清理修复插头之后，清除故障码。车主驾车2000多千米也没有出现原来的故障。

经询问车主得知，清洗车辆的时候，经常用高压水冲洗发动机舱，由于高压水溅入ABS控制单元的连接点，25针插头的端子10被腐蚀，导致有瞬间开路的情况发生。此故障属于软性故障，故障出现的概率具有很大的随机性，一般用万用表不易测出，也只有在故障出现时，才能发现故障原因，找到病根，对症下药，将故障排除。

271. ABS系统有异响声

（1）故障现象

中华尊驰轿车ABS指示灯状态正常，常规制动正常，ABS也能工作，只是踩制动时发动机舱右侧有异响。

（2）诊断与排除

用诊断仪检测无故障码。车速高于20km/h，轻点制动踏板，ABS即开始工作，制动踏板有回弹感觉，发动机舱右侧同时出现刺耳的异响，松开制动踏板后此种异响仍持续存在，在车速改变情况下，异响停止。有时车辆在低速情况下（20～30km/h），不踩制动踏板，也会出现此种异响，但没有制动作用。

拔下 ABS 控制单元插头，故障就消失。于是将 4 个车轮的传感器插头逐个拔掉，当拔到右前轮 ABS 传感器后故障现象消失了。说明右前轮 ABS 传感器有故障，从而使 ABS 电动机不正常工作，刺耳的异响为 ABS 电动机声音。其故障原因有：右前轮 ABS 传感器安装支架的尺寸出现偏差或变形；右前轮 ABS 传感器安装不到位，导致 ABS 传感器与 ABS 齿圈间隙不正常；右前轮 ABS 传感器安装支架装配不到位，导致 ABS 传感器与 ABS 齿圈间隙不正常；ABS 齿圈、前轮 ABS 传感器头部有油污、铁屑。

将右前轮 ABS 传感器安装支架拆下，更换新支架，并对前轮 ABS 齿圈以及 ABS 传感器在转向节上的安装孔进行清洗。零件全部装好试车，在 20km/h 以下 ABS 不工作，超过 20km/h 时 ABS 工作正常，异响声也消失了。

272. ABS 制动抱死

(1) 故障现象

上海别克（BUICK）轿车仪表板上的 ABS 故障指示灯点亮，ABS 系统不起作用，制动抱死。

(2) 诊断与排除

由于行驶中仪表板上的 ABS 故障指示灯点亮，说明 ABS 电脑记录有故障代码。根据别克维修手册中提供的故障代码读取方法，人工调取故障代码 41。查故障代码表得知故障代码 41 表示右前电磁阀线路开路。

为确认是否电磁阀线路的故障，用万用表测量 ABS 总泵的电磁阀线路，测量时发现有一根线与其他任何线都不相通（正常电磁阀端子线之间是相通的），由此可以判断这根线便是故障代码 41 所指的开路线。为查出具体开路部位，采取以下方法：拆下 ABS 总泵（位于发动机室左侧前端）；分解 ABS 总泵，从其底部拆开便会看到四个电磁阀（分解时要特别注意不要损伤密封圈），打开 ABS 总泵后，便看到有一根线端已明显断开，此即故障所在；用一根比较小的电线把电线的开路端焊接起来，然后再用万用表的欧姆挡测量原来开路的线与其他各线是否相通，结果相通；然后将 ABS 总泵重新安装好，根据手册给定方法清除故障代码，添加制动液，按照规定顺序对 ABS 系统进行空气排除（注意：一定要按规定放气顺序对各轮进行放气，否则空气无法排除干净，会影响 ABS 系统的工作效果）。试车，ABS 系统功能恢复正常，故障排除。

273. ABS 偶然使制动效能降低

(1) 故障现象

2004 年的威姿车，在行驶减速到大约 10km/h 时，ABS 会偶发性突然介入工作，导致低速制动不良。该车在一修理厂先后更换了 ABS 泵和 4 个轮速传感器，但是故障依然。

(2) 诊断与排除

连接诊断与排除仪，无故障代码输出，试车观察 4 个车速传感器数据基本一致，无错误数据，试车几次并无车主所反映的故障现象。在回厂准备停车时，当车都快停下了 ABS 突然介入使制动效能降低，车没停住差点导致了撞车事故。

后来在进行慢速试车，发现车辆缓慢减速的时候最容易出现这种状况，而解码器上并没有看出什么异常的数据。

经过反复思考，认为出现 ABS 介入工作，要满足几个条件：车速信号大于 10km/h；有轮速信号反映有车轮趋于抱死迹象；踩了刹车。

ABS 泵换新首先不考虑，那么分析就是有车速信号出了错误，车速传感器本身不是易损件，而该车前两天才换了 4 个传感器，此时想到了示波器。

检查所用示波器只有 2 个通道，就先测前轮，在检查前轮信号时发现，右前轮在车快停下的时候车速信号突然上升，接着又急剧下降，这时 ABS 泵也伴随工作。

（3）故障原因

至此故障原因比较明朗了，就是右前轮车速信号出了问题，拆下右半轴发现了，右边的信号靶齿在齿根部有一道裂纹，更换后故障排除。

（4）总结

现在的汽车电器元件本身的故障率并不高，出现问题不要一味的换件，而要认真地检查，才能找出真正的故障原因并排除。

◉ 第四节　行驶系统常见诊断与排除

汽车行驶系统如图 2-82 所示，它的功用是安装部件、支承汽车、缓和冲击、吸收振动、传递和承受发动机与地面传来的各种力和力矩，并通过驱动轮与路面间附着作用，产生路面对汽车的牵引力；传递并承受路面作用于车轮上的各种反力及其所形成的力矩；它应尽可能缓和汽车行驶时由于路面不平对车身造成的冲击和振动，并且与汽车转向系统很好地配合，实现汽车行驶方向的正确控制，从而保证汽车行驶平顺性和操纵稳定性。

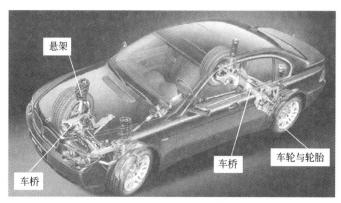

图 2-82　汽车行驶系统

汽车行驶系统由车架、车桥、悬架、车轮等组成，如图 2-83 所示。

轿车行驶系统的车桥和悬挂如图 2-84 所示。

行驶系统常见故障有：行驶不平顺、行驶跑偏、车身横向倾斜、轮胎异常磨损等。

274. 行驶平顺性不良

（1）故障现象

汽车行驶时出现振动，加速时出现窜动，驾乘人员感觉很不舒服。

（2）故障原因

① 前稳定杆卡座松旷或橡胶支承损坏。

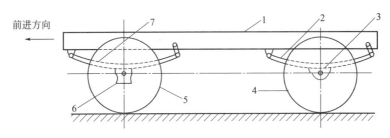

图 2-83 汽车行驶系统的组成

1—车架；2—后悬架；3—驱动桥；4—后轮；5—前轮；6—从动桥；7—前悬架

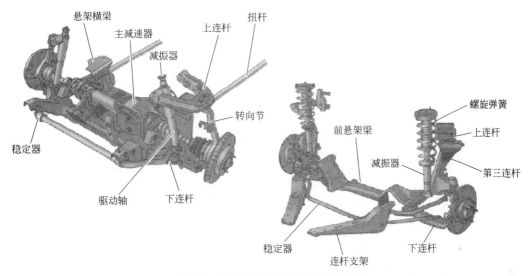

图 2-84 轿车行驶系统的车桥和悬挂

② 车轮动平衡超标。

③ 减振器或缓冲块失效。

④ 传动轴动不平衡。

⑤ 钢板弹簧支架衬套磨损松旷。

⑥ 车轮轴承松旷或转向横拉杆球头松旷。

⑦ 钢板弹簧 U 形螺栓滑牙或松动。

⑧ 发动机横梁和下摆臂的固定螺栓或衬套松旷。

⑨ 半轴内外万向节磨损松旷。

⑩ 轮胎气压过高，磨损不均等。

（3）诊断与排除

以桑塔纳乘用车为例，针对不同的行驶平顺性特征，对照图 2-85 找出故障部位。

275. 车身横向倾斜

（1）故障现象

汽车车身左高右低或左低右高，出现倾斜。

（2）故障原因

① 左右轮胎气压不一致。

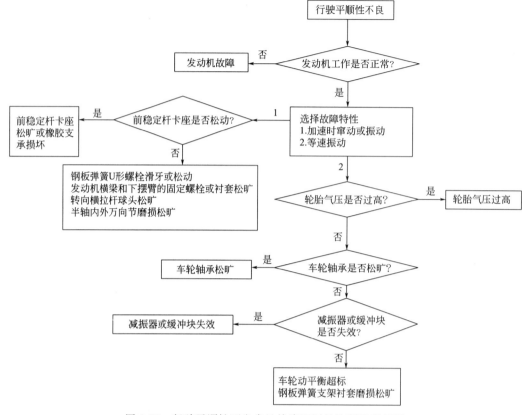

图 2-85　行驶平顺性不良常见故障原因的诊断流程框图

② 左右轮胎规格不一致。

③ 悬架弹簧自由长度或刚度不一致。

④ 下摆臂变形。

⑤ 发动机横梁和下摆臂的固定螺栓或衬套松旷。

⑥ 减振器或缓冲块损坏。

⑦ 发动机横梁变形。

⑧ 车身变形等。

(3) 诊断与排除

以桑塔纳乘用车为例，先检查左右轮的气压、规格是否一致，再检查悬架、车身等部位，确定故障位置。图 2-86 所示为车身横向倾斜常见故障原因的诊断流程框图。

276. 行驶无力

(1) 故障现象

即使将加速踏板踩到底，汽车驱动力也不足，出现加速不良、爬坡无力等现象。

(2) 故障原因

造成汽车行驶无力的根本原因是发动机无力，传动系统传动效率低，车轮受到的阻力过大。

具体原因有以下几个。

① 发动机无力，排除方法见发动机章节。

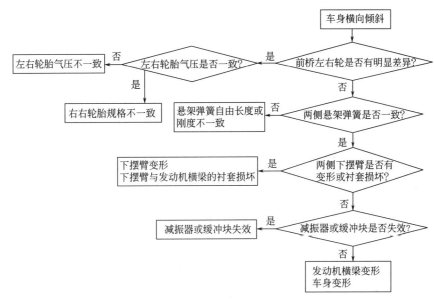

图 2-86　车身横向倾斜常见故障原因的诊断流程框图

② 离合器打滑，排除方法见本章离合器故障。

③ 变速器缺润滑油，应予添加。

④ 变速器齿轮啮合间隙过小，应予重新选配。

⑤ 万向传动装置中间支承轴承缺油、锈蚀甚至失效，应予润滑或更换。

⑥ 主减速器、差速器或半轴的传动齿轮（花键）啮合间隙过小，应予调整。

⑦ 驱动桥缺油或润滑油变质，应予添加或更换。

⑧ 轮胎气压严重不足，应予充气或修补后充气，必要时更换轮胎。

⑨ 车轮制动拖滞，排除方法见本章制动系统维修。

⑩ 驻车制动拉索回位不畅，造成后轮制动未完全释放，应予润滑或更换。

⑪ 轮毂轴承过紧，应予调整。

⑫ 前轮定位不正确，应予调整或更换部件等。

（3）诊断与排除

按照故障原因的可能性从大到小、检查的难易性从易到难的顺序，首先应检查轮胎气**压**是否严重不足。在排除发动机无力的情况下，检查影响传动系统传动效率降低的因素是**否存**在。最后检查排除车轮受到的阻力过大的因素。

图 2-87 所示为汽车行驶无力常见故障原因的诊断流程框图。

277. 行驶跑偏

（1）故障现象

汽车正常行驶，不踩制动时，必须紧握转向盘才能保持直线行驶，若稍有放松便自动**跑**向一边。

（2）故障原因

造成汽车行驶跑偏的根本原因是汽车车轮的相对位置不正确，两侧车轮受到的阻力不一致。具体原因如下。

① 两前轮轮胎气压不等，直径不一或汽车装载质量左、右分布不均匀，应予调整**或**

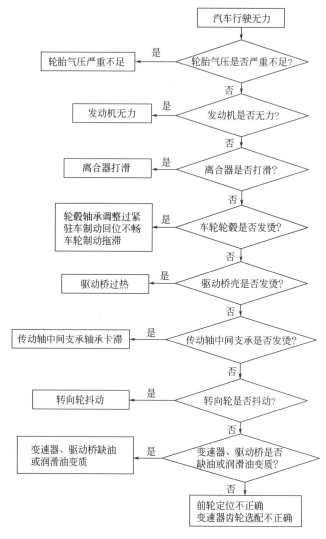

图 2-87　汽车行驶无力常见故障原因的诊断流程框图

更换。

② 左、右两前钢板弹簧翘度不等、弹力不一或单边松动、断裂，应予更换。

③ 前梁、车架发生水平面内的弯曲，应予校正。

④ 汽车两边的轴距不等，应予调整。

⑤ 两前轮轮毂轴承的松紧度不一，应予调整。

⑥ 前轮定位不正确，应予调整或更换部件。

⑦ 车轮有单边制动或拖滞现象，应予检修。

⑧ 转向杆系变形，应予校正或更换。

⑨ 动力转向系控制阀损坏或密封环弹性减弱，阀芯运动不畅或偏离中间位置，应予调整或更换等。

(3) 诊断与排除

图 2-88 所示为汽车行驶跑偏常见故障原因的诊断流程框图。

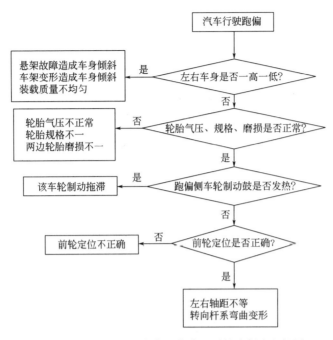

图 2-88　汽车行驶跑偏常见故障原因的诊断流程框图

278. 轮胎异常磨损

(1) 胎冠呈锯齿形磨损

胎冠呈锯齿形磨损就是胎冠花纹块状磨成锯齿形，即每个花纹块状磨成前高后低，侧面看如同锯齿形。这种现象多与前轮前束调整不当有关。如果胎冠外侧向内侧呈锯齿形磨损，为前轮前束过大；如果胎冠由内侧向外侧呈锯齿形磨损，为前轮前束过小，如图 2-89 所示。若发现这种情况，应及时调整前束。

人工检测前束方法：首先确认轮毂轴承间隙，在轮胎气压符合规定后，将车停放于水平直线行驶位置，测出轮胎前方某半径高度的一数值；其次是将汽车向前推动半周，

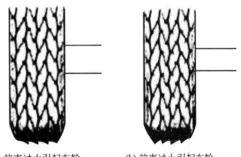

(a) 前束过大引起车轮　　　(b) 前束过小引起车轮
外侧锯齿状磨损　　　　　　内侧锯齿状磨损

图 2-89　前束引起的磨损

测点转至前轮后方同一高度量出另一数据，二次数值之差即为前轮前束值。若与该车规定值不符，可通过改变横拉杆的长度来调整。

(2) 胎冠呈波浪形或碟边状磨损

这种磨损与锯齿形磨损不同，它每个起伏点间距至少有一块或数块花纹，并呈不规则状。如图 2-90 所示，它多为轮毂轴承松旷、轮辐拱曲变形、轮胎平衡不良、频繁使用紧急制动等而引起。

可进行简单的静平衡试验：首先顶起车轮，检查轮毂是否松旷，若松旷应予以调整。其次是转动轮胎，观察轮胎是否偏摆。如果偏摆则为轮辐变形，应更换。再次是轮胎平衡试验，简单的人工平衡试验是在轮胎静止时，选定参照物，在轮胎上做一记号，转动轮胎待其

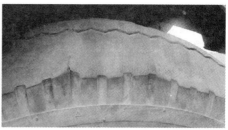

图 2-90　胎冠呈波浪形或碟边状磨损实图

自然停止后，观察记号的变化情况。经多次反复试验，如果记号位置变化不大或基本不变，说明车轮静平衡不良。若记号位置变化悬殊，证明静平衡良好。有条件应该做轮胎平衡检查。除此之外，则为频繁使用紧急制动所致。

（3）胎冠中部磨损严重

胎冠中部磨损即胎冠中部大于胎肩的磨损，如图 2-91 所示，使两肩花纹高起，中间低落，宛如条沟槽。此现象为轮胎气压过高引起。见图 2-92，轮胎气压过高，将减少接地面积，增加单位接地的负荷，由此加速胎冠中部的磨损。此外，由于气压过高，帘布层帘线承受拉伸应力过太，久而久之就会使帘线绷断，加速轮胎磨损和轮胎花纹沟裂。

图 2-91　中部磨损及花纹沟裂

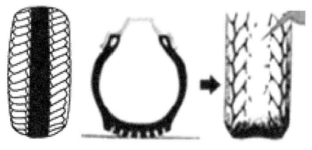

图 2-92　轮胎中部磨损原理图

（4）胎冠单边磨损

胎冠单边磨损即是胎冠的一侧磨损大于另一侧及胎冠中部的磨损，如图 2-93 所示。此现象多为车轮外倾角偏差引起。车轮外倾角主要是弥补车辆满载时，前梁因载荷变形而出现车轮内倾的现象。如果轮胎胎冠外则磨损明显，则为外倾角过大；如果胎冠内侧磨损明显，则为外倾角过小。发现这种情况应进行车轮定位检测，及时调整或进行轮胎换位。此外，横拉杆弯曲变形也会产生同样的磨损情况。

（5）胎肩磨损，胎侧擦伤

胎肩磨损即胎肩磨损大于胎冠磨损，中间花纹明显于两侧花纹，如图 2-94 所示。此情况多为轮胎气压不足和超载所致。由于气压不足或超载，使胎冠接地面增宽，胎肩向两边鼓起，使胎肩着地引起磨损加剧。胎侧擦伤多为双胎并装时，由于气压不足或超载使两胎侧向外鼓起而互相挤压磨擦所致，如图 2-95 所示。

图 2-93　胎冠单边磨损示意图　　　　　　图 2-94　胎冠不规则磨损示意图

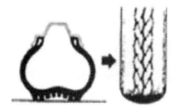 

图 2-95　轮胎两侧磨损原理图　　　　　图 2-96　轮胎局部磨损

（6）局部磨损

车胎局部磨损如图 2-96 所示，主要原因有：刹车抱死；制动鼓失圆，制动力不均；驾驶操作不当，经常紧急制动；轮辋变形及组装件等造成偏心等。

（7）轮胎爆炸

爆胎如图 2-97 所示，爆胎原因较多。

① 轮胎原因　钢丝圈松散、胎圈口偏、胎圈弯曲、脱层、帘线密度不均等。

② 轮辋原因　轮缘曲线不合格；直径超标准。

③ 安装原因　胎圈相对于轮辋胎圈座歪斜，没有到位；没有润滑。

④ 外力损伤　受到外力（撞击、刺穿等）作用，使轮胎严重破坏。

⑤ 气压过低　胎侧屈挠度加大，在长时间的行驶过程中，胎侧受到频繁揉压产生大量

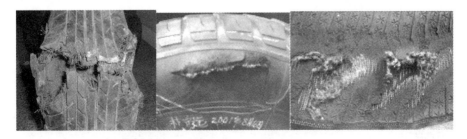

图 2-97　爆炸的轮胎实物图

的热量，造成胎侧脱层、胎体帘线折断。

⑥ 气压过高　轮胎内部的骨架材料处于非正常的拉伸状态，同时加剧层与层之间的剪切，造成热量积累及骨架材料强力下降，导致轮胎安全倍数降低。

⑦ 使用原因　轮胎爆炸多为高温天气在气压过高的情况下猛烈起步、紧急制动、急转弯、超速行驶发生驻波现象等引起轮胎动载荷、惯性力、离心力剧增，使轮胎的温度、压力进一步上升，导致轮胎爆炸。

（8）胎冠变形

胎冠变形如图 2-98 所示，主要原因是：制造缺陷，胎面基部胶厚度小于标准；充气压力过高；轮胎胎冠刺伤；较大的外力撞击。

图 2-98　胎冠变形示意图

汽车轮胎非正常磨损的特征、原因及诊断分析归纳如表 2-11 所示。

表 2-11　汽车轮胎非正常磨损的特征、原因及诊断分析表

特　征	原因及诊断分析
胎冠中部磨损严重而两侧磨损轻微	1. 轮胎气压过高 2. 轮辋过窄
胎冠两侧胎肩磨损严重而胎冠磨损少	1. 轮胎气压过低 2. 轮胎超载
前轮胎冠外周偏磨	1. 前轮外倾角过大 2. 轮胎换位不及时
前轮胎冠内侧偏磨	1. 前轮胎外倾角过小 2. 轮胎换位不及时
两转向轮同时出现由外侧向里侧的锯齿状磨损	1. 前轮前束过大 2. 高速曲线行使
胎冠呈波浪形或蝶边状磨损	1. 车轮动平衡不良或轮辋变形 2. 轮毂轴承松旷 3. 制动鼓磨损过大失圆 4. 传动轴万向节不等速 5. 转向系统球节松旷
胎侧部位周围磨损	1. 共装双胎间距过小 2. 轮胎气压过低

279. 防止轮胎异常磨损的技术措施

① 保持轮胎的正常气压。

② 合理装载。

③ 正确驾驶。

④ 合理选配和安装轮胎。

⑤ 加强轮胎维护保养。

⑥ 及时进行轮胎换位。

⑦ 保持汽车底盘良好的技术状态。

⑧ 适时进行车轮定位检测。

◎ 第五节　转向系统常见诊断与排除

　　转向系统的功用是改变和保持汽车的行驶方向。汽车在行驶过程中经常需要改变行驶方向（即转向），这时，驾驶员通过汽车转向系统使汽车转向桥（一般是前桥）上的车轮（转向轮）相对于汽车纵轴线偏转一定角度。另外，当汽车直线行驶时，转向轮往往会受到路面侧向干扰力的作用而自动偏转，改变汽车原来的行驶方向。此时，驾驶员可以通过汽车的转向系统使转向轮向相反的方向偏转，保持汽车原来的行驶方向。

　　现代汽车转向系统由转向操纵机构、转向器和转向传动机构三个基本组成部分组成，如图 2-99、图 2-100 所示。

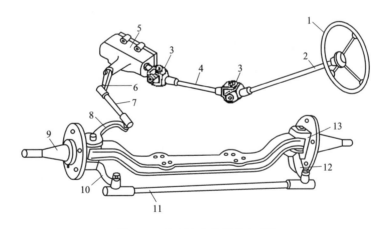

图 2-99　大型汽车机械转向系统

1—方向盘；2—转向轴；3—转向万向节；4—转向传动轴；5—转向器；6—转向摇臂；7—转向主拉杆；
8—转向节臂；9—左转向节；10,12—梯形臂；11—转向横拉杆；13—右转向节

一、常规转向常见故障

常规转向常见故障有：转向沉重、转向跑偏、转向不稳、转向盘自由行程过大等。

280. 方向盘自由行程过大

方向盘自由行程过大故障原因与排除方法见表 2-12。

方向盘自由行程过大的诊断流程框图见图 2-101。

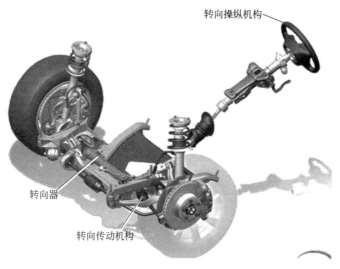

转向操纵机构

转向器

转向传动机构

图 2-100　小型客车转向系统

表 2-12　方向盘自由行程过大故障原因与排除方法

故障现象	故障原因	排除方法
方向盘自由行程过大	转向器的小齿轮与齿条间隙过大,造成转向自由行程过大	调整转向器小齿轮的预紧力
	转向器的轴承磨损,造成转向自由行程过大	更换轴承
	转向器安装螺栓(母)松动,由于转向器产生位移,使转向自由行程过大	紧固转向器安装螺栓
	转向横拉杆球头销磨损,造成转向器自由行程过大	更换球头销
	转向万向节的磨损,造成转向自由行程过大	更换传动轴的万向节或万向节的轴承
	转向柱、传动轴和转向器之间的连接螺栓(母)松动,造成自由行程过大	紧固连接螺栓
	方向盘与转向柱连接松动,一方面可能是键松动,另一方面是紧固螺母松动,造成转向自由行程过大	更换方向盘或转向柱,并紧固螺母

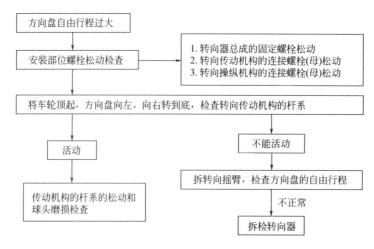

图 2-101　方向盘自由行程过大诊断流程框图

281. 转向沉重

转向沉重故障原因与排除方法（见表 2-13）。

表 2-13　转向沉重故障原因与排除方法

故障现象	故障原因	排除方法
转向沉重	转向器缺润滑油，造成转向沉重	按规定向转向器加注转向机油
	前轮胎气压不足，造成转向沉重	按规定气压向前轮轮胎充气
	前轮定位角不正确，造成转向沉重	正确检查与调整前轮定位角
	转向器内部的啮合间隙太小，造成转向沉重	调整啮合间隙
	转向器或转向柱的轴承损坏，造成转向沉重	更换轴承
	转向横拉杆球头缺油或损坏，造成转向沉重	更换球头

转向沉重的诊断与排除流程框图见图 2-102。

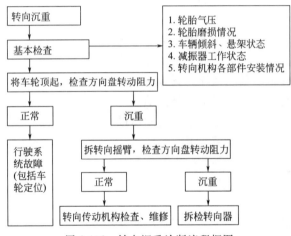

图 2-102　转向沉重诊断流程框图

282. 行驶跑偏

行驶跑偏故障原因与排除方法见表 2-14。

表 2-14　行驶跑偏故障原因与排除方法

故障现象	故障原因	排除方法
行驶跑偏	左右轮胎气压不等，轮胎结构与磨耗状态不同	用气压表检查、调整全部轮胎气压
	轴承磨损后，出现间隙，产生松旷	检查、调整轴承预紧力
	前轮定位参数不准确，而且左右轮定位参数不一致	检查、调整车轮定位
	前桥(整轴式)弯曲变形或下控制臂(独立悬架式)安装位置不一致	检测与修理车桥和调整车轮定位
	转向传动机构弯曲变形或出现较大间隙	检测与修理转向传动机构
	前、后桥不平行	测量左右轴距判定前后桥是否平行，根据情况检测与修理
	前桥左右悬架弹簧变形差异较大或折断	更换悬架弹簧

行驶跑偏的诊断与排除流程框图见图 2-103。

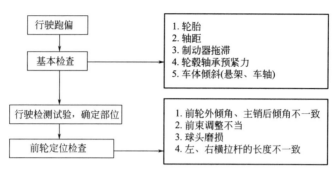

图 2-103　行驶跑偏诊断流程框图

283. 转向盘振摆

（1）故障现象

汽车在某转速范围内行驶时，转向轮摇摆或转向盘抖动。

（2）故障原因

① 转向器螺杆（蜗杆）两端轴承严重磨损，间隙过大。

② 横、直拉杆球头销及球头座磨损，使球关节松旷。

③ 转向摇臂与摇臂轴的紧固螺栓、螺母松动。

④ 前轮轮毂轴承磨损松旷，固定螺母松动。

⑤ 前轮前束过大，车轮外倾角，主销后倾角过小。

⑥ 前轴弯曲，车架、前轮轮辋变形。

⑦ 前轮外胎由于修补或装用翻新胎失去平衡。

⑧ 减振器失效，前钢板弹簧刚度不一致。

（3）诊断与排除

① 一人转动转向盘，另一人在车下观察转向器和传动机构。若转向盘转动了一定角度，而转向摇臂并不转动，则故障在转向器；若转向摇臂转动了一定角度而前轮并不偏转，则故障在转向传动机构。

② 若故障在转向器，应拆下转向器，检查螺杆与指销（螺母齿条与齿扇）啮合间隙（图 2-104）是否过大。若过大，应予调整。

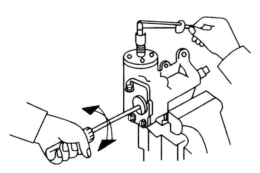

图 2-104　检查、调整转向器啮合间隙

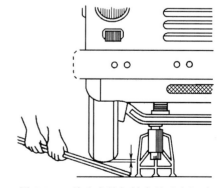

图 2-105　检查主销与衬套的配合间隙

③ 如果故障在转向传动机构，应将横、直拉杆拆下，检查横、直拉杆球头销和球头碗

是否磨损严重，弹簧是否折断，螺塞是否调整过松。必要时应重新调整或换件。

④ 若转向盘自由转动量符合要求，再用千斤顶将前轮架起，用橇棒往上撬轮胎，如图2-105 所示。若有松旷量，则为前轮轮毂轴承松旷或转向节主销与衬套间隙过大，应进行调整或修理，轴承损坏应更换。

⑤ 确认前轮无松旷量，应检查前轮前束是否符合要求，如图 2-106 所示。若不符合要求，应重新调整。

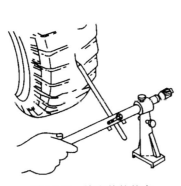

图 2-106　检查前轮前束

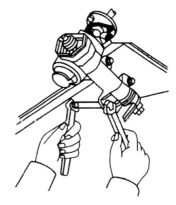

图 2-107　检查转向器固定螺栓

⑥ 若前轮前束符合规定，应检查钢板弹簧 U 形螺栓、转向器固定螺栓是否松动，如图2-107 所示。若松动，应按规定力矩拧紧。

⑦ 上述检查无松动，应检查前钢板弹簧刚度和减振器是否失效。若刚度不符合要求或减振器失效，应更换。

⑧ 若存在摆振现象，则应对转向轮进行平衡检测和校正。

⑨ 经上述检查调整仍无效时应卸下前轴和车架，检查前轴是否弯曲变形，若变形应予以校正或更换。

284. 低速摆头

(1) 故障现象

汽车在低速行驶时，感到方向不稳，产生前轮摆振。

(2) 故障原因

① 货车装载前后不均等。

② 前轮胎气压是否过低或过高。

③ 前悬架弹簧错位、拆断或固定不良。

④ 转向盘自由行程过大或转向拉杆球头销松旷。

⑤ 转向节主销与衬套的配合间隙过大或前轴主销孔与主销配合间隙过大。

⑥ 前轮定位不正确。

(3) 诊断与排除

① 外观检查　检查车辆是否装载货物超长，而引起前轮承载过小，检查前轮胎气压是否过低或过高，应充气使之达到规定值，检查前悬架弹簧是否错位、折断或固定不良，若错位，应拆卸修复；若折断，应更换；若固定不良，应按规定力矩拧紧。

② 检查转向盘自由行程　由一人握紧转向摇臂，另一人转动转向盘试验，若自由行程过大，说明转向器啮合传动副间隙过大，应调整。放开转向摇臂，仍由一人转动转向盘，另

一人在车下观察转向拉杆球头销，若有松旷现象，说明球头销或球碗磨损过甚，弹簧折断或调整过松，应先更换损坏的零件，再进行调整。

③ 调查以上检查均正常，可支起前桥，并用手沿转向节轴轴向推拉前轮，凭感觉判断是否松旷，若有松旷感觉，可由另一人观察前轴与转向节连接部位，若此处松旷，说明转向节主销与衬套的配合间隙过大或前轴主销孔与主销配合间隙过大，应更换主销及衬套。若此处不松旷，说明前轮毂轴承松旷，应重新调整轴承的预紧度。

④ 若非上述原因所致，应对前轴进行检查，检查前轮定位是否正确，若不正确，应调整；检查前轴是否变形，若有变形应进行校正。

285. 高速摆头

（1）故障现象

汽车在高速或某一个较高车速行驶时，出现转向盘发抖，行驶不稳定。

（2）故障原因

① 前轮胎气压是否过低。

② 转向器及转向传动机构松动。

③ 前减振器漏油或失效。

④ 悬挂弹簧松动。

⑤ 前轮偏摆或不平衡。

⑥ 前轮定位不正确或车架变形。

（3）诊断与排除

① 外观检查　检查前轮胎气压是否过低，若气压过低，应充气使之达到规定值。检查前桥、转向器及转向传动机构是否松动，若松动，应紧固。检查前减振器是否漏油，若漏油或失效，应更换。检查左、右悬架弹簧是不是折断或弹力减弱，若有折断或弹力减弱，应更换。检查悬挂弹簧是否固定可靠，若松动，应紧固。

② 无负荷检查　支起启动桥，用三脚架塞住非驱动轮，启动发动机并逐步使汽车换入高速挡，使驱动轮达到车身摆振的车速，若此时车身和转向盘出现抖动，说明传动轴严重弯曲或松旷，驱动桥齿轮啮合间隙过大，应更换或调整，若此时车身和转向盘不抖动，说明故障在前桥。

③ 检查前轮是不是偏摆　支起前桥，在前轮轮辋边上放一划针，慢慢地转动车轮，查看轮辋是否偏摆过大，若轮辋偏摆过大，应更换。拆下前轮，在车轮动平衡仪上检查前轮的动平衡情况，若不平衡量不大，应加装平衡块予以平衡。

④ 经上述检查均正常，应检查车架和前轮是否正常，用前轮定位仪检查前轮是否正确，若不正确，应调整，检查车架有无变形，若有变形，应校正。

二、动力转向常见故障

动力转向系统指兼用驾驶员体力和发动机（或电动机）的动力为转向能源的转向系统，动力转向系统是在机械转向系统的基础上加设一套转向加力装置而形成的，见图 2-108。

动力转向系统是在机械式转向系统的基础上加一套动力辅助装置组成的。采用动力转向系统的汽车转向所需的能量在正常情况下，只有小部分是驾驶员提供的体能，而大部分是发动机驱动的油液所提供的液压能。

如图 2-109 所示，转向液压泵安装在发动机上，通过发动机曲轴传动带驱动并向外输出液压油。转向油罐有进、出油管接头，通过油管分别接到转向油泵和转向控制阀。转向控制

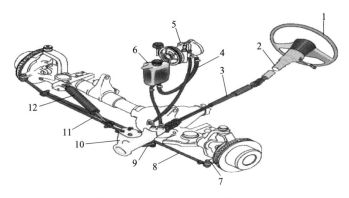

图 2-108　动力转向系统的结构

1—方向盘；2—转向轴；3—转向中间轴；4—转向油管；5—转向液压泵；6—转向油罐；7—转向节臂；
8—转向横拉杆；9—转向摇臂；10—整体式转向器；11—转向直拉杆；12—转向减振器

阀用以改变油路。转向器和缸体形成左右两个工作腔，它们分别通过油道接到转向控制阀上。

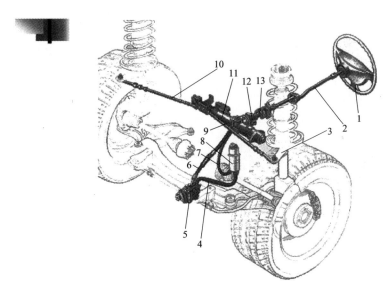

图 2-109　动力转向各部件实际位置

1—转向盘；2—转向轴；3—转向节臂；4—吸油管；5—转向液压泵；6—高压油管；7—回油管；
8—储油罐；9—左横拉杆；10—右横拉杆；11—动力转向缸；12—动力转向器；13—转向器

　　动力转向器的工作原理：用以将发动机输出的部分机械能转化为液压能，并在驾驶员控制下，对转向传动装置或转向器中某一传动件施加不同方向的液压作用力，以助驾驶员施力不足的一系列零部件，总称为动力转向器。

　　动力转向系统的常见故障有：转向沉重、单侧沉重、异响、噪声、漏油、方向盘抖动/打手、稳定性差、转向盘回正能力差等。

286. 转向沉重

(1) 故障现象

方向盘转动沉重，阻力大，似乎没有转向助力。

（2）故障原因

动力转向故障原因和部位如图 2-110 所示。

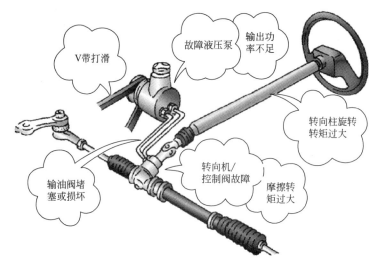

图 2-110　动力转向故障原因和部位

① 油杯内部太脏，滤网被堵或油杯油面低。

② 动力转向系统中有大量空气。

③ 转向系统内有异物造成转向泵流量控制阀卡滞。

④ 轮胎气压不足。

⑤ 转向管柱干涉。

⑥ 连接松动，传动带松动、打滑或泵安装位置松动。

⑦ 油管各连接部位螺栓松动，造成转向液泄漏。

⑧ 转向器活塞缸磨损过大，油封密封不良，控制阀黏结或损坏。

⑨ 转向液压泵损坏。

（3）诊断与排除

转向沉重故障在诊断时应首先考虑图 2-111 所示现象。

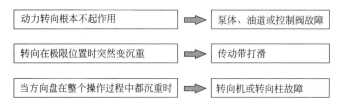

图 2-111　转向沉重故障的现象与原因

（4）基本检查方法

① 检查转向器、转向泵控制阀、油杯滤网、转向油，清洗整个动力转向系统。

② 若泵脏，一定要清洁助力泵及油管的内外（不能用绵纱布或其他多纤布，应用干净的毛刷进行清洁），并按规定给转向系统排空气。

③ 给轮胎按规定充气，并调整发动机的性能。

④ 加油到规定的油面，检查或更换油杯。

⑤ 按规定调整传动带的张力并紧固各部件的连接螺钉。

⑥ 检查油管的各连接部位，紧固各连接螺栓。

⑦ 更换油管、动力转向泵或动力转向器。

转向沉重或助力不足的诊断与排除流程框图如图 2-112 所示。

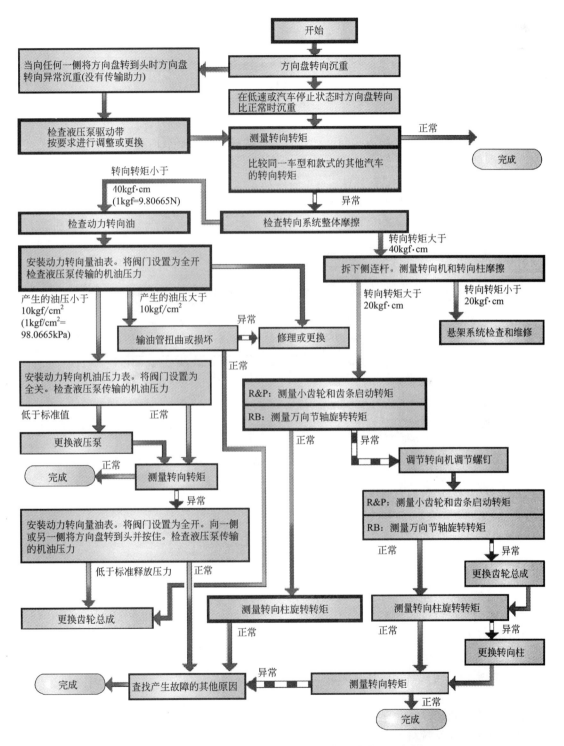

图 2-112　转向沉重或助力不足的诊断与排除流程框图

247

287. 单边转向沉重

（1）故障现象

左、右转向轻重不同，单边转向沉重。

（2）故障原因

① 转向器油封密封不良，油管连接螺栓松动，造成转向液泄漏。

② 转向器控制阀被堵塞或损坏，造成控制阀工作不良。

③ 转向液压泵控制阀内有异物，造成转向液压泵不能正常工作。

④ 轮胎气压和前轮定位不符合正常行驶要求。

（3）诊断与排除

① 从车上取下转向器，检查油封、油管及转向器控制阀，必要时更换动力转向器。

② 清洁油管、液压泵，检查液压泵控制阀内的阀芯是否滑动自如，不要试图分解液压泵，这可能会破坏液压泵的端盖密封，造成泵漏油。

③ 检查和调整汽车轮胎气压和前轮定位。

单边转向沉重诊断流程框图见图 2-113。

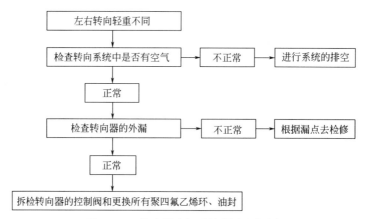

图 2-113　单边转向沉重诊断流程框图

288. 快速打方向时转向沉重

（1）故障现象

慢打方向盘时正常，快速打方向盘时转向沉重。

（2）故障原因

① 发动机转速不稳。

② 转向系统中有空气。

③ 油杯内油面过低，油杯或系统内部有杂质。

④ 前轮定位失效，各转向连杆有松动迹象。

⑤ 转向泵的传动带松动、打滑。

⑥ 转向泵控制阀被异物堵塞从而造成运行不规则。

（3）诊断与排除

① 调整发动机转速和加速性能。

② 对整个转向系统排气。

③ 检查或更换油杯并对油杯注油。

④ 检查调整前轮定位，横直拉杆，各连接、转向连杆，传动带的松紧度，并紧固各安装螺栓。

⑤ 拆卸和清洗整个转向系统。

289. 液压泵及系统有异响

（1）故障现象

打方向盘时转向液压泵（转向泵）或系统出现异响。

（2）故障原因

转向泵及系统异响主要原因可能是由于整个转向系统内部清洁度差及泵在过度疲劳的情况下运转，在排除故障前，应首先检查整个转向系统的清洁度。

① 油杯油面过低，系统有漏油或动力转向系统中有空气。

② 油杯内的滤芯脏造成转向泵吸油不足。

③ 转向系统内部清洁度差，造成定子、转子、分油盘、端盖、输入轴过度磨损。

④ 油管在安装和连接过程中有堵塞、弯折或产生共振及进出油不畅现象。

⑤ 转向系统因过度负荷运转，造成转向泵内部的定、转子过度磨损，从而造成泵内的油液不规则运动从而产生异响声。

⑥ 发动机其他转动部件，如水泵、空调压缩机、张紧轮、带轮等轴承响。

⑦ 转向泵的安装位置低或汽车的行驶路况极差等问题，极易造成转向泵的壳体外表堆积大量的泥沙和油垢，这容易造成转向泵的输入轴及壳体的滚珠轴承在使用过程中被外界的水、酸、碱物所腐蚀，若不按期维护整个转向系统，则转向泵的滚珠轴承极易发生被烧坏或被卡死的现象，同时也极易在此处产生异响声。

⑧ 转向器、转向泵在支架上的安装出现松动，转向器内部磨损及齿轮、齿条调整不当。

（3）诊断与排除

① 清洁整个转向系统。

② 检查并维修油管、油杯、转向泵、转向器，并更换新的动力转向助力油和油杯。

③ 排除整个转向系统中的空气。

④ 按规定调整转向器齿轮、齿条间隙。

⑤ 检查其他转动件，在特殊情况下需更换转向泵或转向器总成。

液压泵及系统异响诊断流程框图如图 2-114 所示。

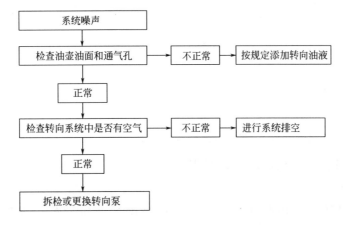

图 2-114　液压泵及系统异响的诊断流程框图

290. 液压油乳状泡沫

（1）故障现象

油杯中的液压油产生黄色乳状泡沫。

（2）故障原因

① 转向系统中有空气。

② 转向系统中有液体泄漏。

（3）诊断与排除

① 排出空气，检查有无漏油并加以解决。

② 检查油杯并对油杯注油。

液压油产生乳状泡沫、液面低以及压力低诊断流程框图见图 2-115。

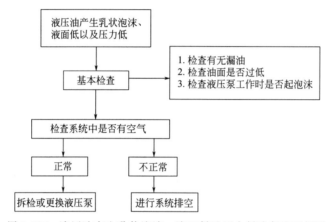

图 2-115　液压油产生乳状泡沫、液面低及压力低诊断流程框图

291. 行驶跑偏

（1）故障现象

在平坦路面上从两个方向试车，汽车往一个方向跑偏。

（2）故障原因

① 转向轮球头节松动或前轮定位不当。

② 转向杆系出现扭曲变形或过多磨损。

③ 转向器内的齿条预紧度失调。

④ 方向盘回正不良，方向盘抖动或打手。

（3）诊断与排除

① 调整前轮定位，转向轮球头。

② 注充转向液并排气。

③ 调整或维修转向器齿条预紧度。

④ 按规定检查和调整转向系统中的各个连接部位。

292. 原地转向时，方向盘颤动或跳动

（1）故障现象

发动机运转时转向，在原地转向时，方向盘颤动或跳动故障原因与排除方法见表2-15。

表 2-15　方向盘颤动或跳动故障原因与排除方法

故障现象	故障原因	排除方法
发动机运转时转向，特别在原地转向时，方向盘颤动或跳动	油壶的液面低	按需要添加转向油液
	动力转向液压泵皮带松	按规定调整转向液压泵传动带张力
	打满转向时转向拉杆碰撞发动机油底壳	校正间隙
	动力转向液压泵压不足	按压力试验方法检查泵压，如流量阀已坏，则予以更换
	流量控制阀卡住	检查有无胶质或损坏，需要时更换

（2）故障诊断与排除

发动机运转时转向，在原地转向时，方向盘颤动或跳动的诊断与排除流程框图如图 2-116 所示。

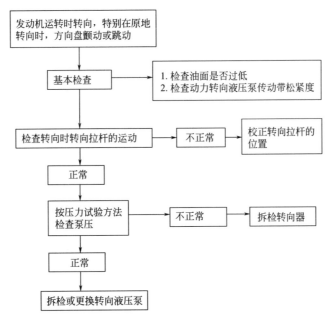

图 2-116　原地转向时，方向盘颤动或跳动诊断流程框图

293. 方向盘回正性能差

（1）故障现象

方向盘回正性能差。

（2）故障诊断与排除

方向盘回正性能差故障原因与排除方法见表 2-16。

表 2-16　方向盘回正性能差故障原因与排除方法

故障现象	故障原因	排除方法
方向盘回正性能差	轮胎充气不足	按规定气压充气
	杆系球销润滑不足	润滑杆系接头
	下连接凸缘和转向器调整器摩擦	松开夹紧螺栓，正确安装
	转向器与转向管柱不对正	对正转向器和转向管柱

续表

故障现象	故障原因	排除方法
方向盘回正性能差	前轮定位不正确	必要时加以检查和调整
	转向杆系卡住	更换接头
	主销球接头咬住	更换主销接头
	方向盘与外罩摩擦	把外罩对中
	转向柱轴承过紧或卡滞	更换轴承
	滑阀卡住或堵塞	取下滑阀加以清洗或更换
	回油软管扭曲阻塞	更换软管

方向盘回正性能差的诊断与排除流程框图如图 2-117 所示。

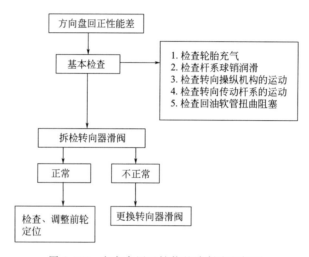

图 2-117　方向盘回正性能差诊断流程框图

294. 方向盘回正过度或转向松旷

（1）故障现象

方向盘回正过度和转向松旷。

（2）故障原因与排除方法

方向盘回正过度或转向松旷故障原因与排除方法见表 2-17。

表 2-17　方向盘回正过度故障原因与排除方法

故障现象	故障原因	排除方法
方向盘回正过度或转向松旷	转向系统中有空气	排出系统中空气
	转向器在支架上的安装出现支架松动	按规定紧固力矩，拧紧连接螺栓
	转向杆系过度磨损而松动	更换松动接头
	推力轴承预紧不足	从车上取下转向器，按规定进行调整
	转向器齿轮啮合间隙过大	从车上取下转向器，按规定进行调整

方向盘回正过度或转向松旷的诊断与排除流程框图见图 2-118。

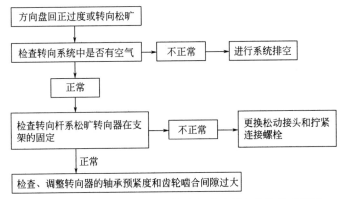

图 2-118　方向盘回正过度或转向松旷诊断与排除流程框图

295. 漏油

(1) 故障现象

系统漏油，油杯中的油面下降。

(2) 故障原因

① 检查转向系统中的油管、油杯、转向器及转向泵的各个连接部分。

② 在泵的进油口处，若进油管存在松动的情况，则往往在此处出现渗油现象，所以要求在任何时候不可对泵上的进油管进行撞击（油管是过盈配合压入泵体的）。

③ 检查油管与转向泵的接口处，若此处漏油，需重新调换密封圈，扭紧油管上的安装螺栓，与泵的本身质量无关，不需更换转向泵。

④ 检查发动机缸体、机油箱、转向泵油杯、变速箱油箱及变速箱冷却油管等有无漏油情况（注：转向泵在无损伤的情况下，是不会存在漏油的）。

⑤ 若油杯处漏油可能是因转向系统内的清洁度较差，造成转向助力泵的流量压力控制阀内的阀芯被异物堵塞，在快速打方向盘的情况下，此时转向助力泵油杯内回油压力过大，而泵的出油口又被堵塞，压力油往往从油杯的油盖空气孔处向外渗漏，从而造成转向助力泵漏油的假象。

(3) 诊断与排除

① 更换各密封件及油管，拧紧各接头的螺栓。

② 油位低于规定值时要及时补充助力转向油。

③ 若发动机缸体、机油箱、变速箱油箱、冷却油管漏油，则需检修发动机、机油箱、变速箱及各冷却油管。

④ 仔细确认和检查渗漏的部位，拆卸并清洗转向助力泵的压力流量控制阀（转向助力泵不可分解），检查整个转向系统内的清洁度，并清洁外部渗漏的油液。

296. 动力转向系统的空气排放

动力转向系统在更换液压油之后和检查储油罐中油位时发现有气泡冒出，说明系统内已渗入了空气，这将会引起转向沉重、前轮摆动、转向油泵产生噪声等故障，必须将系统内的空气排放干净。排放程序如下。

① 架起转向桥。

② 发动机怠速运转（1000r/min），同时反复向左、向右转动方向盘到极限位置，直至

253

储油罐内泡沫冒出并消除乳化现象，就表明液力转向系统内的空气已基本排除干净。

③ 发动机刚刚熄火后，储油罐中应无气泡，液面不得超过上限，停机 5min 之后，液面应升高约 5mm。

297. 动力转向系统的性能测试

（1）检查动力转向系统的油压

动力转向系统的油压，可以表示转向液压泵和流量控制阀的技术状况。为了检查系统油压，在检查储油罐液位之前，应在系统内装入油压测试仪，如图 2-119 所示，油压测试仪由油压表 3 和截止阀 4 并联而成。

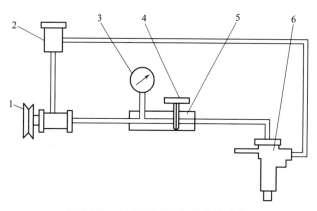

图 2-119　油压测试仪与系统的连接

1—转向液压泵；2—储油罐；3—油压表；4—截止阀；5—油压测试仪；6—动力转向器

① 将油压测试仪串联在动力转向器的进油管道上。

② 转动方向盘，使转向车轮向右转至极限位置。

③ 启动发动机，使其转速稳定在 1500～1600r/min。

④ 关闭截止阀 4，油压表指示压力应符合原厂规定（一般不低于 7MPa）。截止阀关闭时间不宜超过 10s，以免对转向液压泵造成不良影响。

（2）测量动力转向器的有效油压

① 发动机维持怠速运转。

② 截止阀完全打开，并将方向盘转至极限位置，此时油压表指示压力应符合原厂规定（一般不小于 7MPa）。若油压过低或油压表指针抖动，说明转向器内部有泄漏。

（3）检验流量控制阀的工作性能

检查流量控制阀工作性能的方法有两种：一种方法是检验发动机在怠速范围内急加速时系统内的油压回降情况；另一种方法是检验无负荷时的油压差。

① 检查系统油压降　仍将油压测试仪安装在动力转向器的进油管道上，使发动机处于稳定的怠速工况。用截止阀开度调整油压表，指示油压为 3MPa。方向盘不动，在怠速范围内急加速，指示压力应随发动机转速的增大而提高。突然放松加速踏板，使发动机恢复稳定怠速工况，油压表指示油压仍能回复到 3MPa。说明流量控制阀性能可靠，否则，表明流量控制阀卡死或堵塞，需进行检修或更换流量控制阀。

② 流量无负荷油压差　完全打开截止阀。分别测量发动机转速在 1000r/min 和 3000r/min 两个转速下的油压，若油压差小于 0.49MPa，表明流量控制阀性能良好，动作灵活。否则，表明流量控制阀需检修或更换。

（4）系统防过载装置的调整

系统防过载装置由转向器限位螺栓和车轮最大转向角限位螺栓组成。前者用于限制扇形齿即摇臂轴的最大摆角，后者用于限制转向时转向轮的最大转角。要求在方向盘转到左、右极限位置时摇臂轴先碰抵转向器限位螺钉之后，转向节才碰抵最大转向角限位螺栓，防止转向车轮转角过大，造成液力转向系统油压突然升高而产生过载，损坏密封件或使管道胀裂。调整程序如下。

① 油压测试仪装在液力转向器的进油管道上，并使发动机继续处在稳定怠速工况。

② 松开转向器限位螺栓，再将方向盘转至一侧极限位置。

③ 将转向器限位螺栓拧进至与扇齿刚刚接触后，再退回约 1/3 圈，此时指示油压应在 0～2MPa 范围内。

④ 调整最大转向角限位螺栓，使转向轮与最大转向角限位螺栓抵触时，指示油压应不小于 7MPa。

（5）检查动力转向器的回油压力

把油压测试仪装在动力转向器回油管路中，发动机处于怠速工况，此时指示油压应小于 0.5MPa。若回油压力过大，会造成方向盘自动向左方转动，说明回油管堵塞或压瘪，回油阻力过大。

◉ 第六节　电控悬架常见诊断与排除

汽车电控悬架系统常见故障主要有高度控制功能不起作用、悬架刚度和阻尼系数控制失效、汽车有高度调节，但是车高不均匀等。

298. 高度控制功能不起作用

（1）故障现象

汽车在行驶、驻车或汽车总质量发生变化时，车高变化不大或没有变化甚至产生相反的变化。

（2）故障原因

① 悬架控制 ECU 与高度传感器之间电线束和插接头开路或短路。

② 高度传感器损坏。

③ 悬架控制 ECU 与 No.1 控制继电器之间电线束和插接头开路或短路。

④ No.1 控制继电器损坏。

⑤ 悬架控制 ECU 有故障。

（3）诊断与排除

① 进行故障自诊断，如果故障码为 11，12，13 或 14，可按以下步骤进行检测。

a. 接通点火开关，检测高度传感器的插接头的端子 1 与车身搭铁之间的电压，测得结果应为电源电压。否则，应检查或修理 No.2 控制继电器与高度传感器之间的线束或插接头。高度传感器与悬架控制 ECU 连接电路如图 2-120 所示。

b. 检查线束的导通性。检查悬架控制 ECU 与高度传感器之间的电线束和插接头。若不良，应修理或更换线束或插接头。

c. 换件比较。装用一个好的高度传感器，如果故障消失，则是传感器不良，应予更换；

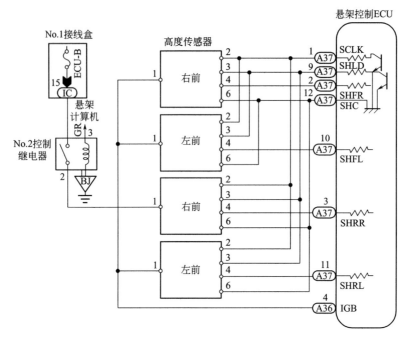

图 2-120　高度传感器与悬架控制 ECU 连接电路

如果故障仍然存在,可以更换悬架控制 ECU 再试。

② 如果故障码为 41,可按以下步骤进行检测。

a. 测量悬架控制 ECU 插接头的端子 RCMP 与 RC 之间的电阻,标准值为 $50\sim100\Omega$。若不良,则更换 No.1 控制继电器。No.1 控制继电器与悬架控制 ECU 连接电路如图 2-121 所示。

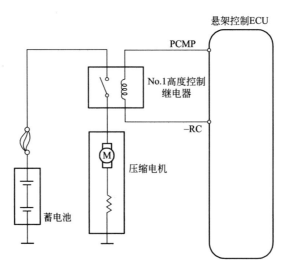

图 2-121　No.1 控制继电器与悬架控制 ECU 连接电路

b. 检查和修理悬架控制 ECU 与 No.1 控制继电器之间的电线束和插接头。

c. 如果故障仍然存在,可以检查或更换悬架控制 ECU 再试。

299. 悬架刚度和阻尼系数控制失效

(1) 故障现象

汽车在行驶时，悬架刚度和阻尼系数不随着行驶状况、路况、汽车姿态变化而调节。

(2) 故障原因

① 悬架控制 ECU 与悬架控制器之间电线束和插接头开路或短路。

② 悬架控制器损坏。

③ 空气悬架熔断丝烧毁。

④ 加热熔断丝烧毁。

⑤ 悬架控制 ECU 与发动机主继电器之间线束和插接头开路或短路。

⑥ 发动机主继电器损坏。

⑦ 悬架控制 ECU 有故障。

(3) 诊断与排除

① 进行故障自诊断。如果故障码为 21、22，可按以下步骤进行检测。

a. 检查悬架控制器的操作情况。接通点火开关，将 LRC 开关分别按到"运动"侧和"正常"侧，检查悬架控制器的操作。

b. 如果悬架控制器操作不良，检测悬架控制器的电阻值，电路如图 2-122 所示。

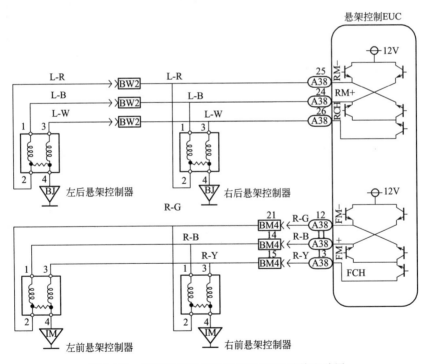

图 2-122　悬架控制器与悬架控制 ECU 连接电路图

ⓐ 拆开控制器插接头。

ⓑ 测量悬架控制器插接头端子之间的电阻，端子 1 和端子 2 之间以及端子 3 与端子 4 之间的电阻为 3～60Ω，端子 2 与端子 4 之间的电阻为 2.3～4.3kΩ。

ⓒ 在悬架控制器端和端之间接入蓄电池，检查悬架控制器的操作，这种检查应在短时间内（1s 之内）完成。如果不良，则更换控制器。控制器与蓄电池的对应关系见表 2-18。

表 2-18 控制器与蓄电池的对应关系

控制器位置	蓄电池正极	蓄电池负极
硬	端1	端2
中等	端3	端4
软	端2	端1

c. 检查线束的导通性。检查悬架控制 ECU 与控制器、控制器与车身搭铁之间的电线束和插接头。如果不良，则应修理或更换电线束或插接头。

② 如果故障码为 72，可按以下步骤进行检测。

a. 检查悬架控制 ECU 插接头的端＋B 与车身搭铁之间的电压。测量结果应为蓄电池电压，电路如图 2-123 所示若电压过低，应检查搭铁情况，并加以必要的修理。

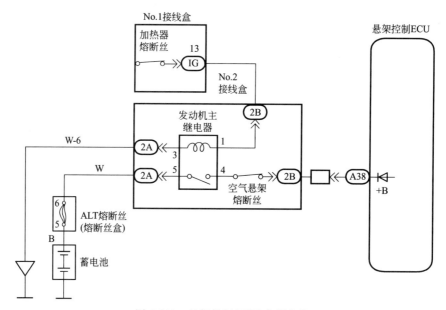

图 2-123 悬架控制 ECU 电源电路

b. 检查加热熔断丝的导通情况，正常应为导通。若不导通，应检查与加热器熔断丝连接所有电线束和零部件是否有短路处。若有，应加以排除。

c. 检查空气悬架熔断丝的导通情况，正常应为导通。若不导通，应检查与空气悬架熔断连接的所有电线束和零部件是否有短路处。若有，应加以排除。

d. 检查发动机主继电器每对端之间的导通情况。端 4 与端 5 之间应开路；端 1 与端 3 之间应导通。在端 1 与端 3 之间施加蓄电池电压，再检查导通情况：端 4 与端子 5 应导通。若正常，应检查和修理继电器与车身搭铁、继电器与蓄电池之间的线束和插头。若不正常，则更换发动机主继电器。

e. 如果故障仍然存在，可以检查或更换悬架控制 ECU 再试。

300. 汽车高度调节不均匀

（1）故障现象

汽车在行驶、驻车、乘员和行李质量发生变化时，车辆高度控制虽有变化，但是前后左右的变化不均匀。

（2）故障原因

① 悬架控制 ECU 与控制阀之间电线束和插接头开路或短路。

② 控制阀损坏。

③ 悬架控制 ECU 有故障。

（3）诊断与排除

进行故障自诊断。如果故障码为 31，33，34 或 35，可按以下步骤进行检测。

① 检查车高变化情况

a. 拆下行李厢右侧盖。

b. 用欧姆表测量控制插接头各端子间的电阻值，其标准见表 2-19。

表 2-19　控制器插接头各端子的电阻值

端子	电阻/Ω
2-8	9～15
3-8	9～15
4-8	9～15
5-8	9～15
6-8	9～15

c. 接通点火开关，用跨接线将检测控制插接头中 1，2，7 端子相互短接，右前汽车高度应上升，电路如图 2-124 所示。

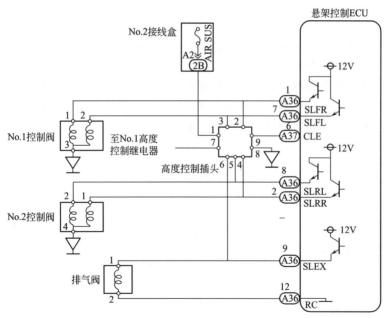

图 2-124　控制阀、排气阀与悬架控制 ECU 的连接电路

d. 用跨接线将检测控制插接头中 1，3，7 端子相互短接，左前汽车高度应上升。

e. 用跨接线将检测控制插接头中 1，4，7 端子相互短接，右后汽车高度应上升。

f. 用跨接线将检测控制插接头中 1，5，7 端子相互短接，左后汽车高度应上升。

g. 用跨接线将检测控制插接头中 1，2，6 端子相互短接，右前汽车高度应降低。

h. 用跨接线将检测控制插接头中 1，3，6 端子相互短接，左前汽车高度应降低。

i. 用跨接线将检测控制插接头中 1，4，6 端子相互短接，右后汽车高度应降低。

j. 用跨接线将检测控制插接头中 1，5，6 端子相互短接，左后汽车高度应降低。

② 如果上述检查正常，则检查悬架控制 ECU 与控制插接头之间的电线束和插接头是否有开路处。若有开路处，应修理或更换。

③ 如果正常，则检查控制阀和排气阀。

a. 用万用表的欧姆挡测量 No.1 控制阀端子 1 与端子 3，端子 2 与端子 3 之间的电阻应为 $9 \sim 15 \Omega$。

b. 用欧姆挡测量 No.2 控制阀端子 1 与端子 4，端子 2 与端子 4 之间的电阻应为 $9 \sim 15 \Omega$。

c. 测量排气阀端子 1 与端子 2 之间的电阻应为 $9 \sim 15 \Omega$。

d. 直接给各控制阀、排气阀加上 12V 蓄电池电压，各电磁阀应有"咔哒"的工作声。蓄电池电压与控制阀、排气阀各端子之间的正确连接方法见表 2-20。

表 2-20　控制阀、排气阀各端子之间的正确连接方法

阀	蓄电池（＋）	蓄电池（一）
1# 高度控制器	1	3
	2	3
2# 高度控制器	1	4
	2	4
排气阀	1	5

若检查结果不正常，应更换高度控制阀及排气阀；若正常，应检查高度控制器或排气阀至检测插接头之间的配线和连接线。

注意，许多故障现象都有可能是悬架控制系统的问题，但实际上其故障率是很低的。因此，在检查故障时，应首先检查悬架控制系统以外的可能故障部位，待确定这些部位均正常而故障现象不能消除时，再考虑检查悬架控制系统。

◎ 第七节　巡航控制系统诊断与排除

汽车巡航控制系统是利用电子技术对汽车行驶速度进行调节，实现以预先设定速度行驶的电子控制装置。现以日本丰田凌志 S400 型轿车为例进行巡航控制系统的诊断与排除。汽车巡航控制系统常见故障主要有巡航控制操作不能调整、系统间歇性工作、巡航控制系统不工作等。

301. 故障码诊断

巡航控制系统出现故障时，电子控制器除中断巡航工作外，指示灯会闪烁 5 次，控制器会自动储存故障码。

(1) 读取故障码

短接故障码检测连接器（TDCL）的端子 Tc 和 E_1，根据仪表上的"CRUISE MAIN'"指示灯的闪烁情况即可读取故障码（读取方法同电控悬架自诊断）。表 2-21 所列为凌志轿车

巡航控制系统故障码。

表 2-21 凌志轿车巡航控制系统故障码含义

故障代码	故障码含义	故障代码	故障码含义
11	电动机电路或安全电磁离合器电路不正常	23	实际车速低于设定车速 16km/h
12	安全电磁离合器电路不正常	31	控制开关电路不正常
13	电动机电路或位置传感器不正常	32	控制开关电路不正常
21	车速传感器不正常	34	控制开关电路不正常

（2）清除故障码

关闭点火开关或拆下 DOME 熔断丝 10s 以上。

302. 巡航控制操作不能调整

（1）故障现象

巡航控制速度超出设置要求，或系统工作不稳定，设定的车速有较大的波动，或时升时降。

（2）故障原因

① 安全电磁离合器故障。

② 伺服电动机故障。

③ 位置传感器故障。

④ 车速传感器失效。

⑤ 巡航控制 ECU 工作不正常。

（3）诊断与排除

① 进行故障自诊断，当读出故障码为 11, 12（电动机电路或安全电磁离合器电路不正常、安全电磁离合器电路不正常）时，可按以下步骤进行检测。

a. 检查安全电磁离合器电路。

ⓐ 检查巡航控制 ECU 配线侧连接器端子 3 与车身搭铁之间的导通情况。电路如图 2-125 所示，测量值应约为 38Ω，不正常则检查电磁离合器。

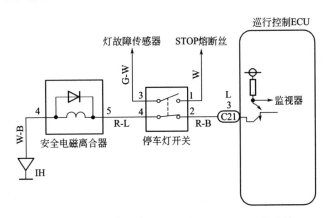

图 2-125 安全电磁离合器与巡航控制 ECU 的连接

ⓑ 检查电磁离合器，如图 2-126（a）所示，用万用表欧姆挡检测电磁离合器端子 4 和 5 之间的电阻，正常值应约为 38Ω。或者进行动态检查，如图 2-126（b）所示，其正常情况是：

没有通电前，扳动离合器杆应能转动；当端子 5 接电源正极，端子 4 接电源负极（搭铁），离合器杆应能锁住，不能任意扳动。若正常则检查停车灯开关，否则更换电磁离合器。

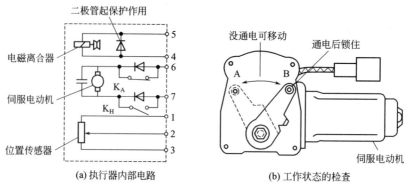

图 2-126　安全电磁离合器的检查

ⓒ 检查停车灯开关。踩下制动踏板时，连接器端子 1 和 3 之间应能导通（阻值小），而抬起制动踏板时，端子 2 和 4 之间应导通。若正常，则检查和修理巡航控制 ECU 与停车灯开关、停车灯开关与电磁离合器、电磁离合器与车身搭铁之间的配线和连接器。否则，更换停车灯开关。

b. 检查伺服电动机电路。在离合器杆在两极限位置 A 与 B 范围内运动时，如图 2-126（b）所示，保持安全电磁离合器处于通电状态，伺服电动机按图 2-127 所示进行通电，电路如图 2-128 所示。若正常，则检查巡航控制 ECU 与伺服电动机之间的配线和连接器。若不正常，则更换伺服电动机。

转动方向	电源		接线端	
	+	−	6	7
加速方向	○——○		○——○	
减速方向	○——○			○——○

图 2-127　伺服电动机的通电检查图

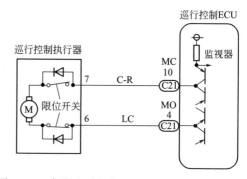

图 2-128　伺服电动机与巡航控制 ECU 的连接电路

② 进行故障自诊断，当读出故障码为 13 时（电动机电路或位置传感器不正常），检查位置传感器电路。

a. 脱开电子控制器，接通点火开关，慢慢转动节气门控制臂，并用万用表测量节气门位置传感器的中间滑动端（VR2）与电子控制器搭铁间（VR3）的电压，电路如图 2-129 所示，控制臂使节气门开度最大时，电压应为 4.2V；控制臂使节气门开度最小时，电压约为 1.1V；控制臂转动时，电压变化应连续平稳。若不正常，应检查节气门位置传感器。

b. 检查执行器位置传感器。用万用表欧姆挡测量电阻，端子 1 与端子 3 之间的电阻值应为 2kΩ；当用手慢移离合器杆从 B 到 A（图 2-126）时，端子 2 与端子 3 之间的电阻应平缓地由 0.5kΩ 到 1.8kΩ。若不正常，则更换位置传感器。

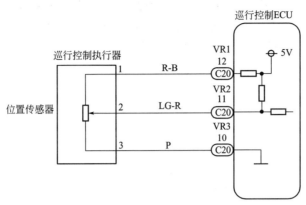

图 2-129　节气门位置传感器与巡航控制 ECU 连接电路

　　c. 检查巡航控制 ECU 与执行器之间的配线和连接器是否开路或短路。若不正常，修理或更换配线或连接器。

　　③ 如果故障码为 21 时（车速传感器不正常），应通过对车速信号的检查来判断车速信号电路是否存在故障。打开巡航控制系统，当车速高于 40km/h 时，巡航控制指示灯闪烁，而当车速低于 40km/h 时，指示灯保持常亮，说明车速信号正常，应检查配线和仪表板等连接是否可靠。否则，说明出现故障，应更换车速传感器。

　　④ 如果故障仍然存在，检查或更换巡航控制 ECU 再试。

303. 系统间歇性工作

（1）故障现象

巡航控制在某些时候无法设置。

（2）故障原因

① 巡航控制开关故障。

② 巡航执行器故障。

③ 车速传感器故障。

（3）诊断与排除

　　① 进行故障自诊断。如果故障码为 31，32 或 34 时（控制开关电路不正常），可按以下步骤进行检测。

　　a. 对各控制开关的信号进行检查时，分别接通"SET/COAST"，"RES/ACC"和"CAN-CEL"开关，同时观察仪表板上巡航控制指示灯的闪烁，其正常闪烁形式如表 2-22 所示。

表 2-22　指示灯的正常闪烁形式

开关接通状态	指示灯的闪烁形式	备　注
CANCEL（取消）开关	亮 ⎍⎔ 灭	
SET/COAST（设定）开关	亮 ⎍⎔⎔ 灭	当每一开关接通时，指示灯应如表内方式闪烁，表开关与电控单元联系正常
RES/ACC（恢复）开关	亮 ⎍⎔⎔⎔ 灭	

b. 通过测试控制开关电阻检测其技术状况。控制开关内有三个不同阻值的电阻。检测时，拆下转向盘中心衬垫，脱开控制开关连接器，在控制开关接通时，用万用表测量连接器端子3和4之间的电阻值，电路如图2-130所示。开关正常时，各个电阻值见表2-23。若不正常，更换控制开关。

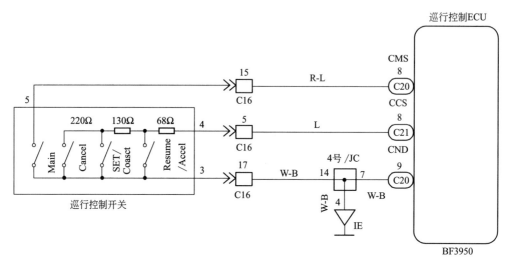

图2-130　巡航控制开关与巡航控制ECU的连接

表2-23　控制开关各工况的电阻值

开关位置	电阻值	备注
各开关均断开	∞	各个开关分别接通时，测量端子3和4电阻值，阻值如表内数据时，开关为良好，否则开关电路有故障
RES/ACC(恢复)通	约70Ω	
RES/ACC(恢复)通	约200Ω	
CANCEL(取消)通	约420Ω	

c. 检查巡航控制ECU与控制开关之间的配线和连接器是否开路或短路。若有短路或开路，应修理或更换配线或连接器。

② 如果故障码为11，12，13时，分别对巡航控制执行器电磁离合器、伺服电动机和位置传感器进行检测（详细检测方法见"巡航控制操作不能调整"）。

③ 如果故障码为21时，对车速传感器及电路进行检查（详细检测方法见"巡航控制操作不能调整"）。

304. 巡航控制系统不工作

(1) 故障现象

无论怎么操作开关，巡航系统失去工作能力。

(2) 故障原因

① 巡航控制开关电路故障。

② 节气门位置传感器没有信号。

③ 车速传感器没有信号。

④ 执行机构不工作。

⑤ 自由拉杆和节气门拉线卡死。

⑥ 巡航控制 ECU 工作不正常。

(3) 诊断与排除

① 进行故障自诊断。如果故障码为 31，32 或 34 时，可对巡航控制开关进行检查（详细检查方法见"系统间歇性工作"）。

② 如果故障码为 11，12，13 时，分别对巡航控制执行器电磁离合器、伺服电动机和位置传感器进行检测（详细检测方法见"巡航控制操作不能调整"）。

③ 如果故障码为 21，可对车速传感器进行检查（详细检测方法见"巡航控制操作不能调整"）。

④ 如果故障码为 23，可按以下步骤进行检测。

a. 检查执行器控制拉索。控制拉索与节气门的接头安装应正确，拉索与节气门的动作应平衡，其松紧度应适中，过松会使汽车上坡的车速过大，过紧则会使发动机的怠速增高。若松紧度不合要求，应加以调整。

b. 伺服电动机电路的检查详见前面故障，巡航控制操作不能调整。

⑤ 如果故障仍然存在，检查或更换巡航控制 ECU 再试。

第 **3** 章
电器部分

现代汽车电器主要由电源、用电设备、电子控制装置 ECU、检测装置和配电装置五大部分组成，如图 3-1 所示。

图 3-1　桑塔纳 2000 型部分电器展示图

（1）电源

电源主要包括电池、发电机及其调节器。

（2）用电设备

汽车上的用电设备主要包括启动机、点火装置、照明设备、报警装置、辅助电器和舒适娱乐电子产品，如电动刮水器、空调器、收录机、点烟器等。

（3）电子控制装置 ECU

主要指由微机控制的各系统中的控制装置，这些系统有电子点火系统、电控汽（柴）油喷射系统、电控自动变速器、制动防抱死系统、稳定性控制、牵引力控制、自动座椅控制、安全报警系统、自动空调系统、轮胎气压安全监视系统、定速系统、导航系统等。

（4）检测装置

包括各种检测、模拟装置，如电流表、电压表、机油压力表、温度表、燃油表、车速里程表、各种检测传感器和各种安全防盗报警装置等。

（5）配电装置

包括中央接线盒、电路开关、继电器、保险装置、接插件和导线等。

汽车电气设备的特点如下。

① 低压　汽车电气设备系统的额定电压有 12V 和 24V 两种。目前汽油发动机普遍采用 12V，而柴油发动机则多采用 24V。

② 直流　汽车发动机是靠电力启动机启动的，是直流串励式电动机，必须由蓄电池供电，而向蓄电池充电必须用直流电，所以汽车电气设备为直流系统。

③ 单线制　汽车上所有用电设备均并联。而从电源到用电设备只用一根导线连接，汽车底盘、发动机等金属机体作为另一公共"导线"。由于单线制导线用量少，且线路清晰、安装方便，因此广为现代汽车所采用。

④ 负极搭铁　采用单线制时，蓄电池一个电极须接至车架上，称"搭铁"。若蓄电池的负极接车架就称"负极搭铁"，反之则称为"正极搭铁"。负极搭铁对车架或车身的化学腐蚀较轻，对无线电干扰较小。根据我国汽车行业的规定，我国汽车电气设备已统一定为负极搭铁。

305. 汽车电器故障判断四法

汽车电器故障判断方法有：隔离法、分段法、试探法和仪表法四种。

（1）隔离法

如果系统中电器部件较多，全面查找故障的所在较为困难，可根据经验，适当中止或断续停止某一部分或某一电器部件的工作，观察其故障表现和特征之变化，来判断故障所产生的部位和性质。例如，喇叭不响、启动机不转，可从线路中隔离出其继电器，直接连线试验，如喇叭、启动机工作正常，则表明继电器有故障。

（2）分段法

如灯光系统，线路很长，要全面查找故障所在，不仅费时而且也没有必要，为此，可分段进行查找。例如车头照灯不亮，可先检查大灯开关火线接柱有无电压，如有电压，表明大灯开关到灯泡搭铁这一段线路有故障；如无电压，表明大灯开关到蓄电池这一段线路有短路或断路之处。

（3）试探法

这种方法也称代替法，多用来判断故障具体所在的区域和部件，即用完好的部件将根据故障表现和特征初步确定的可疑件替换下来，看故障现象是否还出现。如果故障还出现说明原部件是好的；否则说明原部件有问题，需要更换。

对非电子控制的汽车，可用跳火法和刮火法检查点火系统故障。

（4）仪表法

仪表法，是指用解码器、示波器、电流表、电压表、欧姆表和万用表等常用仪表检查电流、电压、电阻，借以判断故障原因和所在部位的方法。其关键是了解并掌握上述仪表的结构原理及其正确使用方法。

306. 汽车电气故障检修的五步处理法

第 1 步，核查故障。接通故障电路中所有元件的电源，核查故障，注意症状。在没有确定故障部位前，不要开始拆卸或测试。

第 2 步，原理分析。查阅原理图，以确定故障电路。从电源开始，沿电流路径检查各组件，直至接地，以此确定该电路的工作原理。如果有若干条线路同时出现故障，则很可能是由保险或接地引起的。应基于症状以及对电路工作原理的理解来识别造成故障的一个或多个原因。

第 3 步，通过电路测试来确定故障。进行电路测试，以检查第 2 步中所做的诊断。首先测试最有可能导致该故障的原因，并从容易接近的若干点进行测试。要记住，有条理而又简单的步骤是有效排除故障的关键。

第 4 步，处理故障。故障被识别后，就是进行维修。维修时，应使用正确的工具，并按安全的操作步骤来进行。

第 5 步，确认电路工作正常。在所有工作模式下，接通已维修过的回路中的所有组件，确认已排除了整个故障。如果故障是保险丝熔断，则必须测试该保险丝连接的所有电路，确认没有新的故障出现并且原故障已不再重新发生。

307. 汽车电器检修注意事项

① 只要点火开关接通（ON），绝不可断开任何 12V 电气工作装置。

② 在对蓄电池进行拆卸与安装时，务必使点火开关和其他用电设备开关均置于关断位置（OFF）。

③ 应在拆下蓄电池负极搭铁线前，读取电脑内的故障信息。

如果从蓄电池上拆下负极线，AM/FM1/FM2 的频率位置就会消失，因此在拆卸前必须记下此位置，搭铁线接上后，再恢复到此位置。

如果负极线从蓄电池上拆下，当重新接上时防盗系统将启动，收音机、磁带、CD 均不能工作，必须正确输入解密密码后才会重新工作。

④ 处理电子元件前，先放去静电。

⑤ 在拆卸电控系统各电线接头时，首先要关掉点火开关（OFF）并拆下蓄电池负极搭铁线。

⑥ 为了避免使控制单元线束接头变形，不要直接插入接线柱，应从线束旁插入探针，然后通过探针进行测量。

⑦ 在装上或取下 PROM 时，操作人员应先使自己搭铁（接触车身），否则，身体上的静电会损坏电脑电路。

⑧ 不要触摸 ECM（发动机控制模块）电路板上的 ECM 接线端子、集成电路接线端子或焊上去的元件。

⑨ 对电控系统进行检修时，应避免电控系统由于过载而损坏。

⑩ 除非测试步骤上特别说明，否则绝不要把蓄电池电压直接施加给元件。

⑪ 不要试着拆开控制单元。

⑫ 在维修 SRS 以前，必须重视 SRS 装置上的警告内容。

⑬ 在一般情况下，不要打开电脑盖板，因为故障大部分是外部设备故障，电脑故障一般比较少，即使是电脑有故障，在没有检测手段（检测电脑工作的示波器、信号发生器等设备）的情况下，打开电脑盖板也不可能解决任何问题，相反，很可能因为操作不当而导致新的故障。确认是电脑故障后，应由专业人员对其进行测试和维修。

⑭ 进行电焊前（如点焊），先拆开蓄电池、气温控制器、喷油机构、定速控制系统、ECM（发动机控制模块）及收音机。

⑮ 在红外线喷漆室中，如温度可能会超过 176°F（80℃），要拆下所有的 ECU（电子控制装置）。

⑯ 切记电控汽车上所采用的供电系统均为负极搭铁，安装蓄电池时，要特别注意正、负极不可接反。

⑰ 车上不宜装功率超过 8W 的无线电台，如必须装时，天线应尽量远离电脑，否则会损坏电脑中的电路和部件。

⑱ 在蓄电池接地线连接较松的情况下，不得尝试启动发动机，否则会严重损坏接线。

蓄电池的接地线没有断开时，不得对蓄电池进行快速充电，否则，会损坏交流发动机的二极管。

⑲ 切记不可用水冲洗电脑控制单元和其他电子装置，并注意保护电脑控制系统，避免其因受潮而引起电脑电路板、电子元器件、集成电路和传感器的工作失常。

⑳ 注意受屏蔽保护的导线和 ABS 系统导线不能修理。

308. 汽车电控维修误区

在维修和诊断汽车电控系统故障时，最容易出现的四种错误行为如下。

① 故障排除了，故障代码也就自动消失了。

② 电控发动机有故障，检修时首先检查电控系统。

③ 怀疑某件，插头随便拔，这样不会记录故障代码。

④ 用拆卸电源的方法清除故障代码。

◉ 第一节　电源系统常见故障诊断与检修

汽车电源系统的主要作用是向汽车上各用电设备供电，满足汽车用电需要。汽车电源系统主要由发电机以及与发电机匹配的调节器、蓄电池、电流表等组成，如图 3-2 所示。

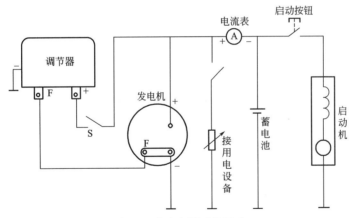

图 3-2　汽车电源系统组成

在汽车上，全部用电设备所需要的电能，由蓄电池和发电机两个电源供给。蓄电池是一个化学电源，靠内部的化学反应在充电时将电源的电能转变成化学能储存起来，在用电时将储存的化学能转变成电能供给用电设备。

发电机是由发动机带动而发电的。发电机和蓄电池在汽车上是并联工作。其配合工作的情况如下。

① 启动发动机时，由蓄电池向启动机、点火系统、仪表等用电设备供电。

② 当发动机低速运转时，由蓄电池和发电机联合向点火系统等各用电设备供电。

③ 当发动机正常运转时，发电机电压高于蓄电池电动势，由发电机向全部用电设备供

电，并向蓄电池充电，将多余的电能转变成化学能储存起来。

④ 当同时工作的用电设备过多，耗电量超过发电机供电能力时，由蓄电池与发电机共同供电。

在汽车电源系统的组成中，电流表用来指示蓄电池充电或放电电流的大小，调节器的作用是使发电机在转速变化时，能保持发电机的输出电压恒定。现代汽车的电源系统比较复杂，有些车上还装有电源总开关或蓄电池继电器、充电指示灯及继电器、磁场继电器、电压表等。

一、蓄电池常见故障

汽车上广泛采用的蓄电池由于其极板的主要成分是铅、电解液是稀硫酸，所以又称铅酸蓄电池，如图 3-3 所示。根据加工工艺的不同，汽车用蓄电池可以分为普通型、干荷电型和免维护型等。

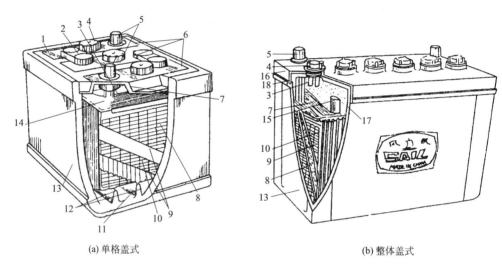

(a) 单格盖式　　　　　　　　(b) 整体盖式

图 3-3　蓄电池结构

1—封口料；2—联条；3—极桩；4—注液口盖；5—极桩接线端；6—单格电池盖；7—防护板；
8—负极板；9—隔板；10—正极板；11—沉淀槽；12—垫角；13—外壳；14—横板；
15—内穿联条；16—整体盖；17—单格壁；18—熔合缝

普通型蓄电池由极板组、电解液、隔板、外壳、蓄电池盖、极桩等组成，其他部件有防护板、联条、封口料、注液口盖。

蓄电池常见故障有：充电不足、自放电、活性物质脱落、容量低、内部短路等。

309. 充电不足

（1）故障现象

汽车长时间行驶，电池一直充电，充不足，蓄电池还是亏电，一踩油门大灯就暗。

（2）故障原因

① 充电系统故障，发电机或电压调节器故障。

② 线路问题。

③ 电池因素：失水，电池内部有单格短路，硫化较为严重。

（3）排查方法

① 检查充电系统是否损坏，充电电流过小。

② 检查和测量单格电压，看是否有单格短路的存在。

③ 查看电池内部是否有干涸现象，即电池是否缺液严重。干涸的电池应补加纯水或 $1.05g/cm^3$ 的稀硫酸，采用维护充放电法进行修复。

④ 检查极板是否存在不可逆硫酸盐化（硫化）。硫化严重的话，内阻增大，充电就会引起严重发热。

极板的不可逆硫酸盐化，可通过充放电测量其端电压的变化来判定。在充电时，电池的电压上升特别快，某些单格电压特别高，放电时电压下降特别快。出现上述情况，可判断电池出现不可逆硫酸盐化。如果发现有不可逆硫酸盐化，应采用均衡充电法进行修复。

310. 自放电

（1）故障现象

汽车放置 2～3 天后无法启动，启动机不转，喇叭响声弱，蓄电池亏电。

（2）故障原因

蓄电池在不工作的情况下，电量逐渐消耗的现象称为自行放电。自行放电不能完全避免，一般认为每天消耗本身容量的 1%～2% 是正常的，如超过此数值，为不正常自行放电。

① 极板材料或电解液中有杂质，这样杂质与极板或不同杂质间就会产生电位差，形成闭合的"局部电池"而产生电流，使蓄电池放电。

② 隔板破裂，造成局部短路。

③ 蓄电池盖上有电解液或水，使正、负极间形成通路而放电。

④ 活性物质脱落，使极板短路造成放电。

⑤ 蓄电池长期存放，电解液中硫酸下沉，使上部密度小、下部密度大，引起自行放电。

（3）排除方法

要减少自行放电，电解液必须力求纯净，使用中应经常保持蓄电池盖清洁，以免短路。如电解液不纯，需将蓄电池用标称容量的 1/10 的电流放电至单格电压 1.7V 为止，然后将电解液倒出，并用蒸馏水清洗干净，再换用纯净电解液进行充电。

311. 容量降低

（1）故障现象

蓄电池很容易充足电，但是启动机多转一会就没电了，启动机转速降低很快，蓄电池容量小。

（2）故障原因

蓄电池极板硫化，产生极板不可逆硫酸盐化的原因归结如下。

① 存放时间过长，自放电率高，未对其进行维护充电。

② 放电后未对其及时充电。

③ 长时间处于欠充电状态。

④ 过放电。

⑤ 干涸或加入的电解液浓度过高。

（3）诊断和处理

蓄电池产生不可逆硫酸盐化时，应根据其程度的轻重进行修复。

硫化较轻者，对其进行一般的活化充电（即均衡充电），就可以恢复正常。具体方法如下。

恒压限流充电：第一阶段 0.18C2A 充电到 2.7V/单格，充电 12～24h。

恒流充电第一阶段：0.18C2A 充电到 2.4V/单格，第二阶段：0.05C2A 充电 5～12h。

硫化较重者，需要对其进行"水疗法"充放电，才能恢复正常。具体方法为：先对蓄电池补加入纯水或密度为 1.05g/cm³ 稀硫酸到富液状态，再以 0.05～0.18C2A 的电流充电 20h 左右，抽尽流动液，再做容量试验。反复上述操作，直到电池容量恢复。

312. 活性物质脱离

(1) 故障现象

电池一直充电，充不足，蓄电池还是亏电，汽车放置几天后无法启动，有自放电现象。

(2) 故障原因

① 起始充电电流过大　因为极板活性物质的还原是从导电最好的栅架处开始的，大电流充电时，该处硫酸铅迅速还原，所以距栅架较远的硫酸铅来不及起化学反应，由于硫酸铅体积较大，故与内部已还原的活性物质间的附着力就差，所以易从极板上脱落下来。

② 充电终期电流过大　这样会产生大量的气泡，剧烈地冲击极板表面，使已还原的比较松软的二氧化铅大量脱落。

③ 经常性的过量充电　过充电的电流虽然不大，但因此时极板上硫酸铅已全部还原为二氧化铅和铅，充电电流全部用到电解液上，这时产生的气泡虽不太多，但同样对极板表面产生冲击作用使活性物质脱落。

④ 放电电流过大　此时化学反应激烈，会引起极板翘曲，从而造成活性物质脱落。

(3) 处理方法

由于活性物质脱落，会使极板短路，造成电池自行放电，有条件的可将蓄电池拆开更换极板，建议更换蓄电池总成。

313. 单格短路

(1) 故障现象

突然失去启动能力；蓄电池电压低，偶尔启动时，短路单格有电解液喷出。

(2) 故障原因

其原因是：单格短路后，使蓄电池阻力增加，电压降低，不能供出强大的电流，同时在短路处产生高温使电解液急剧受热而喷出。

① 活性物质脱落。

② 使用的电解液有杂质。

(3) 诊断和处理

检查方法：可用一根细导线对各格进行正、负极打火，无火花或火花较弱的单格，即为短格，需送修。

314. 极板硫化

(1) 故障现象

① 放电时，电压急剧下降，电池容量降低。

② 蓄电池在充电时单格电压上升快，电解液温度迅速升高，但密度却增加得很慢。

③ 蓄电池在充电时过早产生气泡，甚至一开始就有气泡。

(2) 故障原因

蓄电池长期充电不足或放电后长时间未充电，极板上会生成一层白色粗晶粒的硫酸铅，在正常充电时不能转化为二氧化铅和海绵状纯铅。这种现象称为"硫酸铅硬化"，简称"硫化"。这种粗而坚硬的硫酸铅晶体导电性差、体积大，会堵塞活性物质的孔隙，阻碍电解液的渗透和扩散，使蓄电池的内阻增加，启动时不能供给大的启动电流，以至于不能启动发动机。极板硫化的常见原因如下。

① 蓄电池长期充电不足，或放完电后未及时充电，当温度变化时，硫酸铅发生再结晶。

② 蓄电池经常过量放电或小电流深度放电，便在极板孔隙的细小孔隙内层生成硫酸铅，平时充电不易恢复。

③ 电解液液面过低，使极板上部与空气接触而强烈氧化（主要是负极板）。在汽车行驶的过程中，由于电解液上下波动，与极板的氧化部分接触，也会生成大晶粒的硫酸铅硬层，使极板上部硫化。

④ 电解液不纯，不但促进了电池自行放电的进行，也是造成极板硫化的主要原因。电解液中有害的杂质吸附在硫酸铅的表面，将使硫酸铅的溶解变慢，限制了在充电时铅离子的阴极还原，使充电不能正常进行。

（3）排除方法

极板硫化的处理方法：轻度极板硫化的蓄电池，可用 2～3A 的小电流长时间充电，即过充电，或用全放、全充的充放电循环的方法使活性物质还原；硫化较重的蓄电池，可用去硫充电的方法消除硫化；对严重硫化的则应更换极板或报废。

315. 蓄电池补充电解液方法

① 准备工作：用纯水和分析纯硫酸配置硫酸溶液电解液，500mL 纯水，加入 0.5mL 纯硫酸。准备标准的橡胶排气阀备用。工具有起子（螺钉旋具），吸管（可以用一次性针管代替），透明聚乙烯管，直径要适合吸管（针管）吸口，ABS 胶。

② 顺着排气孔撬开电池上方的盖板。一些电池的盖板是 ABS 胶粘接的，一些电池是搭扣连接的。注意撬开盖板的时候，不要损坏盖板。撬开盖板后可以看到 6 个排气阀的橡胶帽。

③ 打开橡胶帽，露出排气孔，通过排气孔可以看到电池内部。一些电池的排气阀是可以旋开的，一些电池的橡胶帽周围还有一些填充物，注意保管填充物。

④ 用滴管吸入配置好的电解液由排气孔注入电解液。电解液要恰好覆盖极板 1mm。

⑤ 把注好电解液的电池用遮挡物覆盖排气孔，以防止灰尘落入排气孔，静置 12～24h，以便电解液充分渗透。再次观察排气孔内部的电解液，应该有流动的电解液（游离酸），否则要补充电解液。

⑥ 在排气孔没有覆盖的条件下，进行 16.2V 恒压限流充电。充电时最好把电池放在耐酸的容器内，防止溢出的电解液污染环境。在电池充电电流降到 400～300mA，或者电压达到 16.2V 3h 以上，认为电池初次充电充满。

⑦ 初次充电结束以后，检查电池极板表面是否还有电解液，如果没有电解液，应该补充电解液后，再次进行恒压限流充电；如果 6 个格里边还有电解液，用吸管吸出多余的电解液。

⑧ 采用 14.8V 恒压限流充电，一直到充电电流下降至 300mA。

⑨ 盖上排气阀以后，注意恢复填充物。盖上电池盖板，如果是胶接的，应该涂胶粘接。在电池盖板上压上重物，待胶完全凝固，再次进行 4.8V 恒压限流充电，一直到充电电流下降至 300mA。

⑩ 再次测试电池容量，判断电池容量是否恢复。

电池维修后效果不理想的原因（容量上升不大，或者没有达到标称容量的 70％ 以上）如下。

a. 电池正极板软化，其显著表现是：在上述步骤⑦时，会发现吸出的多余电解液中有黑色杂质，如果黑色杂质比较多，就是正极板软化排出的，这样的电池基本上无法修好，只能够报废。

b. 电池硫化，可充电后对电池进行电子脉冲修复 24h，再次测试。

c. 充电以后 30min，测试电池电压，还低于 12V，可能是电池内部断路，电池应该报废。

316. 蓄电池常见的外部故障

(1) 容器破裂

蓄电池容器多由硬橡胶或塑料制成，其质地硬脆。造成破裂的原因有蓄电池固定螺母旋得过紧、行车剧烈振动、外物击伤和电解液结冰等。检查判断时可根据电池电解液液面高度以及电池底部的潮湿情况来判断容器是否有裂纹存在，容器的裂纹一般在其上近四角处。蓄电池容器裂纹轻者可修补，重者应更换。

(2) 封口胶破裂

封口胶因质量低劣或受到撞击容易造成破裂，封口胶破裂后，电解液从裂缝中渗出；与杂质或脏物混合会使蓄电池外表连通形成短路，引起自行放电。封口胶轻微裂缝可清洁干燥后，用喷灯喷裂纹处烤热熔封。严重者可把封口胶清除干净，重新封口。

(3) 极桩螺栓和螺母腐蚀

蓄电池的极桩螺栓和接线端已腐蚀产生污物，可用竹片将污物刮去，用抹布蘸 5％ 的碱溶液擦去残余的污物和酸液，再用水清洗干净，然后在极桩及接线端表面涂以凡士林油层保护。严重的腐蚀应更换极桩接线螺母及螺栓。

(4) 蓄电池爆炸

蓄电池充电后期，电解液中的水分解为氢气和氧气。由于氢气可以燃烧，氧气可以助燃，如果气体不及时逸出，且与明火接触即迅速燃烧，从而引起爆炸。所以为了防止蓄电池产生爆炸事故，必须使蓄电池加液孔螺塞的通气孔保持畅通，严禁蓄电池的周围有明火，蓄电池内部的连接处的焊接要可靠，以免松动引起火花。

317. 蓄电池的正确维护

为了使蓄电池经常处于完好的技术状态，对正在使用的蓄电池，应做好以下维护工作。

① 要保持蓄电池外部的清洁，经常清除蓄电池上的灰尘、泥土和极桩、电线头上的氧化物，擦去电池上部和外表面的电解液和污物。

② 检查蓄电池在车上安装是否牢靠，极桩是否晃动，接线是否紧固。

③ 检查和调整各单格电池内电解液的液面高度。

④ 根据当时的季节，及时调整电解液密度。

⑤ 检查并疏通加液孔盖上的通气孔。

⑥ 经常检查蓄电池的放电程度。如低于规定标准，要立即进行补充充电。

318. 普通蓄电池的技术状态检查

① 检查电解液液面的高度　一般每行驶 1000km 或冬季行驶 10～15 天，夏季行驶 5～6 天，应检查液面高度，电解液液面高度应高出极板 10～15mm，如图 3-4 所示。电解液不足

应及时添加蒸馏水，若液面降低确系溅出所致，应补加相应密度的电解液并充电调整。

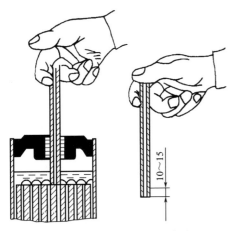

图 3-4　检查电解液液面高度

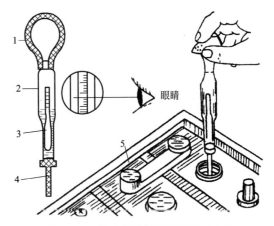

图 3-5　吸管式密度计结构及测量方法
1—橡皮球；2—玻璃管；3—浮子；4—橡皮吸管；5—电池

② 测量电解液密度　用吸管式密度计进行测量，它的结构及测量电解液密度的方法如图 3-5 所示。

测量时先将密度计下部的橡皮吸管插入蓄电池单格电池内，用手捏一下橡皮球，然后慢慢松开，电解液就被吸入玻璃管中，此时密度计的浮子浮起，其上刻有读数，浮子与液面凹边缘水平线相平的读数就是该电解液的密度。

③ 用高率放电计检查蓄电池的放电程度　确定蓄电池放电程度的另一个方法，是用高率放电计测量单格电池在强电流放电时的端电压，来确定蓄电池的放电程度，如图 3-6 所示。

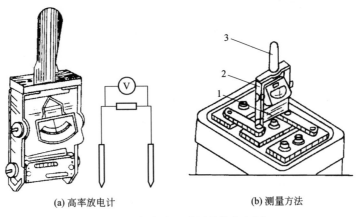

(a) 高率放电计　　　　　　　(b) 测量方法

图 3-6　高率放电计测量单格电压
1—分流电阻；2—电压表；3—高率放电计手柄

319. 干荷电蓄电池的使用与维护

初次使用时，需将蓄电池加液盖旋开，疏通通气孔，加入相应密度电解液到规定高度，记下密度和温度，将蓄电池静放 $20\sim30$min，然后再测量电解液温度和密度，如温度上升不到 $6℃$，密度下降不到 0.01g/cm^3，蓄电池即可使用。若超过以上规定值，应照正常补充充电对蓄电池再充电。

干荷电蓄电池除不必长时间初充电外，其余使用、维护要求与普通蓄电池一致。

下列情况下，要对干荷电蓄电池进行补充电，并达到充足电状态。

① 电解液注入后，超过 48h 未使用。

② 由于发电机发电量不足或车辆长时间停放或行驶行程过短等原因，造成蓄电池容量损失或充电不足。

③ 蓄电池储存超过一年。

320. 免维护蓄电池的使用与维护

这种密封型蓄电池，不需要加注蒸馏水，只要检查外壳有无裂纹和腐蚀情况。有电解液指示器的，应检查电解液液面及密度。

321. 电压法检测蓄电池性能

① 静止电动势测试　如果蓄电池刚充过电或者车辆刚行驶过，应接通前大灯远光 30s，消除"表面充电"现象。然后熄灭前照灯，切断所有负载，用万用表测量蓄电池的静止电动势，若额定电压为 12V 的蓄电池，测得电压小于 12V，说明蓄电池过量放电；测出电压 12.2～12.5V，说明部分放电；高于 12.5V 说明蓄电池电足。

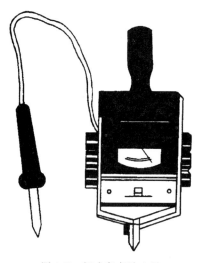

图 3-7　新式高率放电计

② 新式 12V 高率放电计测试　普通蓄电池用的高率放电计只能检测单格电池电压，而新式蓄电池联条均为穿壁式，蓄电池表面只有正、负极桩，所以普通电池用的高率放电计已不能测取新式蓄电池的高率放电电压。用新式高率放电计测试时如图 3-7 所示，用力将放电计针插入正、负极桩，保持 3～5s，若蓄电池电压能保持在 9.6V 以上，说明该蓄电池性能良好，但存电不足；若稳定在 10.6～11.6V，说明存电足；若电压迅速下降，则说明蓄电池已损坏。

二、发电机常见故障

目前国内外生产的汽车交流发电机，其结构基本相同，多是由三相同步交流发电机和六只硅二极管构成的三相桥式全波整流器所组成，现代发电机的整流管有 8 管、9 管、11 管等多种形式。图 3-8 为发电机实物图，图 3-9 为发电机结构图，图 3-10 所示为交流发电机电路简图。

发电机常见故障有：发电机不发电、不充电、充电电流过小、充电电流过大、充电电流不稳和发电机异响等。

322. 电源充电指示灯不亮

（1）故障现象

闭合点火开关和发动机正常运转时，充电指示灯一直不亮。

（2）故障原因

① 充电指示灯灯丝断路。

② 熔断丝烧断使指示灯线路不通。

③ 指示灯或调节器电源线路导线断路或接头松动。

图 3-8　发电机实物图

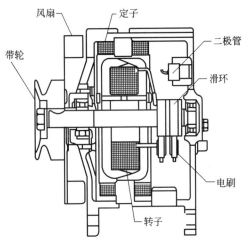

图 3-9　发电机结构图

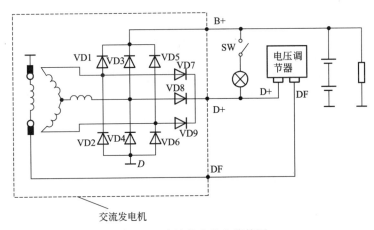

图 3-10　交流发电机电路简图

④ 蓄电池极柱上的电缆线头松动。

⑤ 点火开关故障。

⑥ 发电机电刷与滑环接触不良。

⑦ 调节器内部电路故障，如调节器内部电子元件损坏而使大功率三极管不能导通。

(3) 故障排除方法

首先启动发动机并怠速运转，然后检查发电机充电系统能否充电。将充电指示灯不亮分为充电系统能充电和不能充电两种情况分别进行排除。

接通点火开关时充电指示灯不亮，启动发动机后发电机又能发电，说明发电机充电系统正常；检查仪表盘上的充电指示灯是否正常，若灯丝断路，则需更换。

当接通点火开关充电指示灯不亮，启动发动机后发电机且不能发电时，故障排除方法如下：首先关闭点火开关，检查仪表熔断丝。如该熔断丝断路，更换相同规格的熔断丝；如熔断丝良好，继续检查。接通点火开关，用万用表检测熔断丝上的电压值，如电压为零，说明点火开关以及点火开关与熔断丝之间线路有故障，应予检修或更换。如熔断丝上的电压正常则检查发电机电刷与滑环接触不良或调节器内部电路故障。

323. 电源系统不充电

（1）故障现象

发动机启动后，仪表盘上的充电指示灯始终亮着，这说明发电机出现了不充电故障。

（2）故障原因

① 发电机磁场绕组短路、断路或搭铁而导致磁场电流减小或不通。

② 定子绕组短路、断路或搭铁故障。

③ 整流器故障。

④ 电刷与滑环接触不良。

⑤ 调节器故障。

⑥ 发电机的传动带过松而打滑，发电机不转或转速过低而不发电。

（3）故障诊断

当充电指示灯常亮时，说明点火开关、熔断丝以及充电指示灯技术状态良好，启动发动机并将其转速逐渐升高，此时用万用表检测发电机端子 B 与发电机壳体间电压，如万用表指示的电压高于蓄电池电压，说明发电机发电，可能发电机端子 B 与蓄电池正极的线路断路。如电压为零或过低，说明充电系统有故障，应按如下方法继续检查：断开点火开关，检查发电机传动带的挠度是否符合规定（5～7mm），挠度过大应调整。如传动带的挠度正常，则继续检查，拆下调节器接线端子上的导线，接通点火开关，用万用表检测调节器接线柱上的导线电压，如电压为零，充电指示灯亮，说明仪表盘与调节器之间的线路搭铁，应予检修。如电压正常，则跨接发动机端子 B 与 F，如发电正常则故障是调节器或调节器到发电机的线路；如还是不发电则故障在发电机，应拆检发电机。

324. 充电指示灯时亮时灭

（1）故障现象

接通点火开关和发动机正常运转时，充电指示灯不稳定，时亮时灭。

（2）故障原因

① 发电机传动带挠度过大而出现打滑现象。

② 发电机整流二极管断路、定子绕组连接不良或断路而导致发电机输出功率降低；发电机电刷磨损过多。

③ 调节器调节电压过低。

④ 相关线路接触不良。

（3）故障排除

① 检查传动带的挠度是否符合规定。

② 检查相关线路连接情况，如不正常，则需检修。

③ 拆下调节器和电刷组件总成，并按前述方法检查调节器和电刷，如不正常，则需检修或更换。

④ 检修发电机总成。

325. 充电电流不稳定

（1）故障现象

发动机在怠速运转时，电流表指针不断摆动。

（2）故障原因

充电电流不稳故障主要有以下原因。

① 接线的各连接处松动，接触不良。

② 发电机故障，其原因如下。

a. 发电机 V 带过松。

b. 励磁绕组或定子绕组有故障。

c. 电刷压力不足，接触不良。

d. 接柱（接线柱）松动，接触不良。

③ 调节器故障，如果是电磁振动式调节器，其故障有下述三个原因。

a. 触点脏污、接触不良。

b. 线圈、电阻有故障。

c. 附加电阻断路。

如果是晶体管式调节器，其故障也有下述三个原因。

a. 连接部分松动。

b. 电子元件性能变坏。

c. 继电器工作不良。

（3）故障排除

充电不稳，对内搭铁发电机，将调节器上"＋"与"F"两接柱上的导线拆下悬空，用一试灯跨接在发电机"＋"与"F"之间，然后逐渐提高发动机转速，注意观察试灯，对外搭铁发电机，应把"试灯"接在"F"与"－"之间，试灯正常发亮，故障在发电机外部，充电电路连接不良，接头松动。试灯闪烁发光，故障在发电机内部，励磁电路接头松动。

326. 发电机工作中有异响

（1）故障现象

发电机在运转过程中有不正常噪声。

（2）故障原因

发电机工作中有异响的故障主要有以下原因。

① 风扇传动带过紧或过松。

② 发电机损坏被卡住或松旷缺油，轴承钢球保护架脱落及轴承走外圆。

③ 发电机转子与定子相碰，俗称"扫膛"。

④ 电刷磨损过大，或电刷与滑环接触角度偏斜，电刷在电刷架内倾斜摆动。

⑤ 发电机总装时部件不到位使机体倾斜或发电机电枢轴弯曲。

⑥ 发电机传动带与轴松旷，使传动带盘与散热片碰撞。

（3）诊断与排除

发电机工作中有异响可按以下步骤进行判断与排除。

① 检查风扇传动带松紧度。

② 检查发动机传动带轮与发电机安装是否松旷。

③ 用手触摸发电机外壳和轴承部位，是否烫手或有振动感，若烫手说明定子和转子相碰或轴承损坏。借助听诊器或旋具听发电机轴承部位，声音清脆、不规则，说明轴承缺油或滚柱已损坏。

④ 拆下电刷，检查其磨损和接触情况。

⑤ 拆检发电机，检查其内部机件配合和润滑是否良好。如果发电机噪声细小而均匀，应检查硅二极管和励磁绕组是否断路或短路。

327. 蓄电池充电不足故障

（1）故障现象

闭合点火开关发动机启动时充电指示灯会亮，发动机启动后充电指示灯也熄灭，但是蓄电池很快出现亏电现象，并且启动发动机时，启动机运转无力、夜间行车前照明灯灯光暗淡。

（2）故障原因

① 发动机传动带过松或损坏。

② 发电机端子 B 与蓄电池正极柱线路短路或导线端子接触不良。

③ 发电机电刷与滑环接触不良。

④ 调节器的调节电压过低或其内部电路有故障。

⑤ 发电机转子绕组短路使磁场变弱而导致发电机输出功率降低。

⑥ 发电机整流器故障或定子绕组有短路、缺相故障而导致发电机输出功率降低。

⑦ 蓄电池使用时间过长、极板硫化、损坏或活性物质脱落。

⑧ 全车线路中有导线搭铁而漏电。

（3）故障诊断与排除

出现蓄电池充电不足现象时，具体诊断方法如下。

① 检查蓄电池的技术状态是否良好，如使用时间过长或负载电压低于 9.6V，则需要更换蓄电池。

② 检查传动带的挠度是否符合规定（5～7mm）。

③ 检查发电机端子 B 至蓄电池正极的线路是否断路或导线端子是否接触不良。

④ 拆下发电机总成，检查电刷组件，如电刷高度过低，则更换电刷；如电刷弹簧卡滞或弹力不足，应更换弹簧。

⑤ 试验检测调节器的调节电压，如调节电压过低（低于 14.2V）或调节器损坏，应予更换。

⑥ 如上述检测均良好，则断开所有电器开关，拆下蓄电池正极电缆端子，并且该端子与蓄电池正极柱之间串联一个电流表，检测全车电路有无漏电现象。如有漏电，可将驾驶室内和发动机罩下的熔断器上的熔断丝逐一拔下，检查漏电发生在哪一条线路，然后进行排除。

328. 发电机充电电流过大

（1）故障现象

汽车灯泡易烧坏，蓄电池温度过高且其电解液消耗过快。

（2）故障原因

发电机充电电流过大的原因：电压调节器调节电压过高或者是调节器失效。

（3）故障诊断

确认灯泡易烧、蓄电池电解液温度过高或电解液消耗过快而无其他原因时，启动发动机加速到 1500r/min 时，用万用表测量发电机端子 B 电压，如果超过最大值的 20%，可确认调节器故障，应更换调节器。

329. 充电电流过小

（1）故障现象

在蓄电池充电性能良好情况下，发电机在各转速下充电电流均很小，蓄电池亏电。

（2）故障原因

交流发电机充电电流过小故障主要有以下原因。

① 接线的接头松动。

② 发电机发电不足，其原因如下。

a. 发电机 V 带过松。

b. 二极管损坏（个别的）。

c. 电刷接触不良，滑环油污。

d. 励磁绕组局部短路，定子绕组部短路或接头松开。

③ 调节器故障

a. 电压调整偏低。

b. 触点脏污。

c. 继电器触点接触不良。

（3）故障诊断

① 检查发电机传动带松紧度。

② 用跨接线跨接调节器端子 B 和 F，如果充电电流增大，说明故障是调节器；如果充电电流还是过小，则故障在发电机，应拆检发电机。

330. 发电机工作中有异响

（1）故障现象

发电机在运转过程中有不正常噪声。

（2）原因分析

发电机工作中有异响的故障主要有以下原因。

① 风扇传动带过紧或过松。

② 发电机损坏被卡住或松旷缺油，轴承钢球保护架脱落及轴承走外圆。

③ 发电机转子与定子相碰，俗称"扫膛"。

④ 电刷磨损过大，或电刷与滑环接触角度偏斜，电刷在电刷架内倾斜摆动。

⑤ 发电机总装时部件不到位使机体倾斜或发电机电枢轴弯曲。

⑥ 发电机传动带与轴松旷，使传动带盘与散热片碰撞。

（3）诊断与排除

发电机工作中有异响可按以下步骤进行判断与排除。

① 检查风扇传动带松紧度。

② 检查发动机传动带轮与发电机安装是否松旷。

③ 用手触摸发电机外壳和轴承部位，是否烫手或有振动感，若烫手说明定子和转子相碰或轴承损坏。借助听诊器或旋具听发电机轴承部位，声音清脆、不规则，说明轴承缺油或滚柱已损坏。

④ 拆下电刷，检查其磨损和接触情况。

⑤ 拆检发电机，检查其内部机件配合和润滑是否良好。如果发电机噪声细小而均匀，应检查硅二极管和励磁绕组是否断路或短路。

331. 充电系统故障诊断流程

充电系统故障诊断流程框图如图 3-11 所示。

有IC调节器

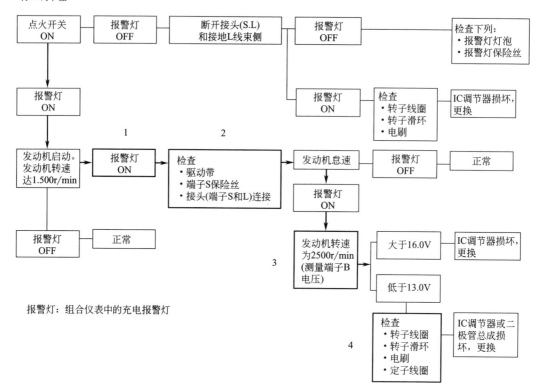

报警灯:组合仪表中的充电报警灯

图 3-11　充电系统故障诊断流程框图

◉ 第二节　启动系统常见故障诊断与检修

启动机一般由三部分组成（图3-12）。

① 直流串励式电动机，其作用是产生转矩。

② 传动机构，或称啮合机构，其作用是在发动机启动时，使启动机小齿轮啮入飞轮环齿，将启动机转矩传给发动机曲轴。在发动机启动后，使启动机小齿轮滑转或与飞轮自动脱离。

③ 控制装置，即电磁开关等，其作用是接通或切断电动机与蓄电池之间的电路。在有些汽车上，还具有接入和断开点火线圈附加电阻的作用。图 3-13 所示为启动系统结构。

启动系统常见故障有：接通启动开关，启动机不转、空转或运转无力。

332. 启动机不转

（1）故障现象

点火开关旋至启动挡时，启动机不转。

（2）原因分析

① 电源部分的故障　蓄电池亏电或内部损坏，电瓶导线与电瓶接线柱接触不良，电瓶火线与启动机接线柱连接松动，电瓶搭铁线接触不良或连接松动，电瓶导线断路等。

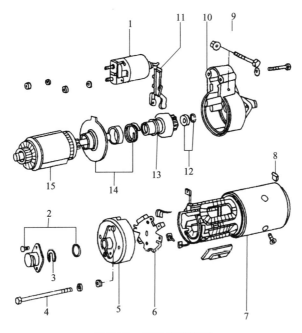

图 3-12 启动机结构图

1—电磁开关；2—轴承盖；3—锁片；4—螺栓；5—电刷端盖；6—电刷架；7—电动机壳子；
8—橡胶密封圈；9—拨叉支点螺栓与螺母；10—驱动端盖；11—拨叉；12—止推垫圈与卡环；
13—单向离合器；14—中间轴承；15—电枢

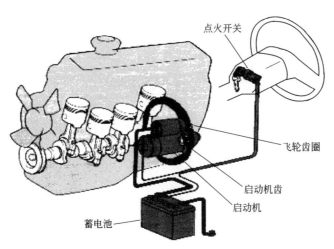

图 3-13 启动系统结构

② 控制线路部分的故障　点火开关或启动继电器（或复合继电器）故障，电磁开关"火线接线柱"→点火开关→启动继电器→电磁开关"启动接线柱"的导线断路、短路、搭铁。

③ 启动机故障　电磁开关触点烧蚀引起接触不良，电磁开关线圈断路、短路、搭铁，电枢轴弯曲或轴承过紧，换向器脏污或烧坏，电刷磨损过短、弹簧过软、电刷在架内卡住与换向器不能接触，电枢绕组或励磁绕组断路、短路、搭铁。

（3）诊断与排除

① 检查蓄电池存电是否充足和电源线路有无故障　检查电源导线接触情况，可用开大

灯或按喇叭、查看灯光亮度和声音强度的方法，来检查电源是否有故障。也用电池高率放电计等，检查蓄电池储电状况。

② 判断故障在启动机还是在控制线路 点火开关旋至启动挡时，启动机有"叽、叽"响声，说明控制电路无故障，故障在启动机。

短接电磁开关上的"火线接线柱"与"启动接线柱"，如果出现如下状况。

a.启动机运转，说明启动机良好，故障在控制线路。可用短接的方法，检查出启动开关、继电器和导线是否正常，也可通过检查导线的电压情况确定故障部位。

b.启动机不转，说明故障在启动机。然后短接电磁开关上的"火线接线柱"与"定子绕组接线柱"，若启动机运转正常，则电磁开关有故障；仍不转，则说明启动机的直流电动机部分有故障。

c.短接时如有强烈的火花，说明启动机内部短路；短接时如火花很弱或无火花；说明启动机内部断路或电路接触不良。

333. 启动不转磁力开关连续撞击声

(1) 故障现象

点火开关转至启动挡，磁力开关有连续通断的"叽、叽"响声，启动机无法转动。

(2) 故障原因

磁力开关保持线圈断路。

(3) 诊断与排除

当点火开关在启动挡，启动机磁力开关连续不断地接通、断开，即为磁力开关保持线圈断路，无法保持接通状态。可拆开磁力开关，检查线圈的搭铁点是否脱焊，通常断路都是搭铁点脱焊，线圈很少断路。

334. 启动机转动无力

(1) 故障现象

接通启动开关，启动机转动缓慢或不能连续运转。

(2) 故障原因

① 电源部分的故障 蓄电池存电不足，电源导线接头松动、脏污，接触不良。

② 启动机部分的故障

a.电磁开关触点、接触盘烧蚀接触不良，电磁开关线圈局部短路。

b.换向器表面烧蚀、脏污；电刷磨损过多，弹簧过软，使电刷与换向器接触不良；电枢绕组或磁场绕组局部短路，使启动机功率下降。

c.电枢轴弯曲、轴承间隙过大，导致转子与定子碰擦；启动机轴承过紧，转动阻力过大。

(3) 诊断与排除

① 检查蓄电池存电是否充足

a.首先按喇叭以响声强度判断蓄电池电力是否充足，也可用电池高率放电计检查蓄电池储电状况。

b.检查蓄电池极柱、火线和搭铁线接头等处是否接触良好。检查方法是转动点火开关让启动机接通工作 10s 左右时间停止，再用手摸蓄电池到启动机各连接线和连接端子和搭铁点，如果哪个部位发热，即是接触不良的故障点。

c.在启动工况时通过测量启动电路电压降的方法确定故障的部位，如图 3-14 所示。

② 如蓄电池和电源导线线路良好，则说明故障在启动机部分。短接电磁开关主线接柱，

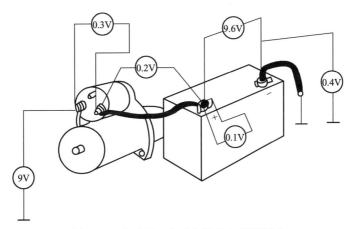

图 3-14　启动机工作时电路的电压降测试

如火花强烈说明启动机内部短路；如无火花或火花弱，说明启动机内部断路。拆检启动机，排除故障。

335. 启动机空转

（1）故障现象

接通点火开关启动挡，启动机只是高速空转，不能带动发动机运转。

（2）原因分析

① 单向离合器打滑或损坏。

② 拨叉变形或拨叉连动机构松脱。

③ 启动机驱动齿轮与飞轮齿圈之间的行程调整不当，或驱动齿轮不能自由活动。

④ 电磁开关铁芯行程太短。

⑤ 启动机驱动齿轮或发动机齿圈严重磨损或打坏。

（3）诊断与排除

① 启动机空转时转速很高，虽然驱动齿轮已与齿圈啮合，但不能带动飞轮旋转，可听到"嗡、嗡"的高速旋转声，无碰齿声音，一般为单向离合器打滑或损坏。

② 启动机空转，如有严重的碰擦轮齿的声音，说明飞轮轮齿或启动机驱动齿轮严重磨损。进一步检查，可重新转动曲轴或将车挂上挡，前后移动一下汽车，使启动机的驱动齿轮与发动机的飞轮重新啮合。如果能启动发动机，说明飞轮齿圈的齿轮啮合面部分损伤，飞轮齿圈损伤轻微的可将飞轮齿圈翻转过来，重新使用，严重的更换飞轮齿圈。

③ 启动机空转，如有较轻的摩擦声音，即驱动齿轮没有和飞轮齿圈啮合，电磁开关就提前接通，说明铁芯行程太短，应拆下启动机，进行启动机接通时刻的调整。

④ 若启动时伴有撞击声，应检查拨叉连动机构是否松脱，启动机固定螺栓是否松动。

336. 启动时有强烈的噪声

（1）故障现象

启动开关接通时启动机有强烈的齿轮撞击声。

（2）原因分析

① 飞轮轮齿或启动机驱动齿轮严重磨损。

② 启动机齿轮没有和飞轮齿圈啮合，电磁开关就提前接通。

（3）诊断与排除

① 如果多做几次启动操作能够启动，说明飞轮轮齿或启动机驱动齿轮严重磨损，应拆下启动机进一步检查，根据实际情况更换驱动齿轮或飞轮齿圈。

② 如果多做几次启动操作不能够启动，即驱动齿轮没有和飞轮齿圈啮合，电磁开关就提前接通，说明铁芯行程太短，可调整铁芯行程。调整方法：根据启动机型号不同，调整的位置不一样，通常是转动偏心连接轴或调整铁芯连接轴长短。

337. 启动系统故障诊断流程

启动系统故障诊断流程框图如图 3-15 所示。

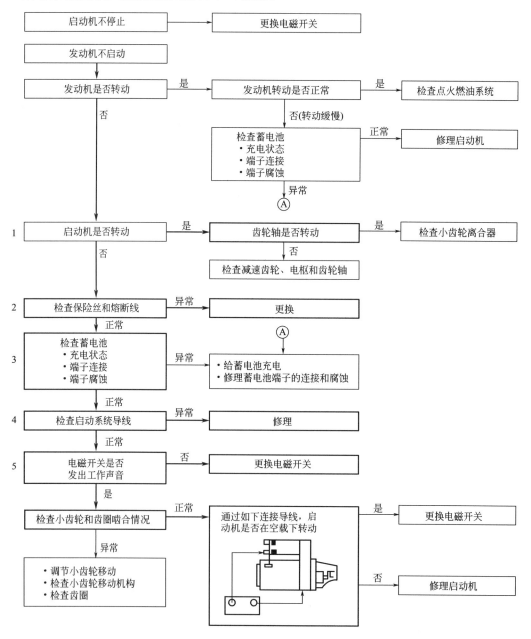

图 3-15　启动系统故障诊断流程框图

338. 启动系统主要部件检查方法

在初步判断出故障点或故障范围后，可对相关的部件进行检查，以明确有故障零件。

(1) 启动继电器检查

可用数字万用表的二极管挡检查线圈是否断路；用欧姆挡检测继电器线圈相应端子间的电阻值，以判断其是否有短路。

对于继电器触点的检查，可在继电器线圈相应端子间施加一定的电压，同时观察继电器触点的开闭情况，以判断继电器是否正常。

(2) 电磁开关检查

电磁开关内的吸拉线圈或保位线圈，可利用万用表的电阻挡来检查。将万用表接在电磁开关电源接线柱与启动机电源接线柱之间，如图 3-16 所示，如果不导通，说明吸拉线圈断路；将万用表接在电磁开关电源接线柱与开关壳体搭铁，如果不导通，说明保位线圈断路。

如果线圈没有问题，还应对电磁开关触点和触盘进行拆检。对于修复好的电磁开关，组装后还应进行牵引性能、保持性能、复位性能的检测。

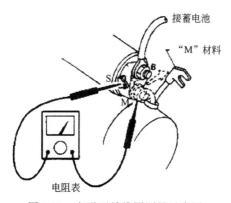

图 3-16 电磁开关线圈测量示意图

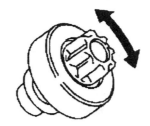

图 3-17 单向离合器检查

(3) 单向离合器检查

用手沿正向和反向转动驱动齿轮，若均不能转动，表明单向离合器咬死；若均能转动，表明单向离合器失效。

若经上述检查未发现故障，可将单向离合器拆下后夹在虎钳上，在花键套筒内插入一根花键轴，将扭力扳手与花键轴用套管相连，并沿逆时针方向转动扭力扳手，如图 3-17 所示，单向离合器应能承受规定值 1.2 倍以内的转矩而不打滑，否则，表明单向离合器失效。

(4) 启动机电动机检查

可通过短接电磁开关上的蓄电池接线柱和启动机电动机电源接线柱，若启动机工作不正常，则可认为是启动机电动机内部存在故障。通常电动机在通电开始瞬间，有转动不均匀现象，其原因主要可能是电刷磨损和电刷与换向器表面接触不良（电刷的检查如图 3-18 所示）；也可能是电枢绕组存在断路故障。若电动机空转时运转正常，却无法带动发动机旋转，其原因可能是电枢绕组短路，也可能是搭铁电刷的搭铁不良。若外电路的接触火花很大，则可能是磁场绕组或电刷架有搭铁故障。电刷架检查方法如图3-19所示。

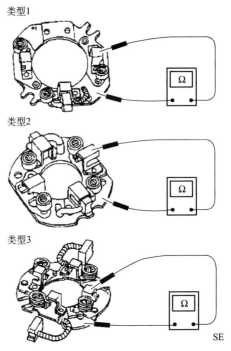

类型1

类型2

类型3

SE

图 3-19　电刷架检查方法

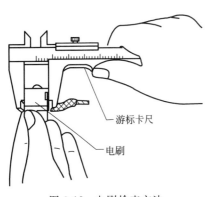

游标卡尺

电刷

图 3-18　电刷检查方法

◉ 第三节　灯光、信号系统常见故障诊断与检修

为了保证汽车夜间行驶的安全，以及提高其行驶速度，在汽车上装有多种照明设备和灯光信号装置，俗称灯系。汽车灯系按其安装位置和用途可分为外部照明装置、内部照明装置和汽车灯光信号装置。

汽车灯具的种类如图 3-20 所示。

① 前照灯（大灯）　装在汽车头部的两侧，有 2 灯制和 4 灯制之分。

② 雾灯　在有雾、下雪、暴雨或尘埃等情况下照明。雾灯射出的光线倾斜度大，光色为黄色或橙色（黄色光波较长，透雾性能好）。

③ 示宽灯（俗称前小灯）　装在汽车前部两侧，用于夜间行驶标示车宽。

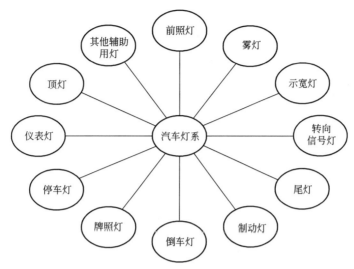

图 3-20　汽车灯具的种类

④ 转向信号灯　汽车转弯时，发出明暗交替的闪光信号，以表明汽车向左或向右转行驶，它有前、后、侧转向信号灯之分。一般为橙色。

⑤ 尾灯　装在车尾，夜间行驶时用来警示后面的车辆，以便保持安全距离。

⑥ 制动灯　装在车尾，踏下制动踏板时，便发出较强的红光，以示制动。

⑦ 倒车灯　当汽车挂入倒挡时，用来照亮车后路面，并警告车后的车辆和行人，表示该车正在倒车。

⑧ 牌照灯　装于汽车尾部牌照的上方或两侧，用来照亮汽车牌照。

⑨ 停车灯　夜间停车时，用来标志汽车的位置。

⑩ 仪表灯　装在仪表板上，用来照明仪表。

⑪ 顶灯　装在车厢或驾驶室内顶部，作为内部照明之用。

⑫ 其他辅助用灯　为了便于夜间检修，设有工作灯，经插座与电源相接。有的在发动机下面还装有发动机罩下灯，其功用与工作灯相同。

目前，多将汽车后部的尾灯、后转向信号灯、制动灯、倒车灯等组合起来称为组合后灯；而前照灯、雾灯或前转向信号灯等组合在一起称为组合前灯。

灯光系统控制电路如图 3-21 所示。

汽车灯光常见故障一般有灯光不亮、灯光亮度低、灯泡频繁烧坏等。

339. 前照灯不发亮

(1) 故障现象

打开前照灯开关，前照灯不发亮。

(2) 原因分析

引起前照灯不发亮的原因主要有灯泡损坏 、熔断丝熔断、灯光开关或继电器损坏及线路短路或断路等故障。

(3) 诊断与排除

① 如果只有一只灯泡不亮，一般为该灯的灯丝熔断，可将灯泡拆下后检查。

② 如果是几只灯泡都不亮，可按喇叭，喇叭也不响，则是熔断器熔断。

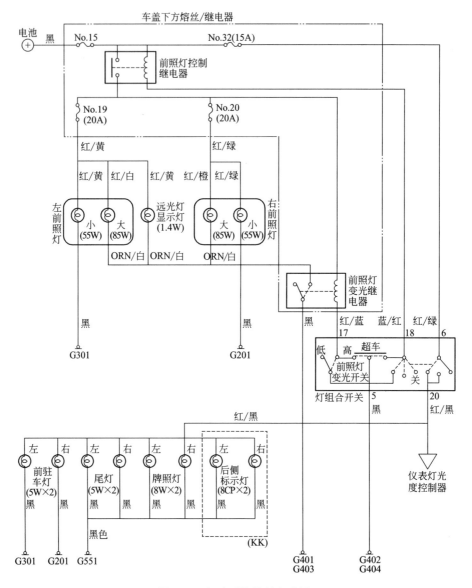

图 3-21　灯光系统控制电路图

③ 如果同属一个熔断丝的灯泡都不亮，则可能是该支路的熔断丝被熔断。

处理熔断器熔断故障时，在总熔断器复位或更换新的熔断丝之前，应查找出超负荷的原因。其方法是：将熔断丝所接各灯的接线从灯座上拔掉，用万用表电阻挡测量灯端与搭铁之间的电阻，若电阻较小或为零，则可断定线路中有搭铁故障。

排除故障后，再把熔断器复位或更换新的熔断丝。

④ 如果前照灯均不发亮

a. 检查继电器。将继电器线圈直接供电，可检查出继电器是否能正常工作，如不能正常工作，应更换继电器。

b. 检查灯光开关。可用万用表检查开关各挡位的通断情况，若与要求不符，应更换灯光开关。灯光开关各端子功能如图 3-22 所示。

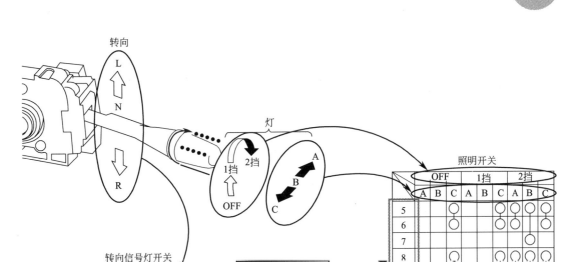

图 3-22　灯光开关各端子功能

c. 检查线路。在检查线路时，可用万用表或试灯逐段检查线路，以便找出短路或断路故障的部位。前大灯线路如图 3-23 所示。

340. 灯光亮度下降

（1）故障现象

打开前照灯，灯光亮度逐渐下降。

（2）原因分析

光亮度不够多为蓄电池电量不足或发电机和调节器的故障所致。另外，还有导线接头松动或接触不良、导线过细或搭铁不良等原因。

（3）诊断与排除

打开前照灯将发动机转速稳定在中速，测量发电机输出电压。

如果电压达到额定标准，故障是导线接头松动或接触不良、导线过细或搭铁不良等原因。检查方法，持续打开前照灯 30min，然后用手摸前照灯各段电线和各连接端口，如果哪个部位有发热，即为故障点。

如果电压达不到额定标准，则故障在发电机或调节器，可短时间短接发电机输出接柱和磁场接柱，如果电压上升，故障是调节器；如果电压不上升，故障是发电机。

341. 灯泡频繁烧坏

（1）故障现象

灯泡经常烧坏。

（2）原因分析

灯泡频繁烧坏的原因一般是电压调节器不当或失调，使发电机输出电压过高所致。

此外灯具的固定不良也是造成灯泡频繁烧坏的原因。

双灯泡型

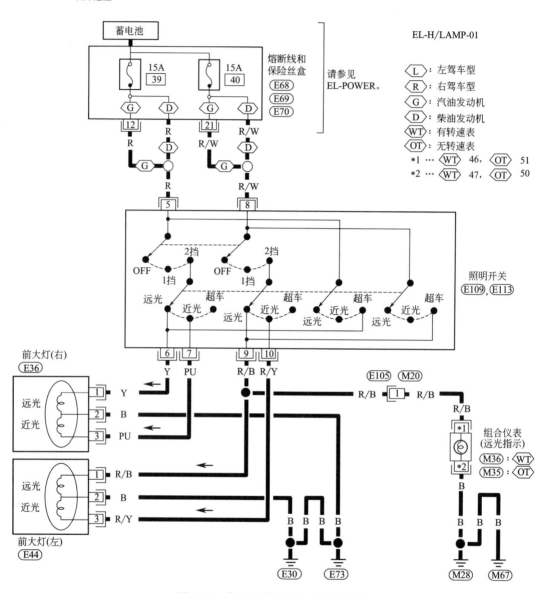

图 3-23　东风日产汽车前大灯线路图

（3）诊断与排除

如果在行驶中灯光出现闪烁或晃荡，是灯具固定不良，应检查和固定灯具。
检查和调整发电机输出电压，必要时更换调节器。

342. 前照灯发光强度偏低

（1）故障现象

打开前照灯，灯光亮度不够。

（2）原因分析

① 蓄电池内部短路或充电电压过低。

② 导线接头松动或接触不良、导线过细或搭铁不良。

③ 散光镜坏或反射镜有尘垢、灯泡玻璃表面发黑或功率过低及灯丝没有位于反射镜的焦点上。

（3）诊断与排除

① 检查前照灯反射镜是否明亮，如昏暗或镀层剥落或发黑应予更换。

② 检查灯泡是否老化，质量是否符合要求，如老化或质量不符合要求，光度偏低者应更换。

③ 检查蓄电池端电压是否正常，如端电压低，应检测发电机供电是否正常，如果发电机供电正常，故障是蓄电池内部短路或蓄电池老化。

④ 检查线路及连接端子是否有发热现象，以及搭铁是否良好。

343. 左右前照灯亮度不一致

（1）故障现象

左右前照灯发光强度不一致。

（2）原因分析

① 左右前照灯的反射镜有一个灰暗。

② 左右前照灯有一个灯泡老化。

③ 左右前照灯有一个线路接触不良或搭铁不良。

（3）诊断与排除

检查发光强度偏低的前照灯的反射镜是否灰暗、灯泡是否老化、质量是否符合要求，如果正常，一般多为线路接触不良或搭铁不良。

344. 前照灯光束照射位置偏斜

（1）故障现象

前照灯光束照射位置偏斜。

（2）原因分析

① 因强烈振动而错位致使光束照射位置偏斜。

② 灯泡远近光灯丝位置不合格。

（3）诊断与排除

前照灯安装位置不当或因强烈振动而错位致使光束照射位置偏斜，应予以调整。前照灯光束照射位置偏斜的调整可在前照灯检测仪上进行。

根据检测标准，在检测调整光束照射位置时，对远、近双光束灯以检测调整近光光束为主。如果灯泡质量合格，近光光束调整合格后，远光光束一般也能合格；若近光光束调整合格后，经复核远光光束照射方向不合格，则应更换灯泡。

345. 转向信号灯不亮

（1）故障现象

打开点火开关（转向信号灯工作受点火开关控制的车辆），接通转向信号灯开关，转向信号灯不亮。

（2）故障原因

转向信号灯不工作的故障原因如下。

① 熔断器熔断、电源线路断路或灯系中有短路处。

② 闪光继电器损坏。

③ 转向信号灯开关损坏。

(3) 诊断与排除

① 首先检查熔断丝是否熔断，如果熔断应检查线路是否有短路搭铁处。

② 检查闪光器是否正常，否则应更换。

③ 检查转向灯开关电源线是否有 12V，如果有，则检查开关是否正常，否则应更换。

346. 转向灯左右闪快慢不一样

(1) 故障现象

转向灯左侧或右侧灯闪烁频率不一致。

(2) 原因分析

① 灯闪烁快的一侧有灯泡不亮或烧坏。

② 左右转向灯功率不一样。

③ 灯闪烁快的一侧有接线或搭铁不良。

(3) 诊断与排除

① 检查所有的转向灯是否都亮。

② 检查左右转向灯灯泡的功率是否一致。

③ 检查灯光暗的转向灯的线路和搭铁是否良好。

347. 左右转向灯亮度不一样

(1) 故障现象

左右转向灯亮度不一样。

(2) 原因分析

左右转向灯均不亮的原因可能是熔断丝烧断、闪光器坏、转向开关出现故障或线路有断路的地方。

(3) 诊断与排除

① 检查融丝断了更换。

② 检查闪光器。

③ 若以上正常检查转向灯开关或其接线（转向灯电路如图 3-24 所示），视情况修理或更换。

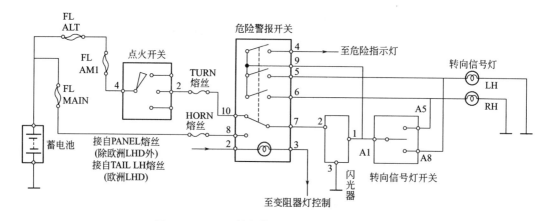

图 3-24　LS400 转向信号和危险警报系统电路图

左右转向灯均不亮，除以上检查法外，还可以先打开危险警告开关，若左右转向灯均不亮，说明闪光器有故障。

348. 打一侧转向灯左右转向灯都微亮

(1) 故障现象

打某侧的转向灯，两侧转向灯都微亮。

(2) 故障原因

这种故障通常出现在双丝灯泡结构的汽车上，该侧的转向灯总成搭铁不良，当接通转向灯时由于搭铁不良，电流无法通过，只能通过另一根灯丝（示宽灯）到另一侧的灯光而搭铁形成回路。由于通过了两根灯丝，所以左、右两侧的灯泡都亮，但因电阻是串联的，电阻大，所以都是微亮。

(3) 排除方法

检修该侧的侧灯总成的搭铁线或搭铁点。

349. 喇叭不响

(1) 故障现象

按喇叭没有声音。

(2) 原因分析

熔丝熔断、喇叭插头松脱、喇叭线束断路、喇叭继电器损坏和喇叭触点烧蚀。

(3) 诊断与排除

首先检查熔丝是否熔断，然后拔下喇叭插头，用万用表测量在按喇叭开关时此处是否有电。如果没有电，应检查喇叭线束和喇叭继电器；如果有电，则是喇叭本身的问题，此时也可以试着调节喇叭上的调节螺母看是否能发声，如果还是不响，则需要更换喇叭。

喇叭不响的故障诊断程序见表 3-1。

表 3-1　喇叭不响的故障诊断程序

步骤	诊断与检测方法	结　果	
		是	否
1	检测喇叭继电器端子 B 与搭铁之间电压是否为 12V	至步骤 2	供电线路故障
2	短接继电器端子 B 和 H，看喇叭是否响起	至步骤 3	喇叭本身故障
3	按下喇叭按钮，同时听继电器是否有触点闭合声	继电器触点故障	至步骤 4
4	将继电器端子 S 搭铁，看喇叭是否响起	喇叭按钮故障	继电器线圈故障

350. 喇叭有时响时不响

(1) 故障现象

按喇叭有时响有时不响。

(2) 原因分析

多是由于插头松动或接触不良。特别是转向盘按钮周围的各个搭铁触点，由于使用频繁，容易使触点出现烧蚀。

喇叭开关内部的断电器触点接触不好。

(3) 诊断与排除

① 短接喇叭继电器开关电路。

② 如果喇叭正常，说明是喇叭插头松动、接触不良或按钮烧蚀。应检查各连接器，或将喇叭继电器搭铁线直接搭铁，如果喇叭正常则应拆开方向盘用 00# 砂布打磨搭铁触点。

③ 如果喇叭还是时响时不响，则是喇叭内部断电器触点烧蚀而接触不良。应拆开喇叭 00# 砂布打磨断电器触点。

351. 喇叭声音沙哑

(1) 故障现象

按喇叭时声音很小或声音沙哑。

(2) 原因分析

① 铁芯间隙不当和触点顶压力不当，前者调整喇叭的音调，后者调整喇叭的音量。

② 喇叭响片破裂。

(3) 诊断与排除

① 触点预压力（音量）调整：将喇叭的音量调整螺钉转松，接着转一下锁紧螺母。转动的方向会因喇叭的机能不同而有所不同，因此很难说要转向哪一边，但是必须先转动一点，接着试按喇叭，然后再进一步转动。在喇叭声最好的地方固定锁紧螺母，如图 3-25 所示。

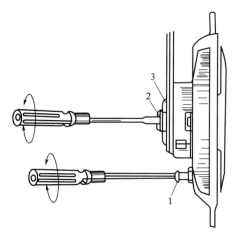

图 3-25　电喇叭的调整
1—音量调整螺钉；2—音调调整螺钉；3—锁紧螺母

② 铁芯间隙（音调）调整：即衔铁与铁芯间的间隙，电喇叭音调的高低与铁芯间隙有关，铁芯间隙小时，膜片的振动频率高（即音调高）；间隙大时，膜片的振动频率低（即音调低）。铁芯气隙值（一般为 0.7～1.5mm）视喇叭的高、低音及规格型号而定，如 DL34G 为 0.7～0.9mm，DL34D 为 0.9～1.05mm。

③ 以上调整无效则是响片破裂，响片破裂只能更换响片或喇叭总成。

352. 组合仪表系统电源电路的故障诊断

汽车组合仪表系统如图 3-26 所示，电源电路的故障诊断程序见表 3-2，电源组件的参数应符合表 3-3 中的规定，否则应更换电源组件。

表 3-2　组合仪表系统电源电路的故障诊断程序

步骤	诊断与检测方法	结果	
		是	否
1	点火开关置于"ON"，看警告灯是否点亮	至步骤 3	至步骤 2
2	点火开关置于"OFF"，看检测仪表熔断器是否导通	至步骤 3	仪表熔断器故障
3	①点火开关置于"OFF"，拔下仪表板连接器 C ②检测端子 C-10 与搭铁是否导通	至步骤 4	端子 C-10 搭铁电路故障
4	点火开关置于"ON"，看端子 C-1 与 C-10 间是否为蓄电池电压	至步骤 5	C-1 与电源电路故障
5	检测电源组件，看工作是否正常	电路板故障	电源组件故障

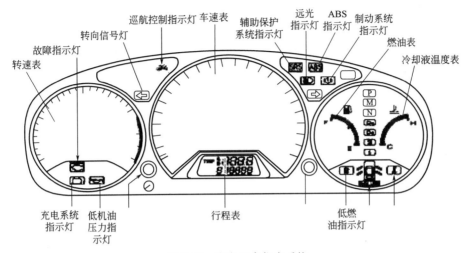

图 3-26　汽车组合仪表系统

表 3-3　LS400 型轿车仪表系统电源组件诊断参数

步骤	检测条件	电压表/V		
		"+"	"-"	读数
1	拔开导线连接器 C,蓄电池"+"接端子 C-1,"-"接端子 C-10	N1	N3	12
2		N2	N3	12
3		N5	N3	0～0.5
4		N4	N3	0
5	拔开导线连接器 C,蓄电池"+",接端子 C-1 和 C-5,"-"接端子 C-10	N5	N3	约 1.25
6		N4	N3	约 1.25

353. 车速表的故障诊断与检测

车速表由传感器（安装在变速器输出轴上或车轮上，有光电耦合式和磁电式）、微机处理系统和显示器组成。由传感器来的光电脉冲信号，经微机处理后，即可在显示屏上显示。里程表则根据车速表和累计运行时间，由微机处理计算并显示，如图 3-27 所示。

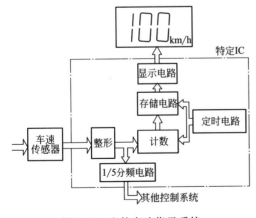

图 3-27　电控车速指示系统

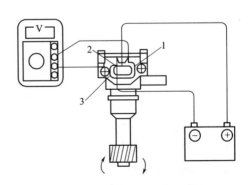

图 3-28　车速传感器检测示意图

1～3—端子

若车速表不工作，说明车速表电路出现故障，应进行故障诊断。若车速传感器出现故障，则按图 3-28 所示进行车速传感器检测。检测时，拔开导线连接器，将蓄电池"＋"接传感器端子 2，"－"接端子 3，转动传动轴，使传感器转轴转动，检测传感器端子 1 和 3 之间的电压，应在 0～11V（或更大）范围内连续变化。车速传感器轴每转一圈，电压变化应为 20 次，否则说明传感器损坏，应更换。

表 3-4　车速表不工作的故障诊断程序

步骤	诊断与检测方法	结果	
		是	否
1	检查行驶中里程表是否工作	车速表故障	至步骤 2
2	①拔下仪表连接器 A 和 C，顶起车辆，点火开关置于"ON" ②转动传动轴的同时检测端子 A-8 和 C-8 之间的电压 ③传动轴每转 1 周，电压应在 0～11V 间连续变化	电路板故障	至步骤 3
3	检查车速传感器工作是否正常	车速传感器电源组件或其导线故障	车速传感器故障

除进行上述电路和元件检测外，对车速表还应进行误差检测。车速表误差主要是由于车速表故障、轮胎磨损、气压不足等原因造成的，需借助车速表试验台进行检测。

车速表允许误差范围为 -5%～$+20\%$，即当实际车速为 40km/h 时，车速表指示值在 38～48km/h 范围内为合格；或当车速表指示值为 40km/h 时，实际车速在 33.3～42.1km/h 范围内为合格。

354. 水温表不工作的故障诊断与检测

水温表的故障诊断与检测程序见表 3-5。

表 3-5　水温表不工作的故障诊断程序

步骤	诊断与检测方法	结果	
		是	否
1	①脱开水温传感器，点火开关置于"ON"，水温表的指针应指向"COOL" ②将连接器端子串入一只 3.4W 的灯泡搭铁，灯泡应点亮，同时水温表指针应移向热端	电源组件故障	至步骤 2
2	①点火开关置于"OFF"，检侧水温表电阻 ②端子 A 和 B 间电阻是否为 54Ω ③端子 A 和 C 间电阻是否为 146Ω ④端子 B 和 C 间电阻是否为 200Ω	水温传感器故障	水温表故障

水温传感器的检测：测量水温传感器端子与传感器之间的电阻，在水温为 50℃ 时，电阻约为 249Ω；水温为 115℃ 时，电阻约为 28Ω。否则应更换传感器。

355. 燃油表不工作的故障诊断与检测

燃油表装置如图 3-29 所示。

燃油表的故障诊断与检测程序见表 3-6。

燃油传感器的检测：将 3 节 1.5V 的干电池串联，将正极通过一只 3.4W 的灯泡接至端子 3，负极接至端子 2，将电压表的表笔"＋"接端子 3，表笔"－"接传感器外壳，当油箱内浮标从顶部移到底部时，电压表的指示值应连续上升，否则为传感器损坏。

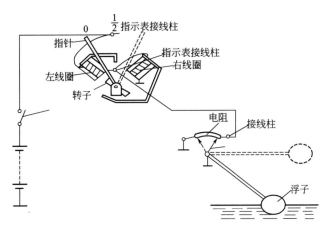

图 3-29　燃油表装置

表 3-6　燃油表不工作的故障诊断程序

步骤	诊断与检测方法	结果	
		是	否
1	①脱开燃油传感器,点火开关置于"ON",看表的指针是否指向"EMM" ②在燃油表端子 2 和 3 间串入一个 3.4 W 的灯泡,观察灯泡是否点亮,同时燃油表指针是否移向满刻度	电源组件故障	至步骤 2
2	①点火开关置于"OFF",检侧燃油表电阻 ②端子 A 和 B 间电阻是否约为 73Ω ③端子 A 和 C 间电阻是否约为 188Ω ④端子 B 和 C 间电阻是否约为 115Ω	燃油传感器故障	燃油表故障

356. 发动机机油压力警告灯的故障诊断与检测

(1) 警告灯不亮

其故障诊断程序见表 3-7。

表 3-7　警告灯不亮的故障诊断程序

步骤	诊断与检测方法	结果	
		是	否
1	①拔下仪表系统连接器 B ②点火开关置于"ON",看约 40s 后警告灯是否点亮	至步骤 3	至步骤 2
2	检查灯泡是否正常	电路板故障	更换灯泡
3	①确保机油压力在 49kPa 以上 ②发动机停机时,看机油压力警告开关端子与搭铁是否导通 ③发动机运转时,看端子与搭铁间是否不导通	电源组件故障	机油压力 警告开关故障

(2) 警告灯一直亮

其故障诊断程序见表 3-8。

机油压力警告灯感应开关如图 3-30 所示。

表 3-8　警告灯一直亮的故障诊断程序

步骤	诊断与检测方法	结　果	
		是	否
1	①点火开关置于"ON",15s 内启动发动机 ②观察发动机启动后 15s 内警告灯是否熄灭或灭后又亮	至步骤 4	至步骤 2
2	将仪表端子 B-18 搭铁	电路板故障	至步骤 3
3	①确保机油压力在 49kPa 以上 ②发动机停机时,看机油压力警告开关端子与搭铁是否导通 ③发动机运转时,看端子与搭铁间是否不导通	电源组件故障	机油压力警告开关故障
4	拔下发电机连接器,看警告灯是否点亮	至步骤 5	交流发电机故障
5	检查仪表端子 B-6 与搭铁是否导通	该线路故障	电路板故障

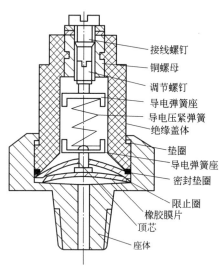

图 3-30　机油压力警告灯感应开关

第四节　电动门窗电动座椅故障诊断与检修

357. 电动门窗故障诊断与排除

电动车窗出现故障,可根据故障现象在按表 3-9 所列进行检查。

表 3-9　电动车窗故障诊断和排除方法

症状	修理顺序
使用任何开关都无法操作电动车窗	1. 电动车窗继电器电源和接地检查
	2. 电动车窗主开关电源和接地电路检查
驾驶员侧电动车窗不工作	电动车窗电动机(驾驶员侧)电路检查
乘客侧电动车窗不工作	1. 电动车窗电动机电路检查
	2. 电动车窗开关检查
	3. 电动车窗(驾驶员侧)电路检查

症状	修理顺序
左后电动车窗不工作	1. 电动车窗电动机电路检查
	2. 电动车窗开关检查
	3. 电动车窗（左后）电路检查
右后电动车窗不工作	1. 电动车窗电动机电路检查
	2. 电动车窗开关检查
	3. 电动车窗（右后）电路检查
防夹系统工作不正常（驾驶员侧）	1. 车门车窗滑动零件故障
	·异物附着在车窗玻璃或玻璃橡胶条上
	·玻璃橡胶条磨损或变形
	·窗框倾斜过多或不足
	2. 限位开关调整
	3. 限位开关电路检查
	4. 编码器电路检查
自动操作不工作，但是手动操作正常	编码器电路检查
电动车窗保持电动操作不正常	车门开关检查

电动车窗电路可参照电路图进行检测，图 3-31 是东风日产车系的电动车窗电路图。

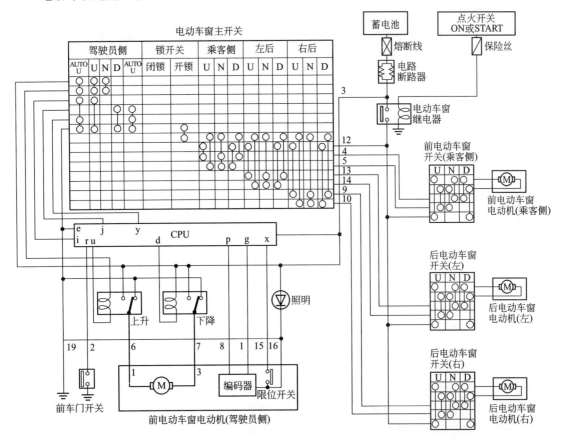

图 3-31　东风日产电动车窗电路图

301

358. 某个门窗玻璃升降器只能向一个方向运动

诊断方法：先操纵相应的组合开关（或分开关），若门窗两个方向都能运动，则说明分开关（或组合开关）接触不良；若门窗仍只能向一个方向运动，则可能是分开关至组合开关之间的控制导线断路或门窗玻璃升降器有故障。

359. 某个门窗玻璃升降器不能动作

诊断方法：先操纵相应的组合开关（或分开关），若门窗运动正常，则说明分开关（或相应的组合开关）损坏；若门窗仍不动作，可能是分开关上的电源线断脱、电动机的连线断脱、电动机有故障、升降器有故障等。

360. 所有门窗玻璃升降器均不能运动

诊断方法：应先检查电源线和搭铁线，然后检查门窗继电器等。故障的原因可能为：组合开关搭铁线断脱，总电源线断脱，门窗继电器的触点接触不良、损坏或线圈断路，锁定开关（若装有）接触不良或未关闭等。

361. 玻璃升降器工作时有异常声响

（1）故障原因

安装时没有调整好，卷丝筒内钢丝绳跳槽，滑动支架内的传动钢丝夹转动，电动机盖板或固定架与玻璃碰擦。

（2）排除方法

重新调整升降器的安装螺钉，重新调整卷丝筒内的钢丝绳位置，检查安装支架弧度是否正确。

362. 电动机正常，升降器不工作

（1）故障原因

钢丝绳断，滑动支架断或支架内的传动钢丝夹转动。

（2）排除方法

更换钢丝绳，重新铆接钢丝夹。

363. 玻璃升降器工作时发卡、阻力大

（1）故障原因

导轨凹部有异物，导轨损坏或变形，电动机损坏，钢丝绳腐蚀、磨损。

（2）排除方法

排除异物，修理或更换损坏的零部件。

364. 电动车窗维修实例

（1）驾驶员侧电动车窗不能自动升降

① 故障现象　1994 款凌志 LS400 型轿车驾驶员侧电动车窗不能自动升降。

② 诊断与排除　因为其他各车窗可以自由升降，所以可以判断自动车窗的熔断丝、继电器完好，故障可能出在控制开关或车内线束及电动机。该车电动车窗电路见图 3-32。

拆下主开关，打开点火开关，将主开关线束的端子 8 与端子 10 相连，端子 9 与端子 4 相连，此时可见车窗玻璃升起。将端子 8 与端子 4 相连，端子 9 与端子 10 相连，车窗玻璃下降，这说明车窗内电动机及内线束完好，故障就在开关内部。

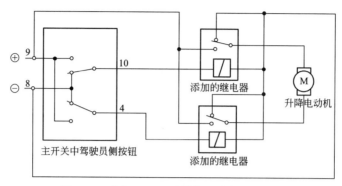

图 3-32　凌志 LS400 型轿车电动车窗电路图

（2）总控制开关不能控制后车窗

① 故障现象　1993 款凌志 LS400 型车使用电动车窗玻璃升降时，总控制开关可以控制左前车窗、右前车窗和右后车窗玻璃的升降动作，但不能控制左后电动车窗玻璃升降动作。对于分开关，右前门正常，右后车门上的电动车窗玻璃升降控制开关不能控制右后车门电动车窗玻璃的升降动作，而左后车门上的电动车窗玻璃升降控制开关在电动车窗升起以后不能放下。

② 诊断分析　该车的电动车窗玻璃升降控制系统可以由左前座一侧的电动车窗总控制开关集中控制，也可以由安装在各个车门上的分开关单独控制。在汽车的四个车门中，只要一个车门上的电动车窗玻璃可以用总控制开关或各个车门上的分开关进行控制，就说明电动车窗玻璃升降控制系统总的供电电源线路是正常的。

从上面电动车窗玻璃升降控制系统故障现象可以看出，四个车门的电动车窗玻璃升降器中的电动机都是好的，因此，出现故障的部位可能有以下几个方面。

a. 电动车窗玻璃升降控制系统总控制开关中的左后车门控制开关及连接导线有故障（见图 3-33）。

b. 左后车门上的控制开关及连接导线有故障（图 3-34）。

c. 右后车门上的控制开关及连接导线有故障。

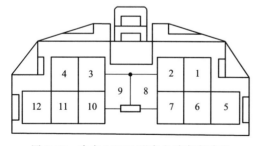

图 3-33　凌志 LS400 型车电动车窗玻璃
升降控制开关线束插头

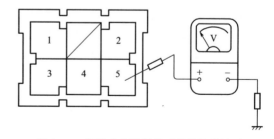

图 3-34　车窗玻璃控制总开关的接线端子

③ 修复措施

a. 用细钢针从右后车门电动车窗玻璃升降器控制开关线束插头上的端子 5 中挑出导线插扣，用断线钳把导线头部剪齐，用剥线钳把导线头部的绝缘层剥去 6～8mm，将其嵌入导线插扣中并用尖嘴钳充分夹紧，用电烙铁把导线头部焊接好，然后把插扣插入线束插头上的端子 5 内。

b. 用相同的方法修理好电动车窗玻璃升降器总控制开关线束插头上端子 5 内的导线及插扣。

c. 修复完毕，插上电动车窗玻璃升降器总控制开关的线束插头、右后车门及左后车门上的电动车窗玻璃升降控制开关的线束插头和玻璃升降器电动机的线束插头。打开点火开关，先用电动车窗玻璃总控制开关控制左后车门及右后车门的电动车窗玻璃的升降动作，结果完全正常。

（3）总控制开关、分开关控制异常

① 故障现象　1993 款丰田大霸王多用途车（TCR10 型 8 座）使用驾驶员一侧的电动车窗玻璃升降总控制开关只能控制左前车门电动车窗玻璃向上升起，而不能放下，同时不能控制右前车门电动车窗玻璃的上升动作。如果使用右前（乘客一侧）车门上的电动车窗玻璃升降控制开关，只能控制右前车门电动车窗玻璃的下降动作，而不能使其上升。

② 诊断分析　丰田大霸王多用途车的左、右两侧电动车窗玻璃的升降动作可以由左前座一侧（驾驶员一侧）车门上的电动车窗玻璃升降总控制开关集中控制，右前车门电动车窗玻璃的升降动作也可由右前车门上的控制开关单独控制。

在汽车的左、右两个车门中，只要有任何一个车门的电动车窗玻璃可以用电动车窗玻璃升降系统中的总控制开关或者是用右前车门上的控制开关进行控制，就说明汽车的电动车窗玻璃升降控制系统中总的供电电源电路正常。

从上面电动车窗玻璃升降控制系统中的故障现象可以看出，两个车门上的电动车窗升降器中的电动机都是完好的，因此出现故障的部位必然是电动车窗升降总控制开关或右侧电动车窗玻璃升降控制开关及连接导线。

③ 检测方法　拆除车门上内饰板，取下电动车窗玻璃升降总控制开关及右前车门上的电动玻璃升降控制开关，取下玻璃升降器电动机的线束插头，直接用 12V 电源驱动车窗玻璃升降器的电动机。

a. 用 12V 电源正极接电动车窗玻璃升降器电动机接线端子（图 3-37）中的端子 2，负极接端子 1，这时两个车门上的车窗玻璃都可以升起。让车窗玻璃完全升起之后，插上电动车窗升降总控制开关、右前车门电动车窗玻璃升降器控制开关及两个车窗玻璃升降器电动机的线束插头。当使用电动车窗玻璃升降器总控制开关控制两个车窗玻璃时，右侧可下降而左侧不能下降，但右侧下降以后不能再升起。

b. 取下左前车门玻璃升降器电动机的线束插头，直接用 12V 电源的正极接左前车窗玻璃升降器电动机接线端子中的端子 1，负极接端子 2，这时左前车窗玻璃可以放下。车窗玻璃放下以后重新插上升降器电动机的线束插头。检查发现，如果使用电动车窗升降器总控制开关控制车窗玻璃的升降动作时，可以控制左前车门的电动车窗玻璃的上升动作，而不能控制右前车门的电动车窗玻璃的上升动作。如果使用右前车门的电动车窗玻璃升降控制开关则车窗可降而不可升。

④ 排除方法　取下电动车窗玻璃升降器总控制开关的线束插头。

a. 用导线的一端插入电动车窗玻璃升降器总控制开关线束插头中的端子 4（图 3-36），另一端可靠搭铁（或接电池的负极），然后把右前门电动车窗玻璃升降控制开关拨向"UP"位置，这时右前车窗玻璃可以上升。

b. 用导线的一端插入电动车窗玻璃升降器总控制开关线束插头中的端子 5 中（图 3-36），另一端可靠搭铁，然后把右前车门电动车窗玻璃升降器控制开关拨向"DOWN"（下

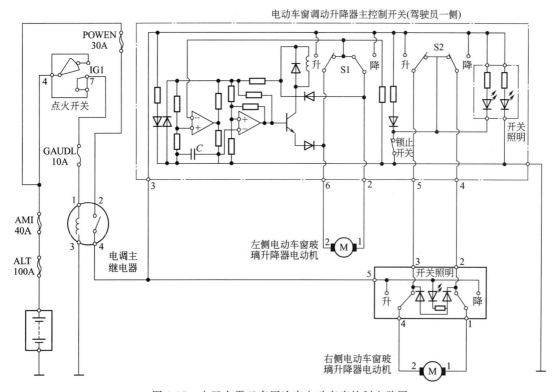

图 3-35 丰田大霸王多用途车电动车窗控制电路图

降）位置，这时右前车窗玻璃可以下降。

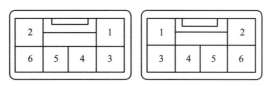

图 3-36 升降器总控制开关接线端子及线束插头

经过以上两项检查和试验，说明右前车门电动车窗玻璃升降器控制开关及连接导线都是正常的，那么故障就一定是出在电动机车窗升降总控制开关上。

c. 分解电动车窗玻璃升降总控制开关，发现总控制开关电路板中，左前车窗玻璃升降控制开关中的下降（DOWN）闭合触点（图 3-35 中的 S1 处）以及右前车窗玻璃上升（UP）闭合触点（图 3-35 中的 S2 处）严重烧蚀，已不可修复。

d. 更换新的电动车窗玻璃升降总控制开关后，做车窗升降控制试验，结果一切恢复正常，故障排除。

365. 电动座椅常见故障的诊断与排除

电动座椅常见故障有：完全不动作或某个方向不能动作。

(1) 电动座椅完全不动作

① 故障原因　熔断器断路；线路断路；座椅开关有故障等。

② 诊断与排除　首先检查熔断器是否断路；若熔断器良好，则应检查线路连接是否正

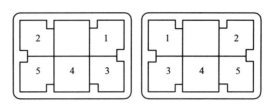

图 3-37　右前门控制开关接线端子及线束插头

常，最后检查开关。

（2）电动座椅某个方向不能动作

① 故障原因　该方向对应的电动机损坏，开关、连接导线断路。

② 诊断与排除　可以检查线路是否正常，再检查开关和电动机。

若电动机运转而座椅不动，首先看是否已到极限位置，然后检查电动机与变速器之间的相关轴器是否磨损过大或损坏，必要时应更换。

若电动机不工作，应根据图 3-38 所示，检查电源线及电动机线路是否断路，搭铁是否牢固，然后进行如下检测。

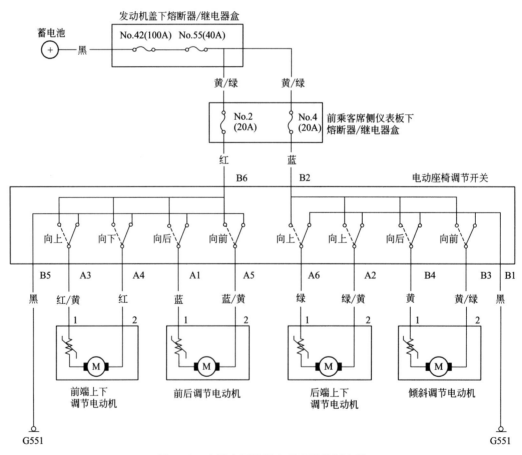

图 3-38　广州本田雅阁电动座椅控制电路

a. 调节开关的检测

ⓐ 拔出调节开关钮，然后从驾驶席座椅处拆下调节开关罩。

　　ⓑ 拆开调节开关的两个 6 芯插头，如图 3-39 所示。再拆下该开关的两个固定螺钉，然后从开关罩上拆下调节开关。

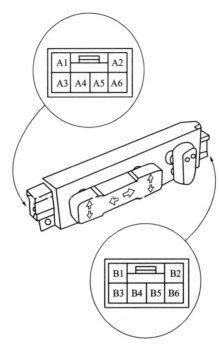

图 3-39　调节开关插头

　　ⓒ 按表 3-10 检查调节开关，否则更换调节开关。

表 3-10　调节开关的检测

开关位置		端　子											
		A1	A2	A3	A4	A5	A6	B1	B2	B3	B4	B5	B6
前端上下调节开关	向上			○	○							○	○
	向下			○	○							○	○
后端上下调节开关	向上			○			○	○	○				
	向下			○			○	○	○				
前后调节开关	向前	○				○							○
	向后	○				○							○
倾斜调节开关	向前							○	○	○	○		
	向后							○	○	○	○		

　　b. 调节电动机的检测

　　ⓐ 拆下驾驶席座椅轨道端盖，再拆下驾驶席座椅的 4 个固定螺栓。

　　ⓑ 拆开座椅线束插头和线束夹，然后拆下驾驶席座椅。

　　ⓒ 拆开调节开关的两个 6 芯插头，如图 3-39 所示。

④ 将两个 6 芯插头的某两端子分别接蓄电池正、负极，按表 3-11 检查各调节电动机的工作情况。

表 3-11 调节电动机的检测

调节电动机的工作情况		电源	
		＋	－
前端上下调节电动机	向上	A3	A4
	向下	A4	A3
后端上下调节电动机	向上	A2	A6
	向下	A6	A2
前后调节电动机	向前	A5	A1
	向后	A1	A5
倾斜调节电动机	向前	B3	B4
	向后	B4	B3

注意：当电动机停止运转时，应立即断开端子与蓄电池的连接。

⑤ 如果某个调节电动机不运转或运转不平稳，则应检查 6 芯插头与该调节电动机的 2 芯插头之间的线束是否有断路或虚接故障。如果线路正常，则应更换调节电动机。

366. 丰田电动座椅故障诊断

丰田 LS400 电动座椅控制系统常见故障检查见表 3-12 和表 3-13。

表 3-12 丰田 LS400 电动座椅控制系统故障一览表

故障征兆		＋B电源电路	ECU电源电路	电动机电路	位置传感器电源电路	位置传感器电路	停车灯开关电路	空挡启动开关电路	点火开关电路	手动开关电路	信息交换电路	电动座椅ECU
手动和复位功能不起作用	所有功能	1		3						2		4
	仅有一个功能			1								2
仅对手动功能,有一个或所有功能不起作用										1		2
存储功能不起作用		1	2									3
当制动踏板松开时复位动作不停止							1					2
复位工作不起作用或工作一会儿就停止	所有复位功能 · 倾斜和伸缩电动机起作用		1		2						3	4
	所有复位功能 · 倾斜和伸缩电动机不起作用	1	3	2	4							5
	仅有一个复位功能					1						2
	点火开关钥匙插入时才能复位 · 所有功能							1				2
	点火开关钥匙插入时才能复位 · 仅有一个功能								1			2

表 3-13 丰田 LS400 电动座椅控制系统倾斜和伸缩故障一览表

故障征兆		ECU电源电路	执行器电源电路	传感器电源电路	倾斜位置传感器电路	倾斜电动机电路	伸缩位置传感器电路	伸缩电动机电路	自动设定开关电路	手动开关电路	SET开关电路	存储和返回开关电路	点火开关电路	空挡启动开关电路	门控灯开关电路	未锁警告开关电路	倾斜和伸缩ECU
手动、自动和返回功能失效	倾斜和伸缩	1	2	4												3	5
	仅倾斜				1	2											3
	仅伸缩						1	2									3
自动返回或自动切断功能失效									1								2
仅手动功能失效	倾斜和伸缩				1												2
	仅倾斜									1							2
	仅伸缩									1							2
仅返回功能失效	任何情况均失效			3							2	1					4
	仅插入钥匙时												1	2			3
	仅插入钥匙时														1	2	3
	仅存储和返回开关 1 或 2											1					2

第五节 电动刮水器的故障诊断

刮水器由刮水电动机总成、三连杆机构及三个方向球头活节和摆杆与刮片组成。

刮水器装置常见故障有：刮水器不转；刮水器无间歇挡，无快慢速工作；刮水电动机无自动停位功能故障。

367. 刮水器电动机不转

（1）故障现象

刮水器开关设在慢、快及间歇挡时，刮水器电动机均不转。

（2）故障原因

① 刮水器电动机电源线路断路。

② 卸荷继电器、点火开关及刮水器开关接触不好。

③ 刮水器电动机失效。

（3）诊断与排除方法

① 查刮水器电动机电源线路是否断路。

② 检查电动机绕组是否内部断路。

③ 检查刮水器开关及卸荷继电器是否工作正常。

368. 刮水器无慢速工作挡

（1）故障现象

接通点火开关，将刮水器开关置于慢速挡位置，刮水器不转。

(2) 故障原因

① 刮水器开关损坏。

② 卸荷继电器损坏。

③ 刮水器电动机慢速挡工作线路故障。

④ 熔丝断或线路中有短路处。

(3) 诊断与排除方法

① 检查刮水器继电器（8 号位置）及 S5 熔丝是否正常。

② 检查刮水器电动机插头中绿线是否有电。

③ 检查刮水器开关工作是否正常。

④ 检查刮水器电动机。

369. 刮水器快速挡不工作

(1) 故障现象

接通点火开关及刮水器快速挡，刮水片不动。

(2) 故障原因

① 刮水器开关失效。

② 刮水器电动机故障。

③ 刮水器快速挡线路故障。

④ 卸荷继电器失效。

(3) 诊断与排除方法

① 检查中央继电盘 4 号位置的卸荷继电器及 S5 熔丝是否工作正常。

② 检查刮水器开关。

③ 检查刮水器快速挡工作线路是否有断路或接触不良的。

370. 刮水器无间歇挡

(1) 故障现象

接通点火开关及刮水器间歇挡，刮水器不工作。

(2) 故障原因

① 刮水器开关失效。

② 刮水器继电器或卸荷继电器失效。

③ 刮水器电动机失效。

④ 刮水器间歇挡线路故障。

(3) 诊断与排除方法

① 检查熔丝、刮水器继电器及卸荷继电器是否工作正常。

② 检查刮水器间歇挡线是否有断路或接触不良处。

③ 检查刮水器电动机。

④ 检查刮水器开关。

371. 刮水器无自动停位功能

(1) 故障现象

在刮水器电动机慢速、快速、间歇、短时工作时，将刮水器开关扳到停位，刮水器雨刮片不能自动停位在原来位置。

（2）故障原因

① 刮水器开关的停位触点损坏。

② 减速器蜗轮输出轴背面的自动停位导电片和减速器盖板上的导电触点损坏。

（3）诊断与排除方法

① 检查刮水器开关的停位触点，若损坏则更换。

② 蜗轮输出轴背面的自动停位导电片和减速器盖板-亡的导电触点。若损坏，则更换。

◎ 第六节　汽车空调常见故障诊断与检修

汽车空调系统作为影响汽车舒适性的主要总成之一，为汽车提供制冷、取暖、除霜、除雾、空气过滤和湿度控制功能。其中，采暖系统可使乘员避免过量着装、为车窗提供除雾和除霜功能，提供舒适性和安全服务。冷气系统（图 3-40）则通过制冷、除湿来提供舒适性，通过使驾驶员保持警醒、允许关窗等措施提供了安全服务；采暖和冷气系统还可提供除尘、除臭的功能。这些功能已成为车辆必不可少的要求。

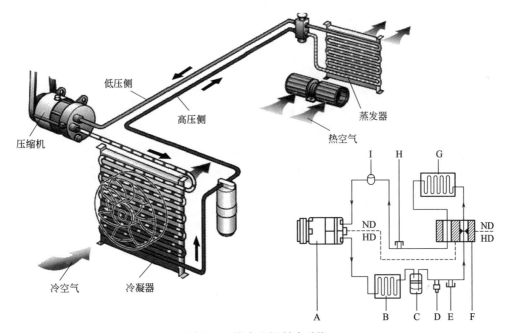

图 3-40　汽车空调制冷系统

一、汽车空调常见故障分析和排除

空调系统的故障大致可分为：制冷能力降低或不制冷；断断续续工作；无暖气或暖气不足、电控系统故障码、噪声等。其主要表现为制冷系统、暖风通风系统、电气及电控系统和机械元件出现异常，只有及时排除，才能保证或维持其正常运行。汽车空调主要部件位置如图 3-41 所示。

372. 汽车空调故障经验诊断法

在汽车空调维修过程中，维修人员可以借助眼、耳、鼻、身等感觉器官所产生的视觉、

图 3-41　汽车空调主要部件位置

1—冷凝器；2—压缩机；3—制冷剂管路；4—蒸发器箱；5—进风罩；
6—空调控制装置；7—加热器；8—储液干燥器

听觉、嗅觉、触觉（冷热感和振动感）和维修经验来诊断汽车空调制冷系统的常见故障。

（1）看——用眼视察制冷系统运转时有无异常

① 看视液镜内制冷剂的流动状态　启动发动机，并将转速稳定在 1500～1700r/min，打开 A/C 开关，让制冷系统运行 5～10min。擦干净视液镜的玻璃，把调温键置于 "MAX" 的最大制冷位置，使鼓风机和冷凝器散热风机最高速运转。这时可以通过视液镜中观察到如下几种情况（图 3-42）。

a. 视液窗内有气泡或泡沫，可视为制冷剂不足。

b. 向冷凝器上溅水，若视液窗内无气泡出现，可视为制冷剂过多。

c. 视液窗内污浊有油花，则表明润滑油过多。

d. 视液窗内清晰且出风口制冷效果差，可视为制冷剂泄漏殆尽。

e. 视液窗内布满油斑，表明冷冻机油过多或制冷剂泄漏殆尽。

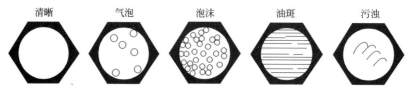

图 3-42　通过空调视液镜看到的制冷剂液流状态

如果在开启冷气时可从视液镜看到气泡并迅速减少，3～5min 后可见液流，偶尔可见气泡，视液镜清洁，则表明管道系统制冷剂量正常。

② 看管路连接处和各部件是否泄漏　如果制冷系统各连接部位或冷凝器表面有油渍，

说明此处有制冷剂泄漏。

③ 看冷凝器外表是否清洁和完好　如果冷凝器表面被灰尘或杂物封住，散热片倾斜变形，则会影响冷凝器散热和气态制冷剂的液化。

④ 看各软管外表是否清洁和完好　由于汽车行驶的颠振、发动机室的高温和化学腐蚀，制冷系统大量采用的橡胶管容易磨损、老化或裂纹等，从而导致制冷剂和冷冻润滑油泄漏。

⑤ 看蒸发器出气管表面是否结霜　如果结霜则是由于膨胀阀开度过大或蒸发器堵塞所致。正常情况是结露不结霜。

（2）听——用耳听诊制冷系统运转时有无异响

① 听有无较大的振动声　此种声音主要来源于压缩机支架和压缩机。如果支架松动或压缩机内缺油，就会有振动声。在检查时，首先看支架有无松动。若无松动，再看压缩机轴密封处有无油迹。若有油迹，说明压缩机密封件损坏，润滑油渗漏，从而导致润滑油的不足，产生噪声。

② 听有无刺耳的尖叫声　此种声音主要来自驱动带和压缩机。驱动带过松或两侧被磨光，以及压缩机轴上密封件损坏，都会出现尖叫声。检查时，首先检查驱动带是否过松。若正常，再检查压缩机轴的密封件，并视情况决定是否更换。但有另一种情况须注意：空调制冷系统长时间不开或刚换上新的密封件后，在开机初期有尖叫声，这是正常的，工作一段时间后，尖叫声会自动消失。

③ 听有无液击声　若有此声，多为系统内制冷剂过多或膨胀阀开度过大，节流作用变差，导致制冷剂在未被完全汽化的情况下吸入压缩机。此种现象对压缩机有损害。

（3）嗅——用鼻闻诊制冷系统运转时有无异味

经常在下雨时或一段时间未使用冷气后，开启 A/C 从仪表台出风口可闻到一种异味，这种情况可能是送风系统内的空气湿度太大、蒸发箱排水不良或积水，以及防火墙隔热层漏风所致。

（4）摸——用手触摸制冷系统各部件、管路温升情况

① 摸低压侧　从膨胀阀出口到蒸发器再到压缩机吸气口的一段管路为低压侧。在制冷系统正常工作时，低压侧部件的表面温度应该是由低到高（即冷到凉），蒸发器出气管到压缩机吸气口的低压管的温度约 10℃，用手触摸的冷热感是"凉手"，但不应有结霜现象。

② 摸高压侧　从压缩机出口到冷凝器再到膨胀阀进液口处的一段管路为高压侧。在制冷系统正常工作时，高压侧部件的表面的温度应该是由高到低（即先热后暖），压缩机排气管的温度为 70～80℃，用手触摸的冷热感是"烫手"（手摸时应特别小心，避免被烫伤）。冷凝器上部的进气口的冷热感仍是"烫手"，下部的出液口的冷热感是"温手"（约 50℃），冷凝器出液口到膨胀阀进口管道的冷热感还是"温手"。

如果制冷系统管道的冷热出现与上述不同的情况，则表明系统有故障。例如用手触摸干燥瓶特别凉，甚至结霜，或其进口暖出口凉温差明显，则表明干燥瓶有堵塞。又如用手触摸压缩机吸气管和排气管应该有明显的温差，否则说明系统内制冷剂严重不足，或压缩机因磨损而导致内部泄漏。

373. 空调系统异响

（1）故障现象

打开空调，发动机舱出现不正常的异响。

（2）故障原因

空调系统出现不正常噪声和异常响声，其原因和排除方法如表 3-14 所示。

表 3-14　制冷系统异响的原因与排除方法

序号	故障原因	排除方法
1	电器接头松动,引起离合器噪声	拧紧接头或根据需要修理
2	离合器线圈故障	更换离合器线圈
3	离合器故障	更换离合器
4	离合器轴承损坏	更换离合器轴承
5	传动带松弛	拧紧,但不要调得过紧
6	传动带破裂(指双带传动)	成对更换传动带
7	传动带磨损或开裂	更换传动带
8	压缩机安装螺钉松动	拧紧螺钉
9	压缩机支架松动	固定压缩机支架
10	压缩机支架破损	修理或更换压缩机支架
11	风机扇叶摩擦风机罩	调整或重新确定风机位置
12	风机电动机损坏	更换风机电动机
13	带轮轴承损坏	更换轴承或带轮部件
14	制冷剂充注过多	放掉多余制冷剂
15	制冷剂不足	检漏并修理,补充制冷剂
16	系统内冷冻机油过多	放掉多余机油或换油
17	系统内冷冻机油不足	检漏并修理,加油至标准
18	系统内湿气过量	排放系统,更换干燥器,系统抽真空,再次充注制冷剂
19	压缩机损坏	修理或更换

374. 制冷不稳定时冷时热

（1）故障现象

开空调，出风口的风时冷时热不稳定。

（2）故障原因

汽车空调系统制冷时断断续续，时有时无是经常遇到的故障，原因及排除方法如表3-15所示。

表 3-15　制冷系统工作不稳定故障的原因与排除方法

序号	故障原因	排除方法
1	电路断路器故障	更换电路断路器
2	电路断路器超载保护	消除短路或电流过大故障
3	电线松脱	修理或更新接线
4	风机速度控制器故障	更换控制器
5	风机变速电阻故障	更换电阻
6	风机电动机故障	更换风机电动机
7	离合器线圈故障	更换离合器线圈
8	传动带松弛	张紧传动带,但不能过紧
9	离合器电刷组件故障	更换电刷组件

序号	故障原因	排除方法
10	风机接地线松动	拧紧或修理搭铁接头
11	离合器线圈搭铁松动	拧紧或修理搭铁接头
12	离合器电刷组件搭铁松动	拧紧或修理搭铁接头
13	离合器打滑,磨损过度	更换磨损严重部件
14	恒温开关调整不当	重新调整恒温开关
15	恒温开关故障	更换恒温开关
16	离合器打滑电压低	找出原因,并予改正
17	低压控制器故障	更换低压控制器
18	高压控制器故障	更换高压控制器
19	吸气压力调节器故障	更换吸气压力调节器
20	系统内湿气过多	排放系统,更换干燥器,系统抽真空,再次充注制冷剂

375. 制冷效果不佳不够冷

(1) 故障现象

打开空调，制冷效果差，不够凉。

(2) 故障原因

汽车空调系统冷却效果不佳，也就是"不够凉"，其原因和排除方法如表3-16所示。

表 3-16　空调系统冷却效果不佳的原因及排除

序　号	故障原因	排除方法
1	风机电动机转得慢	坚固接头或更换电动机
2	离合器打滑;电压低	找出原因,并改正
3	离合打滑;磨损过量	更换磨损严重的离合器零件
4	离合器循环离合过于频繁	调整或更换恒温开关,低压控制器
5	恒温开关故障	更换恒温开关
6	低压控制器故障	更换低压控制器
7	吸气压力调节器故障	更换吸气压力调节器
8	经过蒸发器的气流不畅	清理蒸发器,修理混气门
9	经过冷凝器的气流不畅	清理冷凝器,修理混气门
10	储液干燥器滤网部分堵塞	更换储液干燥器
11	膨胀阀滤网部分堵塞	清理滤网,更换干燥器
12	孔管滤网堵塞	清理滤网,更换积累器
13	压缩机进口滤网部分堵塞	清理滤网,查明原因并排除
14	膨胀阀感温包松动	清理接触处,捆紧感温包
15	膨胀阀感温包不保温	用软木和胶条保温
16	系统内湿气	按前述排除湿气,充制冷剂
17	系统内空气	排放系统,抽真空,充注制冷剂

续表

序　号	故障原因	排除方法
18	系统内制冷剂过多	排除多余制冷剂
19	系统内冷冻机油过多	排除多余机油或换机油
20	积累器部分堵塞	更换积累器
21	储液干燥器部分堵塞	更换储液干燥器
22	热力膨胀阀故障	更换热力膨胀阀
23	制冷剂不足	修理泄漏处,抽真空,充注制剂
24	冷却系故障	找出原因,并以排除

376. 制冷效果不好甚至不能工作

(1) 故障现象

打开空调次出的风不是很冷,达不到调控温度,有时甚至吹出常温的风。

(2) 诊断方法

吸气压力低或抽真空,车内温度降不下来,而半个膨胀阀或整个膨胀阀结白霜,侧耳细听,膨胀阀有微弱的"吱、吱"断续声,这说明滤网不畅通,但还没有全部堵塞。当用扳手柄轻敲阀的进口接头时,若听到"吱、吱"声比原来的声音响,则证实滤网的网孔大部分被堵塞。但堵塞严重的是听不到气流声的,阀体也不结霜,而且用扳手敲也无效。膨胀阀产生其他故障都会使空调效果下降,甚至不能制冷。

空调效果下降故障原因和维修方法见表 3-17。

表 3-17　空调制冷效果不良故障诊断方法

故　障　原　因	维　修　方　法
感温包泄漏造成膨胀阀关死,制冷剂不循环而不能制冷	拆下膨胀阀,卸下过滤网,看膨胀阀是否畅通,如不通则修理或更换
膨胀阀滤网堵塞	拆卸膨胀阀清洗或更换
膨胀阀节流孔堵塞	拆卸膨胀阀清洗或更换
系统中有水分,在膨胀阀中结冰堵塞	可以不停机,用酒精灯对膨胀阀加热,加热 1～2min 后若听到流动声,膨胀阀开始结霜,证明是冰堵,应对系统进行抽空并重新加入制冷剂
冷冻机油凝结温度过高,受冷冻结,当制冷剂进入膨胀阀后,温度急剧下降,部分冷冻油被分离出来,并粘在阀孔周围,当蒸发器温度低于冷冻油的凝固点时,冷冻油凝结成浆糊状而使膨胀阀堵塞,制冷失效	更换合格的冷冻油
膨胀阀有"噔、噔"响声	检查系统中制冷是否不足,液管阻力是否过大,使液体进入前产生"闪气"
膨胀阀被关小	检查膨胀阀是否损坏,感温包位置是否正确,膨胀阀顶针是否过长
感温包和蒸发器管松动,不能很好地起感温作用	重新包扎好感温包
膨胀阀生锈,动作不灵	更换膨胀阀

377. 制冷系统失效不会制冷

(1) 故障现象

打开空调,出风口的风是热风,无冷风吹出。

（2）故障原因

汽车空调系统不能够制冷，其故障原因和排除方法如表 3-18 所示。

表 3-18 空调制冷系统失效的原因及排除

序号	故障排除	排除方法
1	熔断器烧断	查明原因排除，或更换熔断器
2	电路断路器故障	查清原因排除，更换断路器
3	导线残破	修理或更换导线
4	导线折断	连接导线
5	导线腐蚀	清理、接上或更换接头
6	离合器线圈故障	更换离合器线圈
7	离合器电刷组件故障或磨损	更换电刷组件
8	风机电动机损坏	更换风机电动机
9	恒温开关损坏	更换恒温开关
10	低压控制器损坏	更换低压控制器
11	压缩机传送带松弛	张紧，不能过紧
12	传送带破损	更换传送带
13	压缩机吸气阀板损坏	更换吸气阀板和密封垫
14	压缩机排气阀板损坏	更换排气阀板和密封垫
15	压缩机缸垫或阀板密封垫损坏	更换缸垫或阀板垫
16	压缩机损坏	修理或更换压缩机
17	制冷剂不足，或根本没有	更换轴封和垫、软管，查清漏点，予以修复
18	管路或软管堵塞	清理更换管路或软管
19	膨胀阀进口滤网堵塞	清理滤网，更换干燥器
20	热力膨胀阀损坏	更换该阀
21	膨胀管堵塞	清理或更换膨胀管
22	储液干燥器滤网堵塞	更换储液干燥器
23	系统内湿气过多	更换干燥器，抽真空，充注制冷剂
24	积累器滤网堵塞	更换积累器
25	吸气压力控制器损坏	修理或更换该控制器

378. 空调温度不能控制，只有最冷或最热

（1）故障现象

空调器工作时，空调功能调节键放在任何位置都是最大量，温度不能控制，只有最冷或最热。

（2）诊断与维修

温度不能控制的故障检查与维修过程见表 3-19。

表 3-19 空调温度不能控制的故障诊断与维修

故障原因	维修方法
1. 真空软管松脱或扭曲	重新装配调整或更换真空软管
2. 温度控制电路故障	检查温度控制线路,更换损坏的控制元件
3. 各调节键控制开关故障	更换控制开关
4. 车内温度传感器及环境温度传感器故障	更换损坏的传感器
5. 高速继电器和进气风挡位置传感器电路故障	修理或更换继电器或位置传感器

379. 空调暖气设备常见故障

汽车空调暖气系统设备,其故障原因和排除方法如表 3-20 所示。

表 3-20 汽车空调暖气设备常见故障速查表

现象	原因	排除方法
保险丝熔断器	加热器空气通道发生堵塞	清除堵塞
	空气通道凹陷,气流阻力大	修理风道
	热风与冷风管道串通	检查维修
保险丝未熔断但电路停止	电气线路损伤,造成短路	检查修理

380. 空调热水式采暖失效

汽车空调系统无暖气,其故障原因和排除方法如表 3-21 所示。

表 3-21 汽车空调热水式采暖系统故障速查表

故障	原因	排除方法
不供热或供热不足	(1)空调风机损坏 (2)风机继电器损坏 (3)热风管道堵塞 (4)冷却液不足 (5)冷却水管受阻 (6)加热器芯管子内部有空气 (7)加热器芯管子积垢堵塞 (8)发动机石蜡恒温器失效 (9)热水开关失效 (10)发热器漏风	(1)、(2)用万用表测电阻,若阻值为零则更换 (3)清除热风管道堵塞物 (4)补充冷却液 (5)更换水管 (6)排出管内空气 (7)用化学方法除垢 (8)更换石蜡恒温器 (9)拆修或更换 (10)更换发热器壳
鼓风机不转	(1)保险丝熔断 (2)鼓风机电动机烧损 (3)鼓风机调速电阻断路	(1)更换保险丝 (2)更换电动机 (3)更换电阻
漏水	软管老化、接头不紧,热水开关不紧	更换水管,接近接头
过热	(1)调温风门调节不当 (2)发动机节温器损坏 (3)风扇调速电阻损坏	(1)调整调温风门位置 (2)更换节温器 (3)更换电阻
险霜热风不足	(1)除霜风门调整不当 (2)出风口阻塞 (3)供暖不足	(1)重调 (2)清除 (3)见"不供热或供热不足"故障排除
加热器芯有异味	加热器漏水	检查进出水管接头并卡死,若加热器管漏水,则更换水管

二、汽车空调故障诊断实例

381. 空调异响

（1）实例一

① 故障现象　五十铃 2.8L，空调开机后，压缩机有异响。制冷量不足，打开发动机盖板，运行空调制冷系统，空调压缩机有异常声响，有时还会伴有明显的振动。

② 故障检查　在开空调时，不制冷并伴有响。停车后检查压缩机传动带松紧度为正常。然后启动发动机，打开空调，发动机转速不上升，怠速在 900r/min 左右，说明压缩机不转无负荷，用数字万用表测量压缩机电磁线圈，电压为 12V，电流在 3.3～3.5A 之间为正常。

③ 故障分析　由以上检查可以断定，电磁线圈无故障，故障是电磁离合器打滑。引起电磁离合器打滑的原因是电磁线圈吸力不够，离合器压板与传动带轮之间间隙调整不对，压板与离合器传动带轮之间的间隙应为 0.3～0.6mm，而用专用塞尺测量其间隙明显偏大。

④ 故障排除　停机后，用工具很快将压缩机压板拆下（此时不需要排空制冷剂）。拆下压板后，发现其后部 3 个垫片，其中 1 个厚度过厚，用千分尺一量，厚度在 0.8mm 以上，而另外两个厚度为 0.1mm 和 0.3mm，很明显此垫片为以后装配，因间隙不对导致电磁线圈对压板产生吸力不够，压缩机打滑。重新更换垫片，按要求装好。换垫片后打开空调，故障排除。

（2）实例二

① 故障现象　一辆本田雅阁轿车，送修理厂前，刚刚在外面充完制冷剂。打开空调时，压缩机有异响，电磁离合器时吸时不吸，怠速忽高忽低（850～1100r/min），风扇旋转正常，制冷不良。

② 检查和排除　检测压缩机电磁离合器线路，电压正常。确定不是电路故障后，用多用测量表（歧管压力计）接入空调系统的高、低压端口测量。结果，高、低压端压力都不正常，随着怠速的变化，压力忽高忽低，且在储液罐观察镜中看不到气泡。经询问驾驶员，在充制冷剂前无此现象，于是怀疑可能是制冷剂过多。逐步吸出一部分制冷剂后，发动机转速变化时在观察镜中能看到少量气泡，加速至 1700r/min 左右时气泡消失，故障排除。

③ 原因分析　当空调系统的制冷剂注入量过多时，会降低制冷剂在系统中的流动性能，引起压缩机工作失常，制冷不良，发动机怠速不稳。

382. 制冷能力降低

（1）故障现象

环境温度不高时制冷效果较好，但是环境温度高、乘员多时制冷效果就差，达不到设定温度。

（2）故障原因

空调制冷能力降低的故障多出在机械部分，原因与维修方法见表 3-22。

表 3-22　系统泄漏的原因与维修方法

故障原因	维修方法
系统中制冷剂不足	用检漏仪检测系统泄漏部位并修复再充注制冷剂
制冷剂过多	排放到合适的量
系统中杂质过多	更换制冷剂、冷冻油、储液干燥器

续表

故障原因	维修方法
系统中有水分	更换储液干燥器系统抽空后,加注制冷剂、冷冻油
系统中有空气	更换储液干燥器系统抽空后,加注制冷剂、冷冻油
冷凝器外表太脏	清洗冷凝器
压缩机驱动带过松	调整紧度或更换驱动带

(3) 检修方法

汽车空调制冷系统性能能否达到规定的要求,其主要的判断依据是车厢内温度能否达到预定值。一般情况下,若汽车空调运转正常,当外界温度在35℃左右时,车厢内温度应保持在20~25℃。要达到这一基本的汽车空调设计要求,除了要求车厢的密封性能良好外,空调的制冷能力应足够。那么,有哪些因素会影响到空调的制冷效果呢?如果汽车的空调效果不足,可以从以下七个方面着手进行检测,查明故障原因。

① 制冷剂过多造成制冷能力降低 制冷剂过多,一般是维修人员在维修时过量加注制冷剂而造成的。

加入过多的制冷剂,一方面会造成系统低压端压力升高,制冷剂沸点升高,不利于制冷剂的蒸发;另一方面,过多的制冷剂进入蒸发器,超出蒸发器的吸热能力,进入蒸发器的液态制冷剂来不及吸热蒸发。根据制冷系统的工作原理,应该有物态转化才有大量的热量交换,制冷剂过多造成在蒸发器中没有物态转化,不会有大量的热量交换,从而制冷效果不足。

诊断方法:可以从干燥罐上方视液镜中观察。如果汽车空调在运转时猛加油门,从视液镜中看不到一点气泡,压缩机停转后也无气泡,就可断定是制冷剂过多,在空调系统低压侧的维修口处慢慢地放出一些即可。

【案例一】

故障现象:丰田凯美瑞(CAMRY)轿车空调制冷效果差。

诊断与排除:向驾驶员查询确认该车近段时间曾经检修过空调制冷系统。让发动机运转一段时间后,发现低压管路有大量的露珠,怀疑是制冷剂在蒸发器中蒸发不完全进入低压管路后继续蒸发,大量吸收低压管路的热量导致低压管路温度过低所致,观察储液罐观察窗,制冷剂清晰无气泡,但出风口空气不够冷,关掉空调1min后却有气泡慢慢流动,初步诊断为制冷剂过多。用歧管压力表测量,高、低压端显示的压力值都较额定值高,验证了原注入制冷剂过多的判断。放出部分制冷剂,使发动机运转,打开空调后从储游罐观察窗中看到制冷剂无气泡,并且出风口空气是冷的。再用歧管压力表测量高低端压力值,均符合要求,故障排除。

② 制冷剂过少造成制冷能力降低 造成制冷剂不足的原因大多是由于系统中的制冷剂微量泄漏。倘若空调系统中制冷剂不足,从膨胀阀喷入蒸发器的制冷剂也会减少,则制冷剂在蒸发器内蒸发时,由于蒸发量的减少,吸收的热量也将随之下降。过少时甚至还没来得及进入蒸发器就已经在蒸发器位置蒸发,重则会造成膨胀阀结霜,轻则制冷量会下降。

诊断方法:制冷剂不足也可以从干燥罐上方的视液镜中观察。空调正常运转时,若通过视液镜观察到有连续不断的缓慢的气泡产生,表明制冷剂不足。若出现明显的气泡翻转情况,则表示制冷剂严重不足。检查空调正常工作时的高、低压端压力,应该均偏低。

【案例二】

故障现象：广州本田雅阁轿车，驾驶员反映打开空调后，感觉制冷效果不佳。

诊断与排除：检查压缩机及离合器，工作正常。发动机运转数分钟后，使发动机怠速运转，打开空调开关，从储液罐观察窗可以见到有连续的气泡，摸低压管路不够冷且表面无水珠，空调出风口空气不冷，初步诊断是缺少制冷剂。用歧管压力表检测高、低压端显示的压力值均偏低，验证了缺少制冷剂的判断。缺少制冷剂，多数为制冷系统有泄漏。经检查，发现储液罐的接头部位有泄漏，更换垫圈，按规定力矩拧紧螺母。在气态下注入制冷剂 R134a 直至高压表上压力指到 1.6MPa，然后再进行气体泄漏检测。发动机运转过程中，从视窗观察制冷剂无气泡，而且出风口空气是冷的，表明制冷剂量适当，故障排除。

③ 制冷剂与冷冻机油内含杂质过多、微堵而引起制冷能力降低　倘若在整个空调系统中，制冷剂和冷冻机油内脏物过多，必然使过滤器的滤网出现堵塞，导致制冷剂通过能力下降，阻力加大，流向膨胀阀的制冷剂也会相对减少，故导致制冷能力降低。

诊断方法：通过摸管路的温度来判断，除了膨胀节流装置两端和空调压缩机两端有明显的温差以外，其他的管路或元件两端都不应该有明显的温差。如果管路和除膨胀节流装置和空调压缩机之外的元件两端有明显温差，则有可能是出现了堵塞。

【案例三】

故障现象：三菱帕杰罗 V32 越野车，驾驶员反映打开空调后，感觉制冷效果不佳。

诊断与排除：打开空调后用歧管压力表检测高、低压端压力，开始时高压端压力偏高，使用一段时间后发现高、低压端压力均偏低，初步怀疑管路有堵塞，摸管路时发现在干燥瓶两端有温差，表明干燥瓶位置有堵塞，干燥瓶已损坏失效。于是拆解清洗管路，更换了一个新的干燥瓶，重新充注制冷剂以后故障排除。

④ 制冷系统中有水分渗入造成制冷能力降低　制冷系统中有一个部件是干燥罐（瓶），它的主要任务就是吸收制冷剂中的水分，以防制冷剂中水分过多导致膨胀节流装置出现冰堵造成制冷能力下降。但当干燥罐内干燥剂处于吸湿饱和状态时，则水分就不能再被滤出。当制冷剂通过膨胀阀节流孔时，由于其压力和温度的下降，温度低于水的凝点，冷却剂中的水便会在小孔中产生结冻现象，并导致制冷剂流通不顺畅，阻力增大，或完全不能流动。

诊断方法：停机一会儿，待冰融化后，制冷系统又会出现正常的状态。这是确认系统中有无水分的重要方法。为了更好地检测系统中水分的多少，有些汽车上使用干燥剂，不含水时的颜色为蓝色，一旦水分过多，干燥剂便成红色，这可以从该车干燥罐上的侧视液孔上看到。凡是属于制冷剂含水过多的故障，都应更换干燥剂或更换干燥罐，与此同时，重新对系统抽真空，重新注入新的适量的制冷剂。

【案例四】

故障现象：大众波罗（POLO）轿车空调运行时，感觉车内送风一阵凉，一阵不凉，空调制冷效果时好时坏。

诊断与排除：根据维修经验，像这种空调制冷效果时好时坏的故障，既可能是电路方面引起的，也可能是空调管路系统相关部件引起的。为了进一步确认故障部位，将歧管压力表组分别接在空调管路中的高、低压侧。启动发动机，在空调运转后，高压表显示基本正常，而低压表指示接近零，压力表的指针产生不规则的剧烈摆动，无法读取具体数值。仔细观察该车故障现象，车内送风凉与不凉，与空调压缩机离合器的工作与否并无直接关系，很有可能该车制冷系统内部有水分。水分在管路循环系统中冻结形成冰塞，将会阻塞制冷剂在管路中的循环流动，一旦冰塞融化，制冷系统便又恢复正常工作状态。冰塞现象往往发生在制冷系统内部通道截面积较小的位置，易于堵塞的部件绝大部分处于制冷系统的高压侧，如储液干燥器、膨胀阀的滤网中等。仔细查看高压管路，发现膨胀阀附近有轻微结霜现象。当制冷系统内部存在水分或干燥剂吸湿能力达到饱和后，往往会出现空调制冷效果时好时坏的现象。据驾驶员反映，该车曾发生过撞车事故，更换过冷凝器和部分空调管路，大概在安装检修、更换制冷系统部件时，空气进入空调系统中。更换储液干燥过滤器，用真空泵和歧管压力表组对空调系统反复抽真空，直到排出制冷系统中的水分，再充注适量的制冷剂。之后启动发动机试车，空调运转正常，制冷效果良好，故障排除。

⑤ 系统中有空气导致制冷能力降低　空调系统中一旦有空气进入，将会造成压缩机负荷加重（空气不可压缩），形成的气阻使制冷剂循环受阻，造成制冷管压力过高，引起制冷能力降低。此类故障主要是由于制冷系统密封性变差，或者在维修过程中抽真空不彻底而造成的。

【案例五】

故障现象：一辆别克君威轿车原来出现不制冷的故障，经过外面一家维修中心维修后原故障已排除，但又产生制冷能力降低的现象。

诊断与排除：通过检查空气系统及电路均无问题，但检测高、低端的压力时，发现低压端压力过高，但高压端压力又偏低的现象。经过系统常规检查后，空调工作时，视液孔内有连续气泡流动现象。经过分析是由于该车在其他厂维修过，原故障已排除又出现新的故障，很可能是在维修工检修中没认真地抽真空或有空气进入系统内所致，因为空调系统中一旦有空气进入或维修时抽真空不彻底或加注制冷剂时有空气渗入，都会造成制冷量不足。这主要是由于空气是导热不良物质，在制冷系统的压力和温度下，不能溶于制冷剂，因而空气要占有一定的制冷剂空间，影响其散热能力。这些空气也会随制冷剂在空调系统中进行循环，从而造成膨胀阀喷出的制冷剂量下降，导致空调制冷能力下降。制冷剂内空气过多，可以从干燥罐上方检视孔内观察到。空调正常运转时，若视液孔内有连续不断的快速的气泡流动，则为系统内空气过多，这时就需要对制冷系统进行抽真空，再重新加注新的制冷剂。仔细地做充气检漏后无问题，对制冷系统进行抽真空，然后注入适量的制冷剂，故障排除。

⑥ 冷凝器散热能力下降，导致空调制冷能力下降　由于汽车工作环境不同，装在汽车发动机前方的冷凝器表面会有油污、泥土或杂物覆盖，使其散热能力下降。另外，冷却风扇的故障，诸如驱动带过松、风扇转速下降或风扇无高速等问题，都会导致冷凝器散热能力下降。

解决方法：用软毛刷刷除冷凝器表面的脏物，电风扇故障也应及时排除。

【案例六】

故障现象：别克林荫大道轿车空调制冷效果不佳，车内最低温度只有15℃。

诊断与排除：检查时发现该车的空调压缩机能够正常运转，在空调控制系统电路上应该不会有问题，故障很可能出在空调管路系统上。接上歧管压力表测量高、低压侧的压力。发动机运转时，将转速控制在1500～2000r/min之间，使空调压缩机工作，此时低压表读数为0.26MPa，高于标准值0.12～0.20MPa，而高压表的读数为1.90MPa，也高于标准值1.20～1.50MPa，检测结果表明高、低侧压力值均偏高。如果冷凝器散热不良、制冷系统有空气、制冷剂过量都会出现高、低压侧的压力均高出标准值的情况。通过观察制冷液软管上的观察孔，可以知道制冷剂量是否正常或制冷系统是否存在空气。该车制冷系统工作时，观察孔中没有气泡流动，看来，制冷剂量正常，制冷系统中也没有空气。检查冷凝器时，发现冷凝器片已经严重堵塞，经清洗后，试车，空调运行良好，制冷效果恢复正常。

⑦ 压缩机驱动带过松的检查　空调压缩机驱动带松弛，压缩机工作时会打滑，引起传动效率下降，使压缩机转速下降，输送的制冷剂下降，从而直接使空调系统制冷能力下降。

驱动带的检查方法是：在发动机停转时，在驱动带中间位置用手拨动驱动带，能转90°为佳。若转动角度过多，则说明驱动带松弛，应拉紧，若用手翻转不动，则说明驱动带过紧，应稍微再松一点。当然，若紧固无效或驱动带已有裂纹老化等损伤，应更换一条新的驱动带。

从实践经验来看，空调制冷系统出现的制冷能力降低、制冷效果变差等故障，大多由于制冷密封性出现问题所致。因为现在轿车所用的制冷剂渗透性强，所以对系统的密封性要求也相应较高，制冷工作管道或工作阀稍有泄漏就会造成制冷能力降低的故障现象。

383. 空调不制冷

（1）故障现象

按下空调 A/C 开关，空调出风口无冷气吹出。

空调不制冷故障原因多在电路和控制部分，机械部分故障与制冷能力降低故障相似，只是表现更严重。下面仅介绍电路控制部分的故障诊断，机械系统参见制冷能力降低部分。

（2）诊断与维修

空调不制冷的故障原因和排除方法见表 3-23。

表 3-23　空调不制冷的原因与维修方法

故 障 原 因	维 修 方 法
熔丝烧断或进行过热保护	检查压缩机过热的原因,检测修理并更换熔丝
断路器有故障	更换断路器
控制电路故障	检测修理电路
线路接触不良	检测修理电路
离合器线圈故障	更换离合器线圈
离合器电路组件故障	查明故障组件更换之
风机电动机有故障或转速不够	更换风机电动机
恒温开关有故障	更换恒温开关
低压控制器有故障	更换低压控制器

【案例一】

故障现象：一辆桑塔纳时代超人乘用车，在接通空调（A/C）开关时，空调制冷系统不能工作，仪表台上的出风口吹出自然风。

诊断与修理：首先验证故障现象。启动发动机，把温度选择杆置于制冷位置，把鼓风机开关置于2挡，接通 A/C 开关，此时仪表台上的出风口吹出自然风，该车的空调系统不制冷。

打开发动机盖，发现空调压缩机电磁离合器没有接合，冷却风扇也没有转动，这说明该车空调制冷系统没有进入正常的工作状态。造成空调制冷系统不工作的因素有制冷剂过少、空调系统基本设备故障和空调系统控制电路故障几方面。

首先检查空调制冷系统的制冷剂状况。把歧管压力表的高、低压端分别和该车空调管路上相应的高、低压检查口接好。此时高、低压表上的指示值均为 0.65MPa，该值为空调制冷系统内的正常静态压力值，说明该车空调系统制冷剂充足。接着检查空调压缩机电磁离合器。脱开空调压缩机电磁离合器连接器，用试灯检查表明，该连接器的端子上没有电源电压。从蓄电池的正极上引一导线直接给空调压缩机电磁离合器供电，此时空调压缩机电磁离合器能够接合。空调低压管逐渐变凉，而且仪表台上的出风口也吹出冷风。至此初步认定该车空调制冷系统不工作的原因是空调系统控制电路出现了故障。

桑塔纳时代超人乘用车空调系统控制电路和普通桑塔纳乘用车相比有了一些改进，主要是在桑塔纳时代超人乘用车的空调系统控制电路中安装了电子控制器，同时发动机 ECU 也参与了空调控制，所以检测方法和普通桑塔纳车相比有所不同。

参照空调系统电路图，首先检查了驾驶室内熔丝盒中的 S14 熔丝，正常；检查电子控制器上的 S104 和 S108 两只熔丝，也正常。在测试过程中发现，当接通 A/C 开关时，虽然空调压缩机电磁离合器没有工作，但新鲜空气进气口已经关闭，这说明了 A/C 开关和环境温度开关工作正常。用试灯一端搭铁，另一端分别触及安装在蒸发器上的蒸发器温控开关的两只端子时，试灯均能点亮，说明蒸发器温控开关也正常。

接着按照电路图检查冷却液温度控制开关。该控制开关安装在发动机汽缸体后部的五通冷却液管上，其作用是当发动机冷却液温度正常时，保持接通状态，使空调制冷系统正常工作，一旦发动机冷却液温度过高，该控制开关便呈断路状态，从而使空调制冷系统中止工作，以达到保护发动机的目的。用试灯检查冷却液温度控制开关，其端子 2 能把试灯点亮，而端子 1 不能把试灯点亮。该控制开关在发动机正常工作温度下呈断路状态，说明已经损坏。为了进一步验证是因冷却液温度控制开关损坏而造成空调制冷系统不工作，取一根导线短接冷却液温度控制开关导线侧连接器端子 1 和 2，此时空调压缩机电磁离合器立即接合，同时左、右两只冷却风扇也低速旋转起来，仪表台上的出风口也吹出冷风，该车的空调制冷系统恢复正常工作。

拆下发动机汽缸体后部的五通冷却液管时发现该冷却液管与汽缸体的连接处有渗水痕迹，同时五通冷却液管的连接部分已经变形，就换上一只新的五通冷却液管和一只新的冷却液温度控制开关。装复检查时拆下的部件后加注冷却液，而后启动发动机，接通 A/C 开关，此时空调压缩机电磁离合器接合，冷却风扇低速旋转，发动机怠速运转稳定，仪表台上的出风口吹出冷风，空调制冷系统工作正常。运行一段时间后，空调制冷系统中的各元件工作正常，故障排除。

【案例二】 丰田巡游者空调不制冷

故障现象：一辆丰田巡游者（COASTER）BB10 汽车，发动机运转时，闭合空调开关时，制冷系统不工作。经检查，压缩机不运行。

检修过程：压缩机不运行，说明电磁离合器不工作。对此，应检查指示灯是否亮；若指示灯亮而电磁离合器不工作，应重点检查电磁离合器电磁线圈两接柱是否有工作电源。

因为该指示灯电路并联于电磁离合器、怠速电磁阀，指示灯亮，说明这部分电路电源正常，即空调放大器端子 7 有输出电压。当用万用表电压挡测量电磁离合器线圈两端时，发现无电压。故断定空调放大器至电磁离合器的连接线路有故障。检查插接头处，果然发现焊接处断脱。

重新焊接后试之，电磁离合器恢复工作，压缩机运行，制冷正常。

384. 空调噪声故障

(1) 故障现象

五十铃 1.25t 货车一开空调，压缩机部位有间断机械噪声，随发动机转速提高，噪声有规律地加剧。

（2）诊断方法

① 首先检查空调出风口温度 8～10℃，正常。

② 检查压缩机，正常（无抖动）。

③ 检查离合器，正常（无打滑）。

④ 检查带张紧轮支架，固定螺钉松动。

⑤ 检查张紧轮轴承，保持架破碎，张紧轮转动时产生尖锐的机械噪声。

⑥ 更换该轴承。

⑦ 空调恢复正常故障排除。

385. 制冷效果时好时坏

（1）故障现象

一辆捷达都市先锋轿车，空调运行时，车内送风一阵凉，一阵不凉。

（2）故障检修

这种空调制冷效果时好时坏的故障，既可能是电路方面引起的，也可能是空调管路系统相关部件引起的。仔细观察该车故障现象，车内送风凉与不凉，与压缩机离合器的工作与否并无直接关系，或许该车制冷系统内部有水分。

水分在管路循环系统中冻结形成冰塞，将会阻塞制冷剂在管路中的循环流动，一旦冰塞融化，又恢复正常工作状态。堵塞现象往往发生在制冷系统内部通道截面较小的位置，易堵塞的部件绝大部分处于制冷系统的高压侧，如干燥过滤器、膨胀阀滤网等。

为了进一步确认故障，将压力表分别接在管路中的高、低压侧。让发动机运行，空调运转之后，高压表显示基本正常，低压表指示接近零。压力表的指针产生不规则的剧烈摆动，无法读取具体数值。

仔细查看高压管路，发现膨胀阀附近有轻微结霜现象。当制冷系统内部存在水分或干燥剂吸湿能力达到饱和后，往往会出现空调制冷效果时好时坏的现象。

据车主反映，该车曾发生过撞车事故，更换过冷凝器和部分空调管路，大概在安装检修、更换制冷系统部件时，空气进入系统中。空气中含有微量水分，会对制冷系统产生腐蚀，损害制冷系统。而且水分还在膨胀阀处结冰，阻止制冷剂的流动，降低制冷效果，严重时，还会导致冷凝器压力急剧上升，造成系统管路爆裂事故，如果拆检制冷系统部件时未对管路系统进行密封，往往会产生不良后果。

更换干燥过滤器。用压力表反复抽真空，排出系统内水分，充注适量的制冷剂。一切就绪，空调运行正常，故障排除。

386. 行驶中冷气突然消失

（1）故障现象

上海帕萨特 B5GSI 型轿车，行驶过程中空调系统冷气突然消失，检查发现空调压缩机不工作。

（2）诊断方法

上海帕萨特采用可变排量压缩机，这样可以减少压缩机频繁吸合带来的噪声，增加压缩机的使用寿命，减少对发动机运转稳定性的影响，提高空调系统的舒适程度。在外界温度大于 5℃，发动机正常工作及空调开关开启的状态下，只有在急加速工况、水温大于 125℃时或高压大于 3.17MPa 的情况下压缩机不工作。

（3）检测修理过程

因空调系统具有自诊断功能，将专用诊断仪 V.A.G1552 连接在故障诊断插座上，选择地址码"08"，输入功能码"02"，读取故障码为"00792"，提示为空调系统压力开关 F129 故障。首先检查空调系统各熔丝均正常，将空调系统压力表组连接在管路上，发现压力在正常范围内。压力开关 F129 主要有三个功能：当系统压力过低时，切断空调压缩机；当压力太高时，切断系统工作，以保护压缩机；当制冷剂循环压力升高时，使散热风扇运转挡位提高。拆下右前大灯，拔下压力开关插头，按线路分析认为，当 A/C 开关置于"ON"时，端子 2 棕/白线应为 12V 电压，用万用表测量却为 0。由此得知，故障原因是由于棕/白线无 12V 电压造成的。顺藤摸瓜，发现压力开关在发动机左前侧有一过渡 4 针转换插头，拆下转向助力泵储油罐饰罩，发现转换插头已松脱，而另一侧黑/蓝线有 12V 电压，将插头正确插接后，故障排除。

387. 非空调系统原因引发的不制冷故障

（1）故障现象

桑塔纳 2000 自动挡的时代骄子轿车，打开空调停车时制冷正常，而行驶到中速时不会制冷。

（2）诊断方法

首先检查压缩机是否正常工作、制冷剂是否不足，接下来检查空调电路保险丝、空调继电器、空调开关、风量开关以及水温传感器，整个空调系统有关的部位似乎都检查过了，都很正常。

接上 V.A.G1552 诊断仪查询，发现有 1 条故障码存储，即"节气门定位电位计损坏"，且故障不是偶然出现，用"05"功能无法清除该故障码。将节气门解体后发现滑片电阻已呈现黑色。

（3）故障分析

当节气门存在故障之后，发动机处于紧急运行状态下，空调压缩机信号被切断了，就会出现空调不凉故障。更换节气门控制单元，用 V.A.G1552 进入 01-04-098 进行基本设定，按下空调开关，电磁离合器吸合了，空调开始工作，用 V.A.G1552 消取故障码之后再重新查询故障，已经显示正常。

2 周之后，该车又返回来了，车主反映空调又不凉了。检查发现又同上次一样出现了"节气门定位电位计损坏"的情况。因换上的配件是大众原厂零部件，且维修中节气门控制单元很少坏，一定是其他部位还有问题。仔细对节气门传感器端子电压进行测量，发现 4 号接地线与 7 号发动机控制单元电源线之间的电压为 9V，而标准电压为 5V。由于发动机控制单元输出电压过高造成节气门传感器烧损。因而换上一块发动机控制单元并进行匹配之后，空调工作恢复正常。

为什么节气门控制单元会损坏呢？该车节气门定位电位计与节气门定位器相连接，当节气门定位电位计随节气门定位器在怠速较小的范围内转动时，电阻会发生变化。在怠速范围内，节气门定位器所处的位置由节气门定位电位计信号来反馈给发动机控制单元。超过怠速控制范围，节气门继续打开，节气门定位电位计维持不动。若发动机控制单元未收到节气门定位电位计信号或信号异常，节气门控制部件中的紧急运行弹簧就会在发动机控制单元的指令下起作用，使发动机处于紧急运行状态。第 1 次更换节气门控制单元之后，短时间之内系统可以正常工作，但是由于发动机控制单元一直向节气门定位电位计输出 9V 的电压，节气门定位电位计上的滑片电阻会逐渐因工作时热量较大而烧蚀，2 周之后电阻最终超出标准范围，出现上述故障。

实际上，该车故障症结在于发动机控制单元 ECU 输出电压过高，造成节气门电位计信号超差，长期处于过压状态进而导致节气门损坏，控制单元发出指令进入紧急运行状态。由于在紧急运行状态下发动机动力下降，为了优先保证发动机的行驶动力，控制单元就会切断非主要动力系统的工作，来满足行驶的动力需要。空调系统属于舒适系统，在被切断动力来源之后，就造成了该车空调无法吸合不制冷的故障。随着微电子技术在汽车工业中的大量应用，很多情况下汽车维修也从过去的修理为主转变为换件为主，准确的故障判断尤为重要，而准确的判断除了要求维修人员具有丰富的经验外，还需要对各部件的工作原理以及工作过程有充分的了解。

388. 取暖效果差

（1）故障现象

丰田轿车行驶时取暖效果差，加热器进口处管子不烫手，表明进入加热器的热水不多，热水阀出故障。

（2）故障原因

冷却热水供水阀的故障。

（3）修理过程

① 水阀的拆卸（图 3-43）

a. 放出散热器内的冷却液。注意：不必放出所有的冷却液。

b. 从水阀上拆下水阀控制钢索。

c. 从水阀上拆下水软管。

d. 从加热器散热器的管路上拆下水软管、螺栓和水阀。

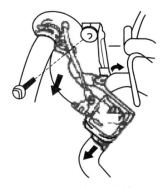
图 3-43　水阀的拆卸

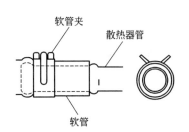
图 3-44　管子和卡夹的安装

图 3-45　控制钢索的安装

② 水阀的安装

a. 按拆卸时相反的顺序装好水阀、水软管 \ 加热器管子和卡夹（图 3-44）。

b. 安装水阀控制钢索时，首先应将温度控制开关设在最冷（COOL）位置。将水阀控制杆移至冷（COOL）的位置，然后装上控制钢索，并锁紧夹子（图 3-45）。

三、制冷系统性能测试方法

汽车空调制冷性能的测试方法主要有压力测定法、曲线比较法和道路试验法。

389. 压力测定法

其测定原理是通过对压缩机高、低压的压力测定来判断空调制冷性能是否达到正常工作要求。

（1）压力测定法的方法和步骤

① 将歧管压力计接在压缩机的高、低压检测修理阀上。

② 启动发动机，使其处于 2000r/min 稳定转速下，然后启动压缩机。

③ 温度键置于 COOL 位置，风扇转速处于最高挡位置。

④ 测定时的环境温度一般在 30～35℃ 范围内。系统高压侧压力在 1373～1668kPa 范围内，系统低压侧压力在 147～192kPa 范围内。

（2）系统检测数据与自然环境条件变化的关系

测试空调压缩机的高、低压侧压力时，其高低压数据及其吹出的冷风温度均受外界因素影响，如环境温度、湿度和海拔高度的影响。

① 环境温度的影响　气温发生改变时，压力值也会随之改变。一般气温比 35℃ 每降低 3℃，其高压压力数值应比给出的标准高压压力低 68～78kPa。

② 海拔高度的影响　海拔高度每升高 304.8m，压力下降 3.5kPa。所以在进行测试时，应根据自身所在海拔高度对相应的高、低压力计的读数进行高度修正。

③ 湿度的影响　由于空调制冷时不仅要降低空气的温度，也要对空气中的水分进行除湿。空调环境的空气湿度越大，空调系统的热负荷越大。在制冷量一定的空调系统中，环境的湿度越大，空调输出的冷风温度越高。

390. 温度测定法

① 启动发动机，在断开空调按钮时将速度设置为 1000r/min。除非要进入汽车和从车内出来，应将车门关闭。

② 在自动温度控制（ATC）系统上，将鼓风机调整旋钮顺时针完全旋转至高速位置。

③ 将温度调整旋钮逆时针完全旋转至全冷位置。

④ 按下循环（REC）按钮和 A/C 按钮。在数字显示器上不应出现单词"AUTO"（自动），这表明系统现在为手动控制。

⑤ 将温度计插入空调板中间左侧的导管内。

⑥ 在以上条件下让系统工作 5min。

⑦ 将空调按钮保持接通，并将压缩机离合器接合上，将压缩机出气口的空调温度与汽车制造商的空调性能温度进行对比（表 3-24）。如果温度计的温度不在规定的范围之内，则需要进一步诊断制冷系统。

表 3-24　空调性能温度

环境温度	21℃	26.5℃	32.2℃	37.5℃	43℃
空调中间左侧出口处允许的最大空气温度	7℃	9℃	12℃	13℃	15℃
压缩机出口允许的最大压力/kPa	772～1448	903～1475	1241～1482	1400～1986	1600～2282
压缩机进气压力/kPa	69～255	117～262	145～324	193～352	207～365

制冷系统中高侧压力为压缩机出气侧的压力。

制冷系统中的低侧压力为蒸发器与压缩机进气口之间的压力。

391. 道路试验法

由于汽车空调的制冷性能不能离开实车而进行单独评价，汽车的动力性能、加速性能、发动机冷却系统及噪声等方面都会对制冷性能产生影响，故道路试验法是在汽车在道路上行驶时进行测定，以检验空调在汽车运行状态下的制冷能力是否合格。

道路试验法试验时环境温度为 35℃，路面平坦、硬实。在此条件下分别做车速为 20km/h、40km/h、60km/h 时，整车在 10min 和 30min 的车内降温和保温性能试验。其测试标准如下。

① 车速为 20km/h 且全开冷气，10min 内车内降温应低于 30℃，30min 内车内温度应低于 27℃。

② 车速为 40km/h 且全开冷气，10min 内车内降温应低于 29℃，30min 内车内温度应低于 26℃。

③ 车速为 60km/h 且全开冷气，10min 内车内降温应低于 28℃，30min 内车内温度应低于 25℃。

如经道路试验，汽车空调在不同车速、不同时间车内降温符合上述测试标准，则该空调的制冷能力为合格。

392. 制冷系统一般性能测试

① 将歧管压力计连接到空调制冷系统压缩机的高、低压维修阀上，如图 3-46 所示。

② 连接时，先关闭高、低压手动阀，并在接好管后排除掉管内的空气（防止管内空气窜到空调制冷系统内）。

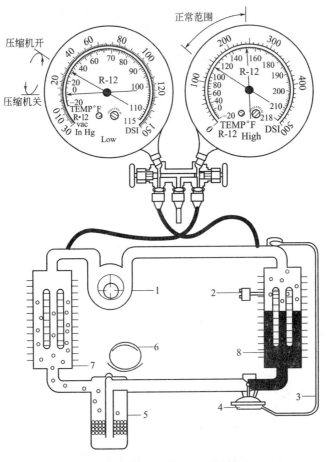

图 3-46　空调制冷系统性能测试连接图

1—压缩机；2—恒温器；3—感温包毛细管；4—膨胀阀；5—储液干燥器；6—视液镜；7—冷凝器；8—蒸发器

③ 启动发动机，将发动机转速保持在 2000r/min 左右，空调控制面板上的功能选择键在 MAX（或 A/C）位置，温度键于 COOL 位置，风扇转速处于最高挡位置，然后打开车窗门。

④ 将 1 根干湿温度计放在中风门的出口处，1 根干湿温度计放在车厢内空气循环进气口处。

⑤ 在空调系统运行 15min 以上后，开始进行系统的测试及数据的读取并记录。空调系统的各数值应达到规定要求方为合格。

如对于孔管制冷系统（CCOT），在环境温度处于 21～32℃、制冷温度范围在 1～10℃ 情况下，高压侧表值范围应在 1.0～11.55MPa 内，低压计值在压缩机开动后，压力开始下降，当降至约 0.118MPa 时，恒温器会切断压缩机电磁离合器电路，压缩机停止运转。此时，低压计压力又会上升到 0.207～0.217MPa，恒温开关又接通电磁离合器电路，压缩机又开始工作，则低压计压力又下降，系统便如此循环。

393. 根据制冷系统各部件工况分析故障

制冷系统的故障，经常用系统内各部位的压力进行分析，制冷效果、制冷剂泄漏也是分析事故的重要依据。电气系统方面的故障常表现为：电气元件损坏、保险丝烧断、触头接触不良、过载烧坏、传感器及线路失效、电动机不工作等，这些故障使制冷循环停止工作，并且常伴有异味、过热等现象；机械元件出现异常一般为压缩机、风机、带轮、离合器、膨胀阀、轴封、热交换器、轴承、阀片等出现故障。表 3-25 列出了汽车空调常见故障以及以压力、温度、视镜为准进行的分析，判断故障时可作参考。

表 3-25　制冷系统故障时各部件的状况

故障	低压侧压力	高压侧压力	视镜	压缩机吸入管路	压缩机输出管路	储液干燥器	液体管路
正常工作情况	正常	正常	清晰	冷或轻微出汗	热	温	温
制冷剂不足	非常低	非常低	清晰	微冷	微温	微温	微温
制冷剂泄漏	低	低	有气泡	冷	温至热	温至热	温
压缩机故障	高	低	清晰	冷	温	温	温
冷凝器工作不正常	高	高	清晰或偶有气泡	微凉至温	热	热	热
膨胀阀卡在开启位置	低	高或正常	清晰	冷，结霜或出汗	热	温	温
膨胀阀卡在关闭位置	高	低	清晰	阀出口处出汗结霜	热	温	温

394. 制冷工况综合检查

利用歧管压力计、手摸管路、观察视液玻璃等方法综合检查，可比较正确地判断制冷剂在系统中的工作状况，见表 3-26（综合检查条件为：汽车门窗打开。空调 A/C 开置于"ON"；风速选择开关置于最高挡；开空调 5min 后进行观察）。

表 3-26　制冷剂系统工况综合检查

检查内容	（一）没有制冷剂	（二）制冷剂不足	（三）制冷剂适量	（四）制冷剂太多	（五）管路中有空气	（六）管路中有水分	（七）管路中有脏物	（八）膨胀阀开度过大	（九）膨胀阀感温包泄漏
（1）高低压管路的温度	几乎没有温差	高压侧是热的,低压侧相当冷	高压侧是热的,低压侧是冷的	高压侧异常热	温差不够	温差时有时无	温差不够	蒸发器出口结霜	温差小

检查内容	(一)没有制冷剂	(二)制冷剂不足	(三)制冷剂适量	(四)制冷剂太多	(五)管路中有空气	(六)管路中有水分	(七)管路中有脏物	(八)膨胀阀开度过大	(九)膨胀阀感温包泄漏
(2)视液玻璃中的状况	不断有气泡流过,气泡会消失,若有一点点制冷剂,则会出现油雾或机油条纹	间隔1~2s出现几个气泡,或不断有气泡流过	几乎是清晰的,当发动机转速突然升高或降低时会出现气泡	清晰、无气泡	气泡很多	偶尔出现气泡	气泡增多,或泡沫较混浊,有杂质		无动静
(3)压力系统	高压侧压力异常低	高低压侧压力都偏低	两侧压力都正常	两侧压力都过高	高低压两侧压力都过高	低压侧压力有时变真空,有时正常	高低压两侧压力都低,有时低压侧呈真空	高低压两侧压力都过高	同(七)
(4)出风口温度	不冷	不够冷	很冷	不够冷	不够冷	断断续续冷,最后不冷	不够冷	不够冷	不冷
(5)修理方法	立即关掉压缩机进行全面检查	检查泄漏处,根据需要修理,再补充制冷剂	不用修理	从低压维修阀处释放制冷剂	压力表抖动	有时膨胀阀结霜	干燥瓶或膨胀阀前后管道上可看到结霜或露水,或干燥瓶出口管道温度接近气温	低压侧管道结霜或有大量露水	膨胀阀前管路上大量结霜或有露水

① 若低压侧压力过高,高压侧压力过低,则可能是压缩机问题,需修理或更换压缩机。

② 从视液玻璃中看到的气泡受环境温度影响,在低于20℃环境温度下气泡很难见到,假如此时根据冷却凝器观察窗情况加注制冷剂,则要在气泡消失后再多加一点制冷剂。

③ 若泡沫较混浊,出风口不够冷,有可能是冷冻油太多(指新加了冷冻油后出现的现象)。

四、根据制冷系统压力判断故障

空调歧管压力表是对汽车空调系统整体工作性能进行分析的一种常用且有效的工具,它不仅应用于制冷剂的加注,而且也是一种故障诊断工具。

在维修汽车空调过程中,对空调系统的运行状况及其故障的诊断与测定,在很大程度上依赖于技术人员对歧管压力表读数的理解与分析。同时还必须利用汽车空调系统的理论知识进行分析诊断,这样在面对各种各样的压力显示时才能做出准确的分析判断。

不同压力情况会反映出不同的故障原因。

395. 制冷系统正常压力

工作性能良好的空调制冷系统的工作压力表读数如图3-47所示,制冷系统标准压力参数见表 3-27。

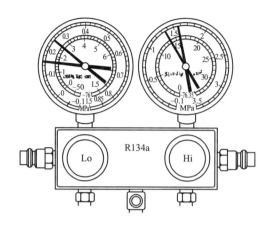

图 3-47 工作性能良好的空调制冷系统的表压显示

表 3-27 空调制冷系统标准压力参数

制冷剂类型	低压端压力/kgf·cm^{-2}	高压端压力/kgf·cm^{-2}
R134a	1.25～5	12.5～15.75
R12	1.1～2.55	12～15.5

在观察歧管压力表组的高压表和低压表指针的变化时，注意不同控制形式的压缩机的压力表指针变化情况。

（1）定容量压缩机的压力特点

① 空调压缩机电磁离合器接合后，两表针呈"剪刀状"运动，高压表表针指示压力向标称值升高，低压表表针降低，交叉变化。

② 空调系统运转平稳后，高压表表针和低压表表针会在标称值范围内的一个数值保持稳定。

③ 空调压缩机电磁离合器断开后，高压表表针和低压表表针反方向运动，但两个表针仍会保持一定的压力差。关闭汽车空调系统后，高压表表针和低压表表针会逐渐趋于一致。

（2）变容量压缩机的压力特点

电磁阀控制的旋转摆盘式或内部压力控制式的变容量压缩机，在空调系统工作过程中，电磁离合器自空调系统开启后一般情况下不再切断。观察这种空调系统的歧管压力表组中高压表和低压表指针的变化时，其变化与使用定容量压缩机的空调系统有些不同。

① 空调压缩机以 100％的效率工作时，定容量压缩机的空调系统与变容量压缩机的空调系统的指针变化是相同的，都会稳定在标称值范围内的某一个值。

② 当变容量压缩机的空调系统不是以 100％的效率工作时，对于电磁阀控制的旋转斜盘式变容量压缩机，其高压表和低压表指针会稳定在某一非标称值上（低压较高，高压较低），即这种压缩机有两种工作状态。而对于内部压力控制式的变容量压缩机则没有明显的状态变化区别，高压表和低压表指针会有多种变化，但变化应该是稳定的。

对于采用变容量压缩机的汽车空调系统，应善于捕捉到空调压缩机以 100％效率工作时的压力指示状况，作为故障分析的依据。因此，在维修汽车空调系统的过程中，要分辨其使用的压缩机是变容量的还是定容量的，避免将采用变容量压缩机的汽车空调系统的正常表针变化误认为有故障而进行维修。

396. 低压侧压力较低，高压侧压力也较低

低压侧压力较低，高压侧压力也较低的故障分析如下。

(1) 故障原因

根据这种歧管高低压压力表指示的情况，可以判断出汽车空调系统的故障原因是制冷剂不足，使空调系统不能有效制冷。造成空调系统制冷剂不足的主要原因是由于汽车空调系统密封不严，致使制冷剂泄漏。

(2) 诊断方法

① 目测　此时通过空调系统的制冷剂视液窗可以看见大量的气泡，这一现象同样验证了空调系统的制冷剂不足。如果空调系统的泄漏程度较严重，通过仔细目测空调系统的管路及各个接头处，一般可以看到油污。这是因为一旦有制冷剂泄漏，冷冻润滑油就会伴随着制冷剂流出，泄漏出的制冷剂迅速挥发掉了，而油渍不易挥发就粘在了制冷剂渗出的地方，时间一长就沾上灰尘形成油污，所以，如果在空调系统的某一部位发现有油污或油渍，就可以判定汽车空调系统在这个地方存在泄漏。

这种方法虽然不能及时地检测出系统泄漏，但是可帮助找到泄漏的位置。

② 仪器检漏　在很多情况下，从压力指示及空调系统的观察孔所观察到的现象都证明制冷剂存在泄漏，可是单凭目测又不易准确判定制冷剂的泄漏点，这时就需要运用一些检测方法。在各种检漏仪中电子检漏仪比较方便实用，精确度也高。

(3) 修理方法

在对汽车空调系统进行检测的过程中，要注意在认为有制冷剂泄漏的地方做记号。全部检测完成后再复查确认一遍，对于确认存在泄漏的地方进行统一修理。

397. 低压侧压力极低接近真空、高压侧压力较低

低压侧压力极低接近真空、高压侧压力较低的情况故障分析如下。

(1) 故障原因

根据这种歧管高低压压力表指示的情况，可以判断出汽车空调系统的故障原因是在空调压缩机到高压检测口之间存在堵塞。这种堵塞情况是多样的，可能是有污物发生堵塞，也可能是管路受外力变形而造成堵塞。

(2) 诊断方法

根据空阔制冷剂的特性，如果汽车高压侧压力较低空调系统中有堵塞，在被堵塞处就会形成节流，也就是管路的截面积突然变小，在节流处前后形成压力差。制冷剂通过节流孔后蒸发产生制冷效果，用手触及能够感觉到有节流的地方前部即高压侧，在正常状态下为温热，触及后部感觉到冰凉，甚至会结水珠或结霜，根据这种节流的特征现象就可判断出堵塞的部位所在。

除了空调管路容易受外力作用变形而造成堵塞外，储液干燥器作为主要起过滤作用的部件，其堵塞会常有发生，因此要重点对其进行检查。当制冷剂在储液干燥器中受阻时，两边形成压力差，会产生制冷效果，因此进、出口产生一定的温度差，而正常的时候，进、出口端的温差很小。

(3) 修理方法

高压管路变形则进行更换修理，储液干燥器堵塞则将其更换，如果堵塞严重还需要清洗冷凝器。

398. 低压侧压力高、高压侧压力低

低压侧压力高、高压侧压力低的故障分析如下。

（1）故障原因

压缩机不能进行有效压缩，内部有泄漏，低压侧气态制冷剂不能及时地被压缩到高压侧，引起制冷能力降低的故障。

（2）诊断方法

观察空调压缩机的电磁离合器是否能正常吸合、是否存在打滑现象以及驱动带是否打滑。仔细听压缩机运转时是否有明显的机械噪声。检测压缩机的工作温度，其正常工作温度为 50℃ 左右，如果压缩机的内部存在泄漏，其工作温度会高于正常工作温度。要注意，空调制冷剂过量或冷冻润滑油过少，压缩机的工作温度也会过高；制冷剂不足或管路有堵塞，压缩机的工作温度会过低。以上的故障现象都会导致低压侧压力高和高压侧压力低这种表力压状态。

（3）修理方法

如果是驱动带打滑，需要更换或调整驱动带。如果是压缩机故障，则拆下压缩机，检查压缩机电磁离合器的压盘与转子之间的间隙，以及电磁线圈的电阻值是否正确，其具体技术数值参见相应的修理手册。如果不正确就要对相应的部件进行更换或调整；如果都没问题，就需要进一步检查压缩机。用一只手扳动压盘，另一只手堵住压缩机的低压口，感觉是否有吸力，然后用手堵住压缩机的高压口，感觉一下高压口是否有出气的压力。如果既感觉不到吸力又感觉不到出气的压力，而且在检查过程中，压盘旋转起来很轻松，那么就应向压缩机内加注一些冷冻润滑油再试，再次旋转检查，如果现象仍一样或者没有明显的好转，则应更换压缩机。

399. 低压侧压力低、高压侧压力高

低压侧压力低、高压侧压力高的情况的故障分析如下。

（1）故障原因

在空调系统的高压部分有堵塞，可能是膨胀节流阀、管路变形、蒸发器堵塞。

（2）诊断方法

根据节流现象检查从储液干燥器到膨胀阀，以及到蒸发器之间有无堵塞的现象。如果没有发现堵塞，则需要拆卸蒸发器，检查蒸发器是否有弯曲。如果没有发现异常，就需要从蒸发器上拆下膨胀阀，检查膨胀阀内是否有堵塞，平衡管或感温包是否破裂。故障多是由于膨胀阀堵塞或动力元件失效，致使制冷剂不能足量地进入蒸发器造成的。堵塞多是因为储液干燥器失效，污物进入膨胀阀；而动力元件失效，多是因为感温包漏气，使阀门处于常闭状态。

（3）修理方法

用压缩空气从一端吹入蒸发器，若无足量的空气从另一端排出，则需要更换蒸发器。

空调系统的膨胀阀位于蒸发器内，不易直观检测，在其他部位没有脏堵现象的情况下就要考虑更换膨胀阀。如果更换了膨胀阀，就同时需要更换储液干燥器。

判断膨胀阀是否有故障的方法是：先连接空调歧管压力表组，提高发动机转速，将高压端的压力保持在 15kgf/cm²，此时观察低压表的压力，其压力应为 2kgf/cm²，这样为正常。如果高于此值，则说明膨胀调节阀开度过大；如果低于此值，则说明膨胀阀开度过小。这样可以大致确认膨胀阀是否存在故障，这是在拆卸膨胀阀之前需做的确认检查。如果是膨胀阀的故障，则应该更换膨胀阀。

400. 高、低压表表针波动，低压有时指向真空

高、低压表表针波动，时为正常、时为低值，低压有时指向真空的故障分析如下。

(1) 故障原因

空调系统中有水汽。进入系统内的水分会结冰膨胀阻碍管口形成堵塞，循环暂时停止，但是当所堵塞的冰融化后系统又恢复正常。

(2) 诊断方法

将汽车空调系统关闭 10～15min 后，再次打开。如果压力表指向正常，但几分钟后压力表又指向不正常，而且空调系统工作期间，压力表的指针总是间隔地上下摆动，时而正常时而不正常，这就说明汽车空调系统内的湿气过多形成了冰堵。

冰堵是由于储液干燥器中的干燥剂饱和，制冷剂中的湿气不能被有效排除，制冷剂在通过膨胀阀时膨胀产生低温，使湿气在膨胀阀的节流阀处冻结形成的。一旦制冷剂停止循环，膨胀阀周围的温度就慢慢上升，在膨胀阀冻结的冰就会融化，空调系统又恢复工作。如此循环，湿气又会在膨胀阀处冻结，继而又融化，这就产生了上述的压力表不正常现象。

(3) 修理方法

① 排湿　进行修理首先要更换储液干燥器，更换后要对空调系统进行充分排湿，排湿就是对汽车空调系统进行抽真空的方法，可以有效地排除空调系统内的水分。

② 湿气的预防　一般环境中的空气都是具有一定的相对湿度，也就是说空气中是含有水分的，所以空调系统发生泄漏就会有空气和水汽流入。为此，必须控制空气流入空调系统。储液干燥器的作用就是吸收和存留进入空调系统的水分，如果湿气已经进入空调系统，储液干燥器或储液罐的干燥剂必须能吸收这些水分，如果储液罐的干燥剂已经饱和或失效，一方面要更换储液的干燥剂，同时还要用排湿的方法除去空调系统内的水汽。

401. 低压表和高低表压力都高

低压表和高低表压力都高的故障分析如下。

如果空调系统压力出现这种情况，可能的故障原因有：空调系统中有空气、制冷剂过量、冷凝器散热不良、冷却风扇转速低等，在这里将分别分析。

(1) 系统中有空气故障的检测方法

① 检查方法　观察汽车空调系统的工作，如果在空调系统暂停工作后，高压表的压力下降很快；当空调系统再次启动时，高压端的压力有一定的压力损失，其表针会先下降，然后再升高。空调系统工作期间，低压管发热，且高压表表针会慢速大幅抖动。还可以通过观察储液干燥瓶的视液孔看是否存在一定量的气泡。

② 修理方法　当有空气进入空调系统后，由于空气在空调系统中的条件下不会凝结，它的密度又比制冷剂的密度小，因此，空气一般都滞存在冷凝器和储液干燥器顶部，因为这两个部件内制冷剂有液体形式存在，形成液封，空气不会进入蒸发器，即使进入了空调系统的低压部分，空气也会随制冷剂被泵压缩排入冷凝器或干燥器中。根据空气的这一特性，可以运用排气的方法确认是否有空气进入了汽车的空调系统。排气确认方法如下。

a. 连接空调歧管压力表组，将压力表挂在引擎盖锁门上，使之成为空调系统的最高点。

b. 关掉汽车的空调系统和发动机，使空调系统充分稳定。

c. 快速打开压力表组的低压开关，放出少量气体。

d. 快速打开压力表组的高压开关，放出少量气体。

e. 启动发动机，打开空调。

f. 注意压力表表压的变化。

如果高压表和低压表的压力都降低，上述现象有一定好转或消失，则说明汽车空调系统内确实有空气。如果高压表和低压表的压力都降低，但比正常值要高，则重复以上过程，如果压力不再降低，则查找其他原因。汽车空调系统的排气一般用来确定空调系统中是否有空气这一故障存在，而不能作为最终的修理手段。

一旦确定空调系统内有空气存在，则要重新彻底抽真空并重新加注制冷剂，才能有效地排除这一故障。

（2）制冷剂过量故障的检查方法

① 检查方法　如果是汽车空调系统的制冷剂过量，则用手触动冷凝器的排出侧会感觉比正常空调系统的工作温度要低，而且从空调系统的视液窗中看不到制冷剂流动和气泡。如果向冷凝器泼水也看不到气泡，则表明空调系统的制冷剂过量。因为向冷凝器上泼水，冷凝器制冷剂温度迅速下降，造成比体积下降，此时储液干燥罐内的液体会向冷凝器逆流，所以会由视液窗看见气泡，此时不要误认为制冷剂不足。

② 修理方法　将发动机熄火，用维修布包住空调歧管压力表组的排放管口，打开表组的高压端，排除一些制冷剂。启动发动机，打开空调，空调系统的压力应该趋近正常。建议彻底重新对空调系统进行抽空，并定量加注制冷剂。

（3）冷凝器散热不良故障的检查方法

① 检查方法　检查冷凝器和水箱的散热栅是否被堵塞，其之间的空气通道是否被污物堵塞，冷凝器和水箱之间的密封条是否破损。这些情况都会导致空调系统散热不良，此时空调系统的工作压力会比正常时稍高。

检查冷凝器是否有被外物击打而弯曲的现象，一旦有弯曲现象，就会产生节流，节流前后就会有温度变化，根据节流现象可以快速找到损坏部位。

② 修理方法　清理冷凝器、水箱散热栅的污物，必要时进行更换。同时要注意发动机散热器的性能，必要时还要清洗散热器。

五、制冷系统维修基本作业

空调制冷系统是个密闭的高压系统，无论空调是否工作系统都存在压力，工作时压力更高，因此泄漏是空调不可避免的故障，空调故障大多数是制冷剂不足，新车使用3～5年就应添加制冷剂，由于制冷剂沸点都在0℃以下加上系统高压，因此只要系统进行了任何拆装制冷剂都会漏光，都必须加注制冷剂。所以加注制冷剂是空调维修的基本作业。

402. 制冷剂排放

空调系统无论进行任何拆装，都必须放空制冷剂，制冷剂放空有两种方式：一是用专用作业机器回收；二是直接排放在大气中。

专用作业机器可连续地完成制冷剂加注工序，详见后节。

直接排放操作步骤如下。

① 连接歧管压力表，如图3-48所示，高压管接系统高压维修接头；低压管接系统低压维修接

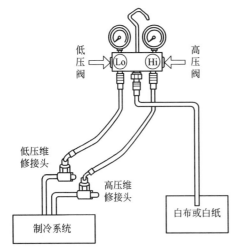

图3-48　制冷剂放空示意图

头：作业软管的出口放一白布或白纸。

② 慢慢打开高压阀，让制冷剂从作业管排出，注意观察白布上是否的油渍，如果有表明有冷冻油排出，应减小阀门开度。

③ 当压力表读数降到 0.35MPa 时，可以打开低压阀，让制冷剂从高、低压阀同时排出，加快排放速度，直至压力表读数为零。

403. 系统检漏

系统泄漏是空调的主要故障，是汽车空调维修最困难和返修率最高的故障，但万变不离其宗，检漏方法就是如下几种。要做好空调维修工作，必须掌握检漏技能。检漏的诀窍就是六个字：仔细、耐心、灵活。

(1) 制冷系统常见泄漏部位

汽车空调系统工作条件比较恶劣，其制冷系统一直随汽车在振动的工况下工作，极易造成部件、管道损坏和接头松动，使制冷剂发生泄漏。其泄漏的常发部位见表 3-28。

表 3-28　汽车空调系统泄漏的常发部位

部　件	泄漏常发部位	部　件	泄漏常发部位
冷凝器	①冷凝器进管和出管连接处 ②冷凝器盘管	制冷剂管道	①高、低压软管 ②高、低压软管各接头处
蒸发器	①蒸发器进气管和出口管连接处 ②蒸发器盘管 ③膨胀阀	压缩机	①压缩机油封 ②压缩机吸排气阀处 ③前、后盖密封处 ④与制冷剂管道接头处
储液干燥瓶	①易熔塞 ②管道接头喇叭口处		

(2) 制冷系统常见检漏方法

制冷剂的检漏有目测检漏、肥皂水检漏、卤化物检漏仪检漏、电子检漏仪检漏、荧光染料检漏、真空检漏和加压检漏等方法。其中卤化物检漏仪只能用于 R12、R22 等制冷剂的检漏，对 R134a、R123 等不含氯离子的新型制冷剂无效果。电子检漏仪有三种：适用 R12、适用 R134a、同时适用 R12 与 R134a（可分两挡使用），使用时要注意。

维修阀泄漏和丢失维修阀的保护帽是导致制冷剂泄漏的重要原因之一。在一般轿车中，若丢失维修阀保护帽，每年从维修阀处漏失的制冷剂能有 0.45kg 之多，故应对维修阀进行检漏，并且维修阀一定要盖紧保护帽。

① 目测检漏　因为汽车空调中所采用的压缩机油（冷冻油）是与制冷剂互溶的，因而可根据制冷系统及其连接软管等零件的表面和连接处出现油迹，判断是否有制冷剂逸出。

② 肥皂水检漏　将有一定浓度的肥皂水（可用肥皂削碎，也可用肥皂粉）涂布在受检处。若零件表面有油迹，要事先擦净。若检查接头处，要整圈均匀涂上。仔细全面地观察，若有气泡或鼓泡，则可判为有泄漏。在制冷系统低压侧管道检漏，必须使压缩机工作；在高压侧检漏时，就不受限制。关键是肥皂水的浓度要掌握好，太稀、太浓都不行。这种方法比较经济、实用，适用于暴露在外表，人眼能看得到的部位，但精度较差，不能检查微漏，对找出针眼大小的泄漏最有效。

③ 卤化物检漏仪检漏　只能测氟利昂制冷剂（如 R12），不能用于 R134a。该方法比较经济，但安全性差。

④ 电子检漏仪检漏　灵敏度较高，使用方便、迅速，但设备价格较贵，而且容易出故障。

⑤ 荧光染料示踪检漏　适用于其他检漏方法都难以查出漏点的场合，特别适用于微小

漏点，但价格较贵。荧光染料检漏有下述两种。

a. 将空调系统允许的染色液注入制冷系统，使用一段时间，便可在泄漏处出现染色液痕迹，除非将其彻底清除。

b. 将对紫外线反应灵敏的荧光染料压入系统，用紫外线灯检漏。其原理是：紫外线能激励染料中的荧光分子发出黄色或黄绿色荧光。用于检漏的紫外线是一种 UV-A 长波光，一般称为黑光，波长为 $(320\sim400)\times10^{-9}$ m，也就是 $320\sim400$nm（纳米），各种紫外线激励染料的峰值激励和峰值发射不同，各种紫外线也不同，但都能在黑光照射下发出荧光，如图 3-49 所示。这种检漏方法准确、方便、安全，因此广泛应用于各修理行业。

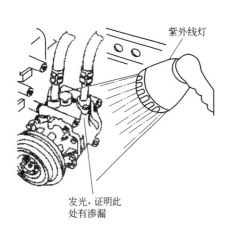

图 3-49　紫外线灯检测方法

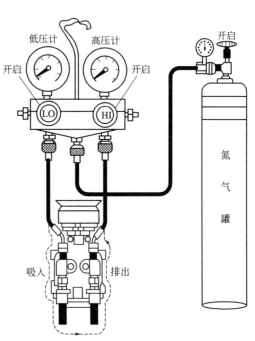

图 3-50　制冷系统加压检漏示意图

⑥ 加压检漏（保压法）　如图 3-50 所示，将少量制冷剂和一定压力的氮气加入制冷系统，用上述①～④方法检漏，若查不出漏，保压数小时（甚至一昼夜），观察压力有否下降。如果下降则再增加制冷剂和增大氮气压力。如果用肥皂水检漏可不加制冷剂。此法费工费时但设备简单实用。

⑦ 真空检漏（负压法）　将制冷系统抽真空，保持若干时间，观察真空表针是否移动。真空检漏效果不佳，它只能诊断系统是否泄漏，不能检出泄漏点位置，还需结合其他方法查出泄漏点，以便排除。此法常作为故障诊断用。

404. 制冷系统抽真空

对于拆开修理的空调系统，在加注新的制冷剂之前，必须用真空泵进行抽空作业。目的是排除制冷系统内的空气和水分。

抽空作业是空调维修中一项极为重要的工序。因为对空调制冷系统进行维修或更换元件时，空气会进入系统，且空气中含有一定量的水蒸气（湿空气）。

(1) 湿气的危害

系统中存在空气，会造成压缩机排气压力增高、排气温度增加，导致压缩机负荷增加，制冷量减少；还将导致压缩机零件提前损坏，机油变质。

管路中的空气还会阻碍制冷剂及冷冻油的循环，容易造成压缩机缺油。

更严重的是空气中一定含有水分，一旦空气进入系统，即带入了水分（湿气）。水分不仅容易诱发膨胀阀冰堵现象，还会使冷冻油变质；会腐蚀金属，导致干燥瓶或节流管或膨胀阀堵塞；若系统有铜制零件，还会在压缩机运动摩擦处发生镀铜现象，导致压缩机被咬死。水分还会使干燥剂过饱和而失效。

因而，必须彻底排尽制冷系统中的空气和水分。抽真空是有效的除湿气方法，所以是检测修理后的必要工序。

（2）排除湿气的要领

抽真空并不能直接把水分抽出制冷系统，而是产生真空后降低了水的沸点，水汽化成蒸汽后被抽出制冷系统。系统中排除湿气的办法是用真空泵反复抽真空。系统中的空气还比较容易被排除，只要真空抽到 $-100kPa$，空气就被完全排除，但留存在系统管壁上的水分却不是马上会被抽净的。系统中压力降低仅是让水分容易沸腾，若要完全蒸发（抽真空只能抽走汽化了的水分）还需一定的时间。真空度越低，水分越容易沸腾；在这一真空度下，抽真空的时间越长，水分蒸发得越彻底，即除湿量越大。因而建议当系统被抽真空到 $-100kPa$ 以后，至少还需抽 30min，若条件允许，最好抽 1h。

（3）抽真空步骤

① 将歧管压力计与压缩机、真空泵相连（图 3-51）。

② 打开高、低压手动阀，真空泵运转约过 10min（对于轿车和一般小型车辆）之后，若低压表读数大于 79.8kPa，应停止抽真空，检查系统是否有泄漏，根据情况修理之。

③ 抽真空直到真空度接近 100kPa。

④ 关闭高、低压手动阀及真空泵，放置 5～10min，如果低压表指针不能保持不动，而是缓慢上升，说明系统有泄漏，检查系统泄漏点，根据情况修理之。

⑤ 如果低压表指针保持不动，则重复步骤②、③2～3 次。

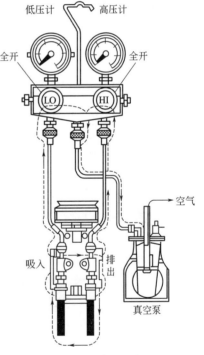

图 3-51 抽真空示意图

⑥ 抽真空过程中，可将真空泵出气管插入水中，待水中不再冒出气泡（需 20～30min），低压表真空指示稳定后，结束抽真空工序。

405. 冷冻油量检查与加注

（1）冷冻油（压缩机机油）**变质的主要原因**

① 混入水分　由于制冷系统中渗入空气，并且干燥剂已经饱和，此时空气中的水分进入冷冻油，不仅会产生膨胀阀冰堵、金属材料受腐蚀等问题，也会使冷冻机油黏度降低。

② 氧化　当压缩机高压侧温度太高时，有可能引起冷冻油氧化变质，产生残渣及至结炭，使轴承等处的润滑变坏。有机物、机械杂质等混入冷冻机油中，也会使油老化或氧化。

③ 几种不同牌号的冷冻机油混合使用　这不仅会降低油的黏度，甚至会破坏油膜的形成，使压缩机运动部件（特别是轴承）磨损加快。若将不同类型的冷冻机油混用（例如矿物油与合成油混用），情况将会更严重。

（2）确认冷冻机油变质的方法

冷冻油是否变质需通过一定的化验手段确认。平时使用时，有三种简单的方法来判断冷冻油是否变质。

① 从气味判断　从制冷系统放出的制冷剂或流出的冷冻油若有异味，则冷冻油变质。

② 从新旧颜色对比判断　冷冻油正常颜色为淡黄色，虽然冷冻油工作一段时间后，颜色一般都要变深，但若制冷系统中的冷冻油为黑色，棕色等深颜色，冷冻油变质。

③ 滴油法判断　将油滴在吸水性好的白纸上，若油滴中心部分没有黑色，则说明油没有变质，可以继续使用；若油滴中心部分呈现黑色斑点，说明油质已开始变坏，应换油了。若油中含有水分，油的透明度会降低，出现这种情况也需要换油。

（3）更换制冷系统元件时冷冻油的补充量

更换制冷系统各元件时，应对系统补充冷冻油，加注的量参考表 3-29。

表 3-29　更换制冷系统部件时冷冻润滑油的补充量

更换的零部件	冷凝器	蒸发器	储液干燥瓶	制冷剂管路	压缩机
冷冻润滑油补充量/mL	40～50	40～50	10～20	10～20	80

（4）冷冻油的加注方法

维修汽车空调制冷系统时通常不需加注冷冻润滑油，但在更换制冷系统部件及发现系统有严重泄漏时，必须补充冷冻润滑油。其补充冷冻润滑油的方法有两种。

① 利用压缩机本身抽吸作用，将冷冻油从低压阀处吸入，这时发动机一定要保持低速运转。

a. 直接加注法。把所需的冷冻油直接加注到制冷系统各元件上，再把制冷系统各元件装在车上。压缩机冷冻油加注如图 3-52 所示。

b. 随制冷剂加注法。把所需的冷冻油加注到歧管压力计的中间软管，再把制冷剂罐接

图 3-52　压缩机冷冻油加注

在此软管，然后按加注制冷剂的方法操作即可。

② 利用抽真空加注冷冻润滑油。其方法如下。

a. 按抽真空的方法先对制冷系统抽真空。

b. 选用一个有刻度的量筒，装入比要补充的冷冻润滑油还要多的冷冻润滑油。

c. 将连接在压缩机上的低压软管从歧管压力计上拧下来，并将其插入盛有冷冻润滑的量筒内，如图3-53所示。

406. 制冷剂加注

在加注前还必须再次抽真空，当制冷系统抽真空达到要求，且经检漏确定制冷系统不存在泄漏后，即可向制冷系统充注制冷剂。充注前，先确定注入制冷剂的数量，因为充注量过多或过少，都会影响空调制冷效果。压缩机的铭牌或发动机罩上一般都标有所用制冷剂的种类及其充注量。

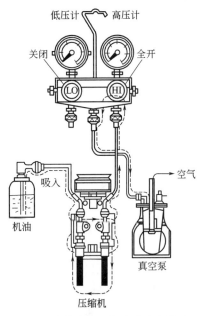

图 3-53 抽真空法加注冷冻润滑油

充注制冷剂的方法有两种，液态充注和气态充注。

液态充注：是从压缩机高压阀充注，称为高压端充注，充入的是制冷剂液体。其特点是安全、快速，适用于制冷系统的第一次充注，即检漏、抽真空后的系统充注。但用该方法时必须注意，充注时不可开启压缩机。

气态充注：是从压缩机低压阀充注，称为低压端充注，充入的是制冷剂气体。其特点是充注速度慢，可在系统补充制冷剂的情况下使用。

(1) 高压端充注制冷剂

高压端充注制冷剂也叫液态充注。

① 当系统抽真空后，关闭歧管压力计上的高、低压手动阀。

② 将中间软管的一端与制冷剂罐注入阀的接头连接起来，如图 3-54 所示，打开制冷剂罐开启阀，再拧开中间歧管压力计软管一端的螺母（有的歧管计上有放空阀），让气体溢出几秒钟，把软管中的空气赶走，然后再拧紧螺母。

③ 拧开高压侧手动阀至全开位置，将制冷剂罐倒立，以便从高压侧充注液态制冷剂。

④ 从高压侧注入规定量的液态制冷剂。关闭制冷剂罐注入阀及歧管压力计上的手动高压阀，然后将仪表卸下。特别要注意，从高压侧向系统充注制冷剂时，发动机处于不启动状态（压缩机停转），更不可拧开歧管压力计上的手动低压阀，以防产生液压冲击。

(2) 低压端充注制冷剂

低压端充注制冷剂也叫气态充注，通常液态充注的方法都不能使制冷剂量充足，最终都还得进行气态充注，才能使制冷剂量充足。如果是系统补充制冷剂就必须用气态充注方法进行充注。

通过歧管压力计上的手动低压阀，可向制冷系统的低压侧充注气态制冷剂。

① 按图 3-55 所示，将歧管压力计与压缩机和制冷剂罐连接好。

② 打开制冷剂罐，拧松中间注入软管在歧管压力计上的螺母，直到听见有制冷剂蒸气流动的声音，然后拧紧螺母。目的是排出注入软管中的空气。

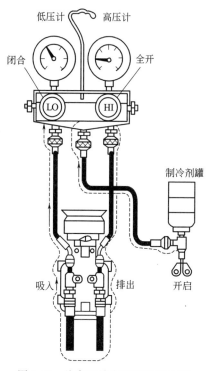

图 3-54 从高压端充注液态制冷剂

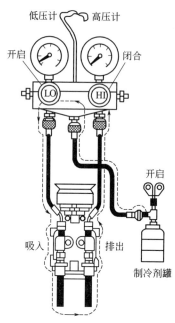

图 3-55 从低压端充注气态制冷剂

③ 打开手动低压阀，让制冷剂进入制冷系统。当系统的压力值达到 0.4MPa 时，关闭手动低压阀。

④ 启动发动机，将空调开关（A/C）接通，并将鼓风机开关调至最大，设定温度调到最低。

⑤ 再打开歧管压力计上的低压侧手动阀，让制冷剂继续进入制冷系统，直至充注量达到规定值。

⑥ 在向系统中充注规定量制冷剂之后，从干燥瓶的观察孔观察，确认系统内无气泡、无过量制冷剂。随后将发动机转速调至 2000r/min，鼓风机风量开到最高挡，若环境温度为 30～35℃，系统内低压侧压力应为 0.147～0.192MPa，高压侧压力应为 1.37～1.67MPa。

⑦ 充注完毕后，关闭歧管压力计上的手动低压阀，关闭装在制冷剂罐上的注入阀，使发动机停止运转，将歧管压力计从压缩机上卸下，卸下时动作要迅速，以免过多制冷剂泄出。

（3）操作要领

① 制冷系统更换制冷剂都可以先进行液态充注，然后再用气态充注法，使系统充足制冷剂，这种操作可加快充注速度。

② 进行液态充注后不用更改连接，但切记关闭高压阀后，才能启动发动机，避免因启动发动机压缩机工作，高压进入制冷剂瓶而爆破造成人身伤害事故。

注意：

a. 如果人体接触制冷剂，会发生冷冻作用。在检测修理制冷系统时，应戴上手套和面罩。

b. 在发动机保持运转时，制冷系统的有些元件会很热。要戴上手套，以免烫伤。

407. 制冷剂补充

汽车空调在使用 3~5 年后，制冷剂的补充是必不可少的。老旧车辆甚至每年都要补充制冷剂，制冷剂补充只能用气态加注法即低压加注法，操作方法见"制冷剂加注"中的"气态加注"。

408. 制冷剂量检查

制冷剂量是否正常是汽车空调制冷系统故障诊断的先决条件。汽车空调制冷系统的故障80%是制冷剂不足，因此对制冷剂容量的检查是汽车空调维修的基本技能，汽车制造商推荐有不同的步骤来检查制冷系统的容量状态。应按照汽车制造商的维修手册中所推荐的步骤进行。通常采用看和测的办法来检查系统制冷剂容量是否正常。

看：就是通过观察视液窗液体流动状况来判定制冷剂容量是否正常，如图 3-56 所示。

(a) 制冷剂严重不足　　(b) 制冷剂加注不足　　(c) 制冷剂正常或过量

图 3-56　视液镜中制冷剂的流动状态

制冷剂容量正常与过量在视液窗中的状况是相同的，要判定是否过量通常用急加负荷的办法来测定，如果急加负荷出现图 3-56(b) 所示的状态为正常，如还是如图 3-56(c) 所示的状态为制冷剂过量。

测：通过歧管计来测定制冷剂容量是否正常的方法。在制冷系统工作正常的情况下，接上歧管压力计，启动发动机打开空调并开关处于制冷最高位置，这时如果高压值和低压值都在正常范围，则说明制冷剂容量正常；如果高压值低，低压值也低，则说明制冷剂容量不足；如果高压值和低压值都偏高，则是制冷剂容量过多。

◉ 第七节　汽车防盗门锁常见故障检修

目前汽车防盗器已由初期的机械控制，发展成为钥匙控制-电子密码-遥控呼救-信息报警的汽车防盗系统，由以前单纯的机械钥匙防盗技术走向电子防盗、生物特征式电子防盗。汽车防盗系统主要包括被动无钥门禁（PKE）、遥控门禁系统（RKE）和发动机防盗锁止系统。目前应用得比较广泛的是 RKE 系统：只要按下电子钥匙上的按钮，该系统就可以关闭或打开车门，它还集成了防盗锁止系统。门锁控制器电路见图 3-57。

电子防盗系统主要由电子控制的遥控器或钥匙、电子控制电路、报警装置和执行机构等组成。

409. 遥控操作不起作用

（1）故障现象

遥控操作不起作用，按遥控器各功能按键时，遥控器的红色 LED 指示灯不亮。

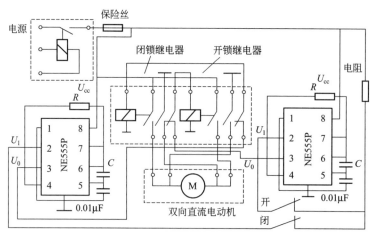

图 3-57　门锁控制器电路

（2）故障原因

此故障多在遥控器本身，有以下几种情况。

① 电池电量用尽。

② 电池正，负极簧片生锈或接触不良。

③ 遥控器被雨淋或进水、浸油等。

（3）诊断与排除

更换电池或检修电池连接器，如遥控器被雨淋或进水、浸油等，对此，可将电路板取出，用工业酒精清洗后，用家用电吹风吹干或待其自然干燥后，可以继续使用。

410. 遥控距离越来越短

（1）故障现象

遥控距离越来越短，发射信号时，遥控器的 LED 亮度变暗或闪烁。

（2）故障原因

此现象多是电池电量不足。

（3）诊断与排除

更换电池即可，除此以外，建议不要自己调整或更换遥控器的元件，以免造成更大的损失。

如果更换电池后仍有此现象，可能遥控器有问题，更换一个遥控器，重新学习一下。

一般 7 号碱性电池可以使用 1～2 个月，建议使用 7 号 AAA 碱性电池，不要使用一般锌锰干电池。

411. 遥控器某一功能键失效

（1）故障现象

遥控器某一功能键失效，按该键时 LED 指示灯不亮。

（2）故障原因

某功能键失效（其他功能键正常）多为本功能键损坏或按键端子与电路板的焊点脱焊、接触不良等。

（3）诊断与排除

遥控器的按键多为微型开关，平时使用时用力要轻，并注意防水、防摔和重压。出现故障建议更换遥控器，没有修理的价值。

412. 指示灯经常自己亮

（1）故障现象

未使用遥控器时，LED 指示灯经常自己亮，或只要装上电池 LED 指示灯即常亮，而操作遥控器没有反应。

（2）故障原因

遥控器未按按键时指示灯经常自己亮，一般为遥控器的按键机械性损坏，表现为按键的手感不好，没有弹性。

（3）诊断与排除

更换按键即可，对跳码型遥控器而言，按遥控器各功能键均无反应，更换电池或重新安装电池后，LED 指示灯亮 20～40s，然后无反应，这说明按键有短路性损坏，若手感无异常，可用万用表 "R×1" 挡测试各按键是否短路，然后更换短路的按键即可。

413. 自动熄火并进入报警状态

（1）故障现象

车辆行驶 30～40s 自动熄火并进入报警状态，解除防盗功能后，行驶中重复上述情况，如此反复。

（2）故障原因

此现象是因为在车内操作遥控器，引起二次自动防盗。

（3）诊断与排除

只要在按解除防盗功能键后，再开关一次车门，问题即可解决，汽车防盗系统用遥控器受体积限制，功能按键一般不超过 4 个，这样每个按键常被赋予几项功能，在某种状态下同一功能键所控制的功能不一样，或某项功能由多个按键配合完成，使用时应特别注意。

414. 用遥控器解除防盗失效

（1）故障现象

车辆处于防盗状态，用遥控器解除防盗失效。

（2）故障原因

处于防盗状态的系统，由于遥控器或系统主机故障（主机多为遥控接收电路故障），引起解除防盗失效（遥控器对系统失去控制作用）、汽车方向灯（双蹦灯）闪亮、报警喇叭常鸣、车辆无法启动行驶。

（3）诊断与排除

此时只能将防盗系统临时拆除，这要求使用者平时注意防盗系统主机的大体安装位置，如果对防盗器的位置不了解，可根据防盗系统的 LED 指示灯、超声波传感器探头或报警喇叭等元件，顺藤摸瓜找到系统主机，拔下防盗器系统主机与车辆连接的接插件即可，另外，有些遥控汽车防盗报警系统主机设置了紧急解除功能，不必拆除系统主机，即可暂停防盗器的使用。

415. 车辆不能发动

（1）故障现象

汽车防盗系统工作正常，点火电动机运转正常，但车辆不能发动。

（2）故障原因

此现象可能是由报警器或汽车本身电器故障引起。

（3）诊断与排除

判断方法是：将汽车防盗器附件切断点火继电器（12V/30A，一般安放在汽车钥匙门附近）的两条粗线短接，若此时车辆能启动，说明防盗系统有故障，且多为继电器损坏，若短接切断点火继电器的两条粗线后，车辆仍无法启动，则说明汽车本身电路有故障，此外，车辆在行驶过程中遇到颠簸路段时，很容易熄火或瞬时熄火，应特别注意该切断点火继电器常闭触点有无接触不良、接线松动的情况。

416. 转向灯错乱

（1）故障现象

开启汽车一边转向灯时，另一边也亮。

（2）故障原因

此故障为防盗系统控制汽车方向灯（双蹦灯）电压输出的二极管击穿。

（3）诊断与排除

更换同型号二极管即可排除故障，有些车型这两只二极管在主机内部，有些则附在连线上。

417. 遥控器按一下符号全显示

（1）故障现象

遥控器按一下按键，显示符号全显示一遍，并且有装电池时一样的叫声。

（2）故障原因

出现此问题最大的可能性为遥控器电池已没有电，当按遥控器时发射需要电流较大，有些品牌的电池低压特性不好，引起电池电压降低很多，引起复位。

（3）诊断与排除

一般7号碱性电池可以使用一个月左右，当电池电压不足时，遥控报警距离会变近，更换电池后即可，建议使用7号AAA碱性电池，不要使用一般锌锰干电池。如果更换电池后仍有此现象，可能遥控器主板有问题，更换一个遥控器，重新学习一下即可。

418. 遥控时，主机没有任何反应

（1）故障现象

按遥控器时，主机没有任何反应，但主机可以报警，开门会闪灯。

（2）故障原因

① 主机丢了一个密码。

② 遥控器有问题。

③ 主机接收电路出问题。

（3）诊断与排除

当出现此问题时，检查另外一个遥控器能否遥控，如果能遥控，说明主机是正常的，不能工作的遥控器重新学习对码，看能否学习成功，如果能说明遥控器正常，只是主机丢了一个密码，重新学习即可；如果不能够学习对码，可能遥控器有问题，建议更换一个新的遥控器，重新学习对码。如果另外一个遥控器也不能遥控操作，重新学习一下遥控器（即重新对码），如果重新对码后遥控器操作正常，说明主机密码丢失，重新学习即可，如果重新学习

不成功，则问题不在遥控器这方面，检查一下主机天线及其他连接线，如果没有问题，则应该是主机接收电路出问题，建议更换主机。解码电路采用双备份密码形式，丢失密码的机会很少，但并不能完全避免，如果有的主机经常丢码，建议更换主机，可能主机解码电路有问题。

419. 遥控器上没有显示

（1）故障现象

遥控器上没有显示或显示状态不会改变，按遥控器，主机有反应，上下锁正常，遥控器不会报警。

（2）故障原因

① 主机发射报警电路有问题。

② 遥控器报警接收电路有问题。

③ 主机的问题。

（3）诊断与排除

汽车在行驶状态下，按遥控器上下锁时遥控器上显示的状态不会改变，此属正常现象，因为在此状态下没有必要改变显示，因为踩脚刹可以下锁，改变显示容易一起混乱，设计就是不改变显示的。但在其他状态下，遥控器上的显示应该随防盗状态不同而改变，如果按遥控器，主机有反应，但遥控器上显示不改变或无显示，检查另外一个遥控器是否正常，如果另外一个遥控器有相同的现象，可能主机发射报警电路有问题，如果另外一个遥控器正常，说明遥控器报警接收电路有问题，更换一个新的遥控器重新学习，故障应该可以消除，如果只有一个遥控器，建议去安装商处先更换一个遥控器对码之后看是否正常，如果还不行，可能是主机的问题。

420. 遥控报警距离有时近有时远

（1）故障现象

遥控器报警距离近，或者遥控报警距离有时近有时远。

（2）故障原因

遥控器距离有时远有时近，有可能为周围环境的电磁波干扰，如果地处无线电台、电视台附近，或者 BB 机发射台、移动电话中继站、雷达站或其他发射台站附近，电磁干扰很大，距离较近属正常，也有一些工业设备如高周波塑压机等也可产生很大干扰，如果在这些附近，也会引起干扰。排除这些的干扰后，检查一下接收天线接触是否良好，天线安装位置是否正确。如果天线安装在金属柱子或铁板上会对距离有很大影响，应该安装在玻璃内侧离边缘 5～10cm 处。另外，天线安装位置应该避开贴太阳膜的部分，因为太阳膜中含有金属成分，也会对遥控器距离产生影响。

一般情况下，在空旷地，620C-FM 型直线遥控距离有 1000m 左右，报警距离有 1500m 左右，800m、900m、1100m 都属正常，因为周围环境不同，620B-AM-FM 混合型遥控距离有 100～200m，50～100m 也属正常，报警距离有 1000m，700～1000m 都属正常；在居民区中，620C 型 300～500m 都属正常，主要看中间障碍物的大小，一般隔两栋多层楼房仍可以正常遥控和报警，隔更多栋楼房时要看具体情况，可能会比较不稳定；但一栋楼房周围无论如何都应该很轻松可以遥控报警，不管是在正面或背面；如果在地下停车场，车在地下一层时，在地面 100～200m 范围内可以遥控已算比较好的情况，如果在地下二层可能连地面都不能走到已不能遥控，主要看楼房是钢筋混凝土结构还是钢架结构，但在地下停车场均为有人值守，距离应无大问题。

421. 遥控器报警时，开锁和关锁符号同时出现

(1) 故障现象

遥控器报警时，开锁和关锁符号同时出现。

(2) 诊断与排除

此属正常现象，出现这种现象有两种情况，一是此遥控器没有进入防盗状态，用另外一个遥控器进入防盗状态，当有报警时，此遥控器显示状态会有开锁和关锁两个符号同时显示；另外在行驶状态，如果用遥控器进入防抢状态，遥控器上也会有开锁和关锁两个符号同时显示，这些都属正常现象。

422. 振动不报警或10s后自动报警

(1) 故障现象

进入防盗后，振动不报警，或进入防盗后10s后就开始振动报警。

(2) 诊断与排除

进入防盗后10s后才开始检测振动感应器，这样是为了避免关门时的振动没有停止，如果10s后振动还不报警，首先检查振动感应器灯能否亮，连线是否正确，插座是否可靠连接，灵敏度调节是否合适（灵敏度调到最低时根本不能触发）。振动器采用双段调节，轻振动报警时间短，重振动报警时间长。如果还不行可更换感应器试一下，但如果更换感应器后仍不能报警可能是主机问题。

如果进入防盗10s后就开始振动报警，此种情况一般是由于振动感应器太灵敏，可以先拔掉振动感应器看是否还有此现象，如果还有应是主机的问题，如果没有则是振动感应器问题，降低灵敏度应该可以消除此现象。

注意：不要把振动感应器灵敏度调得太高，这样经常会出现莫名其妙的振动报警，或者夜间会偶尔叫几声，也会出现有车经过时都会叫几声，灵敏度调到用力拍打玻璃会叫就可以了。

423. 经常有振动报警

(1) 故障现象

在平时偶尔或经常有振动报警（遥控器上显示有锤子）。

(2) 故障原因

此种情况一般是由于振动感应器太灵敏。

(3) 诊断与排除

可以先拔掉振动感应器看是否还有此现象，如果还有应是主机的问题，如果没有则是振动感应器问题，降低灵敏度应该可以消除此现象。

注意：不要把振动感应器灵敏度调得太高，这样经常会出现莫名其妙的振动报警，或者夜间会偶尔叫几声，也会出现有车经过时都会叫几声，灵敏度调到用力拍打玻璃会叫就可以了。

424. 主机有时有反应有时没有反应

(1) 故障现象

正常使用时主机有时有反应有时没有反应。

（2）故障原因

线路接触问题；主机内部有接触问题。

（3）诊断与排除

仔细检查连线接触是否良好，保险丝是否接触良好，各种连线连接是否良好，接地是否良好。如果都没有问题则可能主机内部有接触问题，更换主机。

425. 自动进入了防抢状态

（1）故障现象

行驶过程中车灯闪，喇叭叫，一会儿会熄火。

（2）故障原因

① 可能在行驶过程中有意或无意按了两次遥控器的查询键，或者由于撞击等其他原因碰了此两键，才会进入防抢状态。

② 受到强烈干扰使主机工作混乱。

（3）诊断与排除

按取消防盗键即可消除此状态。如果由于受到强烈干扰使主机工作混乱进入此状态，先减速把车停到一边，再熄火按遥控器把此状态取消，不过强烈干扰使主机工作混乱的可能性很小。

426. 实例遥控器偶尔不起作用

（1）故障现象

遥控器偶尔失灵。

（2）故障原因

锁芯故障使防盗电脑不能准确检测钥匙是否在点火开关内。

（3）诊断过程

① 故障验证　门锁遥控器有时不起作用，有时正常，没有规律。

② 排除过程　此车为新车500km，观察此车，玻璃已贴膜，铺了地胶，后装了一套GPS。开始怀疑贴膜导致车内进水受影响，几天后故障现象仍然存在，更换防盗电脑设频有时设不上，设上了故障也未排除。查阅资料只有在所有车门关闭，钥匙不在点火开关里，防盗电脑电源及工作正常，遥控发射器有频率发出遥控门锁才能正常工作，检查电脑电源线路，开关到电脑线路都正常，电脑检测钥匙是否在钥匙孔是靠点火开关上的一个小触点开关，当来回插入钥匙检测此开关锁芯发现里面少了一个开关的回位弹簧，加装一个回位弹簧，故障排除。

（4）总结分析

遥控发射器信号看不见，摸不着，维修此类故障仔细检测所有输入信号。

◉ 第八节　安全气囊常见故障诊断与维修

汽车安全气囊系统是轿车上的一种辅助保护系统，可以为乘员提供十分有效的防撞护。目前安全气囊系统一般为转向盘单气囊系统，或者双气囊系统。安全气囊系统主要由碰撞传感器、电子控制单元、警告灯、气体发生器和气囊等组成。图3-58所示中央安全传感器总成。

图 3-58　中央安全气囊总成气囊和气体发生器模块安装的位置

当汽车受到前方一定角度内的高速碰撞时，装在车前端的碰撞传感器和装汽车中部的安全传感器，就可以检测到车突然减速，并将这一信号在 0.01s 之内速度传递给安全气囊系统的控制电脑。电脑在经过分析确认之后，立即引爆气囊包内的电热点火器（即电雷管），使其发生爆炸，这一过程一般只需 0.05s 左右。点火器引爆之后，固态氮粒迅速气化，大量氮气化，大量氮气立即吹胀气囊，并在强大的冲击力之下，气囊冲开方向盘上的盖而安全展开。

427. 故障诊断的一般步骤

① 接通点火开关，观察安全气囊系统警告灯指示是否正常。

② 读取并记下 ECU 中存储的故障码。

③ 关闭点火开关，并将蓄电池负极电缆拆下等待 30s。

④ 断开安全气囊连接器，并将安全气囊线端短接。

⑤ 检视各部件尤其传感器的安装情况，并根据所读出的故障码视情况检修。

⑥ 装复蓄电池负极电缆，接通点火开关，进行电气检查。

⑦ 读码，清码后再读码。

⑧ 输出正常代码、警告灯指示正常后将安全气囊接入电路。

428. 故障自诊断

（1）读取故障码

① 检查 SRS 提示灯。将点火开关转到"ON"或"ACC"位置，如 SRS 提示灯亮 6s 后熄灭，说明 SRS 提示灯及其线路正常，可以读取故障码；若 SRS 提示灯不亮，说明指示灯或其线路有故障，应检修后才能读取故障码。

② 将点火开关转到"ON"或"ACC"位置，并等待 20s 以上。

③ 用跨接线将 TDCL 诊断连接器的 TC、E1 两个端子短接。

④ 根据仪表板上的 SRS 提示灯闪烁情况读取故障码。

（2）故障码表

（3）清除故障码

每当排除故障后，必须清除故障码，并在清除故障码之后，再次读取故障码，确认故障码已经全部清除。

第一步清除代码 41 以外的故障码，第二步清除代码 41。

① 清除代码 41 以外的故障码　关闭点火开关，拔下熔断器盒内的 ECU-B 熔断器或拆下蓄电池负极电缆 10s 或更长时间后，代码 41 以外的故障码即可被清除。

清除代码 41 以外的故障码时的注意事项如下。

a. 在清除故障码后接上蓄电池负极电缆时，必须关闭点火开关。若点火开关处于接通状态，会导致诊断系统工作失常。

b. 拆卸蓄电池负极电缆清除故障码之前，应先将音响和防盗等系统的密码记录下来。否则，蓄电池负极电缆端子拆下后，音响和防盗等系统及时钟存储的内容将会丢失。

② 清除代码 41　取两根跨接线，将其分别与 TDCL 诊断连接器的 TC、AB 端子连接，接通点火开关并等待 6s 以上。

a. 将 TC 端子搭铁约（1.0±0.5）s，然后离开搭铁，并在离开搭铁部位后 0.2s 内，将 AB 端子搭铁（1.0±0.5）s。

b. 将 AB 端子离开搭铁部位之前 0.2s 内，将 TC 端子第二次搭铁（1.0±0.5）s。

c. 将 TC 端子第二次离开搭铁部位之后 0.2s 内，将 AB 端子第二次搭铁（1.0±0.5）s。

d. 将 AB 端子第二次离开搭铁部位之前 0.2s 内，将端子 TC 第三次搭铁。

e. 将 TC 端子第三次搭铁 0.2s 内，将 AB 端子离开搭铁部位，并将 TC 端子保持搭铁、AB 端子保持离开搭铁部位，直到数秒钟之后，SRS 提示灯以亮 64ms、灭 64ms 的闪烁周期闪烁时，代码 41 即被清除，此时再将 TC 端子离开搭铁部位。

归纳：TC 与 AB 交替搭铁，TC 先。TC 断开后的 0.2s 内，AB 搭铁。AB 断开前的 0.2s，TC 搭铁。TC 搭铁 3 次，AB 搭铁 2 次。

清除代码 41 时的注意事项：清除代码 41 时，必须按照上述规定的时间间隔进行操作，才能清除代码 41，否则当时间间隔超出规定时，代码 41 就不能清除。

429. 检修注意事项

(1) 安全气囊系统的随车检查

以丰田凌志为例，安全气囊系统检查注意事项如下。

① 在检查与排除安全气囊系统故障时，必须在拆下蓄电池负极电缆之前，读出故障代码。

② 检查工作务必在关闭点火开关、并将蓄电池负极电缆拆下 20s 或更长一段时间后进行。但应注意：汽车音响系统、防盗系统、时钟、电控座椅、电控座椅安全带收紧系统、微机控制驾驶位置设定的电控倾斜和伸缩转向系统、电控车外后视镜等系统均具有存储功能，当蓄电池负极电缆拆下后，存储的内容将会丢失。

③ 检查安全气囊系统时，即使只发生了轻微碰撞而 SRS 并未膨开，也应对前面碰撞传感器、驾驶席 SRS 组件、乘员席 SRS 组件、座椅安全带收紧器等进行检查。

④ 当安全气囊系统的检查工作完成之后，必须对 SRS 提示灯进行检查。

⑤ 拆卸或搬运 SRS 组件时，气囊装饰盖一面应当朝上，不得将 SRS 组件重叠堆放，以防气囊误膨开造成严重事故。

⑥ 在报废汽车整车或报废 SRS 组件时，应在报废之前先用专用维修工具 SST 将气囊引爆。

⑦ 汽车已发生过碰撞、气囊一旦引爆膨开后，SRS ECU 就不能继续使用。

⑧ 当连接或拆下 SRS ECU 上的连接器插头时，因为保险传感器与 ECU 组件在一起，所以应在 ECU 组件安装固定后，再进行连接或拆卸，否则保险传感器就起不到保护作用。

⑨ 安装转向盘时，其安装位置必须正确，即必须安装在转向柱管上，并使螺旋弹簧位于中间位置，否则会造成螺旋电缆脱落或发生故障。

(2) 安全气囊系统故障检查

以凌志 LS400 型轿车故障代码 11 为例说明安全气囊系统故障的诊断与检查方法：

① 故障诊断　故障代码 11 的原因：SRS 点火器引线搭铁；SRS 点火器失效；前碰撞传感器故障；SRS ECU 至螺旋弹簧连接器之间的线束搭铁；螺旋弹簧搭铁；SRS ECU 故障。

② 故障检查

a. 检查准备。关闭点火开关，拆下蓄电池负极电缆，等待 20s 后，拆下 SRS 气囊组件。

b. 检查前碰撞传感器电路。拔下 SRS ECU 线束插头，先检测线束插头上＋SR 与－SR 端子、＋SL 与－SL 端子之间的电阻，其值应为 755～885Ω。再检测＋SR、＋SL 端子与车身之间的电阻，其阻值应为无穷大。

c. 检查前碰撞传感器

拔下传感器插接器，检测传感器端子之间电阻。

＋S－＋A，755～885Ω；

＋S－－S，∞；

－S－－A，<1Ω。

d. 检查 SRS 点火器线路和螺旋弹簧。拔下 SRS 组件与螺旋弹簧之间的连接器插头（A30），检查螺旋弹簧一侧插接器端子 D＋与 D－之间的电阻，应为∞。

当拔下螺旋弹簧与 ECU 之间的插接器（A43）时，再测量 D＋与 D－之间的电阻，应为 0（短路片接通）。

e. 通过读取故障代码检查 SRS ECU。连接 SRS ECU 插接器，用导线将 SRS 组件一侧的螺旋弹簧端子 D＋与 D－连接，连接蓄电池搭铁线，20s 后接通点火开关，2s 后连接诊断座端子 TC-E1。若 SRS 故障灯不输出故障码 11，表明 SRS ECU 正常。若输出故障码 11，表明 ECU 有故障，更换（故障码 11 为点火器搭铁或前碰撞传感器搭铁）。

f. 通过读取故障代码检查 SRS 点火器。关闭点火器开关，拆下电瓶负极电缆，等 20s 后将 SRS 组件插接器连接。再将蓄电池负极电缆连接，等 20s 后接通点火开关，再等 20s 连续诊断座端子 TC-E1，若不输出故障码 11，说明 SRS 点火器正常；若输出故障码 11，说明 SRS 点火器有故障，应更换 SRS 组件。

(3) 安全气囊系统报废处理

汽车报废时，应将 SRS 引爆。有的要求在车上进行，有的要求在从车上拆下进行。

① 拆下蓄电池负极电缆。

② 拔下 SRS 组件与螺旋弹簧之间的连接器。

③ 剪断 SRS 组件线束，使插头与线束分离。

④ 将引爆器接线夹与 SRS 组件引线连接。

⑤ 先将引爆器放置距 SRS 组件 10m 以上距离，然后再将电源夹与蓄电池连接。

⑥ 查看引爆器上的红色指示灯是否发亮，当红色指示灯发亮后才能引爆。

⑦ 按下引爆开关引爆 SRS。待绿色指示灯发亮之后，将引爆后的 SRS 装入塑料袋内再

作废物处理。

430. 安全气囊系统故障诊断基本流程

(1) 弄清 SRS 类型, 仔细观察警示灯的闪烁情况

① 按点火方式分

a. 机械式。红旗轿车及 1993 年前生产的丰田 CORONA 轿车等。

b. 电信号式。由 SRS 电脑控制触发点火信号。目前绝大多数轿车 SRS 都采用此种类型。

② 按气囊布置分

a. 单安全气囊 (只装在驾驶员侧)。

b. 双安全气囊 (驾驶员侧和乘客侧各有 1 个安全气囊)。

c. 后排安全气囊 (装在前排座椅上)。

d. 侧面安全气囊 (装在车门上或座椅扶手上, 防止乘员受侧面撞击)。

不同类型的安全气囊其结构、性能都不会相同, 其维修方法也不尽相同。此外, 要认真仔细地观察警示灯 (SRS 灯、或 SIR 灯、或 AIRBAG 灯) 的工况, 有些车型 SRS 的故障从警示灯就可以进行判断。

(2) 调故障码

一旦弄清是 SRS 有故障, 调取 SRS 故障码是简便、快捷诊断故障的方法, 但有些车型调 SRS 故障码需要专用仪器, 还需要故障码表。这就需要借助于专业的维修手册。

(3) 解除 SRS 工作

为了安全地对 SRS 系统进行检查和进行必要的电压、电阻等测试, 必须对安全气囊进行解除, 即解除处于工作状态下的安全气囊。

SRS 一般的解除工作步骤是:

① 摘下蓄电池负极接头。

② 等待约 90s, 待 SRS 电脑中的电容器 (第 2 电源) 放电完毕。

③ 摘下驾驶员侧气囊组件连接器。

④ 摘下乘客侧气囊连接器。

⑤ 重新接上蓄电池负极电缆。

(4) 检查与参数测试

① 检查　检查传感器外壳、托架有无变形、裂纹及安装松动等缺陷。检查 SRS 电脑线路连接、传感器连接及连接检查机构、过电检测机构是否可靠。检查各线路连接器和安全带收紧机构是否有损坏等。

② 测试　测试碰撞传感器的电阻、电压值及时钟弹簧电阻值; 测试 SRS 电脑输入、输出电压值; 测试各线路是否断路、短路等。根据维修经验, SRS 的时钟弹簧故障率较高, 要注意检测; 有些车型 SRS 灯一直亮, 没有故障码显示, 一般是由于电源电压过低或备用电源电压过低, SRS 电脑未将故障代码存入存储器中所引起的。此外, 在 SRS 的故障诊断过程中, 可以参照同类型 (不同牌号) SRS 来分析故障原因和位置, 也可更换某个零件做对比试验。

(5) 检查 SRS 工况

维修好的 SRS 系统, 应进行如下检测: 接通点火开关, SRS 警示灯应亮约 6s 后熄灭, 这表示 SRS 故障排除, 工作正常, 否则应重新检修。

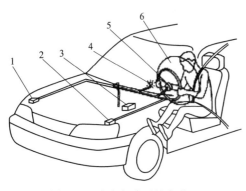

图 3-59　安全气囊系统各装置
元件在汽车上的位置

1—右前传感器；2—左前传感器；3—中部传感器；

4—气囊指示灯；5—气体发生器；6—气囊

431. 安全气囊系统故障分析与检测

（1）安全气囊系统装置元件

安全气囊系统，简称 SRS，其系统中的装置元件，包含：安全气囊组成、安全气囊控制电脑。左右碰撞传感器、方向盘游丝弹簧、安全气囊警示灯和安全气囊诊断接头等。各部件在汽车上的位置如图 3-59 所示。

① 安全气囊控制电脑　安全气囊控制电脑，是监视和处理碰撞感应和引爆安全气囊的中枢机构，它安装在客座前方的支架上，并附有六端子的诊断接头，若安全气囊系统电路有故障时，则以仪表板 AIR BAG（安全气囊）警示灯，持续亮 12s 以上，以提醒检修。如果系统完全正常，则 AIR BAG 警示灯，在亮 6～8s 后，自动会熄灭。安全气囊控制电脑结构如图 3-60 所示。

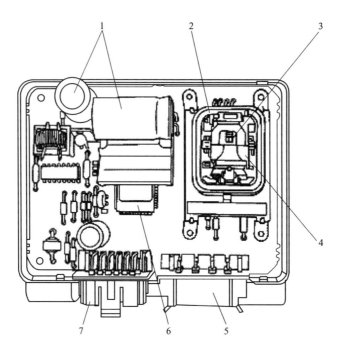

图 3-60　安全气囊控制电脑结构

1—备用电源（电容）；2—传感器总成；3—传感器触点；4—传感器平衡块；

5—四端子连接器；6—安全气囊微处理器；7—安全气囊微处理器接插器

② 碰撞传感器　碰撞传感器安装在水箱左边和右边的钣金件上，当车辆速度达到设定速度，车头正面或左、右侧发生撞击时，碰撞传感器内部接点导通，并由安全气囊控制电脑控制安全气囊引爆，以保护驾驶者。碰撞传感器的设计，是依据车体碰撞角度和传感器冲击面的力量，使传感器接点导通，而平时的电路回路，则由 9～11kΩ 电阻连接，供电路监视之用。

③ 安全气囊组成　安全气囊组成，装在方向盘的正中央，它包含：安全气囊、引爆器和氮气蒸发元素等，在车辆碰撞的 1/10s 内，引爆的安全气囊即完全充气。由于安全气囊装在方向盘中央，而方向盘经常需要左右旋转，因此借着游丝弹簧装置，作为安全气囊电路的连接装置。安全气囊总成实物图如图 3-61 所示。

图 3-61　安全气囊总成实物图

（2）故障内容的读取和清码

当发现故障灯亮时，应进行故障码的读取。

① 故障码的读取方法　现代车型只能用专用诊断仪来读取故障内容。

a. 当前故障。即当前安全气囊的故障，对安全气囊的正常工作有影响。

b. 历史故障。即以往探测到的故障，已不再激活，对安全气囊的正常工作无影响。

注：一旦发生故障，报警灯即点亮，即使故障不再激活，警示灯也持续点亮。

② 进行故障诊断的注意事项

a. 进行检测前应拆下蓄电池负极线，并等待 1min，才能进行检测。

b. 必须使用数字式万用表来进行有关检测，如果使用指针式万用表有引起气囊误爆的危险。

c. 拆下的安全气囊必须盖子朝上来放置（万一出现误爆，可以使气囊有展开的空间，避免气囊总成爆炸乱飞，造成更大伤害）。

③ 根据故障码指示检修安全气囊的方法　以江淮和悦轿车安全气囊的检修为例，具体见表 3-30。

表 3-30　和悦轿车安全气囊的常见故障和维修方法

常见故障码指示	检修部位和方法
驾驶员安全气囊阻值过高或过低	检查线束连接是否正常。更换时钟弹簧或驾驶员安全气囊线束。更换安全气囊模块
驾驶员安全气囊对地短路或搭线	检查线束连接是否正常。更换时钟弹簧或驾驶员安全气囊线束。更换安全气囊模块
驾驶员安全气囊对电源短路	检查线束连接是否正常。更换时钟弹簧或驾驶员安全气囊线束。更换安全气囊模块
副驾驶安全气囊阻值过高或过低	检查线束连接是否正常。更换时钟弹簧或副驾驶安全气囊线束。更换安全气囊模块
副驾驶安全气囊对地短路或搭线	检查线束连接是否正常。更换时钟弹簧或副驾驶安全气囊线束。更换安全气囊模块
副驾驶安全气囊对电源短路	检查线束连接是否正常。更换时钟弹簧或副驾驶安全气囊线束。更换安全气囊模块

续表

常见故障码指示	检修部位和方法
驾驶员安全带预紧器阻值过高或过低	检查线束连接是否正常。更换驾驶员安全带预紧器。更换安全气囊模块
驾驶员安全带预紧器对地短路或搭线	检查线束连接是否正常。更换驾驶员安全带预紧器。更换安全气囊模块
驾驶员安全带预紧器对电源短路	检查线束连接是否正常。更换驾驶员安全带预紧器。更换安全气囊模块
副驾驶安全带预紧器阻值过高或过低	检查线束连接是否正常。更换副驾驶安全带预紧器。更换安全气囊模块
副驾驶安全带预紧器对地短路或搭线	检查线束连接是否正常。更换副驾驶安全带预紧器。更换安全气囊模块
副驾驶安全带预紧器对电源短路	检查线束连接是否正常。更换副驾驶安全带预紧器。更换安全气囊模块
电源电压过高或过低	检查安全气囊线束和蓄电池电压是否正常;点火开关"ON"电压应为12.56V,发动机运转电压应为14V。电压过低,更换蓄电池或发动机;电压过高,更换电压调节器
安全气囊故障指示灯对电源短路	检查ECU与指示灯连接是否正常。查看安全气囊电源即搭铁线路是否正常。更换安全气囊模块
前气囊已爆	确认前气囊是否已爆。更换前气囊及其连接线束。更换安全气囊控制器和安全气囊模块
安全气囊控制器达到最大限度无法继续使用	更换安全气囊控制器和安全气囊模块
碰撞输出电路对电源短路	检查连接线路是否正常。更换安全气囊线束或安全气囊模块
碰撞输出电路对地短路或开路	检查连接线路是否正常。更换安全气囊线束或安全气囊模块

432. 实例1:宝来安全气囊报警灯报警

(1) 故障现象

宝来1.8轿车安全气囊故障灯常亮。

(2) 诊断与排除

① 安全气囊故障灯常亮,说明气囊控制单元存储有故障码。

② 首先用 V. A. G1551 进入安全气囊控制单元,查询故障码为"00595",即碰撞数据已存储,经反复清除,该故障码依然存在。

③ 故障码说明安全气囊控制单元已经存储了一个碰撞数据,经检查该车无碰撞痕迹,用户也说未发生过碰撞事故,由此可见,故障原因应在控制单元内部。

④ 更换安全气囊控制单元,并进行编码,警告灯熄灭,故障排除。

433. 实例2:捷达 GiX 气囊报警灯不熄灭

(1) 故障现象

捷达 GiX 轿车由于交通事故,导致转向盘气囊引爆。更换安全气囊后气囊报警灯不熄灭。

(2) 诊断与排除

① 更换转向盘气囊、螺旋电缆、气囊控制单元后,清除故障码。

② 当打开点火开关时,安全气囊控制单元进行系统自检后,气囊报警灯不熄灭,说明安全气囊系统存在故障。

③ 用 V. A. G1551 查询故障码为"00588",即驾驶员安全气囊点火器 N95 或电路故障。

④ 由于转向盘气囊、螺旋电缆、控制单元都是新的,暂且不怀疑有故障。

⑤ 线束没有更换,故障点可能在线束或者连接器上,所以应该对连接器和线束进行

检查。

⑥ 当拔开控制单元连接器，发现线束连接器上有一些胶质物附着，控制单元插座上也有透明胶质物附着。

⑦ 将两者清洁干净，重新插上控制单元连接器，清除故障码。

⑧ 再次打开点火开关，控制单元进行自检后报警灯熄灭，故障排除。

(3) 结论

控制单元插座有胶质物附着使接触不良导致气囊灯报警。

434. 实例 3：比亚迪 F6 安全气囊灯常亮

(1) 故障现象

QCJ7200/QCJ7240 安全气囊故障指示灯常亮。行驶里程：3000km。

(2) 检修过程

① 点火开关处于"ON"挡，检查故障闪码。发现气囊灯亮 5s，闪烁 7 次后常亮。该故障闪码定义为：副驾驶安全气囊模块及其线束或接插件、SRS ECU 可能存在问题。

② 利用 ED300 诊断仪检测发现故障码为：B161C 副安全气囊阻值过大；B1610 副安全气囊未连接。故将检修范围锁定在：副驾驶安全气囊模块线束或接插件、SRS ECU。

③ 副驾驶安全气囊模块是通过自身携带的小线、仪表板线束与 ECU 连接到一起的，总共有 3 个连接点。

副驾驶安全气囊模块小线与仪表板线束连接处（图 3-62），为仪表板线束 X246，装配在仪表板杂物箱后面管梁上。

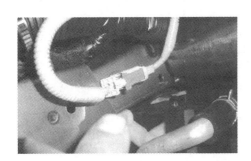

图 3-62　安全气囊模块小线与仪表板线束连接处

图 3-63　安全气囊模块与小线连接处

④ 检查 X246 处端子 1、2 及连接情况。将此处重新装配后，故障消除，但是在试车时又重新出现相同故障。

⑤ 检查副驾驶安全气囊模块与小线连接处（图 3-63），发现此处有接触不良的情况，才会导致故障反复出现。将此处重新装配，要求接线端的黑色卡扣要低于接线端，平齐、高出均为安装不到位。

⑥ 将此两处连接点进行重新装配固定。试车中无故障出现，确认故障排除。

435. 实例 4：新赛欧气囊故障灯常亮

(1) 故障现象

2010 款新赛欧，配置 1.4LLCU 发动机、Y4M 手动变速器，组合仪表上气囊故障灯常亮。

(2) 故障诊断

连接 RDS，读取气囊系统的故障码，有故障码"B0048"，表示碰撞输出电路对地短路，故障状态为当前故障。首先怀疑是连接器接触不良，断开蓄电池负极线，等待 1min。拆开中央控制台，断开气囊控制模块连接器，检查连接器和气囊控制模块端子，无异常，再次将连接器插回气囊模块，连接好蓄电池负极线，故障依旧。查阅维修手册，根据维修手册对 B0048 的指导，再次断开蓄电池负极线，等待 1min 后断开气囊控制模块连接器，测量连接器端子 5 和接地之间的电阻，没有短路。根据电路图（图 3-64），断开转向柱右侧的中控锁控制模块连接器，测得中控锁控制模块有一路线和气囊控制模块端子 5 相通。再继续测得中控锁模块另有一路线和气囊模块相通，且这路线也没有对地短路。

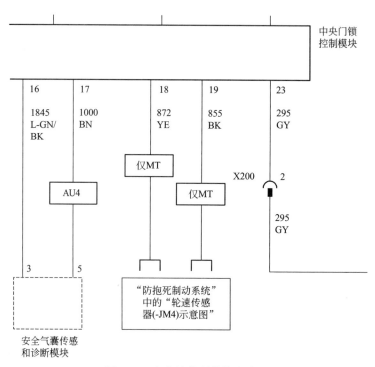

图 3-64　中控锁控制模块电路图

最后用 RDS 对气囊控制模块配置与设定，组合仪表气囊故障灯熄灭，故障排除。

436. 实例 5：凯越气囊故障灯不亮

（1）故障现象

2007 款凯越，配置 1.6LL91 发动机、81-40LE 自动变速器，当打开点火开关时，组合仪表气囊故障灯不亮。

（2）故障诊断

根据凯越气囊系统线路图，先检查了仪表板保险丝盒的 F24 和 F21 保险丝，均没有熔断。

连接 TECH2，试图进入气囊控制模块读取故障码，结果不能进入，再进入其他控制模块，均能进入。断开蓄电池负极线，等待 1min，拆卸地板中央控制台，断开气囊控制模块连接器，连接蓄电池负极线，打开点火开关，组合仪表气囊故障灯依然不点亮。考虑到就算不连接气囊控制模块时组合仪表气囊故障灯也能点亮，先排除气囊控制模块故障。故障点应该在气囊控制模块的电源、搭铁线路或组合仪表上。断开蓄电池负极线，等待 1min，断开气囊控制模块连接器，用万用表测气囊控制模块端子 A23 和车身之间的电阻，为 0.8Ω，结果正常。用试灯连接端子 A12 和端子 A23，试灯不能点亮。

由于气囊线束不算太长，通过观察发现位于转向柱旁的 C207（图 3-65）连接器没插到位，将连接器插好，连接好气囊控制模块连接器的蓄电池负极线，打开点火开关，组合仪表气囊故障灯闪烁后熄灭，故障排除。

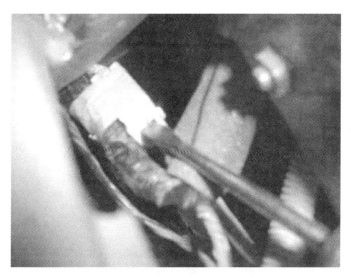

图 3-65　C207 连接器位置

C207 连接器三根线均为电源线，分别向气囊控制模块端子 A12、组合仪表气囊故障灯和驾驶员安全带未系指示灯供电。

437. 案例 6：乐风气囊故障灯亮

（1）故障现象

2010 款乐风，配置 1.4LL95 发动机、D16 手动变速器，组合仪表气囊故障灯亮。

（2）故障诊断

连接 TECH2，读取气囊系统故障码，有故障码"B0600"：无法获得。一般遇到这种情况是诊断程序里没有该故障码相关说明。用其他年款的程序再诊断一下，同样是说明无法获得。查阅维修资料，也没有提到这个故障码。根据以往维修乐风车气囊系统的经验，先断开蓄电池负极，等待 1min，插拔副驾驶员座椅底下的白色两针安全带开关连接器。再接上蓄电池负极线，打开点火开关看组合仪表气囊故障灯的情况，依旧点亮。接下来又断开蓄电池负极线，检查了转向盘下面时钟弹簧连接器，进行插拔后接上蓄电池负极线试验，故障依旧。

在同行建议下更换时钟（图 3-66），气囊故障灯熄灭，故障排除。

（3）故障分析

经检查发现换下的时钟配件号为"96945863"，配件系统中并无此配件号，新

图 3-66　时钟

换上的时钟配件号为"9041342"。询问客户得知，此车以前发生过事故，在其他维修厂做过修理。气囊系统和时钟的联系如图 3-67 所示，当副驾驶座位人员未系安全带时，会由位于时钟上的安全带未系指示灯提醒。"B0600"的含义是副驾驶安全带未系检查回路电路故障。

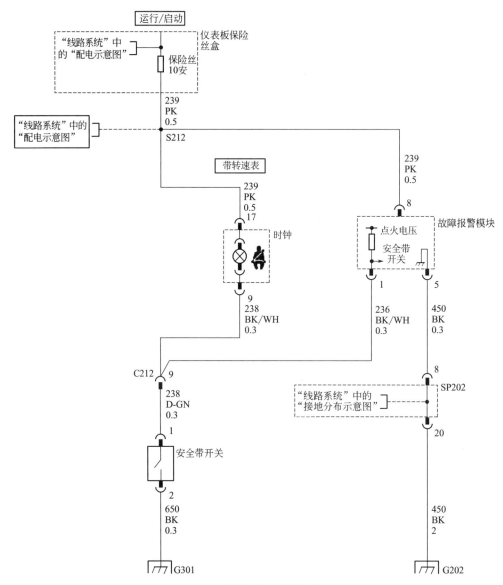

图 3-67 安全气囊和时钟电路图

参 考 文 献

［1］ 郑为民 . 汽车零部件检测与维修 . 北京：化学工业出版社，2013.

［2］ 郑为民 . 汽车空调原理构造与检修 . 北京：化学工业出版社，2010.

［3］ 涂光伟，杨志勇 . 汽车发动机构造与检修 . 北京：化学工业出版社，2010.

［4］ 林妙山 . 汽车电气设备结构与检修 . 北京：化学工业出版社，2010.

［5］ 刘文苹 . 汽车底盘构造与检修 . 北京：化学工业出版社，2010.

［6］ 唐蓉芳 . 汽车自动变速器检修 . 北京：化学工业出版社，2011.

［7］ 张西振 . 汽车发动机电控技术 . 北京：机械工业出版社，2012.

［8］ 赵建柱 . 汽车底盘使用维修问答 300 例 . 北京：化学工业出版社，2006.

［9］ 周晓飞 . 汽车发动机维修经验及故障诊断技巧 . 北京：化学工业出版社，2012.